保险经营管理

◎林秀清 著

微信扫码查看资源

南京大学出版社

图书在版编目(CIP)数据

保险经营管理 / 林秀清著. —南京：南京大学出版社，2019.1

ISBN 978-7-305-20188-2

Ⅰ. ①保… Ⅱ. ①林… Ⅲ. ①保险业—经营管理—教材 Ⅳ. ①F840.32

中国版本图书馆 CIP 数据核字(2018)第 096724 号

出版发行 南京大学出版社
社　　址 南京市汉口路 22 号　　　邮　　编 210093
出 版 人 金鑫荣

书　　名 保险经营管理
著　　者 林秀清
责任编辑 李素梅 武 坦　　　编辑热线 025-83592315

照　　排 南京理工大学资产经营有限公司
印　　刷 南京京新印刷有限公司
开　　本 787×1092 1/16 印张 19 字数 488 千
版　　次 2019 年 1 月第 1 版 2019 年 1 月第 1 次印刷
ISBN 978-7-305-20188-2
定　　价 49.80 元

网　　址：http://www.njupco.com
官方微博：http://weibo.com/njupco
微信服务号：njuyuexue
销售咨询热线：(025)83594756

前　言

《保险经营管理》涉及企业经营管理学、保险学、经济学等方面的内容，综合性极强。当前市场上无论是教材还是著作，相关作品都极为少见。若作为一门课程开设，对于保险从业人员及在校金融保险学生进一步深化理论知识、从事实际操作具有很大的现实意义。

本书写作原则遵循“理论以够用为度，应用以实务为主”。从我国保险企业经营管理的基本情况出发，结合其他一些国家保险企业经营管理的情况，根据管理的一般理论，将目前的现代企业经营管理思想与保险企业所特有的特殊性相结合，努力探寻保险企业经营管理的原则、规律、方法与途径，着重阐述了保险企业经营管理的基本理论、基础知识和基本要求，力求比较全面和系统地反映我国企业经营管理科学研究的新成果。本书为保险从业人员及在校相关专业学生进一步学习保险经营管理所需，可用于应用型本科院校、高职高专金融保险专业的课程教学、保险公司培训材料，也可作为其他相关专业的教学参考书。

本书具有以下几个特点：

(1) 创新性。市场营销学和金融学学科交叉形成一门新兴的知识体系，目前国内外尚不多见，引入了大量的保险行业企业最新研究成果和资料，具有一定的创新性。本书打破市场营销专业和金融学专业的鸿沟，使市场营销专业能体现金融特色，使读者掌握营销基本知识，有助于实现企业和学校以金融为核心培养多样化人才。

(2) 精准性。保险公司的经营管理涉及的理论和实践很多，范围也很广，要研究和把握的东西很多，本书只着重于保险公司的微观管理。资料准确，内容精练。无论是英文还是一些文献资料都力求准确。

(3) 实用性。作者通过与闽台金融保险企业及院校密切合作关系，借助自身市场实战经验以及特色订单合作、实训实习、仿真实训指导与辅导中对相关操作平台的使用，熟悉金融企业对特定人才的需求，引用了大量与保险公司经营管理相关的最新法律、法规，掌握大量的相关信息和资料，改变以往同类书籍枯燥死板、理论性过强的缺点，增加了案例导入、实训课堂等，插入大量生动有趣有益的小资料，增加了本书的可读性和趣味性。本书实用性强，在提升从业人员实战能力及毕业生就业能力方面有一定作用。

(4) 闽台两岸校企合作的结晶。本书缘起于闽台合作项目，作者在台湾高校访问期间与台湾学者、行业企业专家密切交流合作研讨开发了一些项目，具有一套独特的体系。在本书的完成过程中得到台湾学者赵永祥博士的大力支持，协助组织了多次研讨，对本书框架结构多次论证，河南升达学院冯巧玲老师也参与研讨并提出了宝贵意见。思路产生于大陆，成熟于台湾，历经一年时间，初稿完成。由于种种原因，多次修改定稿后才终于出版与读者见面，又历时多年了。

不少同行教师在本书写作过程中提供了帮助：福州职业技术学院邹茵老师（第3、4章）；河南升达学院冯巧玲老师（第7章）、福建商学院任勇老师（第8～11章）；台湾赵永祥老师（框架结构及第12、13章）；福建商学院马尾校区14金融保险班黄雨姗、15金融保险胡静仪等同学在修改过程中提供了不少帮助，国际金融专业和金融保险专业14级、15级的同学们参与到相关话题的讨论中给予作者不少启发。特别感谢上述老师与同学，同时再次感谢复旦大学、武汉大学、厦门大学给予相关专业课程指导的老师们以及作者所任教的福建商学院两个校区的领导老师的提携和帮助。

作　者

2018年12月

目　录

模块一　保险经营管理概述

模块二　保险公司内部管理结构

模块三　保险公司的业务管理

模块四　保险资金运用

模块五　保险营销管理与创新

模块一　保险经营管理概述

第一章　保险经营管理及其环境分析

资料导入

当前保险业面临的形势和挑战①

"十三五"时期是全面建成小康社会冲刺的五年，是全面深化改革取得决定性成果的五年。我国经济发展进入新常态，社会经济发展各领域将发生重大转变。面对新的社会经济大环境，由于我国保险业起步晚、基础薄弱，发展现状与新常态下服务实体经济要求相比还存在一些不适应。一是保险覆盖面和渗透度有待提升。尽管我国已经成为世界保险大国，但保险深度和保险密度这两个反映保险业发展水平的核心指标仍远低于世界平均水平。二是行业转型升级的任务依然艰巨。保险市场主体实力不强，需要进一步提升竞争力和发展活力。保险产品结构不合理，需要进一步提高保障型产品比重，增加投资型产品种类。三是保险功能作用有待更好发挥。养老和健康保险产品不够丰富，服务中小微企业等经济薄弱环节的保险产品明显不足，还不能完全满足经济社会发展进程中多层次、个性化的保险需求。

知识目标

1. 理解保险经营管理的内涵，包括概念、特点和基本思想；
2. 熟悉保险经营的特殊原则，尤其是风险分散原则；
3. 从宏观、微观环境把握、分析保险经营管理环境；
4. 理解保险经营管理学既具有普遍性，又有特殊性。

技能目标

1. 培养先进的保险经营思想与观念；
2. 从宏观、微观环境把握、分析保险商品经营环境。

---

① 资料来源：项俊波. 当前保险业面临的形势和挑战[J]. 中国保险，2016(1).

第一节　保险经营管理基础

一、保险经营管理的几个基本概念

（一）管理(Management)

在管理领域，针对管理职能的认识以法约尔的理论为主。管理是社会组织为了实现预期的目标，以人为中心进行的协调活动。管理的职能包括计划、组织、指挥、协调和控制五大职能。计划是指研究内外部环境后，制订组织计划；组织是指组织结构设计、人员配备、组织文化；指挥是指根据判断下达指示；协调是指激励、沟通、交流；控制包括预先控制、现场控制、成果控制。

（二）经营(Business)

保险经营按中文传统的解释可以归纳为筹划营造，规划营造，周旋，艺术构思，经办管理；关于经营的认知主要是基于某个角度或者层面对经营的诠释。狭义的经营主要是基于企业的层面来界定经营的含义，其基本内容是指经济主题所从事的市场活动，是指具有独立利益身份的保险行为主体所从事的保险营销、承保、理赔、精算、投资等方面探索与实践。广义的经营是指包括企业在内的所有行为主体有意识的探索与实践。

保持保险经营现状或实现其他特定的保险期望状态必然需要一定的保险资源的支撑，那么，保险资源的开发利用与合理配置以实现保险期望状态的探索与实践活动即为保险管理。保险资源是指保险管理者所拥有的有助于开展保险活动的所有资源，具体包括人、财、物、保险管理模式与保险技术等资源。

保险经营的主要构成要素分别是保险经营者、保险经营对象、保险经营权、保险经营的载体。广义上的保险经营机构或保险机构，是指包括保险公司在内的所有从事保险经营管理活动的经济组织。

经营就是创造价值(Create Value)。

$$价值=满意-价格\quad (Value=Satisfaction-Price)$$

所谓的经营之道，就是不断追求价值的最大化。一个组织在经营过程中要创造以下几个方面的价值：

首先是投资方。组织的建立、运行和发展都需要大量资金的投入，这是投资方的价格。组织运营产生的利润，是投资方的满意。只有当投资者的价值得以体现时，组织才会有生存下去的意义。

其次是顾客。顾客为组织所提供的产品和服务所支付的费用、时间乃至其承担的风险是价格。而其要求得以满足甚至超出其期望，是顾客的满意。当顾客的价值得以保证时，组织才有可能保持和提高顾客忠诚度，不断增加市场占有率，这样组织就有了生存的空间。

最后是员工。组织的生存和发展离不开一支稳定的员工队伍。员工付出的辛勤劳动、脑力/体力、宝贵的时间、青春乃至健康是员工的价格。员工的工资、福利、良好的工作环境、学习机会和成长的空间，是员工的满意。当员工的价值得到保障时，组织便有了生存的基础。

（三）经营与管理两者的主要区别与联系

经营与管理虽然是两个不同概念，但经营活动与管理活动如影随形。经营与管理是两个不同的概念，各自有特定的内涵，但两者主次分明，关系密切，相互依存，共生共荣。

（1）经营与管理两者的主要区别：经营旨在做对的事，管理旨在如何将事做对；经营要效益，管理要效率；经营指方向，管理定路线；管理在内，经营主外；管理是工夫，经营开发利用工夫。

（2）经营与管理两者的主要联系：经营是管理的载体，没有经营的管理则苍白无力；管理是经营的要素资源，没有管理的经营是散沙；两者相伴相随，贯穿于人们活动的始终。

（四）保险经营管理（Insurance Management）

保险经营管理是保险公司在经营活动中开展保险业务，包括展业、承保、分保、防灾、理赔等环节追求价值最大化过程中对保险经济要素进行的计划、组织、指挥、控制、协调等各种管理活动。主要包括风险识别、风险分析、风险衡量和风险控制等技术方法。其目的是直接有效地推动组织目标的实现，以实现保险经济活动的合理化，取得保险经济最佳效益。

保险经营管理的内容包括保险宏观管理、保险中观管理和保险微观管理。

（1）保险的宏观管理是国家通过法律和行政手段对保险业在国民经济中的地位做出规定。这些规定涉及发展规模、保险企业的组织形式、行业内部的产业结构、保险企业的设立（包括营业限制、资金、保证金、核批程序等）、保险企业的解散（包括解散事由、清算人委派、未到期保单的转让及处理、营业许可的吊销等）、保险企业经营的基本准则、范围和内容（包括责任准备金的提存、资金运用、最低偿付能力及保险金额的限制、超额承保禁止、保险门类及险种设立等）。西方发达国家乃至一些发展中国家通过立法手段对保险业进行宏观管理。英国的《保险公司法》、德国的《保险管理法》均属此例。中国于 1985 年 3 月 3 日由国务院颁布的《保险企业管理暂行条例》，概括地总结了中国的保险体制、现行管理模式和保险市场结构，并确定国家保险管理机关是中国人民银行。

（2）保险的中观管理是指各保险企业组成行业公会，公会在遵守国家法律、法规的前提下，对保险行业内部的相互关系进行自我约束和协调，如在保险费率、保险种类、保险经营手段和保险竞争等方面达成某种协议或做出相关的规定。这些协议或规定虽无法律效力，但凡公会会员均应共同遵守。因此对会员来说，这些协议、规定带有强制性和约束力。

（3）保险的微观管理是指保险企业内部的计划管理、财务管理、经营管理及劳动人事管理。

① 保险公司内部的计划管理是保险管理中最基本的方法之一，也是企业各项管理的基础，指用计划形式组织、领导、监督和调节保险经济活动。保险企业根据国家对保险业的要求及全社会对保险的需求，确定保险业的发展目标，制订保险企业的计划，并向下级公司提出要求和目标。各下级公司根据计划要求，结合本公司实际经营能力和本地区对保险的需求向上级公司报送自己的计划。上级公司对报来的计划进行综合平衡后确定各级公司的计

划年度任务。保险企业计划工作包括编制计划、组织执行计划和监督控制计划三个阶段。

② 保险公司内部的财务管理是对保险企业的财务活动进行组织、计划、指挥、调节和监督。保险企业的财务活动是保险企业经营过程中的资金运动,即资金的取得、运用和分配。财务管理贯穿于保险经营活动的全过程,是保险企业经营管理的综合反映,既是经营好坏的标志,又是企业经济效益的最后表现。

③ 劳动人事管理包括劳动管理和人事管理两个方面。一是劳动管理,对职工定员、劳动组织和劳动计划的管理,通过合理组织劳动,充分发挥劳动者的能力,从而达到提高劳动效率的目的;二是人事管理,调整人与其所从事的工作之间的关系,以提高职工队伍素质为中心,把对职工的招收、分配、教育、培训、考核、使用、奖惩、调动、劳动工资和劳动保护等方面有机地、系统地结合在一起。

二、保险经营管理的性质与特征

(一)保险经营管理的性质

经过长期论证,目前关于保险经营管理的性质,一般认为:保险经营管理是一种商品经营管理。

1. 与一般商品的类比

保险产生、发展及其趋势与一般商品有着密切的联系和共同之处。

从保险产生的条件来分析:保险的产生取决于一定的生产力发展水平。从保险发展的条件来分析:保险的发展取决于商品经济的发展程度。最初保险形式简单、范围有限,之后保险形式不断完善、范围不断扩大,最后保险渗透到社会经济各个方面。从保险的历史趋势来分析:保险不是自古以来就有的,现代保险是生产力发展到一定阶段的产物,不会永存下去,当生产力发展到更高水平时,随着保险存在条件的消失,以保险进行经济补偿的形式也就没有存在的必要,取而代之的是更高级的补偿方法。

2. 保险劳务商品说,符合马克思的商品理论

通过对保险商品本质的进一步分析,发现保险当事人双方的关系同一般商品的本质关系是一致的。就保险来说,不论在什么社会,都是人们从事社会劳动的一个方面;保险人提供的劳务反映了等量劳动相交换的关系,即被保险人缴纳一定量的保费,保险人承担与一定量保险费相等的风险责任。

从保险商品形式和内容看,保险是属于无形商品的一种,属于服务型商品。保险所提供的劳务与其他服务性劳动一样是商品,具有使用价值和价值;保险不为人们提供一个直观的外界对象的客体;保险不以某种物理属性直接满足人们生活和生产上的需要;保险人通过自己的劳动为社会再生产和人们生活提供保障服务的同时,支出了生产成本,消耗了体力与脑力。

(二)保险经营管理的特征

保险公司作为市场经济中的保险企业,具备市场经济的特征,需要自主经营、自负盈亏、自我约束、自我发展。保险公司的活动也是一种有偿的经济活动,保险人与被保险人的交换关系同样经历了劳动和价值的抽象过程。

不同于一般企业经营管理活动，保险经营管理活动具有以下特征。

1. 保险经营管理具有风险的集中性

没有风险就没有保险。保险以经济补偿与给付为基本功能，保险经营活动是一种具有经济保障性质的特殊的劳务活动。保险行业是经营风险的行业，是风险管理的行业，保险产品和服务本身就是社会和经济生活中可能发生的各种物质和利益损失风险。保险公司通过承保活动，集聚了大量风险，这就需要在风险识别的基础上，采取适当的风险管理技术手段，在时间和空间上进行合理的分散化处理。同时，保险公司通过建立保险基金的形式，积聚了大量资金，这些资金在保值增值的运用过程中，不可避免地会遇到资金管理和运用风险。保险公司需要比一般企业有更高的风险管理能力。

2. 保险经营企业的经营成本具有不确定性，利润计算具有特殊性

除了管理费用之外，保险业经营的最大成本是保险赔款。保险公司产品和服务的价格（费率）依据是大数法则，由保险标的过去的损失概率作为基本依据（即纯费率），加上一定的趋势修正系数、营业费用率和预期利润率（即附加费率）确定的。采取的是收费在先、赔款在后的经营方式。因此，建立在历史统计分析基础上的定价，与保险责任期满之后的实际损失赔款成本可能存在一定的差异性。主要原因在于以下三点：首先，保险费率是根据过去的统计资料计算出来的，与未来的情况有偏差；其次，保险事故的发生具有偶然性；最后，就每一保单而言，在保险期限内，保险事故发生得越早，成本越大，如果保险事故在保险期限内未发生，就基本上不存在保险成本。这一特点又称为成本的后发性，客观上既要求保险公司具备较高的精算（损失率成本预测）管理水平，也要求保险公司具有良好的承保风险标的的同质性选择管理水平。

3. 保险经营管理具有广泛社会性

保险企业承保的风险范围广，经营险种多，囊括社会生产和生活的各个领域，影响面广泛。保险客户遍及社会的各个层面、各个层次，其经营也随之带有较为广泛的社会性。保险类型和客户需求的多元化，既要求保险公司的客户服务具有广泛的适应性，同时又要求保险公司在经营上具有针对性和灵活性。显然，这一特殊要求不但对公司管理能力是一个巨大挑战，而且也是对管理者和从业人员和服务素质的巨大挑战。

4. 保险产品和服务具有同质性

保险产品和服务就其形式而言，不具有核心技术的独占性，也不受专利保护，极易模仿。任何一个新的产品和服务举措，只要竞争对手愿意，都可以在较短的时间内引进、移植或改造。因此，由产品的差异化入手打造公司的差异化，在保险行业是极其困难的。保险公司之间的差异化特征，更多的要依靠管理的差异化形成法人行为的差异化，进而通过其理念传播、组织效率、员工行为等方面综合表现出来。

5. 保险经营管理活动具有分散性和较大弹性

由于保险服务对象的情况千差万别，风险事故损失情况各不相同，加之我国现行监管政策要求保险及其分支机构只能在注册地的行政区域内开展经营活动，因此，在其经营管理活动中，保险标的承保前的风险评估、保险事故后损失金额鉴定等主要环节，都不同程度地存在独特性，使得保险公司在定价管理、成本管理、人员管理和服务管理等具体管理工作上难以全面实现标准化。同时，保险分支机构点多面广，管理幅度大，管理层次多，客户及其分布

存在很多地域差异，这也拉大了保险公司管理的弹性。

6. 保险经营资产具有负债性、保险投资追求实效

保险经营的资产中，自有资本所占的比重很小，绝大部分来自于投保人按照保险合同向保险企业缴纳的保险费、保险储金等。

保险投资是现代保险企业稳健经营的基石，在保险经营中占有重要地位。保险经营中会形成一笔闲置资金，为了保证赔偿或给付，并形成与增加经营利润，必须运用好闲置资金，并要追求比较好的投资实绩。

【拓展阅读】

不同保险公司所处阶段不同，具有相应阶段的特征。保险公司一般分为三个阶段：初创期、成长期和发展期。

1. 公司的初创期

由于发起人对各类资源配置准备得比较充分，对市场行情了解较透彻，故此阶段公司主要领导人威望较高，员工对公司成功的期望较高，企业与员工追求的目标高度统一。因此，此期间公司的主要管理特征是：① 领导决策高度集中，公司的决策力、应变力、抗压力、预见性全仰仗领导个人智慧和经验，领导临场决策意见就是公司决定；② 公司层级管理职责范围不明确，但互相配合、协调性特强；③ 员工热情高涨，加班加点不计报酬，工作效率高；④ 公司从领导到员工，相互之间处事无瞻前顾后，遇到问题立时纠正，公利性、是非观高度一致；⑤ 凝聚力强，员工空前团结，公而忘私，舍小家而顾“大家”。此时，因势利导，树立领导个人威望、创造非权力因素的影响和企业文化价值观，是最好时机。

2. 公司的成长期

市场份额迅速提高，公司发展壮大，员工收入明显，公司美誉度逐渐显现，管理流程逐步规范，大企业的文化气象逐渐形成，公司呈现出蒸蒸日上的发展状态。其特征是：① 公司的决策层与管理层、基层权力分配到位，各层级的管理职责明确；② 公司建成的利益初期分配到位；③ 实现公司近期计划的动力源形成合力；④ 公司以发展化解矛盾的效果明显；⑤ 公司的规模与效益发展迅速；⑥ 公司权力的宝塔型迅速形成，公司领导由身先士卒的平等型变为仰望型，权重与威慑显现。

3. 公司的发展期

此期间的特征是：① 业务量由高速增长趋于平缓；② 员工创业期的激情逐渐消退；③ 员工的收入欲望逐渐理智，行为也趋向理智；④ 由于在成长期而出现的权力再分配矛盾已经化解，公司的层级管理机构细化，运作自然；⑤ 公司领导在初建期、成长期树立的权力威望逐渐消退，非权力影响可使公司“无为而治”；⑥ 员工对收入企求的是多发奖金，老板与员工各思其利。

三、保险经营管理思想和观念

（一）基本理解

保险经营管理思想和观念是保险企业从事经营活动，解决各种经营问题的指导思想和观念。

保险经营管理理念是保险经营管理主体对从事保险经营管理活动最根本的认知。把保险经营管理理念视为从事保险经营管理活动的旗帜的根本原因的是，保险经营管理理念是保险组织一切活动最根本的理由与依据，是所有保险经营管理活动最核心的指导思想和价值观。

在从事保险经营管理工作时，首先要明确经营管理工作的指导思想，管理者本身与员工在管理活动中究竟应该扮演什么样的角色，管理的核心是什么以及追求的管理目的是什么。保险管理理念同样也是人们从管理实践中反复思考与总结所提炼出来的精神财富，是管理者提高管理效率的原始动机与力量源泉。

保险经营管理理念是回答经营管理者从事经营管理保险事项的初衷与原始动机，是对经营管理保险认同的心语和由衷期望。保险经营管理理念决定保险经营管理者的心态。保险经营管理理念并非保险经营管理者的即兴思考与认识，而是经过长期的探索或者特殊经历的总结与认定，是一定时期内对其固化的认知。

在保险发展规划制订中，需要明确保险的业务领域和目标的确定，在落实或完成所有保险经营管理事项的过程中都是围绕保险组织经营管理宗旨和肩负的使命来进行的，而保险经营管理宗旨与使命的形成归根结底还是源于对保险经营管理的最根本的认知。

保险经营管理理念的核心地位决定了保险经营管理活动无论是系统性的指导思想与价值取向，还是个别的、局部的经营管理事项的指导思想与价值取向都应该以保险经营理念为中心，是保险组织所有活动直接的或间接的为之不变的宗旨和追求。

保险经营管理者在保险经营管理理念的引导下从事管理活动。在细节决定成败的经营管理思想的影响下，每一项保险经营管理事项都具有相应的较为具体的经营管理理念。

（二）保险经营管理思想理念的特征

我国保险经营管理思想理念的基本特征表现如下：

保险经营管理理念具有总括性、战略性和前瞻性的特征，同时不能忽略其局部性、阶段性和现实性的特点，体现保险经营管理理念应贴近现实较为具体的特殊要求。

保险经营管理理念的局部性主要体现在保险不同类别的业务领域。例如，在保险营销领域里的管理应树立以客户需求为中心的营销管理理念，在理赔方面应树立公正、客观、准确的理赔管理理念等。

保险经营管理理念的阶段性主要体现对保险资源依赖程度上，在物力资源为核心资源时期，管理上可能会形成“以物为本”的管理理念；在资金为核心资源时，可能会形成“以资为本”的管理理念；而处于重视人力资源的发展阶段，则会形成“以人为本”或“以道为本”的管理理念等。保险经营管理理念的现实性主要是基于保险管理活动实务性的特殊要求，保险经营管理理念通常是保险管理者在管理实践中的感悟或心得的积累与升华。

实践是检验真理的标准，保险经营管理理念的合理性或科学性需要经过保险经营管理实践的校正。保险经营管理活动的过程也是对保险经营管理理念反复实践认证的过程。保险经营管理理念并非一成不变，随着保险组织内外环境的改变、保险对社会经济影响程度的变化以及保险组织其他内外影响因素的变化，保险经营管理理念在一定条件下也会发生调整或转变。

（三）主要保险经营思想

经营者的经营哲学倾向、经营战略、所要达到的目标和方向、决策的依据以及决定企业经营活动的基础，都受到其经营思想的制约。先进的、科学的经营思想可以保证企业实施策略，拓宽经营环境，顺利地实现经营目标；滞后或错误的经营思想，则会使企业经营陷入被动局面，甚至步入困境。现代经营思想是把保险作为一种商品来经营的思想。

1. 利国利民的思想

以有利于社会主义市场经济体系的建立和完善、有利于社会主义现代化建设、有利于人民生活保障这一根本目的为出发点，并以此作为保险经营活动的行动准则和衡量标准。要善于处理好企业利益与国家利益、企业效益与社会效益的关系。

2. 实事求是的思想

在每一时期，处理各种保险经营的问题时都要从国情、实际出发，并充分利用各种有利条件实现保险经营的目标。并不是要坐等客观条件的改变，必须深入实际进行认真的、周密的调查研究。

（四）保险经营管理观念

1. 保险经营管理的市场观念

市场观念是以市场为导向，按照保险市场的需求来安排保险经营管理活动。保险经营者在经营过程中要有强烈的市场意识，以市场需求为导向，按照保险市场的需求变化和市场经济规律来安排保险经营活动，实现资源的最佳配置。

保险企业是相对独立的商品经营者，离开了保险市场，经营也就无从谈起；保险商品只有为市场和保户所接受，保险商品的价值才能实现；市场观念要求牢固树立为保户服务的思想，按照市场需求和保户需要来优化保险资源配置和安排组织保险经营活动。市场观念不排除引导和指导社会消费，实现保险供求的结合与动态平衡。

2. 保险经营管理的效益观念

效益观念是以经济效益为中心，处理好保险企业自身效益与社会效益的关系；保险经营者在经营过程中必须树立效益观念，以追求经济效益最大化为自身经营目标。注重经济效益，就是要看投入与产出的比例关系。投入少，产出多，效益就好；投入多，产出少，效益就差。注重经济效益和社会效益，是保险经营的性质所决定的，也是保险经营的基本目标。

3. 保险经营管理的竞争观念

竞争观念是指以竞争为手段，在市场竞争中求生存求发展。竞争是企业之间的实力较量，是企业之间在人才、技术、商品质量、价格、经营管理等方面的比较和竞赛。保险经营者应具有强烈的竞争意识，树立在竞争中求生存、求发展的经营理念，知晓优胜劣汰的市场竞争规则。

要善于发现、选拔和合理使用人才；要抓住良机，努力开发新险种，扩大保险服务范围，提高服务质量，增强自身经济实力和竞争能力。一味地降低费率的恶性竞争，是违背市场经济规律的，要认清本企业所面临的竞争形势，敢于竞争，善于竞争。

4. 保险经营管理的法制观念

法制观念是指以法律为准绳，保险企业的一切经营活动遵守法律、法规，行为规范化。要具有强烈的法律意识，自觉遵守国家的法律、法规；要在法制的轨道上健康有序地从事经营活动，做到行为规范化。保险经营通过合同的方式来建立保险人与投保人、被保险人的保险关系，这种经营本身就带有极强的法律特征。

5. 保险经营管理的信息观念

保险经营者在经营过程中必须重视信息，必须具备对市场各种信息的敏感性，以及对保险公司内部各种信息进行收集、整理、存储、分析和利用的主动意识。

信息是企业的重要资源，是企业开展经营活动的基本依据。如果没有必要的经济技术信息，就无法做出正确的决策，无法在竞争中取胜。及时掌握大量而准确的信息，是提高经营决策科学性、有效性的前提。设立信息机构，组织力量认真地收集、整理和分析与保险经营有关的各种信息，为企业经营提供可靠依据。

四、保险经营管理目标

（一）保险经营管理目标与制定原则

保险公司的经营管理目标定位经历了重社会效益轻经济效益到目前的以经济效益为优先且不忽视社会效益的过程。随着社会主义市场经济体制的不断完善，现代保险企业在国民经济中的地位和重要性日益突出，必须把保险企业的社会责任纳入到经营目标中来，只有经济责任和社会责任的统一，才能承担起保险业在全面建设小康社会进程中的责任，并且也有助于现代保险社会管理功能的实现。

保险经营管理目标是保险企业在充分利于现有的经营条件的基础上，经过努力所要达到的经营目的和标准。

制定经营目标的原则主要有以下几个：第一，抓主要矛盾原则，这是制定经营目标的出发点；第二，可行性原则，这是制定经营目标的静态条件；第三，调节性原则，这是制定经营目标的动态条件；第四，可考核性原则，这是制定经营目标的制度条件。

确定保险经营管理目标，有利于保险企业经营决策，有利于调动各方面的积极性，有利于妥善处理公共关系，内求团结、外求发展。良好公共关系的基础，在于优质的保险商品和保险服务。

（二）基于保险管理分类基础上的保险经营管理目标确定

按照保险管理的主体及其所涉及的管理范围，可把保险管理分为：国家对保险业的管理，即保监会对保险行业的管理；保险行业自身管理，即保险行业协会对自身行业的管理；保险公司内部管理。

对应的保险经营管理目标分别为国家对保险业的管理目标、保险行业管理目标和保险企业自身的管理目标。

1. 国家对保险业的管理目标

通过保险服务，充分发挥风险分摊和经济补偿的功能，保障社会再生产的持续进行，稳定社会秩序和安定人民生活，满足人们日益增长的物质和文化生活的需要。例如，保监会一再强调的，要发展责任保险、农业保险，要做大做强保险业等，这些可能并非某个保险公司的目标，但确是保监会为保险公司规定的近期发展方向或目标。

2. 保险行业管理目标

保险行业管理目标主要有提高风险防范能力；改善保险经营结构；加强消费者权益保护；鼓励创新，促进差异化经营；推动业务发展。

3. 保险企业自身的管理目标

社会主义保险企业的总目标：通过保险服务，保障社会主义再生产持续进行和劳动人民经济生活的安定，满足人民日益增长的物质和文化生活的需要。

（三）基于利益角度划分的保险经营管理目标确定

从不同的利益群体之间考虑或者说从利益的角度划分，可以分为社会贡献目标、企业利益目标和个人利益目标。社会贡献目标表明企业经营的社会责任；企业利益目标体现保险企业发展的内在动力；个人利益目标是保险企业经营的动力源泉。

1. 保险经营管理的社会目标

社会目标，即保险管理所要达到的社会效果，指保险企业在自身管理和保险赔付过程中所取得的社会效果，也称为社会贡献目标，是根据保险公司在国民经济中的地位和作用，为实现国民经济发展战略而制定的具有良好社会效果的经营目标。包括：提高风险意识，降低灾害事故和人身伤亡率，减少经济损失，安定社会生活，保障经济稳定运行；支持投资和金融改革；促进对外贸易发展；服务支持“三农”；提高社会保障水平；为国家提供税金，辅助社会管理。

2. 保险企业管理的经济目标

公司利益目标：保险公司生存和发展所需的经济目标，是保险公司经营活动的直接内在动力。保险企业管理的经济目标：在实现保险公司经济目标的过程中，从保险公司财务管理的角度考虑，保险经营要满足3个分目标：

(1) 财务稳定目标，即偿付能力目标，要财务稳定，有偿付能力。

(2) 盈利目标，指保险企业管理所要实现的经济结果，它集中表现为保险企业的利润量。保险企业的利润量等于保险企业的货币收入量减去保险企业的货币支出量。货币收入量指保费；货币支出量指各项费用支出、各项赔付支出、各项责任准备金和各项保险税金之和。盈利实际上是保险公司经营的综合目标和终结目标。

(3) 持续发展目标：不但保费规模要持续增长，而且发展质量也要提高。

三者之间的关系：在财务稳定前提下，以盈利为目的，推动持续发展。

3. 个人利益目标

保险公司职工在经营活动中追求物质利益和自我价值实现的目标。

此外，保险经营目标从保险企业发展的角度划分，可以分为长远目标、中期目标和近期目标。

五、保险经营管理原则

保险经营管理的原则是保险企业从事保险经营活动的行为准则，是保险经营思想的具体体现，源于保险企业经营的实践，决定于保险经营的性质，服务于保险经营目标的实现，是经营策略顺利实施的可靠保证，是适应、协调和改善保险经营环境的客观要求。保险经营是一种商品经营，它的一般原则就是商品经营的一般原则，包括经济核算原则、随行就市原则、薄利多销原则。由于保险商品除具有一般商品的共性外，还具有自身特性，因此在经营保险这一特殊商品的过程中，既要遵循一般企业经营的基本原则，又要遵循保险业经营的特殊原则，即风险大量原则、风险选择原则和风险分散原则。

（一）经济核算原则

以营利为目的的一般企业和公司都遵循这一原则。经济核算原则是商品生产经营的基本原则，是指利用价值、货币形式，对生产经营过程中的劳动耗费和劳动成果进行记载、计算、分析和比较生产经营活动中的劳动损耗和劳动成果，衡量成本收益情况，保证以收抵支，并取得赢利。经济核算原则是由节约劳动时间规律所决定的，是由企业具有相对独立的经济利益决定的，是按劳分配原则的要求。

经济核算的形式，包括保险公司全面经济核算和分险种单独核算。经济核算的方法，包括保险统计核算、保险会计核算和保险业务核算。经济核算原则的内容，包括保险成本核算、保险资金核算和保险利润核算。

保险成本核算分物化劳动部分和活劳动部分。物化劳动部分主要有：保险设备耗费金额、补偿经济损失或给付金额、各种准备金、各种利息和费用等；活劳动部分主要是保险企业职工的工资总额。准备金是一种“未来成本”因素，具有特殊性。

保险利润核算同其他生产经营企业的利润核算有着较大的差别。不能简单地把当年的保险费收入减去当年的赔款和费用算作利润，在进行保险利润核算时，要特别注意未了责任。保险公司核算的关键不在于资产而在于负债。

（二）随行就市原则

保险公司要以市场需求为导向，根据不断变化的市场行情，及时调整保险商品的结构和价格水平以适应市场的需求。不仅仅是被动地适应市场行情的变化，还要有强烈的市场观念，对影响保险市场行情的各种因素全面、细致、深入地进行分析。根据所掌握的信息正确预测和判断其发展变化的趋势和规律。提高适应市场变化的能力，不断地把消费者的潜在需求转化为现实的保险商品。

保险市场供需矛盾的存在，竞争的存在，使得保险公司必须把握准市场动向，及时调整。例如，调整险种，开发新险种；完善保险服务，以优质服务赢得客户；根据成本、市场、宏观经济政策和竞争者的价格因素及时调整。

（三）薄利多销原则

保险公司应利用价格杠杆扩大销售量以便赢利，即以略高于商品成本的较低的价格打开商品销路，依靠较大的销售量来保证赢利。薄利多销原则是针对消费者的选价心理对购买行为的影响而采取的一种促销手段；是商品经营者迅速占领市场，提高市场竞争能力的有力武器。

（四）风险大量原则

1. 概念

风险大量原则是指保险人在可保风险的范围内，应根据自己的承保能力，争取承保尽可能多的风险和标的。风险大量原则是保险经营的首要原则。风险大量原则为保险人的经营活动提出了一个最低限度的合同数量，然后，在此基础上拓展新的保险领域，扩大保险范围，扩大承保数量。

2. 原因

(1) 保险的经营过程实际上就是风险管理过程，遵循风险汇聚原理：当两个人的风险即可能发生的损失不相关时，汇聚安排或平摊总损失可以抑制风险。只有承保尽可能多的风险和标的，才能建立起雄厚的保险基金，以保证保险经济补偿职能的履行。

(2) 大数定律：极限情况下即参加汇聚的人非常多，每个参加者的平均损失非常接近于每个参加者的期望损失值，每个参加者损失的标准差将非常接近于零。保险人建立保险赔偿基金是以大数法则作为数理基础的，只有承保大量的风险和标的，才能使风险发生的实际情况更接近预先计算的风险损失概率，以确保保险经营的稳定性。

(3) 扩大承保数量是保险企业提高经济效益的重要途径。只有承保大量的风险和标的才能增加保险经营的收入；承保面越大，参加保险的人数越多，业务量越大，就越能节省非营业性开支。扩大承保数量可实现规模经济，即降低单笔保单的管理费用。

3. 意义

遵守风险大量原则，保险人应积极组合拓展保险业务队伍，在维持和巩固原有业务的同时，不断发展新客户，扩大承保数量，拓宽承保领域，实现保险业务的规模经营。

（五）风险选择原则

1. 概念

风险选择即核保选择，即充分评价投保标的的风险大小和保险金额等，决定是否承保。风险选择原则是指保险人在承保时对投保人所投保的风险种类、风险程度和保险金额等应有充分和准确的认识与评估，并根据判断做出承保、有条件承保或拒保的选择。

保险人不仅需要承保大量的可保风险和标的，还需对所承保的风险加以主动的选择，使集中于保险保障之下的风险单位不断趋于质均划一。通过承保质量的提高，保证保险经营的稳定性。

强调保险人对保险标的的主动选择，否定保险人无条件承保的可能性。对投保要求不是来者不拒，而是有所选择。

2. 形式及种类

(1) 尽量选择同质风险的标的承保，实现风险的平均分散；

(2) 淘汰超过可保风险条件或范围的保险标的。淘汰包括事前风险选择和事后风险选择。

① 事先风险选择。事先风险选择是指保险人在投保人投保时，在承保前考虑决定是否接受承保，包括对人的选择和对物的选择。

对人的选择是对投保人或被保险人的评价和选择；对物的选择是对保险标的物的评价和选择。

② 事后风险选择。事后风险选择是指保险人在承保后若发现被保险人或发现保险标物的有较大的风险存在，超过核保标准，对保险合同做出淘汰性选择。

保险合同的淘汰通常有三种方式：一是等待保险合同期满后不再接受续保；包括保险合同期满后不续保；二是按保险合同规定事项予以注销合同；三是保险人若发现被保险人有明显误告或欺诈行为，可以中途终止承保，解除合同。

（六）风险分散原则

1. 概念

风险分散是指由多个保险人或被保险人共同分担某一风险责任，使保险人承担的保险责任被控制在可承受的范围之内。风险分散包括承保前分散及承保后分散。

2. 种类及方法

(1) 承保前的风险分散。

合理划分风险单位，参考每个风险单位的最大可能损失确定保险金额，对超出自身承保能力的部分不予承保。对承保的风险责任加以限制，如控制保险金额，规定免赔额、共同保险条款等。

核保时的风险分散主要表现在对风险的控制。即保险人对将承保的风险责任适当加以控制，目的是为了减少被保险人对保险的依赖性，同时防止因保险而可能产生的道德风险。

主要方法：一是控制保险金额，即保险人在核保时对保险标的要合理划分危险单位，按照每个危险单位的最大可能损失确定保险金额；二是规定免赔额（率），即对一些保险风险造成的损失规定一个额度或比率，由被保险人自负，保险人对该额度或比率内的损失不负责赔偿；三是实行比例承保，即保险人按照保险标的实际金额的一定比例确定承保金额，而不是全额承保。

共同保险条款：几家保险公司共保，共同保险就是承保当时分散的一种。

(2) 承保后的风险分散。

承保后的风险分散以再保险和共同保险为主要手段。保险人以再保险和共同保险等手段使风险空间上得以分散，同时又以提存各种准备金制度，使风险在时间上得以分散。

多个保险人或被保险人共同分担某一风险责任，使得其承担的保险责任控制在可承受的范围内。

承保后的风险分散的典型例子就是再保险。承保后分散的手段还有控制保额、限制赔偿、明确保险责任范围、规定免赔率、共同保险、无赔款优待、保险风险证券化等。

风险证券化是以未来保险期间或再保险期间所产生的现金流量为标的，进行结构性的重组，将其转变为可在资本市场上出售和流通的证券，借以转移风险融通资金；风险的最终接受者由原来的再保险人转变为更广泛意义上的资本市场。

【拓展阅读】

《保险法》

第一百零三条 保险公司对每一危险单位，即对一次保险事故可能造成的最大损失范围所承担的责任，不得超过其实有资本金加公积金总和的百分之十；超过的部分，应当办理再保险。

保险公司对危险单位的划分应当符合国务院保险监督管理机构的规定。

六、保险经营管理策略

保险经营管理策略是为实现保险经营目标所采取的行动方案和对策，通常表示一种总的方案。一个理想的经营目标，如果没有科学的实施步骤和方法，也是不可能实现的。保险经营管理策略是在企业内外环境的动态发展中形成，不是单靠定量和数学模式可以直接运算出来的。

保险经营管理策略是一种经营艺术，是一种适应体系，是一种协调方式，还是一种竞争手段。

（一）保险经营管理策略是一种经营艺术

保险经营管理策略是虚与实的高度统一。“虚”即科学构想和深谋远虑的意境；“实”即实际安排与行动。

保险经营管理策略是“法”与“变”的有机结合。“法”是既定模式与法则；“变”为革新创造。“法”是“变”的基础，不能恪守前人之“法”而没有革新。

（二）保险经营管理策略是一种适应体系

保险经营管理策略是为了适应保险经营环境的变化而制定的一系列应变行动方案和对策。内外环境纷繁复杂，变化频繁且难以预测和控制，要针对经营环境中可能发生的每一重大变化制定一个或多个应变方案和对策，根据变化了的形势，随时修正和调整经营策略，以适应保险经营活动的需要。

（三）保险经营管理策略是一种协调方式

保险经营管理策略是协调企业内外关系、解决各种矛盾冲突的协调方式。

保险经营管理活动是一个矛盾运动的过程，既有企业内部矛盾，又有企业同外部各环境要素之间的矛盾。如果处理不当，都将成为企业发展的障碍，需要采取行之有效的方法来协调各种矛盾，以减少企业内耗和企业与外部环境的摩擦。

（四）保险经营管理策略是一种竞争手段

竞争是商品经济的客观规律之一，不仅是商品质量、服务质量、技术水平、人力、物力和财力的竞争，更重要的是智慧的较量。在双方势均力敌的情况下，智高一筹便可胜券在握；在极其困难的条件下，灵活地利用对策，就能以智取胜、以弱胜强。保险经营管理策略是企业参与市场竞争并取胜的重要手段。

七、我国保险经营管理的现状及发展

（一）我国保险经营管理的现状

目前，我国保险经营管理呈现以下现状，如寿险公司业务核保不完善，承保风险突出；费率厘定过于标准化；投资风险表现突出；资产总量增长但结构不合理；核保核赔制度不完善等。针对内部经营风险，可以采取加强资产风险的管理，完善核保制度，强化费率管理等方法。针对外部风险，可以采取转变经营思路，加快培养人才，积极调整产品结构等方法。在经济全球化、金融一体化迅猛发展的今天，保险公司所面临的风险越来越大，我国保险公司应当从物质和观念上为今后在中国保险业全面推行综合风险管理做好充分的准备。

（二）保险经营管理中存在的主要问题

受多种因素的影响，国内保险公司整体经营管理水平有待提高，基层公司在经营理念、内控制度、管理水平、服务创新、队伍建设等方面尚存在一些亟待解决的问题。之所以存在这些问题，与我国保险市场尚处于初级阶段，基层保险公司内控管理制度不健全，从业人员整体素质不高等有着直接的关系。因此，全面提升基层保险公司的经营管理水平，是国内保险公司应对入世的需要，也是国内保险业快速健康发展的需要。

（1）在经营理念上，发展和管理、速度和效益的矛盾突出。

（2）在市场开拓思路上，业务领域狭窄，产品创新力度小，销售渠道管理不完善。

（3）在市场竞争方法上，价格严重不稳，影响市场秩序。

（4）在服务水平上，技术含量较低，仍然存在过分依赖关系和人情的现象。

（5）在保险队伍建设上，干部职工主人翁意识减弱，企业文化氛围不浓，团队协作精神不强。

（三）保险经营管理中问题产生的原因

（1）国内保险市场发展尚处于初级阶段，未形成高效有序的市场运行规则。

（2）保险公司管理的精细化程度不高，内控管理制度不健全。

（3）保险公司从业人员整体素质不高。

（4）人们在发挥保险职能的过程中，往往忽视管理对象特点、环境的变化及创新理论的认识及其运用，弱化管理中应承担的引导、协调、服务等方面的具体职责。

（四）提高保险公司经营管理水平的措施

保险公司管理创新的重点应是建立健全与公司目标高度一致的激励和约束机制，构建高效的组织管理体系，以提高客户满意度为导向不断改进业务流程，持续提高标准化管理水平，大力强化和改善人力资源管理。

(1) 转变经营观念,变粗放式经营为集约化经营。

(2) 加快创新步伐,改进保险营销方式。

(3) 强化管理意识,提高管理质量和水平。

(4) 加强保险队伍建设。

管理理念或思想,管理技术与手段的运用需要结合实际。管理文化强调的是实事求是、与时俱进的精神。

第二节　保险经营管理环境分析

一、保险经营管理环境概述

(一) 保险经营管理环境

在保险经营管理过程中,包括政治、经济、社会、自然界和科技等在内的各方面因素存在相互联系、相互影响和相互制约的关系,同时保险经营管理的各环境因素又都在不断运动、发展和变化着,保险经营管理环境呈现关联性和多变性特征。保险经营管理环境系统是复杂的、多层次的,从不同角度划分有不同的分类。

(二) 保险经营管理的宏观环境和微观环境

从环境层次的角度来划分,保险经营管理的环境可以分为宏观环境和微观环境。

1. 宏观环境

所谓宏观环境,是指那些给保险公司造成市场机会和环境威胁的主要社会力量,包括人口环境、经济环境、政治环境及宏观经济政策和经济体制、社会文化环境、科学技术环境等。

(1) 人口环境。人口环境指人口的规模、密度、地理分布、年龄、性别、家庭、民族、职业,以及其他有关情况。人口状况如何将直接影响到保险企业的营销战略和营销管理,尤其是人身保险的市场营销与一国人口环境的联系就更为密切。

(2) 经济环境。影响保险营销的经济环境是指保险企业与外部环境的经济联系,是影响企业营销活动的主要环境因素。经济发展水平是一个综合指标,保险经营管理在进行经济发展水平分析时,应着重考察以下因素:一个国家或地区的消费者收入、消费者支出模式的变化和物价水平即社会购买力等经济指标。

(3) 政治法律环境及宏观经济政策和经济体制。政治法律环境主要是指与保险市场营销有关的国家方针、政策、法令、法规及其调整变化动态,以及有关的政府管理机构和社会团体的各种活动。任何国家的国内政治局势和政策法规与国外的政治局势和政策法规的变化,都会给保险市场营销带来相应的影响,无论是挑战还是机遇,保险企业都应认真对待。经济体制是一切经济活动的前提,宏观经济政策则体现着宏观经济发展的方向,它们必然影响和制约着保险企业的市场营销活动。随着我国的经济体制由传统的计划经济向市场经济转变,给保险业带来了巨大的机遇。另一方面,我国保险企业也应当尽快改变原有计划经济体制下的一套运作模式，提高服务质量和工作效率，以适应市场经济的要求。

(4) 社会文化环境。社会文化环境是指一个国家、地区或民族的文化传统，如风俗习惯、伦理道德观念、价值观念、宗教信仰、法律、艺术等。保险营销管理者必须具体研究这些问题，必须了解和熟悉各种不同的社会文化环境，才能做好保险营销工作。

(5) 科学技术环境。科学技术对人类的生活最具影响力，如新技术、新产品的不断问世，一方面将会降低原有风险，给企业带来源源不断的经济利益，但另一方面也会给企业带来一些新的风险，从而为保险市场营销创造新的机会。

2. 微观环境

保险营销的微观环境是指与保险企业直接有关的市场营销环境，包括供给商、保险中介人、保险顾客、竞争对手、社会公众以及保险企业内部影响营销管理决策的各个部门，如计划、人事、财务、业务、营销等。

(1) 保险企业内部各部门。保险企业内部各部门之间分工协作的关系是构成保险企业内部环境的一个重要因素。保险企业内部各个部门、各个管理层次之间的分工是否科学合理，协作是否和谐、目标能否一致、配合是否默契，能否做到心往一处想，劲往一处使，直接影响到保险企业的营销管理决策和营销方案的实施。

(2) 保险中介人。保险中介人包括保险代理人、保险经纪人和保险公估人。事实上，一个成熟健全的保险市场不应只是保险企业与保险购买者两个基本要素的简单组合，它还需要有保险中介人活跃其中，这已是大多数保险业发达国家的具体实践所证实的一个普遍规律。

(3) 保险顾客。保险顾客是保险营销的基础。就某一险种而言，购买该险种的个人或组织越多，风险就越分散，保险企业的经营就越稳定；反之，其经营的危险性就越高。因此，分析保险购买者的心理及行为特征是保险企业不可忽视的一项重要工作。

(4) 竞争对手。保险企业的竞争对手主要是指提供同一种类保险服务，但其承保条件、保险责任、除外责任、保险范围以及售后服务有所不同的竞争者，它涵盖了在保险市场上提供保险服务、经营保险业务的所有保险企业。各个保险企业为了达成自身最佳的经营绩效，都会采取不同的营销策略和竞争手段，从而形成行业竞争关系。

(5) 社会公众。由于保险营销活动会影响到社会公众的利益，因而政府机构、金融机构、中介机构、群众团体、地方居民等公众，也会关注、监督、影响、制约保险企业的营销活动。保险企业遵纪守法、及时理赔、开展社会公益活动，努力塑造并保持良好的信誉和公众形象，是保险企业适应和改善环境的一个重要方面。

经济发展趋势影响保险业的繁荣与否，保险业作为国民经济的"助动器"和"稳定器"，在国民经济中发挥的作用日益明显；保险业也是每一个公民个体各方面发展的安全后盾，为他们保驾护航，每一个个体的健康发展就是整个国家的健康发展。保险业的发展对经济的需要犹如树木的成长离不开土壤。国民经济全局发展是发展保险业的前提，国民经济全局发展为保险业提供了充足的保源。国际国内经济格局的变化无时不触动保险业发展的神经。全球保险市场的发展历史表明，各国的经济增长与其保险业的发展是正相关的。

（三）保险经营管理的内部环境和外部环境

保险经营管理环境是指与保险企业经营有关的各种内部因素和外部因素的总称；保险

经营管理环境是贯彻保险经营思想、制订经营策略和实现经营目标的前提条件。分析保险经营公司组织的内、外部环境是制订公司计划和公司经营目标的基础。公司经营管理者只有了解内外部环境，才能确定正确的保险经营决策。

1. 保险经营管理的内部环境

保险经营管理的内部环境实际上是与保险经营管理活动有关系的内部因素。经营管理是企业各个方面工作的综合反映，是保险行业或企业内部实力的综合体现。保险企业内部各个部门、各种管理层次之间的分工是否合理、合作是否协调、目标是否一致、是否团结合作等直接影响着保险公司整体的工作效率，影响着经营管理决策和营销方案的实施。

保险经营管理的内部环境，对企业来说是一个可控制因素。因此，要使保险经营有一个良好的内部经营管理环境，就必须准确地弄清自己的优势和劣势，以及造成劣势的原因，从中找到内部潜力挖掘的方向，采取有效措施，改善企业内部经营管理环境。内部环境主要包括劳动者素质、经营管理、资金实力、信息资源、技术水平等。

2. 保险经营管理的外部环境

保险经营管理的外部环境是企业的不可控因素，可以说是整个社会和自然界，包括自然环境、人口环境、经济环境、市场环境、政策环境、文化环境和社会环境等诸因素。

3. 保险经营管理的内部环境和外部环境的关系

保险经营管理的内部环境和外部环境是辩证的统一体。内部环境是可以控制和改造的，是企业经营管理的基础和发展的源泉；外部环境则是不可控因素，是保险经营管理与发展的制约因素。企业内部环境和外部环境两者在一定条件下是可以互相转化的。企业内部环境的改善可改变外部市场竞争实力对比，影响国家政策的制定和执行；企业外部环境可能直接渗透到企业内部环境之中，成为企业内部环境因素。

本书侧重分析保险经营管理的内外部环境。

二、保险经营管理的内部环境分析

（一）劳动者素质

劳动者是保险企业中起决定性作用的生产要素，是保险经营活动中最具创新力量的经营资源，是企业活力的源泉。劳动者的劳动能力包括体力和才智两部分，因而劳动者素质的高低主要体现在其体力和才智的差异上。一个拥有高素质劳动者群体的保险企业，其经营活动的开展就具备了根基和竞争实力。社会主义保险企业的劳动者是企业的主人，相互之间是同志式的平等互助互利关系。同时，企业又是广大劳动者共谋生存与发展的生活共同体。每个劳动者又有自身的物质利益和精神追求，因此，要正确处理好企业和个人之间的利益关系，加强思想政治工作，提高劳动者的精神境界，从而创造一个和谐的、催人奋发的企业人事环境，为企业物质文明和精神文明建设创造出劳动者群体的聚合力，使企业充满活力。21世纪保险业的竞争归根到底是人才的竞争，谁掌握了人才谁就能在激烈的竞争中取胜。因此，保险公司要建立高效员工流动，培训和激励机制，提高员工素质，创造一个和谐、催人奋进的环境，提高员工凝聚力。例如，海尔企业文化的内涵："事业留人，关系留人，感情留人，待遇留人，企业文化留人"。

（二）经营管理

保险公司应在产品开发、定价、精算、投资决策及财务平衡预算策略等方面进行系统性思考与适配，使之经营活动行为具有一致性，并保持持久性，从而使竞争优势叠加起来，以利于与同业竞争对手相抗衡。通过制度化和程序化的约束与建设，发挥整体或系统协调作战的能力，以利于公司经营管理目标的实现。

1. 保险经营管理目标

保险经营管理目标是指保险企业在充分利用现有经营管理条件的基础上，经过努力所要达到的经营目的和标准。保险公司作为市场经济中的一个经济主体，其经营目标就是通过保险服务，保障社会公众经济生活的安定，实现企业自身利润最大化。上述目标是保险经营活动的最终目的和行为标准，是保险企业经营决策的前提和企业经营的指南。

2. 保险经营管理策略

保险经营管理的内外环境纷繁复杂，尤其是外部经营环境变化频繁且难以预测和控制，如经济周期、科技进步、消费习惯、市场需求等各种因素的变化，都可能严重影响保险经营活动的顺利进行和经营目标的实现。对此，保险经营者应该事先做好充分的准备，针对经营环境的每一重大变化，制定出一个或多个应变方案和对策，确保保险经营的稳定性和经营目标的实现。同时，根据变化了的形势，随时修正和调整经营策略，以适应保险经营活动的需要。

3. 保险企业经营管理水平

保险企业的经营管理是指针对保险经营各个环节（即展业、承保、赔付、投资），保险代理与保险信息等进行计划、组织、协调和控制的活动。通过对保险经营各环节的计划和调控，掌握市场对保险的需求和变化，设计相应的险种和提供费率标准，正确运用保险资金和增强企业偿付能力，促进保险企业业务管理技术和经营管理水平的提高，实现保险企业经营的预期目标；通过对保险代理进行的管理，完善保险代理环节，从而拓宽承保范围和保证代理业务的质量；通过保险信息管理，及时掌握国内外保险市场的动态和行情，为制订保险企业经营战略提供参考依据，保证保险展业、承保、赔付和投资决策的科学性。

（三）资金实力

资金是经营管理实力的集中表现，是保险经营管理活动中物资的货币体现，资金的雄厚程度对保险经营管理的信誉、承保能力、竞争能力以及企业的发展等方面均具有直接制约作用。资金是保险企业得以存续的血液，也是保险经营成果的核算媒介，是保险公司经济补偿的基础，也是保险公司再投资的源泉。

由于保险经营的特殊性，保险资金具有自身的特点。首先在资金来源上，主要来自资本金、准备金和其他投资金；其次在资金核算上，保费资金由于其所承担偿付责任的长期性和连续性，不能将当年全部保费收入作为已赚保费，还必须提存各种保险业务的未到期责任准备金。在资金积累上，历年的盈余上缴国家利税外，其余部分主要归入保险总准备金，以扩大承保能力和应付特大风险损失的偿付。

【拓展阅读】

2009年9月25日颁布实施的《保险公司管理规定》:

第七条 设立保险公司,应当向中国保监会提出筹建申请,并符合下列条件:

(一) 有符合法律、行政法规和中国保监会规定条件的投资人,股权结构合理;

(二) 有符合《保险法》和《公司法》规定的章程草案;

(三) 投资人承诺出资或者认购股份,拟注册资本不低于人民币2亿元,且必须为实缴货币资本;

(四) 具有明确的发展规划、经营策略、组织机构框架、风险控制体系;

(五) 拟任董事长、总经理应当符合中国保监会规定的任职资格条件;

(六) 有投资人认可的筹备组负责人;

(七) 中国保监会规定的其他条件。

中国保监会根据保险公司业务范围、经营规模,可以调整保险公司注册资本的最低限额,但不得低于人民币2亿元。

第十六条 保险公司以2亿元人民币的最低资本金额设立的,在其住所地以外的每一省、自治区、直辖市首次申请设立分公司,应当增加不少于人民币2 000万元的注册资本。

申请设立分公司,保险公司的注册资本达到前款规定的增资后额度的,可以不再增加相应的注册资本。

保险公司注册资本达到人民币5亿元,在偿付能力充足的情况下,设立分公司不需要增加注册资本。

2009年10月1日颁布实施的《中华人民共和国保险法》:

第九十七条 保险公司应当按照其注册资本总额的百分之二十提取保证金,存入国务院保险监督管理机构指定的银行,除公司清算时用于清偿债务外,不得动用。

第九十八条 保险公司应当根据保障被保险人利益、保证偿付能力的原则,提取各项责任准备金。

保险公司提取和结转责任准备金的具体办法,由国务院保险监督管理机构制定。

第九十九条 保险公司应当依法提取公积金。

第一百零六条 保险公司的资金运用必须稳健,遵循安全性原则。

保险公司的资金运用限于下列形式:

(一) 银行存款;

(二) 买卖债券、股票、证券投资基金份额等有价证券;

(三) 投资不动产;

(四) 国务院规定的其他资金运用形式。

保险公司资金运用的具体管理办法,由国务院保险监督管理机构依照前两款的规定制定。

第一百零七条 经国务院保险监督管理机构会同国务院证券监督管理机构批准,保险公司可以设立保险资产管理公司。

保险资产管理公司从事证券投资活动，应当遵守《中华人民共和国证券法》等法律、行政法规的规定。

保险资产管理公司的管理办法，由国务院保险监督管理机构会同国务院有关部门制定。

（四）信息资源

信息是企业经营管理者了解企业内外经营环境，从事保险经营决策等活动的依据。现代社会是信息社会，信息是保险经营需要的重要资源，及时、全面、准确的信息是企业经营活动的必备内部环境，其对保险经营的预测、决策和经营控制都起着十分重要的作用。信息具有广泛性特征。

信息通常包括一切与保险经营活动直接或间接相关的社会、政治、经济、科技以及自然界信息，如市场占有率、潜在客户、竞争对手的营销策略等信息在开发新险种时非常必要；投资资本市场时，又必须了解资本市场、不动产市场信息等。

（五）技术水平

保险经营管理技术指保险经营活动中应用的各种技能、技巧、知识和方法，主要包括自然科学技术和社会科学技术两大类。自然科学技术是指保险经营活动中所需的风险识别，衡量控制技术，损失勘察和确定所需要的生物化学、医学数学、逻辑推理等知识，以及保费厘定和准备金提存所应用的精算技术。社会科学技术主要是指保险经营过程中需要的经营管理知识、方法、技术与能力，如保险展业宣传、保险营销技巧如广告技巧等、保险财务管理技术以及多元投资策略技术、劳动人事组织与管理技术、保险内部管理的协调能力以及公关能力、企业部门之间的协调艺术、保险经营调查、预测和决策技术、现代通信技术以及网络应用技术等。保险经营管理技术是保险经营活动的科学基础，是提高保险经济效益的基本保证。

三、保险经营管理的外部环境分析

（一）自然环境

保险经营管理的自然环境指的是土地、水、能源等直接限制保险公司的经营活动的一些条件，包括保险经营管理过程中可利用的各种自然资源和自然界的不规则变动状况两大方面。

一方面是土地、水、能源等自然资源对保险公司的影响。从直接的保险经营角度来看，保险经营活动本身需要各种自然资源，如土地、水、能源等，这些资源直接制约着保险经营活动；从间接的角度来看，保险人承保的企业风险，如财产保险、营业中断保险等，受自然资源状况的影响而呈现出不同的风险程度，进而间接影响到保险的经营活动。

另一方面是自然灾害风险对保险公司的影响。即自然界的不规则运动或外力作用引起的风暴、雷电、洪水、泥石流、飓风等，使保险经营处于一种不确定的自然环境之中，若企业实力不足，就有可能在巨大自然灾害面前难以对所承保的大量风险予以经济补偿，从而影响到保险经营的稳定性。因而，自然灾害对保险企业的影响远远大于对其他工商企业的影响。

自然灾害对保险公司影响很大，虽然保险公司对自然风险做了大量观察和研究，掌握了一定规律，自然风险的随机性以及人口快速增长、经济飞速发展对环境带来的破坏，使得自然风险更加不确定和频繁。巨灾债券就是为了应对保险公司的自然灾害承保风险。瑞士再保险和慕尼黑再保险每年都对全球自然灾害造成的损失和保险赔偿额进行统计和公布。

【拓展阅读】

据统计从巨灾损失的分布看，在世界范围内，巨灾损失大多集中在美国和欧洲，1970—1988年10亿美元的损失发生属于偶然事件，巨灾损失仅占世界GDP总值的0.02%。但是从1989年开始几乎每年都有超过10亿美元的损失发生，还出现了几次超巨额的损失，巨灾损失上升为世界GDP总值的0.07%。以巨灾损失最为严重的1992年为例，保险损失占当年世界GDP总值的0.12%。1992年美国的Andrew飓风，保险损失183亿美元；1994年美国Northridge地震，保险损失135亿美元；1991年日本的Mireille飓风，保险损失65亿美元。

据联合国统计资料表明，自20世纪以来，中国是继美国、日本之后世界上自然灾害最严重的国家之一，灾害种类多、发生频率高、分布地域广、造成损失大。全国有三分之二的国土面积不同程度地受到洪水威胁，近半数的城市分布在地震带上，20世纪全球54个最严重的自然灾害中，有8个发生在中国。从冰雪灾害，到汶川大地震，2008年的中国经受了前所未有的巨大灾难。①

（二）人口环境

人口环境及其变动对保险经营内外部环境有着关键性的影响。

在保险经营管理过程中需要考虑人口环境状况及其变动，应特别注重分析对保险业发展的影响，研究人口环境如何直接影响到保险经营管理战略和营销策略，这是关系到保险经营管理能否成功运行的关键。

人口是市场的第一要素，人口的数量、分布、构成、教育程度以及这些因素的发展动向构成了保险经营管理活动的人口环境。人口环境是保险经营管理环境中最重要的因素。考虑保险市场需求，就要考虑由对保险具有购买欲望与购买能力的人所构成的保险市场，人口环境及其变动对保险市场的需求有着整体性、长远性、关键性的深刻影响，进而影响保险企业市场营销机会的形成和目标市场的选择。人口环境存在的差异导致生活习惯和消费方式的差异。人口环境显著影响保险需求，影响保险险种格局和价格等，决定着保险市场的需求潜在容量和需求格局。

人口环境的研究应包括人口规模、密度、出生率、死亡率、人口年龄结构、地理分布、婚姻状况、受教育程度、性别比例、家庭人口的数量结构、文化差异、民族种族差异、职业差异、就

① 瑞士再保险公司的研究杂志Sigma公布的部分资料。

业观念以及其他有关情况。在保险经营管理过程中，根据其具体情况选择客户群，有利于保险经营管理目标的达成和实现。

一国人口环境的变化对人身保险业务的影响尤其显著。人口数量直接决定市场规模和潜在容量，人口的性别、年龄、民族、婚姻状况、职业、居住分布等影响着人们的风险意识和保险意识，也对市场格局产生着深刻影响，从而影响着企业的经营管理活动。不同性别和年龄段的人群对于风险的认知程度和偏好程度都是有差异的，民族差别则主要表现为其文化传统和宗教信仰，而婚否对于人们的保险意识的强弱也有着比较明显的差异，主要表现在家庭责任的承担等方面，一般就业状况和收入比较稳定的人群保险意识都不是很强。在我国，属于事业编制的人群失业的概率是很小的。

1. 人口总量(人口规模)、人口出生率的变动和增长速度对保险需求的影响

一个国家的人口总量与构成决定保险业发展的潜在需求市场。人口规模和增长速度是保险市场潜力形成的要素之一。人口规模对保险需求特别是对人身保险需求的容量具有重要影响。在满足其他条件的情况下，人口多且增长速度快，保险的需求容量就会大；反之，人口少且增长速度慢，保险需求容量就会小。在不考虑其他因素的前提下，人口越多，寿险市场需求越大。中国人口数量约 14 亿多，高居世界之首，占世界的四分之一多，如此众多的人口数量为中国保险业尤其是保险业务的发展提供了厚实的基础。中国的人口总规模最大且目前仍在不断增长，从这一方面来说中国的保险市场尚有大量的潜力未被挖掘，保险业还有巨大的发展空间。中国成为当今世界上最大的保险市场，吸引了世界上许多西方发达国家的保险公司纷纷进入中国市场。

由此可见，人口环境对保险经营的外部影响非常大，中国的保险业有巨大的潜力和发展空间；另一方面，巨大的人口基数为保险业的发展提供了一个很好的基础，保险人在对任何一个风险损失的概率做出比较精确的估算时，都需要根据大数法则，通过大样本量的观察和统计，得出损失概率，这是确定产品价格的重要依据。而一定规模意义上的人口和时期是确定保险产品价格的基础条件。

在保险公司经营过程中要注意，人口增长快，意味着保险需求不断提高，要不断提高保险经营水平，不断推陈出新，开发新产品吸引客户购买，整合转型。

2. 人口的构成对保险需求的影响

人口的构成对保险需求的影响，进而影响保险经营管理。

一般来说，人口构成包括自然构成和社会构成两个方面：前者指性别构成、年龄构成等；后者指民族构成、城乡构成、职业构成、教育程度等。不同构成的人群由于客观背景和主观意识的不同，形成对保险产生不同的认识和不同的需求倾向。将来可能会有新的保险品种，如婚姻险。

(1) 性别构成。

我国目前人口性别比下降，但出生性别比增加明显。近年来，由于人们对出生儿性别选择倾向明显随着各种医疗科技水平发达，对出生儿性别控制和鉴别能力提高，新生儿性别比增加趋势明显，预计 2020 年前后，将有超过 2 000 万男性婚姻权利的实现将受到限制，社会出现大批“剩男”，中国目前及今后都面临可怕的女性短缺，将使得每年有数以百万的年轻男性在本国找不到异性配偶。这对我国社会的稳定将是一个极大的冲击。保险公司应该适时

针对这部分人的理财及保险需求特点，尝试开发与婚姻相关的产品，改善保险经营管理环境。同时由于计划生育政策实施，导致独生子女家庭数量连年攀升。所以在此基础上保险公司经营可多增加储蓄类和投资类产品。

(2) 年龄结构。

2005—2010年间0～14岁人口比重呈现持续显著下降趋势，2010年达到最低值为22 259万人，2015年0～14岁人口为22 681万人，15～64岁人口为100 347万人，15～64岁人口2000年之前显著增加，之后10年变化不大，65岁以上人口数量2000年之前逐渐上升，如表1-1、表1-2所示。随着生活水平提高和医疗卫生条件的改善，人口寿命普遍延长，而且我国老年人口增长速度比欧洲和日本等发达国家都要快，近10年显著增加，2015年达到14 434万人，超过全国总人口10%。人口老龄化趋势加剧，人口红利逐渐消失，人口老龄化的高峰即将到来，养老问题的严重性和必要性日渐得到显现，庞大的"银发"族将是养老保险极具潜力的需求者，我国人口年龄结构的变化十分有利于人寿保险的发展。

表1-1　2010年及之前我国历次人口普查的各年龄人口比例　　(单位：%)

年龄组别	1953	1964	1982	1990	2000	2010
0～14岁	36.28	40.69	33.59	27.69	22.89	16.60
15～64岁	59.31	55.75	61.50	66.74	70.15	70.14
65岁及以上	4.41	3.56	4.91	5.57	6.96	8.87

表1-2　2005—2015年三个不同年龄段人口变化情况　　(单位：万人)

年龄组别	2005	2006	2007	2008	2009	2010	2011	2012	2013	2014	2015
0～14岁	26 504	25 961	25 660	25 166	24 659	22 259	22 164	22 287	22 329	22 558	22 681
15～64岁	94 197	95 068	95 833	96 680	97 484	99 938	100 283	100 403	100 582	100 469	100 347
65岁及以上	10 055	10 419	10 636	10 956	11 307	11 894	12 288	12 714	13 161	13 755	14 434

(资料来源：《中国人口统计年鉴2006—2016》。)

2000年总人口13亿人，老年人增加6 891万人。据湖南商学院学报预测，预计到2020年总人口达到137 702万人，2025年达到138 620万人，2030年达到139 100万人，2035年达到139 322万人，预计到2050年，老年人将达到4亿人，占总人口的27%。也就是说，到2050年，每4个中国人中就有1个老年人。而且我国老年人口增长速度比欧洲和日本等发达国家都要快，从退休人口(60岁)与支撑老年人口的生产年龄人口(16岁到59岁)的比例来看，我国在1997年达到18.86%，2000年为20.14%，2020年约为37.37%。在中国，过去以"人生六十年"为生命周期的时代将被"人生八十"所替代，庞大的"银发"族将是养老保险极具潜力的需求者。

随着人们生活水平的提高和医疗卫生条件的改善，婴儿的出生率上升，死亡率降低；人的寿命不断延长，我国人均寿命在攀升，人口平均寿命普遍延长，老年人口的比重逐步提高。从2000年至今，老年抚养比加快增长，预计至2020年将上升至16.9%，如表1-3所示。由于之前计划生育政策的影响，当前"二孩"政策也改变不了我国的老年人口抚养比的持续增大。

表 1－3 2005—2015 年人口抚养比情况 （单位：%）

年龄组别	2005	2006	2007	2008	2009	2010	2011	2012	2013	2014	2015
总抚养比	38.8	38.3	37.9	37.4	36.9	34.2	34.4	34.9	35.3	36.2	37
少儿抚养比	28.1	27.3	26.8	26	25.3	22.3	22.1	22.2	22.2	22.5	22.6
老年抚养比	10.7	11	11.1	11.3	11.6	11.9	12.3	12.7	13.1	13.7	14.3

（资料来源：智研咨询《2017—2022 年中国养老行业现状分析及投资战略研究报告》。）

从人口的年龄结构上看，我国目前人口的红利期基本结束，人口老龄化趋势加剧，老年抚养比不断上升，人们对保险产品尤其寿险的需求不断增长，使得我国未来的养老保险市场需求增大，我国的养老和社保体系很不完善，完全靠社会保险并不能够满足需求。目前，我国的基本医疗保险用的是现收现付制，在当前的人口结构下，压力自然不会很大，但老龄化在我国已经是不可逆转的趋势。如果退休年龄不变，并且继续执行退休后不缴费的政策，在基本医疗保险制度覆盖的人群中，将出现缴费人群相对缩小、享受人群相对扩大的趋势，这将对现行的医疗保险制度的健康运行形成严峻的挑战，必须及早实行适合未来人口结构变化的筹资模式。我国应大力发展养老保险，完善社保体系；保险公司应根据人口模式来制定、考虑，改善内部经营管理时可着重分析，继续大力开发具有储蓄和投资功能的产品。我国人口年龄结构的变化十分有利于人寿保险的发展。

(3) 人口的地理分布及人口流动性。

保险消费需求大小与人口的地理分布密切相关，应考虑人口的地理分布对保险需求的影响。其中主要原因是：我国幅员辽阔、经济发展不平衡，人口集中密集的地区往往是一些东部经济发达的地区，人口多，因而保险需求量会相对大，这样就容易形成保险的有效需求；而中西部地区，由于人口稀少，经济不够发达，因此目前保险需求也相对于东部地区小得多，其保险业远落后于东部地区。在形成有效保险需求后，人口密度的不同，影响着保险需求量的大小；人们具体的保险需要、购买习惯和行为特点，不同地区的人群存在着很大的差异。在保险经营管理中，应该关注人口地理分布的问题。

关注人口地理分布的问题，需要制定合理的市场开发战略，完善养老和社保体系，大力发展养老保险，及早实行适合未来人口结构变化的筹资模式，保险公司应继续大力开发具有储蓄和投资功能的产品，改善教育结构，加强对中产阶级的保险市场占有率。保险公司经营管理决策时应当注重人口地理位置的选择，然后根据人口环境考虑内部经营管理策略，不能忽视东部沿海地区和中西部两者的区别。

人口的流动性，即人口的迁移活动对保险经营管理有影响。城市化、全球化致使人口流动性增大，流动性明显增强，可能蕴含着保险新产品契机。我国人口规模大，与此同时城镇人口规模也在迅速扩大。估计再过 10 年，我国的城镇人口就将超过农村人口，我国将逐步由以农业人口为主的国家变为一个以工商业劳动者为主的国家。此外，大量的农民工涌入城市，参与城市化和工业化的发展其直接的结果是中国人对风险的处理态度将由自留变为转移，城镇化使人与人之间相互影响加深，导致产生风险的因素增加，从而客观上会刺激对保险产品的需求。

人口环境不论是在人口规模和增长速度还是在人口的地理分布亦或是在人口的自然构成和社会构成上都对保险需求有着至关重要的影响。我们要改善人口环境对保险经营管理的影响。在保险经营管理过程中，对我国当前保险市场的这种不平衡现象要予以关注，这些客观存在直接反映了保险需求量的多寡，保险经营管理决策部门应将此作为制订市场开发战略的重要依据之一。

(4) 家庭规模、家庭类型及其变动、家庭职能的变化。

家庭人口的数量变化趋势以家庭规模小型化为特征。

家庭结构小型化有利于扩大购买人寿保险的欲望。我国现有城镇家庭人口的平均数量在逐步减少。据调查，全国家庭规模平均人数为 3.84 人，北京市家庭规模为 3.15 人，几代同堂的家庭规模越来越少，取而代之的则是三口之家、两人世界和单身贵族的现象。计划生育政策使三口之家成为我国的典型家庭规模，即 4－2－1 的家庭，一般家庭一对夫妻，上有 4 位老人，下有 1 个孩子。4－2－1 的家庭结构加重了年轻夫妻的潜在财务负担。对于单职工家庭，如果顶梁柱发生意外或失业，整个家庭就会受到巨大的冲击，很可能超过经济承受能力；孩子的抚养、老人的赡养必将转化为社会化、专业化的服务。

家庭结构和功能在变化、家庭人数缩小，削弱了传统的家庭互助和赡养功能，家庭规模小型化，降低了家庭抵御风险的能力，增加了对商业保险的需求；家庭规模变化之后导致家庭内部抵御风险的能力相对减弱，人们势将部分传统的家庭互助任务转移给社会化的商业保险。

(5) 人口教育结构。

人口的受教育情况：教育的发展将使我国人口的文化程度与文化结构发生质的变化。人口素质是影响保险，特别是人身保险发展的重要因素。新中国成立以来人口的文化素质有了惊人的提高，1964 年人口普查时，具有大学文化程度的人口占总人口的 0.41%，高中文化程度占 1.3%，文盲和半文盲占 37.85%；到 1990 年人口普查时，大学文化程度的人口占总人口的比例上升到 1.42%，高中文化程度的人口占总人口的比例上升到 8.04%，文盲和半文盲的比例下降到 15.88%。但是，与国际上发达国家相比，我国的人口素质与我国的地位仍不相称，文化教育落后，成为我国国民经济发展的制约因素。

目前，我国的人口教育结构也在发生巨大的变化，接受高等教育的人越来越多，教育结构的改善对于保险的供求和市场的扩大具有持续的推动力，因为教育可以使人更好地理解现代金融技术、风险管理手段，以及运用保险的风险分散功能进行风险管理。另一方面，它使得我国目前为数不多的中产人群数量有扩大的可能，这将引起我国目前保险消费结构的变化，使得我国的保险需求与发达国家的保险需求更为相似，即以中产阶层为主而非富人为主。保险公司应该开发专属这类人的保险产品。中产阶级的保险市场占有率，将是未来保险公司的重要竞争方向。

(6) 人口的就业观念。

我国自改革开放以来，社会就业观念已发生很大变化，就业人员结构由单一的国家或集体的企事业职工转变为多种人员并存。其中个体人员的比例逐步上升，这部分人包括律师、会计师、各种代理人、经纪人以及外资雇员等。他们一般有较高的收入，但职业的风险性较大，且缺少国家提供的基本保障。因此，他们购买长期寿险和健康保险的需求较大，是产生有效保险需求的重要来源。

(7) 购买者行为变化。

现在消费者消费行为发生了一些变化，人寿保险公司应该密切注意这些变化并迅速调整自己的相关经营策略。现在，主要的购买群体为 30～60 岁的人。50 岁以上的购买者，多是为后代购买保险。如果为自己购买，大多选择储蓄型或理财型保险产品。他们购买保险主要是听从做保险的老熟人推销，或者看别人购买后跟从购买。30 岁左右的购买者正在成为主要的购买群体。他们大多数都受过良好教育，收入处于中等以上。这群购买者正在变得理性、自主。总之，新一代购买群体的特点，将是多种销售渠道并行，网上保险将得到蓬勃发展，同时也只有高素质的营销团队才能获得更好的销售业绩。

寿险市场的购买者可以分为个人购买者和团体购买者。个人购买者：由于长期寿险产品相对比较复杂，保险责任、缴费要求，再加上时间变量，个人购买者很难在不同公司的类似产品中简单比较出结果，同时个人购买者非常分散，因此个人购买者的讨价还价能力不是很强。

团体购买者：团体购买者主要指企事业单位。团险产品购买者的议价能力比较强，特别是对于短期险。但对于长期险，如企业年金险，由于该类保险产品属于负债产品，偿付能力和获得能力是购买者首要考虑的因素，因此购买者更注重保险公司的实力和效益，而不是简单的价格比较。他们更倾向于能够提供完备产品计划和服务体系的保险公司。

（三）经济环境

经济环境是不断变动的，是影响营销活动、企业运营和发展的主要环境因素，影响保险经营管理的经济环境是指保险企业与外部环境的经济联系，保险经营管理面临的经济环境因素包括：国民经济发展水平、经济周期、金融环境、国际化进程、储蓄与保险消费规模、保险消费观念等。

1. 国民经济发展水平

保险是经济发展的产物，并随着商品经济的发展而不断发展。保险业的发展对经济的需要犹如树木的成长离不开土壤。经济发展水平影响或制约保险业的发展水平和发展速度。国民经济的发展是发展保险业的前提，能为保险业提供充足的保源。国际国内的经济格局的变化无时不触动保险业发展的神经。

国民经济发展水平指我国国民经济发展的总体状况，是一定时期内，某国以 GDP 指标或者 CPI 指数衡量的经济发展速度。GDP 指标表示宏观经济发展速度，而 CIP 表示 CPI 指标是衡量城镇居民在服装、食品、住房、交通、教育、医疗和娱乐等方面的支出水平，是居民的微观平均经济条件。GDP 指数和 CPI 指数的综合考量，体现保险行业所针对的国民经济发展环境。一国经济增长与保险业的发展是正相关的，保险发展与经济发展水平正相关。保险企业属于第三产业，作为国民经济中的实体单位和经济细胞，是构成国民经济总体中最基本的要素，同时，国民经济形势又是保险经营管理的宏观经济环境，直接制约着保险业的发展。经济发展水平对保险经营水平、发展速度和规模起决定作用。保险通过集合投保人所缴纳的保费来建立保险基金转移风险,保险基金很大程度上取决于人们的缴费能力和保险需求,保险严重依赖于国民经济水平和发展速度。

中国的保险业发展至今,已经有了五十余年的历史,尤其是在近二十年间,随着经济体制改革的深化和对外开放的政策的落实,中国的保险业得到了飞速的发展,这就决定了宏观及微观的各种经济因素会影响到保险公司的发展策略与方向。不同的经济环境要求保险公司必须采取相应的对策,这会给保险公司业的发展带来压力,但同时也会给保险业的经营管理比较有利,保险业迎来发展的机遇。

多年来,中国的经济增长速度高居世界首位。1978 年我国国内生产总值为 3 624 亿元,2000 年为 89 404 亿元,经济增长率长期保持在 8%左右,目前 GDP 排名在世界范围内数一数二。随着经济发展,保险业总保费的增长也一直处于比较高的增长状态,2013 年我国全年实现保费收入 1.72 万亿元,同比增长 11.2%,比上年提高 3.2 个百分点,目前,我国保费规模已在全球排名第四位。保险公司总资产 8.3 万亿元,较年初增长 12.7%。净资产8 475 亿元,较年初增长 7%。利润总额达到 991.4 亿元,同比增长 112.5%。①

2. 经济周期

经济周期影响或制约保险业的发展水平和发展速度。客观理性分析并掌握保险与经济周期互动规律以实现行业持续发展。

从经济发展周期来看,经济发展的繁荣和萧条都会给保险业及置身其中的保险企业带来巨大的影响。当国民经济繁荣时,社会对保险商品的消费水平相对提高,保险市场需求增大,通过市场机制的作用,保险企业经营规模就会扩大,经济效益就会提高。反之,当国民经济萧条时,保险需求不足,情况则相反。作为短期险种的财产保险受经济周期影响不大,而寿险受经济周期影响非常大,因为寿险一年费形式缴纳,一旦经济萧条,人们就有可能因为承受不起退保。

国内保险业共经历过六个保险周期,呈现出扩张型非对称特征。从保险周期与其他经济周期的关系来看,国内保险周期呈现顺周期性,说明我国保险周期波动受国内宏观经济影响较大。"从国际保险市场发展规律与近年来我国保险市场发展趋势看,保险业与国民经济发展具有高度相关性。"当前保险业发展的有利条件与积极因素在不断增多。首先,国民经济回升向好的势头日趋明显,为保险业发展奠定了经济基础,为保险业继续保持稳定发展提供了有利条件。

3. 金融环境

改革开放以来,随着中国金融体制改革深化,中国居民金融资产结构不断调整,银行、证券、保险等金融部门之间的联动越发紧密。金融环境不断趋于稳定。经济增长促进了金融资产持有总量的增加,推动了保险需求的快速上升。

当前国内外经济形势仍然极其复杂,国际金融危机影响的严重性和经济复苏的曲折性都超过了人们的预期,宏观调控面临的"两难"问题增多,保险业发展面临较大挑战。

---

① 数据根据各网站公开数据整理。

国内方面，实体经济走势和金融市场变化，可能给保险需求和资产配置带来更多不确定性。如果出现汽车销售增幅下降、固定资产投资增速回落、出口退税力度减弱等情况，都会直接影响相关领域的保险需求。如果利率水平进行调整，对保险产品需求将产生复杂影响，同时也对保险资产配置能力提出更高要求。汇率形成机制改革重启之后，人民币汇率波动增大，保险公司持有的外币资产将面临汇率波动风险。资本市场振荡，不仅增加资产负债匹配难度，也给防范投资风险和提高投资收益带来较大压力。国际方面，世界经济正在逐步复苏，但复苏基础不牢固，存在较大不确定性。国际金融危机深层次影响尚未消除，欧洲主权债务危机影响不容忽视，世界经济的系统性和结构性风险仍十分突出。世界经济以及国际金融市场的动荡，不仅会影响我国经济运行，也可能通过外资保险公司在华分支机构，以及国内保险公司的对外投资，对保险承保和投资业务形成一定冲击。

量化宽松政策对保险业的影响总体是良性偏好的。量化宽松政策提高了消费者的通货膨胀预期，有望提高消费者对分红险的需求，推高了资本市场有利于提供保险资金的投资汇报率，催生了人民币保单市场的繁荣。

法定存款准备金率上调与保险投资的关系。自从《保险法》正式颁布实施以来，中国保险业的主要投资渠道有：银行存款、买卖各种政府债券、金融债券以及优质的企业债券等，通过购买证券投资基金间接进入股票二级市场，进入银行间市场从事现债交易、国债回购业务、资金的拆借业务等。由于保险公司的投资领域主要集中在货币市场和资本市场，中国人民银行上调法定存款准备金率1%的决定，对保险公司投资业务的影响成为该货币政策对保险公司的最大的利益关系所在。

连续加息对保险业的影响。从宏观上看，利率通过影响市场的资金价格和国民经济增长速度对保险需求产生影响，并通过作用于保单预定利率及投资收益率直接影响着保险企业的经营状况及资本充足率。连续加息对保险业的冲击主要来自两方面：一是对保险产品收益率的影响，二是对保险资金运用收益率的影响。现在，银行存利率超过寿险预定利率，其结构性影响十分复杂，需持续谨慎观察。

4. 国际化进程的突破

国际化进程的突破，入世使保险业进入实质性发展阶段。我国已加入世贸组织，按照有关约定，我国保险业将进入全面开放的新阶段，这将有利于扩大保险市场规模，打破垄断局面，促进国内保险公司在经营、管理、产品、技术和服务等方面的进步。加快国内保险公司体制改革的步伐，缩短与国际保险业的差距；改变我国保险业的增长方式，增加市场主体，加快我国保险业的国际化进程。同时，也给我国保险公司带来了冲击和挑战。

5. 储蓄、利率变化与保险消费规模连续加息对保险业的影响

国家经济的持续高速发展，使人们的收入和储蓄不断增长。目前，2015年我国城乡居民储蓄余额达到55万亿元。这种较高的储蓄水平实际上就是保险业务潜在的市场资源。据调查城镇居民储蓄动机中保险需求十分强烈，以养老为存款目的的占9.2%，以防备意外事故发生为存款目的的占7.5%，以子女教育费为存款的目的占的比例更高。由于储蓄与保险存在相似的目的，人们收入的增加，无疑能扩大对保险的需求规模。银行储蓄和投资型

的保险商品具有一定的替代效应，投资型的保险消费者会在保险和储蓄之间进行比较权衡。利率和投资型的保险消费之间具有负相关的关系。银行利率变动对保险心理的影响主要体现在投资型的保险消费方面。

6. 保险消费观念

中国城市消费者的保险消费观念可分为四大类，根据受教育程度的不同，他们对购买保险各持有不同的倾向。第一类为超时型消费者。他们受教育程度较高，比较年轻且收入较高，对生活、工作、收入、储蓄及未来持有新的观念，并乐意制订计划，使自己退休后不会成为子女的负担，这种类型的消费者对保险的需求远远超过其他的消费者，并有相当部分已经购买各种保险。第二类为追随型消费者。他们也受过良好的教育，但收入比第一类人较低，他们认为有必要为未来做好准备，确保自己在遭遇突然事故时，家庭不会陷入经济困境，因此购买保险的积极性较高。第三类为传统型消费者。他们的相对年龄较大，没有前两种人收入高，而且不具有标新立异的想法，因此购买保险这种商品的可能性较小。第四类为固执型消费者。他们在四类人中经济实力最弱。根据恩格尔定律，家庭收入越高，其总支出中购买食物的比例越小，而用于住、行、医、娱、育等方面的支出大幅上升。因此，这种类型的消费者收入主要用于购买食物，而不愿用于购买保险。

经济的发展对保险消费心理有着重要的影响，同时提高了人们的经济实力。在满足了人们第一层次的需要后，继而引起了人们更高层次的需要。在人们收入较低时，首先考虑的就是满足生理上的需求，解决温饱的问题；在收入水平不断提高，第一层次的需要基本得到满足之后，人们开始更多地考虑安全问题。收入上升的结果将增加其支出，其中的部分支出用于购买耐用消费品，如汽车、房屋等，人们拥有的实物财产也就越来越多。因此，需要考虑的财产安全问题也越来越多。同时，个人开始意识到身体的健康将带来持久的收入，进而为自己和家庭带来幸福，因此也更多地关注身体的安全。因此，经济发展促进了人们的保险消费行为。

经济发展提高了国民保险意识。加入世贸组织后，中国经济开始全面融入世界经济，各种制度将与国际接轨，各项社会保障制度的改革更加深入，国家医疗制度和养老制度的改革，越来越多的部分将由人们自己来承担。国家今后除了有可能向所有国民提供最低限度的生活津贴，以保证一张“安全网”的存在以外，人们将不得不依靠自己的力量及早安排晚年生活。这时，保险作为一种经济保障制度已逐渐为人们所接受。

（四）市场环境

市场环境是指一定时期内，某个地区所能提供的保险产品的总量与某个地区居民的保险产品需求量总量之间的关系。也可以说是保险市场的发育和完善程度以及保险市场上的竞争方式和激烈程度。哪里有商品生产和商品交换，哪里就存在竞争，保险市场也不例外。当然，不排除保险总供给大于保险总需求，但是某个保险品种供不应求的状况。比如，目前在国内信用体系总体出现危机的情况下，与个人住房消费贷款相关的贷款信用保险需求很大。国内大的商业银行迫于国家调控压力，同时为了控制不良资产的比例，要求个人住房消费贷款，在有抵押的情况下，仍然要购买贷款信用保险。保险公司财务管理应该及时发现财务数据中的细微变化，为经营管理提供及时合理的建议：开展贷款信用保险业务或者加大贷款信用保险业务的促销力度。

保险市场竞争主要包括两个方面：一方面是同业竞争，即保险企业之间在经营规模、种类、信息、服务质量和价格水平上层开的竞争。另一个方面是行业竞争，即保险企业同非保险的金融机构以及其他企事业单位相互渗透，引起资金转移而产生的竞争。

市场发育不完全往往会造成恶性竞争，影响保险公司经营的稳定性；保险市场的结构模式和开放程度会加剧竞争，同时为业务的拓展提供了便利。

目前，我国保险市场竞争的格局已经从完全垄断发展到目前垄断竞争的格局，未来保险市场竞争状况将日趋激烈，保险企业应增强竞争意识，敢于竞争，善于竞争，并重视对保险市场竞争状况的研究，掌握竞争对手的情况，据此确定经营对策，充分发挥自己的竞争优势，出奇制胜。

衡量保险市场发展的重要指标主要有保费收入、保险密度和保险深度。

"十一五"期间我国保费收入年均增长 24%，2010 年保费收入达到 1.45 万亿元，保险业总资产超过 5 万亿元，我国已成为全球重要的新兴保险大国。

"十三五"以来，我国确定了要由保险大国向保险强国转变，保险市场发展迅猛。2016 年，我国原保费收入 30 960.01 亿元，同比增长 27.5%；总资产 151 046.5 亿元，同比增长 22.2%；赔款支出 10 481.48 亿元，同比增长 20.84%；保险资金投资收益率在 5%～6%之间，远远高于银行存款和国债的收益率水平。我国 2016 年的保费收入已经超过日本，排名世界第二。我国保费收入排名世界第二。

表 1-4　2012 年至 2016 年中国保险市场的保费收入①　（单位：十亿美元）

项　目	2012 年	2013 年	2014 年	2015 年	2016 年
非寿险	104.3	126.82	151.49	175.74	203.52
增长率	19.45%	21.59%	19.45%	16.01%	15.81%
寿险	141.21	153.3	176.95	210.76	262.62
增长率	4.96%	8.56%	15.43%	19.11%	24.61%

保险密度是按照一国的全国人口计算的人均保费收入；保险密度是人均保费支出，它反映了一个国家保险的普及程度和保险业的发展水平；保险深度是指保费收入占国内生产总值(GDP)的比值，它是反映一个国家或者地区的保险业在其整个国民经济中的地位的一个重要的指标。保险深度和保险密度主要衡量一个地区保险市场的成熟程度。从保险密度和保险深度这两个指标，可以看出中国保险行业的发展情况及它与世界同行业水平的差距。

2004 年，我国保险深度为 2.6%，保险密度为 380 元。而 2004 年世界平均保险深度已达 8.1%，平均保险密度已达 470 美元。我国保险业虽然自保险行业恢复以来，一直保持着快速增长的势头，但与世界相比，中国的保险深度和保险密度远远低于发达国家。市场的有效需求

① 数据来源：根据智研咨询提供的数据整理。

没有得到较好的释放，中国的保险市场应该采取有效的措施来提升保险行业的快速发展。

2009 年，中国保险业保费收入位列全球第七位，保险密度和保险深度，远低于全球平均水平 595.1 美元和 7.0%。保险市场发展潜力巨大。

再看 2016 年数据如表 1－5 所示，我们可以看到中国保险行业的巨大发展。

表 1－5　2016 年中国及其他部分国家和地区 的保险市场的保险深度及保险密度比较①

市场	经济指标			非寿险			寿险		
	GDP（十亿美元）	人均 GDP（美元）	2016 年 GDP 实际增长率	保费（十亿美元）	保险深度	保险密度（美元）	保费（十亿美元）	保险深度	保险密度（美元）
中国	11 233.9	8 123.4	6.7%	203.5	1.81%	147.2	262.6	2.34%	189.9
美国	18 502.8	57 107.4	1.6%	793.5	4.29%	2 449.2	558.8	3.02%	1 724.9
日本	4 953.7	39 221.7	1.0%	117.2	2.37%	928.3	354.1	7.15%	2 803.4
德国	3 460.4	41 893.5	1.8%	120.4	3.33%	1 397.1	94.7	2.75%	1 150.6
英国	2 628.9	40 013.7	1.8%	104.8	2.58%	1 030.5	199.4	7.58%	3 033.2
法国	2 460.6	36 780.3	1.1%	84.8	3.17%	1 167.5	152.8	6.06%	2 227.7
印度	2 272.2	1 710.0	7.0%	17.5	0.77%	13.2	61.8	2.72%	46.5
韩国	1 414.3	27 840.6	2.7%	66.7	4.72%	1 312.3	104.2	7.37%	2 049.6
瑞士	659.9	78 559.5	1.3%	27.2	4.12%	3 233.2	31.2	4.72%	3 700.3
台湾	507.5	21 595.7	1.4%	17.0	3.34%	722.0	84.5	16.65%	3 598.7
新加坡	297.0	53 035.7	2.0%	3.5	1.67%	882.4	17.6	5.48%	2 894.5
香港	320.7	43 337.8	1.9%	4.5	1.41%	613.2	51.9	16.20%	7 065.6

（五）政策政治法律环境

政治法律环境主要是指与保险市场营销有关的国家方针、政策、法令、法规及其调整变化动态，以及有关的政府管理机构和社会团体的各种活动。任何国家的国内政治局势和政策法规与国外的政治局势和政策法规的变化，都会给保险市场营销带来相应的影响，无论是挑战还是机遇，保险企业都应认真对待。

1. 政策环境

政策环境主要指国家的经济产业调整政策、财政税收政策、金融监管政策和政策的国际性变化。其中，政策的国际性变化是近年来企业特别关注的内容。在经济全球化趋势下，这是国内保险企业不得不面对的一个现实。2001 年，中国加入 WTO。按照 WTO 规定，到 2016 年中国必须取消对于外国保险企业的种种限制，国内保险企业在中国市场上要与外国保险机构公平竞争。中国的保险企业需要充分准备，应对新的挑战。

政策环境指国家政策变化，经济发展策略和相关法律调整，特别是国家对保险公司政策的变化直接影响公司的业务经营。

---

① 数据来源：根据中国产业信息网公开资料整理。中国及其他部分国家和地区 2016 年的经济指标、非寿险（包括意外伤害和健康保险）和寿险（不包括意外伤害和健康保险）市场的保险深度及保险密度。

政治环境引导着企业营销活动的方向，法律环境则为企业规定经营活动的行为准则。政治与法律相互联系，共同对企业的市场营销活动产生影响和发挥作用。保险业的稳健发展需要完善的法制基础。

国家的政策和法令变化，经济发展策略和相关法律调整，特别是国家对保险公司政策的变化直接影响公司的业务。国家的政策和法令是保险企业经营的政治法律环境，包括与保险经营直接或间接相关的一系列法律、法规、政策及其实施细则。保险经营的政治法律环境对企业经营有两方面的作用：其一是保护保险企业的合法行为和利益；二是取缔企业的违法行为，限制其不良行为，以维护保险市场的正常秩序。政策和法令还会通过对经济、社会的影响，从总体上制约保险企业经营的相关因素。因此，分析、研究企业经营的政策、法令环境，掌握企业经营的大气候，对于稳定和开拓经营业务，把握经营方向具有十分重要的意义。

宏观经济政策的稳定连续实施，也为保险业发展营造了良好的政策环境。中央提出将继续保持宏观经济政策的连续性与稳定性。在积极的财政政策下，投资增长特别是一些基础设施与项目的投资建设，不但为保险资产配置提供了渠道，也会带动一些新的保险需求。在适度宽松的货币政策下，低利率环境有利于拉低寿险长期保单的资金成本，寿险产品的相对吸引力也会得到增强。民生建设的推进，更为保险业发展提供了难得机遇。

近年来，中国保险业一直保持高速增长的态势，成为国民经济中最为活跃的力量。保险业为实现经济的又好又快发展和社会的和谐稳定局面，做出了突出贡献。但是，保险法制建设却没有同步跟进，使得保险业的进一步发展欠缺必要的法制支持和思想基础，保险业秉承的稳健经营的原则面临着严重的挑战。在《国务院关于保险业改革发展的若干意见》颁布一周年的日子里，全社会共同关注保险业，寻求实现保险业稳健经营的良策，对于促进保险业构建和谐社会和为经济社会发展做出贡献，无疑具有重大的现实意义和深远的历史影响。

影响保险公司的经营的国家政策主要包括：保险监管政策、税收政策、利率政策、汇率政策、社会保障体系构建等。

保险监管政策：包括保险投资监管、偿付能力监管、费率水平监管等；国家对保险投资的控制主要体现在国家对保险资金的运用明确规定了投资范围和比例，放款和紧缩都会影响保险公司的利润和财务的稳定。

税收政策：企业所的税降低和税收优惠政策，保险公司有足够的经营资金；个人所的税降低，缴费能力增加；受益人领取的保险金可以免缴遗产税，保险分红可以免税。

利率政策：银行利率上调，刺激保险需求，但是保险公司投资风险增加；银行利率下调，抑制保险需求，影响保险公司的资产负债和利润。

利率通过影响市场的资金价格和国民经济增长速度对保险需求产生影响，并通过作用于保单预定利率及投资收益率直接影响着保险企业的经营状况及资本充足率。连续加息对保险业的冲击主要来自两方面：一是对保险产品收益率的影响，二是对保险资金运用收益率的影响。现在，银行存款利率超过寿险预定利率，其结构性影响十分复杂，需持续谨慎观察。

汇率政策：主要影响与保险有关的出口信用保险，海外投资保险，海外旅游保险，上调刺激以上业务发展，下调抑制以上业务发展。

社会保障体系变化：逐步由过去的现收现付制转向部分积累制；个人或家庭的经济安全需要国家、企业和个人三大支柱来保证，并且个人的支柱作用会越来越显著。

自从《保险法》正式颁布实施以来，中国保险业的主要投资渠道有：银行存款、买卖各种政府债券、金融债券以及优质的企业债券等，通过购买证券投资基金间接进入股票二级市场，进入银行间市场从事现债交易、国债回购业务、资金的拆借业务等。由于保险公司的投资领域主要集中在货币市场和资本市场，中国人民银行上调法定存款准备金率1%的决定，对保险公司投资业务的影响成为该货币政策对保险公司的最大的利益关系所在。

从宏观上看，利率通过影响。市场的资金价格和国民经济增长速度对保险需求产生影响，并通过作用于保单预定利率及投资收益率直接影响着保险企业的经营状况及资本充足率。连续加息对保险业的冲击主要来自两方面：一是对保险产品收益率的影响，二是对保险资金运用收益率的影响。现在，银行存款利率超过寿险预定利率，其结构性影响十分复杂，需持续谨慎观察。

社会保障政策是由国家制定，对公民个人提供某种形式的补贴以弥补他们由于退休、失业、伤残等原因造成的收入损失，并在他们患病期间提供医疗服务的一项政策，包括社会保险、社会救济和社会福利等方面的内容。由于社会保障和商业保险有一定的替代效应，因此，社会保障的发达程度直接影响商业保险消费心理。通常，社会保障程度越高，覆盖面越广，消费者的侥幸心理和依赖心理越强，越不利于保险消费。

宏观经济政策的稳定连续实施，也为保险业发展营造了良好的政策环境。中央提出将继续保持宏观经济政策的连续性与稳定性。在积极的财政政策下，投资增长特别是一些基础设施与项目的投资建设，不但为保险资产配置提供了渠道，也会带动一些新的保险需求。在适度宽松的货币政策下，低利率环境有利于拉低寿险长期保单的资金成本，寿险产品的相对吸引力也会得到增强。民生建设的推进，更为保险业发展提供了难得机遇。

2. 政治环境

社会政治环境主要包括那些能够强制和影响社会上各种组织和个人行为的政治体制、法律、政府机构、公众团体。保险企业，作为社会经济的一个微观主体，其营销活动必定要受到政治环境的影响和制约。

(1) 政治体制。它制约和规范着各种组织的行为，不管是保险业还是非保险业。

(2) 各种法令法规。尤其是《保险法》和相关经济法规，不仅规范保险企业的行为，而且还将影响保险企业内部险种结构的变化、新险种的开发以及发展速度等各方面。

(3) 政府的政策。法令法规一般来说相对稳定，但政府的政策，特别是与保险企业密切联系的税收政策、产业政策、金融政策等是对许多重大政治、经济问题做出适时、适当的反映，因而对保险企业市场营销活动的影响更为频繁。

(4) 主管政府机构。包括对保险企业某些业务活动进行管理的政府机构，如工商局、税务局、财政部、中国人民银行等。

(5) 公众。这里不是指一般的老百姓，而是指所有实际上或潜在地关注、影响着保险企业达到其经营目标的能力的公众。主要包括：

① 媒介公众，主要是报纸、杂志、无线电广播和电视等影响广泛的大众媒介。

② 公众团体。在西方常被称为“压力集团”，指为维持某些部分的社会成员利益而组织起来的会对立法、政策和社会舆论产生重大影响的各种社会团体。例如，消费者协会。

3. 法律环境

保险业的法制建设一直处于比较混乱的状况，导致保障保险业发展的法制环境渐趋恶劣，保险业界的案件的爆光频频，如世都百货退保案、广州信诚人寿保险合同案、哈尔滨非法持枪案、席卷全国的保证保险合同纠纷案、浙江工商保险“霸王条款”风波、深圳重疾险条款诉讼案等，不可低估其对保险业的所产生的负面影响及其对保险业发展环境的伤害。加强保险法制建设，改善保险法制环境，促进保险业稳健、持续、快速发展。

(1) 研究修改《保险法》，为保险业的发展构建良好的基本法律保障平台。

保险法制是以《保险法》为核心的一系列与保险商业经营管理和行政监管有关的法律、法规及规章的制定、实施和适用的统称。自从 1995 年《保险法》颁布实施以来，尤其是 2000 年以来我国保险业也呈现出了良好的发展态势。保险业的外部环境和内部结构均发生了深刻的变化保险主体逐步增加、保险业务稳步增长保险市场日益活跃保险业的监管不断加强保险业对外开放和市场化进程不断加快保险公司的经营管理水平也有所提高。可以看到在保险业的发展过程中以《保险法》为核心的保险法制对于我国规范保险活动、调控保险市场的竞争、促进保险业的发展起到了制度基础和法律保障作用。

在一定意义上说，《保险法》是保障保险业发展的根本大法也是保险法制的核心。《保险法》过去在促进保险业的发展中起到了非常重要的作用。但是《保险法》颁布实施已经 10 年有余与 10 年前相比较保险业的外部环境和内部结构都发生了深刻的变化。良好的发展态势下我国保险业的发展也存在很多问题和矛盾，其中《保险法》的相对滞后与保险业的较快发展之间的矛盾尤为突出。现行《保险法》存在的一些问题与缺陷日益显露，这些问题主要表现为如下十个方面：

关于《保险法》的基本原则；关于被保险人的法律定位；关于保险合同的成立、生效和保险责任的承担；关于保险合同的解除；关于保险费与保险合同的效力及保险责任的承担；关于保险合同的解释规则；关于人身保险的特有规定；关于保险公司的业务范围；关于保险公司的偿付能力及其维持；关于《保险法》的立法体例与商法的意思自治。

修改和完善《保险法》，无疑对保障和促进保险业稳健、快速发展具有非常重要的意义。通过《保险法》的修改研究的过程，来实现对保险法律规范价值的再发现，为保险业未来的发展创造广阔的发展空间和强有力的制度保障。

为了促进保险业持续、稳健、快速发展，为保险业的发展营造良好的法制环境和基础保障。中国保监会未雨绸缪适时地启动了《保险法》的修改工作可以肯定地说《保险法》的修改和完善对于完善保险法制加强保险业法制化建设优化保险业发展环境促进保险业的稳定、快速发展具有极其重要而又深远的意义。

(2) 尽快建立保险法律适用的辅助机制。

现行《保险法》总体来说，还是一部不错的法律。如果需要对《保险法》存在的缺陷或不足进行分类，可以分为两类，一类是制度性的安排问题，需要通过论证做出改变；另一类问题则属于法律规定不明确，只是需要进一步规定明确而已。从这个意义上说来，《保险法》的修改时机是否成熟，还是一个值得商榷的问题。与此相反，建立保险法律适用的辅助机制，却是保险业的一个非常现实而又迫切的问题。对于正确适用《保险法》，规范保险业务经营和管理，改善保险业当前的法制环境，必将具有非常重要的现实意义。

(3) 用好、用足与保险业有关的现行法律、法规。

为保险业的发展服务提及保险法制建设，多数人保险业人士的第一反应就是修改《保险法》，其实这种想法是不对的。应当充分地认识到，保险业仅仅是我国社会主义市场经济体系中的一个环节，甚至只是一个微不足道的环节，对于保险业自身运营的特殊规则方面的问题，国家已经颁布专门的《保险法》(包括《海商法》的部分内容)给与了充分的考虑和安排，在此之外，保险业的经营与管理还是要遵循国家其他法律、行政法规的规定。不能过分地强调了个性，导致不同程度地忽视了共性。

(4) 加强保险法律适用研究。

加强与保险业务有关的法律的理论与实务研究，及时指导和纠正保险业务中普遍性的法律适用问题。

法律、法规的制定和修改，只是法制建设的起点，正确使用法律来调整和规范保险行为，是制定和修改法律的目的，同时，希望法律法规将所有的保险现象预先规定得明明白白，是不可能的，也是不客观的。因此，保险业界应当将保险法律、法规的适用研究，置于非常重要的地位，改变长期以来轻视保险法律的研究，仅仅对保险原理和保险经济现象的叙述性、介绍性的研究风格，加强对保险原理和保险经济现象真正深入的、思辨性研究，一方面，通过该等研究促使各类保险法律关系的主体正确适用相关法律，进而推动保险业务的规范和发展；另一方面，及时发现和总结在法律适用中比较普遍的、争议较大的现象以及新生的保险现象，并与有权机关沟通，通过制定司法解释或指导意见的方式，实现保险法制的相对完善。

(5) 建立和健全保险公司总法律顾问制度，强化保险公司保险业务经营的法律意识。

保险业经营的保险产品是对被保险人或受益人的一份承诺。这种承诺的表现形式就是保险合同。除了保险资金运用外，保险公司几乎所有的经营管理行为均是围绕保险合同而进行。即使是保险投资行为，也与合同密切相连。从这个意义上说，法律的意识和法律的适用对于保险公司比对于其他行业应当更加关键和重要。但现实却相反，保险公司当前的法律意识和法律水平几乎是所有行业中最弱的。尽管保险公司被迫按照监管机关的要求，建立了所谓的“法律责任人”制度，但由于管理体制的原因，“法律责任人”制度仅仅是个摆设，根本无法发挥实际应有的作用。鉴此，我们建议，监督管理机构可以借鉴国有资产监督管理委员会的经验和做法，在保险公司建立公司总法律顾问制度，并通过合理得制度安排和设计，使这项制度在促使公司内部的规范运营和风险防范、促进社会整体保险法制建设中发挥实实在在的作用。

(6) 尝试通过保险行业协会建立保险纠纷案件的协商、调解机制，减少保险诉讼案件对保险消费者的负面影响。

保险消费者对保险的普遍认识中，投保容易理赔难，保险纠纷诉讼案件大幅度增加、判决保险公司败诉结果的报道屡屡见诸报端。社会对保险业的认识产生了极大的负面影响，一定程度上也抑制了社会大众对保险消费的需求，久而久之，或许成为保险业发展的制约因素。为了改变这样的现象，建议通过保险行业协会尝试建立一种保险纠纷案件的协商调解机制。例如，可以参照仲裁机制，在行业协会下面设立一个保险纠纷案件调解委员会，设计一种对被保险人或受益人自愿、对保险人适当强制的案件听证制度，对于调解结果被保险人或受益人不服可以再寻司法途径，但保险公司应当遵守。类似这种制度的设计，可以充分发挥民间调解作用，减少保险纠纷案件的诉讼及其所产生的负面社会影响，同时也为保险业创造了一种和谐的发展环境。《保险法》之外的问题也不容忽视。

总之，加强保险法制建设、改善保险法制环境、促进保险业发展是极为主要的。市场经济就是法制经济。随着我国社会主义市场经济体制改革的深入和社会主义市场经济法律体系的建立和完善法律，在保障经济发展和产业发展中发挥着极其重要的作用。一定意义上说保险行业的法律制度的设计框架直接决定着、或影响着、或制约着该行业的发展方向或发展前景。《保险法》是保险业的基本性法律，其对保障和促进我国保险业的发展价值不可低估。值得庆幸的是研究修改《保险法》的工作已经提上议事日程。但是保障和促进保险业的稳健、持续、快速发展仅仅依靠《保险法》是远远不够的。加强以《保险法》为核心的保险法制建设必须在修改、完善《保险法》的同时进一步加强《保险法》适用的研究同时注意充分发挥《海商法》《合同法》《公司法》等与保险业有关的法律、法规的作用改善保险法制环境为保险业的发展创造良好的环境并为保险业的发展提供强有力的法律保障。

（六）社会环境

社会环境是由社会上每个人的信念、态度、习惯、行为和教育程度等组成的。正像每个人一出世就进入某种社会秩序中一样，保险企业一旦产生就要按照社会环境的需要，进入到一定的位置。社会环境通过人们的生活观念、生活习惯、日常行为、态度，影响到保险公司的价值观和策略观，如“养儿防老”的观念就会影响保险需求那样，影响保险经营管理，从而使企业的各项目标、任务都适合它所服务的社会成员的价值观和社会信仰的要求。在商品经济条件下，只有充分考虑到社会因素的影响，企业才能顺利开展经营，也才可能取得预期的经营成果。

社会环境具有较强的区域性。不同地区的不同民族在其发展过程中形成了各具民族特色的吃、穿、住、行等风俗习惯。这些风俗习惯又构成了各族人民的共同观点、态度和行为准则，并影响着人们的价值、审美观等。毫无疑问，这些因素对保险商品的需求必然产生深刻影响。因此，保险企业深入细致地研究不同服务对象的特点，掌握人们的保险需求偏好，对于稳定企业经营、开拓新的经营领域具有重要意义。例如，东南沿海开发较早，经济比较发达，计划生育政策执行得比较好，家庭养老观念比较淡薄，保险需求比较大。

社会环境具有可变性。随着现代科学技术的发展、文化教育水平的提高和国际间、民族间交往日趋频繁，人们的观点、态度、行为以及风俗习惯也会发生变化，经济发展为保险发展带来很多空间。在商品经济社会中，一项社会行为或习惯的改变，往往意味着一个新的广阔市场的出现和一个旧市场的萎缩或衰亡。随着改革开放不断发展，市场经济体系日趋完善，我国人民的工作、生活环境发生着巨大变化。人们的消费结构、消费观念也正在发生着深刻变化。新的环境要求保险企业必须洞察社会潮流，广泛采集有关信息，切社会之脉搏，抓准时机，拓展保险服务范围，扩大经营成果。

科学技术对人类的生活最具影响力，如新技术、新产品的不断问世，一方面将会降低原有风险，给企业带来源源不断的经济利益，但另一方面也会给企业带来一些新的风险，从而为保险市场营销创造新的机会。科学技术深刻影响着人类历史的进程和社会经济生活的各个方面，其中包括保险企业的市场营销活动。科技进步给保险企业市场营销活动带来的巨大影响表现在：

(1) 日新月异的科学技术在社会生产中的广泛应用,使灾害事故可能造成的人身损毁的伤害程度不断扩大。

(2) 科学技术的不断发展,将使保险企业控制风险的能力显著增强。

(3) 新技术的发展会使人们的消费习惯、行为方式等发生变化,同时会带来新的交易方式、销售手段。

(七) 文化环境

1. 含义

社会文化环境是指一个国家、地区或民族或者说在一种社会形态下的已经形成价值观念、宗教信仰、风俗习惯、伦理道德观念、法律、艺术等的总和,又称为文化传统。文化环境会影响人们的价值观。风险意识和保险意识是保险经营管理中最重要的文化环境,正确的风险意识和保险意识不但有利于保险客户的自我安全防护,使得他们能自己选择适合自己的险种,也会对保险公司进行监督,有利保险公司的良性发展,同时也有利于保险公司开展业务。

在保险经营管理过程中考虑文化环境时,应注意以下几个方面的差异:

(1) 民风习俗、礼仪交往的不同,影响着营销方式的选择;

(2) 不同的民族有不同的文化传统和民风习俗、礼仪;

(3) 宗教信仰的不同,会导致文化倾向、禁忌的不同;

(4) 不同的职业,不同的阅历,在购买倾向上有不同的态度。

保险经营管理必须具体研究这些问题,必须了解和熟悉各种不同的社会文化环境,才能做好工作。

2. 价值观念分析

价值观是指一个人对周围的客观事物的意义、重要性的总评价和总看法。这种对诸事的看法和评价在心目中依照主次、轻重的排列次序,就是体系。价值观和价值观体系是决定人的行为的心理基础。价值观是人们对社会存在的反映,是社会成员用来评价行为、事物以及从各种可能的目标中选择自己合意目标的准则。价值观通过人们的行为取向及对事物的评价、态度反映出来,是驱使人们行为的内部动力。它支配和调节一切社会行为,涉及社会生活的各个领域。持传统观念的人重家庭,重人际关系,重视健康。由于多数人认为家中老人可由家族成员赡养,形成一种家庭自保机制,对养老保险不感兴趣或者需求不大。另外,由于对健康的重视,消费者可能会对生存保险及健康险更加感兴趣。

从中国的历史来看,中国是一个有着几千年历史的小农经济社会。与西方的工业化社会相比,小农经济社会重实物而轻货币,重个人情感而轻法律契约,重近期而轻长远。这些历史积淀无疑与保单典型特征相冲突,如货币性、契约性与长久性的冲突。

核心价值观,简单地说就是某一社会群体判断社会事物时依据的是非标准,遵循的行为准则。保险业核心价值观就是保险业的发展志向。保险业的核心价值观要具有统领行业科学发展的作用,要具有引领行业文化思潮的作用。要实现又好又快发展,就必须始终坚持以科学发展观为统领,将自身的发展融入到服务经济社会发展与和谐社会建设的全局,加快结构调整和发展方式转变,着力保护保险消费者利益,积极探索建立自身成长与社会贡献兼具的商业模式,实现行业与社会的和谐发展。

3. 教育状况分析

中国以及国内各地区的文化教育水平对保险营销的影响也不容忽视。一般而言，文化教育的普及程度高低与人们接受保险产品的难易程度呈正相关关系；而就文化教育的深度而言，文化层次较高的人，一般接受新事物较快，容易转变传统的“养儿防老”观念，保险意识较强，而对于文化层次较低的人来说，则很难转变其观念。

自1980年恢复国内保险业务以来，中国经济增长较快，保险需求量较大；保险公司的数量不断增加，从事保险销售工作的人员也越来越多。但管理落后、员工素质低下已成为保险公司进一步发展的“瓶颈”，特别是受全球金融危机的影响后，预计未来几年全球财产保险业将面临增长放缓的局面。我国又有不少保险公司特别是地方保险公司发展历史不长，员工培训经验不足，措施不当，并没有取得令人满意的效果，使得培训出现了亏本。而在目前，中国保险业在人力资源方面仍然面临人才数量相对不足、素质总体偏低、人员结构亟待优化、人才流动亟待规范等比较突出的矛盾和问题。

这些方面在很大程度上制约了保险业的持续快速健康发展，必须采取措施努力加以解决。因此，加强保险教育是解决保险业人才问题的根本出路。应大力普及保险知识，改进学校教育和学历教育，促进继续教育和职业培训健康发展，建立和规范保险专业资格认证体系，建立和完善多元化、多层次的保险教育培训体系，切实发挥监管机构、大专院校、保险社团和保险公司在教育培训方面的主渠道作用。

4. 文化消费习俗分析

文化消费习俗分为两个方面：一方面是文化相对主义。文化相对主义的核心是尊重差别并要求相互尊重的一种社会训练，它强调多种生活方式的价值，强调以寻求理解与和谐共处为目的，而不去批判甚至摧毁那些与自己原有文化不相吻合的东西。个体与世界上其他文化接触得越广泛，他所具有的文化相对主义就越强烈，越易于借助他人具有的标准和价值观对自身进行衡量，而不是简单地以自身标准来衡量，表现为生活在经济、文化交流频繁地区的人越容易接受外来事物，而不会采取简单的以己度人的思维方式。

东方人居安思危，勤俭节约，适合推销养老保险、医疗保险、人身和财产保险；西方人喜欢转嫁风险，适合推销一些保障高的产品。

中国的传统文化以小农经济为基础，以宗法家庭为背景形成，是一种重视人际关系、伦理道德的文化，对于我国保险企业市场营销活动有着极为深远的影响。

其次，从中国的文化来看，中国文化推崇“富贵在天，生死由命”，信奉“养儿防老”，重视家庭共济，这些文化基因无疑与保险所具有的防范风险、转移风险、在全社会范围内分担损失的社会机制等特性相矛盾。改革开放以后，即使理论和实践都在逐渐发生变化，但传统体制对人们长期以来潜移默化的影响仍是极大的，这一影响无疑会在一定程度上对保险公司的发展形成挑战。

比如在我国东南沿海地区，由于与西方世界接触较早，交流频繁，文化相对主义强，更易于接受保险理念；同时，对于保险公司推出的新业务，人们也更愿意进行尝试。在文化相对主义较强的地区，面对外来事物或新鲜事物潜在的风险，人们更愿意选择风险转移，所以在该地区保险更容易被接受，保险公司进行展业的机会更多。不同文化环境适合不同的保险经营管理方式。

（八）消费者的风险和保险意识

风险意识是消费者对客观存在的各种风险的感觉、评估、预防和控制的态度和愿望；保险意识则是消费者关于保险现象、本质、作用以及对各种保险方法的理解、感觉和评价。人们的风险和保险意识，是保险经营至关重要的保险文化环境。明确而积极的风险和保险意识，不仅可以为保险经营提供良好的心理气氛，使保险展业易于进行，提高保险广度和深度，而且还有利于促进保户加强对已保财产的风险管理，积极配合保险企业的防灾防损工作，减少风险损失，提高保险经营的经济效益和社会效益。同时，人们的风险和保险意识强，还可以根据自身风险特点和对保险的需求，积极主动地自行设计投保方案，向保险企业申请特殊种类的保险，或为保险经营提出各种建议和意见，推动保险业的发展。消费者包括已购买保险商品的顾客（投保人）和尚未购买保险商品的潜在的顾客。如果保险消费者具有明确而积极的风险和保险意识，不仅可以为保险经营提供良好的心理气氛，而且还可促进保户积极配合保险企业的工作，提高保险经营的经济效益和社会效益。同时，消费者还可能根据自身风险特点和对保险的需求，向保险企业申请特殊种类保险，或为保险经营提出各种建议和意见，推动保险业的发展。此外，消费者若具有较强的风险和保险意识，还能够监督保险企业的经营活动，从而促使保险公司提高经营管理水平。因此，保险经营者应因势利导，提高消费者认识、估价、处理风险和妥善利用保险手段管理风险的能力，进而为保险经营创造一个良好的心态环境。

此外，人们若具有较强的风险和保险意识，就能够监督保险企业的经营活动，保护自己的合法权益免受侵犯，这也是提高保险经营水平的重要因素。因此，保险经营者应因势利导，善于利用各种机会和手段，向社会宣传风险和保险管理知识，教育、引导和培育人们的风险和保险意识，提高全民族认识、估价、处理风险和妥善利用保险手段管理风险的能力，进而为保险经营创造一个良好的保险心态环境。

总之，保险业的不断发展仅靠法律和制度的力量是不够的，更需要文化力量的推动。必须大力推进文化建设，强化行业对诚信、责任、合规、和谐、服务、创新的理解和认识，形成包括上述要素的核心价值体系。思考为什么要发展这个行业，为谁发展这个行业，发展成为一个什么样的行业，就是一个价值观的问题。保险行业应该有一个共同的价值理念，努力打造诚信文化、责任文化、合规文化、和谐文化、服务文化和创新文化，构成行业文化体系。依靠文化的力量，建立起保险业和谐发展的生态环境。保险业的核心价值观要具有引领行业文化思潮的作用，文化是一种软实力。保险行业文化，应是行业在改革发展和经营管理实践中形成的能够为行业内部所认同的并共同遵守的、体现行业特点的发展使命、发展愿景、发展宗旨和价值观等各方面的总和。这种行业文化指导下的行业发展精神，是推动行业科学发展的不竭动力。从行业科学发展着眼，必须要有一种具备积极、健康、向上等因素的文化来引领，形成一种行业主流文化，使之成为行业内部奋发向上、开拓进取的精神纽带，从而引领行业走上发展科学、效益显著、整体素质不断提高、与经济社会协调发展的道路。

【拓展阅读】

我国保险业面临新的营销环境

当前保险营销环境正在发生变化，归纳起来主要包括以下几点：

(1) 金融保险业综合经营已成定势。

自1996年美国通过《金融现代化法案》以来，银行、保险、证券、基金业相互渗透和综合经营越来越普遍，中国平安集团早在几年前已经综合经营银行、保险、证券业务，2006年《国务院关于保险业改革发展的若干意见》(以下简称“国十条”)进一步明确：“稳步推进保险公司综合经营试点，探索保险业与银行业、证券业更广领域和更深层次的合作，提供多元化和综合性的金融保险服务”。中国保监会发布的《中国保险业发展“十一五”规划纲要》明确指出：“支持保险机构参股商业银行和证券机构，鼓励保险机构设立基金管理公司。研究对其他机构进行股权投资。探索邮政等行业经营简易保险的新渠道。稳步推进交叉销售和综合拓展。”国内多家保险公司均表示要打造世界级综合性金融集团，如中国人寿集团已成为包括寿险公司、资产管理公司、财产险公司和养老保险公司等子公司在内的金融控股集团公司，在“集团混业，分业经营”“主业特强，适度多元”的金融综合经营格局下经营寿险业务、资产管理业务、财产险业务、养老保险业务等，并正在参股银行业和证券业，为最终成为“金融航母”铺平道路。

(2) 国际国内保险竞争加剧，保险公司面临经营转型。

我国已加入WTO并已于2004年12月11日起全面开放国内保险市场，随着保险竞争越来越激烈，保险企业都在寻求规模与效益、速度与质量的平衡，追求又快又好地发展，注重内涵价值、优化资源、节约成本、提高效益等成为保险公司的明确思路，如中国人寿为实现“做大做强做优”，正在实施“积极均衡、整合转型、创新超越”的发展战略。

(3) 客户需求越来越多元化、个性化，客户满意成为企业营销的核心理念，随着中产阶层的增加，综合性金融投资与理财需求越来越旺盛，金融保险机构为保持可持续发展，必须顺应客户需求，为客户创造价值。

总之，保险经营管理环境是由外部环境和内部环境构成的，它们相互作用、相互制约。内部环境和外部环境是辩证的统一体。从本质上说，内部环境是可以控制和改造的，它是企业经营管理的基础和发展的源泉；外部环境是不可控因素，是企业经营管理与可持续发展的制约因素。两者在一定条件下是可以互相转化的。内部环境的改善可改变外部市场竞争实力对比，影响国家政策的制定和执行；外部环境如社会诸因素、人们的风险和保险意识、社会经济发展水平中的各种因素也可能直接渗透到内部环境之中，成为内部环境因素。要做好保险经营管理就要采取一切措施保持内外环境的统一，根据外部环境的变动趋势创造和改善内部环境条件，及时调整保险经营管理行为，必要时内部环境要顺应和适应外部环境的变化，使两者构成一个协调、统一的有机系统，共同促进保险业的良性发展。

本章小结

1. 讲述了保险公司经营管理的含义、性质与特征。
2. 介绍保险经营管理思想和观念、保险经营管理目标和原则、保险经营管理策略。

3. 明确保险经营环境等相关内容并重点分析保险经营管理的各种内、外部因素。

强化训练

一、单选题

1. 近十年我国人口老龄化呈现(　　)趋势。

A. 没有变化　　B. 缓慢增加　　C. 显著增加　　D. 下降

2. 保险经营企业的经营成本具有(　　)特征。

A. 不确定性　　B. 稳定性　　C. 特殊性　　D. 补偿性

二、多选题

1. 保险企业经营的外部环境是企业的不可控因素。包括(　　)。

A. 政策环境　　B. 经济环境　　C. 社会环境　　D. 经营管理环境

2. 衡量保险市场发展的指标主要有(　　)。

A. 保险监管　　B. 保险深度　　C. 保险密度　　D. 保费收入

三、名词解释

保险经营管理　保险经营管理的外部环境　保险经营管理的内部环境

四、简答题

1. 影响保险经营管理环境的因素有哪些?

2. 保险经营管理的一般原则和特殊原则是什么?

五、论述题

通过网络等渠道全面了解当前世界保险经营管理学的重要理论及其观点。

实训课堂

一、技能训练

从保险经营环境中的其中一个方面入手,如人口环境、经济环境、文化环境等探讨如何改善保险经营的内外部环境。

二、专项实训

实训题目:

查阅并分析一家你所熟悉的保险公司的管理理念。

实训要求:

1. 独立完成,不得雷同。

2. 提交实训报告。

实训步骤:

第一步,每个小组选择一家世界五百强保险企业;

第二步,通过各种途径和方法了解所选企业的信息资料;

第三步,围绕所选企业经营管理理念展开调查和整合资料;

第四步,小组成员合作制作可供公开展示汇报的幻灯片并在课堂上汇报。

第二章　保险商品及保险市场

资料导入

专家：我国保险业发展迅速但仍处于初级阶段①

2006 年，保监局认为：

第一，保险业持续较快增长，社会影响日益扩大，但保险业的整体规模仍然小，发展水平仍然低。保险业统筹协调发展的任务还很重。

第二，现代企业制度初步建立，保险监管体系初步健全。同时，保险业还面临诸多体制性、机制性的障碍，改革进入了攻坚阶段。体制创新任务艰巨，下一步的改革必然要触及更深层次的矛盾和问题。

第三，传统上依靠“铺摊子”“上规模”的发展模式已逐步被摈弃，保险公司开始主动调整业务结构，注重速度与效益的统一。但结构调整还停留在比较初级的层面，市场竞争手段单一，业务发展模式粗放的问题还没有得到根本解决。诚信形象不佳，竞争不够规范，技术手段落后等问题仍然是制约保险业发展的瓶颈。

第四，产品体系逐步健全，新的业务增长点不断涌现。但创新体制还不完善，个性化的产品供给不足，一般性产品供给过剩。“想卖的卖不出去，想买的又买不着。”

第五，我国保险监管体系建设取得长足进步。保险公司偿付能力不足的情况有了根本的改观。但随着市场主体增加，业务范围扩大，以及资金运用渠道增加，保险业面临许多新的风险因素，防范风险的任务仍然十分艰巨。

保险业经过五年的发展，在 2011 举办的主题为“从而立到不惑——中国经济的全球机会”的新浪金麒麟论坛上，保险业专家中国人保集团副总裁周立群表示，我国保险业近年来取得了飞速发展，但总体上看仍处在初级阶段。今后保险业不仅要解决好如何继续发展的问题，也要在应对中国人口老龄化等问题方面扮演积极角色。

我国保险业发展迅猛，但仍处于初级发展阶段的主要表现为以下三个特点。一是目前中国保险业是亚洲第一、全球第六大的市场，去年全年保险业的保费收入达到了 2 150 亿美元，比意大利稍高一点，但和美国、日本相比差距还非常大。二是我国目前是全球增长最快的市场，过去十年中，中国保险业年复合增长率达到了 27.3%，远高于 GDP 的增长。三是目前保险业仍处于初级发展阶段，一是保险业的密度还比较低，人均保费目前只有 164 美元，和印度差不多；二是保费占 GDP 的比重只有 3.7%，而印度是 5%左右。

---

① （**资料来源**：中国保险业发展迅速但仍处于初级阶段。http://www.huzhou.gov.cn/art/2011/10/25/art_124_67136.html。）

知识目标

1. 理解保险商品的含义、特征及其分类；
2. 掌握保险市场的概念、特点、构成要素及其功能；
3. 掌握保险市场的组织形式与组织结构；
4. 理解保险市场的供需分析，保险市场的竞争和合作。

技能目标

1. 初步理解保险费率及其厘定方法；
2. 能对保险市场的需求与供给进行适时分析，列出影响保险需求与供给的主要因素。

第一节　保险商品的含义及特征

一、保险商品的含义

保险是用来交换的经济保障劳务，这种劳务商品和其他商品一样，是一个历史范畴。从保险产生的条件看，保险产生并决定于一定的生产力发展水平；从保险发展的条件看，保险的发展程度取决于商品经济的发育程度；从保险的发展趋势看，同一般商品完全一样，现代保险是生产力发展到一定阶段的产物。

（一）保险商品的劳动二重性

保险作为一种商品，具有使用价值和价值两种属性。商品的生产是靠人的劳动实现的，劳动由于商品的二重性而拥有二重性。

1. 具体劳动

劳动是使物取得了形态上的变化，从而产生了不同的商品，造就了不同的使用价值，劳动的这重意义称作具体劳动。表现为展业、承保、防灾防损、理赔、保险投资和保险管理等各个程序的具体形式的劳动。

2. 抽象劳动

生产保险商品的抽象劳动是指撇开保险具体服务形式的无差别的人类劳动，抽象劳动没有质的差别，只有量的差别，这些具体形式的抽象劳动是保险商品价值的源泉，凝结到商品中使商品增值形成了价值。抽象劳动只考虑必要劳动时间，不考虑劳动形态。

（二）保险商品的价值

保险商品的价值（见表 2－1）是耗费在经济保障劳务上的人类劳动。

（1）保险商品的价值，只有通过交换，在两种商品的交换比例中表现出来。

（2）保险商品的价值从量上考察，是凝结在保险商品中的社会必要劳动量。

表 2-1　保险商品的价值分析

保险产品价值				
		物化劳动		活劳动
		纯保费		附加保费
补偿经济损失部分	赔付或者准备金	保险经营所占用的固定资产转移的价值，利息	提供保险服务耗费的活动价值	保险公司的利润（剩余价值）
损失赔付	准备金	固定和流动资金	工人工资	公积金，奖励基金税

保险商品：首先体现为一份保险合同，尤其是产险和意外险对于大部分人而言仅此而已；其次，只有少数保险购买者会接受到保险赔付。

（三）保险商品的使用价值

保险商品的使用价值，集中体现在调节国民经济正常运转的功能上。从社会角度，保险公司或保险商品起着社会管理器的作用，即保险的社会功能。

社会功能是经济保障功能、分配功能和融通资金功能的集中反映，为整个国民经济的正常运转创造良好的社会环境。

(1) 经济保障功能，具体包括经济补偿功能和保险金给付功能。

保险实现了风险分摊和大损失的经济补偿，使被破坏了的生产条件和生活环境得到重建和重置，保持社会再生产的稳定性和连续性。所以又称为社会稳定器。

(2) 分配功能。保险是在国民经济各部门和全体被保险人之间实现国民收入的再分配。

(3) 融通资金功能。保险人通过自主运用资金，进行资金融通，把集中起来的保险准备金用于投资，提高保险资金的运用效益。

保险投资能够成为金融市场中长期资金的主要供应者，为稳定资本市场的秩序和国家经济建设发挥推动作用。所以被称为经济助推器。

二、保险商品的特征

保险商品是一种特殊的商品，是一种无形的商品，有被动消费性。

（一）保险商品是无形的商品

作为一种劳务保障，只有一纸承诺，是虚无的东西。当经历了保险事故或者合同届满时，获得赔付以后才感觉到它的存在。不像书籍、彩电、冰箱等看得见摸得着。

（二）保险商品的被动消费性

由于风险客观上具有不确定性，人们一般不会去主动购买，只有法律强制或者是风险发生以后，才被动购买。保险商品是“非渴求商品”或“非寻求商品(Unsought Product)”。

保险商品就是应对风险的，不可避免地要谈到损失、死亡、疾病、灾害、意外事故等人们不愿正视、讳莫如深，或谈之色变的事情。

保险商品显然属于“非寻求商品”。人们是不会主动购买的，除非一些突发的灾害事故促使消费者不得不正视风险，或者调高自己对风险大小的估计，在短期内会出现主动购买行为。

【拓展阅读】

按照消费购买习惯分类的一般商品

市场营销学中，按人们的消费购买习惯将商品分为四类。

便利品：消费者经常购买且不需要仔细比较就能立即做出购买决定的商品，如肥皂、牙膏、蔬菜。

选购品：消费者会仔细比较适用性、适量、价格和式样，购买频率较低，如家具、服装、家用电器。

特殊品：消费者愿意付出大量时间和精力去购买的具有独特性和高品牌知名度的商品，如高档照相器械、特殊品牌汽车、古玩、残疾人专用座椅等。

非寻求商品：消费者不知道或即使知道通常也不会主动购买的商品。

第二节　保险商品的分类

一、财产保险

财产保险是指投保人根据合同约定，向保险人交付保险费，保险人按保险合同的约定对所承保的财产及其有关利益因自然灾害或意外事故造成的损失承担赔偿责任的保险。

财产保险业务包括财产损失保险、责任保险、信用保险和保证保险。

可保财产，包括物质形态和非物质形态的财产及其有关利益。

以物质形态的财产及其相关利益作为保险标的的，通常称为财产损失保险，如飞机、卫星、电厂、大型工程、汽车、船舶、厂房、设备以及家庭财产等。

以非物质形态的财产及其相关利益作为保险标的的，通常是指各种责任保险、信用保险等，如公众责任保险、产品责任保险、雇主责任保险、职业责任保险、出口信用保险、投资风险保险等。只有根据法律规定，符合财产保险合同要求的财产及其相关利益，才能成为财产保险的保险标的。

（一）财产损失保险

财产损失保险主要有企业财产保险、家庭财产保险、工程保险、运输工具保险和货物运输保险。

（二）责任保险

责任保险是指承保致害人（被保险人）对受害人（第三者）依法应承担的损害赔偿责任，

也就是说，当被保险人依照法律需要对第三者负损害赔偿责任时，由保险人代其赔偿责任损失的一类保险。在生活中比较常见的是机动车辆保险中的第三者责任险、产品上标明的产品责任险。

1. 公众责任保险(Public Liability Insurance)

公众责任保险指被保险人或其雇员在从事所保业务活动中，因意外事故对第三者造成的人身伤害(疾病、残疾、死亡)和财产损害或灭失所引起法律赔偿责任的保险。公众责任保险适用范围极其广泛，既可以承保不同行业因意外事故所造成的他人人身、财产损失而产生的赔偿责任，也可以承保家庭或个人纯日常生活中因意外事故造成的他人人身、财产损失而产生的赔偿责任。公众责任保险的主要险种有：场所责任保险、电梯责任保险、承保人责任保险和个人责任保险。

2. 产品责任保险(Product Liability Insurance)

产品责任保险指承保生产者或销售者因产品缺陷引起的依法承担赔偿责任的保险。责任期限通常为1年，到期可以续保。对使用年限较长的产品或商品，也可以投保3年、5年期的产品责任保险，但保险费仍逐年结算。产品责任保险的索赔有效期限应按保险单规定或当地有关法律规定的时间区间为准，如我国按法律规定为1年，有的国家或地区规定的为3年。

3. 雇主责任保险

雇主责任保险是指被保险人所雇佣的员工在受雇过程中，从事与被保险人经营业务有关的工作而遭受意外或患与业务有关的国家规定的职业性疾病，所致伤、残病、死亡时，而依法或根据雇佣合同应由被保险人承担的经济赔偿责任，为承保风险的一种责任保险。三资企业、私人企业、国内股份制公司，国有企业、事业单位、集体企业以及集体或个人承包的各类企业都可为其所聘用的员工投保雇主责任险。

该险种特点如下：

(1) 契约责任保障：以雇主与雇员之间的雇佣合同为基础；

(2) 承保责任单一：仅承保雇员从事职业有关工作时的人身伤亡，不负责任何财产损失；

(3) 独立处理理赔：保险公司对索赔处理具有绝对控制权。

4. 职业责任保险

职业责任保险指各种专业人员因工作上的疏忽或过失，造成他们的当事人或其他人的人身伤害或财产损失，需要承担经济赔偿责任而进行的责任保险。

目前国内外办理较为普遍的有为医生、药剂师、会计师、律师、设计师、工程师、保险代理人及经纪人等设计的责任保险。

(三) 信用保险(Credit Insurance)

信用保险指权利人向保险人投保债务人的信用风险的一种保险。其原理是把债务人的保证责任转移给保险人，当债务人不能履行其义务时，由保险人承担赔偿责任。引发这种拖延欠款的行为可能是政治风险(包括债务人所在国发生汇兑限制、征收、战争及暴乱等)或者商业风险(包括拖欠、拒收货物、无力偿付债务、破产等)。信用保险包括三种。

1. 商业信用保险

商业信用保险主要是针对企业在商品交易过程中所产生的风险：① 贷款信用保险；② 赊销信用保险；③ 预付信用保险。

2. 出口信用保险

出口信用保险(Export Credit Insurance)，也叫出口信贷保险，是各国政府为提高本国产品的国际竞争力，推动本国的出口贸易，保障出口商的收汇安全和银行的信贷安全，促进经济发展，以国家财政为后盾，为企业在出口贸易、对外投资和对外工程承包等经济活动中提供风险保障的一项政策性支持措施，属于非营利性的保险业务，出口信用保险是政府对市场经济的一种间接调控手段和补充，是世界贸易组织(WTO)补贴和反补贴协议原则上允许的支持出口的政策手段。目前，全球贸易额的12%～15%是在出口信用保险的支持下实现的，有的国家的出口信用保险机构提供的各种出口信用保险保额甚至超过其本国当年出口总额的三分之一。

3. 投资保险

投资保险又称政治风险保险，承保投资者的投资和已赚取的收益因承保的政治风险而遭受的损失。投资保险的投保人和被保险人是海外投资者。

（四）保证保险

保证保险是保险人应被保证人的要求向权利人提供担保的保险。保证保险实际上是一种担保业务。

保证保险主要分为三类：合同保证保险、忠实保证保险、商业信用保证保险。

1. 合同保证保险

专门承保经济合同中因一方不履行经济合同所负的经济责任。合同保证保险的保险费是一种服务费而不是用于支付赔款的责任准备。传统上是由银行出具信用证来担保涉外经济合同的履行，由于出立银行信用证条件较为苛刻，手续比较烦琐，就导致了对合同保证保险需求的增加，从而促进了保证保险业务的发展。

在确定风险程度时，被保证人的财务状况是一个决定性因素。在承保前，保证人往往要对被保证人的财务状况、资信度进行调查。调查的主要内容包括：① 有关被保证人基本情况的记录，包括被保证人的历史、在社会上的影响等；② 最近财务年度的财务由册及有关材料；③ 合同业务的进展状况；④ 反担保人的财务状况；⑤ 与银行的往来信函；⑥ 企业的组织、经营状况，信贷情况，财务审计及记账方法，附属企业的情况。

2. 忠实保证保险

通常承保雇主因其雇员的不诚实行为而遭受的损失。涉外忠实保证保险一般承保在我国境内的外资企业或合资企业因其雇员的不诚实行为而遭受的经济损失，也可承保我国劳务出口中，因劳务人员的不诚实行为给当地企业造成的损失。

忠实保证保险与合同保证保险的区别：

(1) 忠实保证保险涉及的是雇主与雇员之间的关系，而合同保证保险并不涉及该关系；

(2) 忠实保证保险的承保危险是雇员的不诚实或欺诈，而合同保证保险承保的风险主要是被保证人的违约行为；

(3) 忠实保证保险可由被保证人购买,也可由权利人购买,而合同保证保险必须由被保证人购买。

3. 商业信用保证保险

商业信用保证保险是由权利人投保他人的信用,如他人不守信用而使权利人遭受损失,则由保证人负责赔偿。在我国商业信用保证保险主要是出口信用保险。

保证保险中保险公司承担的风险比一般保险较大,因而即使是在西方成熟的市场经济国家,对保证保险也采取谨慎的态度。

二、人身保险

人身保险是以人的寿命和身体为保险标的的保险。当人们遭受不幸事故或因疾病、年老以致丧失工作能力、伤残、死亡或年老退休时,根据保险合同的约定,保险人对被保险人或受益人给付保险金或年金,以解决其因病、残、老、死所造成的经济困难。

传统人身保险的产品划分为人寿保险、人身意外伤害保险和健康保险。

(一) 人寿保险

人寿保险分为定期寿险、两全保险、年金保险等。

人寿保险是以被保险人的寿命为保险标的,以人的生存、死亡两种形态为给付保险金条件的保险。当发生保险合同约定的事故或合同约定的条件满足时,保险人对被保险人履行给付保险金责任。

(1) 死亡保险,这是以被保险人的死亡作为给付保险金条件的保险。

(2) 生存保险,是以被保险人在一定时期内继续生存为给付保险金条件的保险。生存保险是指以被保险人的生存作为保险事故的保险。生存保险可以分为单纯的生存保险和年金保险。

(3) 两全保险,又称生死合险,是把定期死亡保险和生存保险结合起来的保险形式。也就是说,被保险人不论在保险期内死亡还是生存到保险期满,保险人都给付保险金的保险。

(4) 年金保险,是指被保险人生存期间,保险人按合同约定的金额、方式、期限有规则并且定期向被保险人给付保险金的生存保险。

(二) 人身意外伤害保险

人身意外伤害保险是指被保险人在保险有效期内,因遭受非本意的、外来的、突然发生的意外事故,致使身体蒙受伤害而残废或死亡时,保险人按照保险合同的规定给付保险金的一种人身保险。

(1) 按照所保风险可划分为普通意外伤害保险和特种意外伤害保险。

(2) 按照实施方式可划分为自愿意外伤害保险和强制意外伤害保险。

(3) 按照保险期限可划分为一年期意外伤害保险、极短期意外伤害保险和长期意外伤害保险。

(4) 按照投保主体可划分为个人意外伤害保险和团体意外伤害保险。个人意外伤害保险包括航空人身意外伤害保险、机动车驾驶学员人身意外伤害保险、驾乘人员人身意外伤害保险、游客意外伤害保险、铁路和公路旅客意外伤害保险等险种;团体意外伤害保险包括团体人身意外伤害保险、学生团体平安保险等。这两类是最常见的意外伤害保险。

(三)健康保险

健康保险分为疾病保险、医疗保险、残疾收入补偿保险、住院医疗保险等。

健康保险是指被保险人在患疾病时发生医疗费用支出,或因疾病所致残疾或死亡时,或因疾病、伤害不能工作而减少收入时,由保险人负责给付保险金的一种保险。

(1) 疾病保险(疾病给付保险)是为被保险人因患疾病而给付保险金的形式。

(2) 医疗保险是指提供医疗费用的保险,它是健康保险的主要险种之一。常见的医疗保险有:普通医疗保险、住院保险、手术保险、综合医疗保险、特种疾病保险。

(3) 残疾收入补偿保险是提供被保险人因疾病所致残疾后不能继续正常工作时所发生的收入损失的补偿保险。

(4) 住院医疗保险。

(5) 生育保险。生育保险承保因产妇在分娩过程中发生的死亡及新生儿的死亡。

(四)新型投资险种

新型投资型险种,主要包括分红型、万能型、投资连结型等三种类型。

1. 分红型保险

分红型保险是指保险公司将其实际经营成果优于定价假设的盈余,按照一定比例向保单持有人进行分配的人寿保险。与普通型产品相比,分红型产品增加了分红功能。但需要注意的是,其分红是不固定,也是不保证的,分红水平与保险公司的经营状况有着直接关系。通常来说,在保险公司经营状况良好的年份,客户可能分到较多的红利,但如果保险公司的经营状况不佳,客户能分到的红利就可能比较少甚至没有。

2. 万能型保险

万能型保险指包含保险保障功能并设立有保底投资账户的人寿保险。它具有以下特点:

一是兼具投资和保障功能。扣除风险保险费以及相关费用后,剩余保费在投资账户中进行储蓄增值。

二是交费灵活、收费透明。投保人缴纳首期保费后,可不定期不定额地缴纳保费。保险公司向投保人明示所收取的各项费用。

三是灵活性高,保额可调整。账户资金可在一定条件下灵活支取。投保人可以按合同约定提高或降低保险金额。

四是通常设定最低保证利率,定期结算投资收益。

3. 投资连结型保险

投资连结型保险是指包含保险保障功能并至少在一个投资账户拥有一定资产价值的人寿保险,其具备万能险第一、第二项的特点,但两者之间也有不同。投资连结型保险灵活性高,账户资金可自由转换。由于投资连结保险通常具有多个投资账户,不同投资账户具有不同的投资策略和投资方向,投保人可以根据自身偏好将用于投资的保费分配到不同投资账户,按合同约定调整不同账户间的资金分配比例,并可以随时支取投资账户的资金。

第三节　保险商品的价格——保险费率

一、保险费率(Premium Rate)概述

(一)保险费与保险费率

保险费是指被保险人参加保险时,根据其投保时所订的保险费率,向保险人交付的费用。保险费率是指按保险金额计算保险费的比例。

保险费是投保人按一定保险条件,为取得保险人的保障而向保险人支付的费用。保险费是保险合同生效的重要因素。保险费率就是保险商品的价格,是保险人按单位保险金额向投保人收取保险费的标准,通常用千分数表示。

保险费由保险金额、保险费率和保险期限决定。保险费的数额同保险金额的大小、保险费率的高低和保险期限的长短呈正比,即保险金额越大,保险费率越高,保险期限越长,则保险费也就越多。

缴纳保险费是被保险人的义务。如被保险人不按期缴纳保险费,在自愿保险中,则保险合同失效;在强制保险中,就要附加一定数额的滞纳金。缴纳保险费一般有4种方式:一次缴纳、按年缴纳、按季缴纳、按月缴纳。

保险费率是投保人为获得单位保险金额的保险保障应缴纳的保险费的比率。一般由保险公司依据保险标的的损失程度、损失大小和保险人的费用大小决定。以财产保险为例,它是根据保险标的种类,危险可能性的大小,存放地点的好坏,可能造成损失的程度以及保险期限等条件来考虑的。计算保险费率的保险金额单位一般以每千元为单位,即每千元保险金额应交多少保险费,通常以‰来表示。保险费率由纯费率和附加费率两个部分组成。这两部分费率相加叫作毛费率,即为保险人向被保险人计收保险费的费率。

我国目前各公司已开办的多达几百种保险产品,每一险种都有各自的保险条款和费率标准,而根据《保险法》规定,保险条款和费率的制订须通过人民银行批准,保险公司不得擅自更改、制定保险条款和保险费率。即保险费率由保险行业自律组织自己厘定,而监管机构给出一个弹性浮动范围。

因此,您在向保险公司投保时,首先要向保险公司索取您所买险种的保险条款和费率规章,并加以仔细阅读,特别是要了解一下该险种的保险费率,看是否与人民银行批准的保险费率相吻合。

支付保险费时,要注意保险费是否为保险的合法价格。曾发生过个别保险公司超过规定标准多收客户保险费的现象。

（二）保险费率的种类

1. 理论费和实际费率

(1) 理论费率：保险精算人员依据不同风险单位和保险公司的业务费用支出厘定的费率。理论费率又包括实际费率；管制费率；纯费率；附加费率。注意：理论费率的确定一般包括两种，即依据风险精确计算或者不分风险收取一个平均价格，结果介于二者之间，或者说就是未来预期赔偿值以及预期损失与实际损失可能偏差的加成。

(2) 实际费率：实际费率相对于理论费率而言，是理论费率在政府宏观监控下的市场化。

2. 纯费率和附加费率

保险费率一般由纯费率和附加费率两部分组成。习惯上，将由纯费率和附加费率两部分组成的费率称为毛费率。

(1) 纯费率。

纯费率也称净费率，是保险费率的主要部分，它是根据损失概率确定的。按纯费率收取的保险费叫纯保费，用于保险事故发生后对被保险人进行赔偿和给付。财产保险纯费率指一定时期内保险赔款总额与保险金额的的比率。理论上：确定有效索赔概率；确定有效索赔金额。根据以往5年的某类保险赔款额和保险金额的统计资料，计算平均损失率，估计未来单位保额的有效索赔额进而确定纯费率。人身保险纯费率依据预定死亡率和利息率来确定。

(2) 附加费率。

附加费率是保险费率的次要部分，按照附加费率收取的保险费叫附加保费。它是以保险人的营业费用为基础计算的，用于保险人的业务费用支出、手续费支出以及提供部分保险利润等。

附加费率主要根据保险公司的营业费用和预期利润确定。营业费用包括：按保险费一定比例支付的营业费、企业管理费、代理手续费、缴纳的税金、以及支付的职工工资和附加费用。

$$\text{附加费率}=\frac{\text{各项费用总额}+\text{预期利润}}{\text{纯保费收入总额}}\times 100\%$$

3. 保险费率市场化

保险费率是保险供给和保险需求之间交易的价格，是保险产品价格的反映。从国外保险市场看，保险费率可分为三种：法定保险费率、公定保险费率、市场保险费率。

保险费率作为经济杠杆在保险业务中发挥着重要作用，宏观上，保险费率能够调节保险的供给和需求关系；微观上，能够改变个人和企业的行为偏好。保险费率市场化是指通过市场机制和价格规律来有效地配置保险资源，因此，它多指市场保险费率。保险费率市场化实际上就是让保险产品的价格发挥市场调节作用，利用费率杠杆调控保险供需关系，提高保险交易的效率性。保险费率市场化包括费率决定、费率传导、费率结构、费率管理、费率机制、资金价格、劳动力价格等要素的市场化。保险费率市场化过程是一个动态的发展过程，保险市场也会因此发生复杂的变化，监管部门不再制定保险费率，而由保险公司依照一定的原则和程序自订费率。保险费率市场化的前提条件是将条款和费率制定权下放给保险公司，由保险公司根据保险市场的供给和需求关系来制定费率。

保险费率市场化改革需要建立健全完整的保险市场组织体系，将保险市场、再保险市场、保险中介市场的建设与建立新的保险费率调节传导机制有机结合起来，并整体推进，同时，保险费率市场化改革要求保险公司进行体制改革以适应市场化改革的需要，构造保险费率市场化改革的良好微观经济基础。目前除保险市场已经初具规模，再保险市场和保险中介市场需要加快建立，进而形成完整、有效、互动、灵敏的保险市场体系。

二、保险费率的厘定

（一）制订保险费率的原则

1. 充分保障的原则

保险人指所收取的保险费足以支付保险金的赔付及合理的营业费用、税收和公司的预期利润，保证保险人有足够的偿付能力。

2. 公平合理的原则

保险费率应尽可能合理公平。一方面保费收入必须与预期支付相对称，要为投保人着想，减轻投保人的保险费负担，使保险费负担与所提供的保险保障想适应；另一方面以风险的发生概率，风险损失的程度为依据，保证保险人的偿付能力，防止因费率过低而导致保险人产生经营危机，甚至破产，最终损害投保人的利益，被保险人所负担的保费应与其所获得的保险权利相一致，保费的多寡应与保险的种类、保险期限、保险金额、被保险人的年龄、性别等相对称，风险性质相同的被保险人应承担相同的保险费率，风险性质不同的被保险人，则应承担有差别的保险费率。同时不可因保险费率过高而使保险人获得超额利润。

3. 相对稳定原则

保险费率厘定后，应当在一定时期内保持相对的稳定，在短期内不宜变动，以保证保险人的信誉。

4. 灵活性原则

保险费率厘定后，即在短期内应注意保险费率的稳定，在长期中又应做适当的调整，以配合实际情形，随着风险、保险责任和市场需求等因素的变化而调整，具有一定的灵活性。

5. 促进防损的原则

保险费率的制定有利于促进被保险人加强防灾防损，通过根据防灾工作优劣适用不同费率可以督促被保险人改进防灾工作，对防灾工作做得好的被保险人降低其费率，实行优惠费率；而对防灾防损工作做得差的被保险人实行高费率或续保加费。

（二）保险费率厘定的方法

1. 观察法

观察法又被称为个别法或判断法，观察法是针对个别风险的性质，观察其优劣，以判断决定适应的费率。就某一被保危险单独厘定出费率，在厘定费率的过程中保险人主要依据自己的判断。采用观察法是因为保险标的的数量太少，无法获得充足的统计资料来确定费率。由于该法主观性较强，只适用于海上保险及一些内陆船舶保险这类情况错杂复杂的险种上。

2. 分类法

分类法是将相同性质的风险单位分别归类，而对同一分类的各个风险单位，根据它们共同的损失概率，征收相同的保险费率。该费率反映的同类风险的平均损失数据在保险手册上可查。其准确程度，既有赖于分类的适当性，又取决于各类别所包含的风险单位的数量。不能保证与单个保险标的实际损失相吻合。人寿保险、火灾保险以及大多数意外伤害保险通常使用分类法。例如，美国火灾保险，以被保险财产所在地区的消防级别作为费率分类的基础。又如，各种人寿保险以年龄、性别、健康状况来分类，适用于不同的分类费率。

采用分类法是基于被保险人将来的损失很大程度上由一系列相同的因素决定这一假设。最理想的分类费率的条件是每一类别中，各单位所有风险因素的性质完全一致，这样每单位的预期损失及费用都相同。但现实生活中的标的很难符合这一条件。

3. 增减法

增减法是在分类法确定基本费率的基础上，结合个别标的的风险状况予以计算确定费率的方法。实质是对分类法进行更细的分类。增减法是指在同一费率类别中，根据投保人的或投保标的的风险增减情况给以变动的费率。其变动或基于在保险期间的实际损失经验，或基于其预想的损失经验，或同时以两者为基础。增减法在实施中又有表定法、经验法、追溯法、折扣法等多种形式。

（三）制订保险费率的一般数学原理

1. 保额损失率

保额损失率是指单位保险金额的赔偿率，即赔偿金额占保险金额的比率。其计算公式为：

$$保额损失率=\frac{赔偿金额}{保险金额}\times 100\%$$

决定保额损失率的因素有保险事故发生的频率；保险事故的损毁率；保险标的的损毁程度；受灾保险标的的平均保险金额与全部保险标的的平均保险金额的比率。

2. 稳定系数

稳定系数用来衡量期望值与实际结果的密切程度，是指均方差与平均保额损失率之比，即平均保额损失率对各实际保额损失率（随机变量各观察值）的代表程度。稳定系数愈低，保险经营稳定性愈高；反之，稳定系数愈高，则保险经营稳定性愈低。对稳定系数低的，附加的均方差就可小些；反之，对高风险的险种，其保额损失率所附加的均方差就应该大一些。一般认为所加方差与平均保额损失率之比在10%～20%较为合适。

三、纯费率的基本厘订步骤

保险纯费率，是指纯保费占保险金额的比率，是作为保险金用于补偿被保险人因保险事故造成保险标的的损失金额。

依照费率厘定的原则，保险纯费率应当与保险事故发生的概率和保险事故发生后的赔偿金额有关。因此，确定纯费率，一方面要研究有效索赔的概率分布，也就是未来保额损失的可能性，即保额损失概率；另一方面要研究有效索赔的金额。按照统计学的原理，利用过去的数据来推断这两方面的指标，并由此得出有效索赔额的均值。通常是根据历年的有效索赔数额，计算出单位保额的平均有效索赔额，即平均保额损失率；再用其近似的估计未来单位保额的有效索赔额，进而确定纯费率。其计算公式为：

$$\text{纯保费}=\text{保额损失率}\pm\text{均方差}$$

（一）选择一组适当的历年保额损失率确定保额损失率

保额损失率是赔偿金额占保险金额的比率。

由于保险事故的发生在实践上具有很强的随机性，只有在一个较长的时期里才比较稳定，因此纯费率的计算应当取一个较长时期的数据，通常不少于 5 年。若知各年的保额损失率，则可计算平均保额损失率。

保额损失率是赔偿金额占保险金额的比率。其计算公式为：

$$\text{保额损失率}=\frac{\text{赔偿金额}}{\text{保险金额}}\times 100\%$$

对一组保额损失率的选择标准是：

(1) 必须有足够的年数；

(2) 每年的保额损失率须建立在大量统计资料基础之上；

(3) 选择的每组保额损失率必须是相对稳定的。

(4) 动态的考虑保额逐年的变化规律。

计算平均保额损失率：

$$\overline{X}=\frac{1}{n}\sum_{i=1}^{n}X_i$$

（二）计算均方差

均方差是各保额损失率与平均损失率离差平方和平均数的平方根。它反映了各保额损失率与平均保额损失率相差的程度，说明了平均保额损失率的代表性，均方差越小，则其代表性越强；反之，则代表性差。若以 σ_x 表示均方差，则其计算公式为：

$$\sigma_x=\sqrt[n]{\frac{1}{n-1}\sum(x_i-X)^2}$$

（三）计算稳定系数 K

对于平均保额损失率附加均方差的多少，取决于损失率的稳定程度。对于损失率较稳定的，则其概率不要求太高，相应地概率度为 1 即可；反之，则要求概率较高，以便对高风险的险种有较大的把握，从而稳定经营，相应的概率度为 2 或 3。

稳定系数是均方差与平均保额损失率之比。它衡量期望值与实际结果的密切程度，即平均保额损失率对各实际保额损失率的代表程度。稳定系数越小，保险经营稳定性越高；反之，稳定系数越大，保险经营的稳定性越低。一般认为，稳定系数在 10%～20%是较为合适的。

（四）确定纯费率

在平均保额损失率的基础上附加稳定系数 K，确定纯保险费率. 其计算公式为：

$$\text{纯保费}=\text{保额损失率}\pm\text{均方差}=\text{保额损失率}\times(1\pm\text{稳定系数})$$

$$\text{纯费率}=\overline{X}(1+K)$$

其中：

$$K=\frac{\sigma}{X}$$

$$\sigma=\sqrt{\frac{\sum_{i=1}^{n}(X_i-\overline{X})^2}{n}}$$

四、人寿保险费率厘定的基本要素

人寿保险的费率厘定需要考虑的以下几个基本要素。

（一）死亡率和生存率

人寿保险是以人的生命为保险标的，以生、死为保险事故的一种人身保险。因此，人寿保险必须依据被保险人的生存率和死亡率。生存率和死亡率来源于生命表。

1. 生命表(Mortality Table or Life Table)

生命表又称死亡表或寿命表，是根据一定时期的特定国家（或地区）或特定人口群体（如寿险公司的全体被保险人）的有关生命统计资料，经整理、计算编制而成的统计表。生命表中最重要的就是设计产生每个年龄的死亡率。

2. 生命表的分类

国民生命表和经验生命表；完全生命表和简易生命表；选择表、终极表和综合表；寿险生命表与年金生命表。

经营寿险业务应该选择经验生命表，而不是国民生命表。因为经验生命表经过了保险公司的风险检验，国民生命表的死亡率要高于经验生命表，经验生命表的死亡率具有代表性。在选用时应注意:被承保人的生命规律要尽量接近生命表;被保险人足够多,样本足够大;定期修正生命表,符合客观的生存规律。

(二)利息率

由于寿险业务的周期很长,资金必须在收益上得到最大保证,因此考虑保费的利息也是保险公司经营必须注意的工作。早期采用固定利率,与利率市场化以后的市场利率存在差异,影响保险公司的经营效果。现在经常或者更合理的是在计算时采用随机利率来收取保费和计算收益。

(三)营业费用率

营业费用率反映保险公司的费用支出情况,也反映保险公司经营管理的水平。费用率越高,说明保险公司为取得1元的营业收入所投入的单位成本越高,相应地削减了保险公司成本。

营业费用率原则上既能抵补保险公司的实际费用支出,又能兼顾保险公司经营与被保险人的实际利益以及不同业务差异。实务上由精算人员与财会人员配合,先分析公司发生的费用以及未来业务费用,然后在各种不同风险单位之间分摊,最后与保险金额挂钩决定附加费率水平。

特别的人寿保险中,以各项费用,税款和预期利润为基础采用不同方法。

(1) 比例法:不管险种和年龄均按纯费率一定的比例作为附加费率。在我国广泛采用,近年来有所变化。

(2) 固定法:按保险金额的一定比例作为附加费率。

(3) 混合法:一部分按保险金额的一定比例来收取,一部分按纯费率的一定比例来收取。

(四)其他因素

在具体操作中,为合理起见,还要考虑其他因素。

1. 解约率

投保人因各种原因不能继续缴纳保费而导致保险公司合同失约。

解约率对厘定人寿保险的费率的影响:由于寿险采用佣金制销售,首年支付成本高,要靠以后年度后续保费摊回;保单在解约时会取得退保金;直接影响纯费率和附加费率的厘定的可靠性。

2. 分红率

分红率与死差、费差和利差有关系。死亡率估计偏大,费用估计偏大,利息估计偏小的情况下分红都有可能增加。

3. 残废率

传统寿险附加的残废和残废优惠,必须考虑残废率。

4. 各种嵌入选择权的概率

各种嵌入选择权的概率:保险给付选择,保单贷款质押选择,退保选择,超额储蓄选择。

第四节　保险市场的概念及功能

一、保险市场的概念和构成要素

（一）保险市场的含义

保险市场是保险商品交换关系的总和或是保险商品供给与需求关系的总和。它既可以指固定的交易场所如保险交易所，也可以是所有实现保险商品让渡的交换关系的总和。在保险市场上，交易的对象是保险人为消费者所面临的风险提供的各种保险保障。

保险市场是市场的一种形式，有广义和狭义之分。狭义的保险市场是保险商品交换的场所；广义的保险市场是保险商品交换关系的总和。

市场是商品交换的有形或无形的场所，因此，保险市场就是指保险商品交易的有形或无形的场所。交易场所的有形是指看得见的、固定的交易场所，如保险交易所、保险代理人、经纪人的经营场所等；交易场所的无形是指抽象的、无所谓固定场所的交易空间，如网上交易等。总之，只要能实现保险商品关系买卖、让渡的固定或非固定、具体或抽象的场所都可称为是保险市场。

（二）保险市场的构成要素

从保险市场的构成要素看，保险市场一般由保险市场主体、保险市场客体和保险价格三个要素构成。保险市场就是由这些参与者缔结的各种经济关系的总和。

1. 保险市场主体

保险市场的主体是指保险市场活动的参与者，包括保险商品的供给方和需求方、充当供需媒介的中介方以及保险市场的监管方。投保人是保险需求者，是保险商品的买者；保险人是保险供给者，是保险商品的卖者；保险中介人是为保险商品的交换提供中介服务的人，是媒介；保险监管部门就是监管方。

(1) 保险商品的供给方。保险商品的供给方是指向保险市场提供各类保险商品，并承担、分散和转移他人风险的各类保险机构，如国有保险公司、私营保险公司、合营保险公司、合作保险公司、再保险公司等。通常必须是经过国家有关部门审查认可并获准专门经营保险业务的法人组织。我国《保险法》规定，保险人的组织形式只能是国有独资公司或股份有限公司，不允许个人经营保险业务。目前世界上唯一自然人组织能经营保险业务的就是英国的“劳合社”承保人组织。

(2) 保险商品的需求方。保险商品的需求方是指保险市场上所有的现有的或潜在的保险商品的需求者购买者，即各类投保人。根据保险消费者不同的需求特征，可以把保险市场的需求方划分为个人投保人、团体投保人、农村投保人、城市投保人等。根据保险需求的层次还可以把保险市场的需求方划分为当前的投保人与未来潜在投保人等。

(3) 保险市场中介。保险市场中介是既包括活动于保险人与投保人之间,充当保险供需双方媒介,并协助保险人与投保人建立保险合同关系的人,也包括独立于保险人与投保人之外,以第三者身份处理保险合同当事人委托办理的有关保险业务的公证、鉴定、理算、精算等事项的人,具体包括保险代理人(或公司)、保险经纪人(或公司)、保险公估人(行)、保险律师、保险理算师、保险验船师等。

① 保险代理人。保险代理人是指根据保险人的委托,向保险人收取代理手续费,并在保险人授权的范围内代为办理保险业务的法人或者自然人。我国保险代理人分为专业代理人、兼业代理人、个人代理人。保险代理机构从业人员应当通过中国保监会统一组织的保险代理从业人员资格考试,凡通过保险代理从业人员资格考试者,均可向中国保监会申请领取保险代理人的资格证书。申请领取资格证书应当符合下列条件:年满 18 周岁且有完全民事行为能力;品行良好、正直诚实,具有良好的职业道德;在申请前 5 年未受过刑事处罚或严重的行政处罚等。

② 保险经纪人。保险经纪人是指基于投保人的利益,为投保人与保险人订立保险合同提供中介服务,并依法收取佣金的单位或者个人。我国保险经纪人必须为有限责任公司。

保险经纪公司从业人员应当通过中国保监会统一组织的保险经纪从业人员资格考试,凡通过保险经纪从业人员资格考试者,均可向中国保监会申请领取保险经纪从业人员资格资格证书。申请领取资格证书应当符合下列条件:年满 18 周岁且有完全民事行为能力;品行良好、正直诚实,具有良好的职业道德;在申请前 5 年未受过刑事处罚或严重的行政处罚等。资格证书是中国保监会对保险经纪从业人员基本资格的认定,并不具有执业证明的效力。

保险经纪人的权利:接受投保人委托投保,并要求支付佣金的权利;保险单的留置权。

保险经纪人的义务:为委托人保密的义务;尽到代表投保人利益的义务;如实介绍自身业务活动情况的义务。

③ 保险公估人。保险公估人是指独立于保险人与被保险人之外,以第三者的身份,凭借丰富的专业知识和技术,本着客观和公正的态度,处理保险合同当事人委托办理的有关保险业务公证事项的人,包括保险调查人、保险鉴定人、保险理算人等。专门从事保险标的的评估、勘验、鉴定、估损、理算等业务,并据此向保险当事人合理收取费用的公司。

2. 保险市场客体

保险市场的客体是指保险市场上供需双方具体交易的对象,即保险经济保障,也就是各类保险商品。保险商品是保险人向被保险人提供的在保险事故发生时给予经济保障的承诺,其形式是保险合同,保险合同实际是保险商品的载体,其内容是保险事故发生时提供经济保障的承诺。保险经济保障是保险人为投保人提供的一种特殊形态的商品。这种特殊形态的商品有以下特征:

(1) 保险商品是一种无形商品。保险企业经营的对象是风险,向市场提供的是对不同种类风险损失的承诺性保障,这种承诺性保障只能在约定事件发生或约定期限届满时才能感受到其实质性的价值。而其他一般物质商品从购买时起就可以实质性地感受到其使用价值和价值的存在。

(2) 保险商品是非渴求性商品。非渴求性商品是指购买者一般不会主动购买,除非法律有强制性的规定必须购买的商品。一般情况下,人们很少会主动购买保险商品,因为人们总是对风险事故的发生存有侥幸心理。

(3) 保险商品的需求是一种隐性需求。保险商品的消费是一种隐形消费。人们对某种风险损失的感受是一种心理感受,这种心理感受因人、因环境而异,但在某种提示下会外化出现购买需求。正因为上述保险商品所具有的特性,使得保险商品的销售模式往往呈现为"主动推销"的模式。

3. 保险价格

保险费率是保险商品的价格,它是被保险人为取得保险保障而由投保人向保险人支付的价金。保险市场价格是保险市场的重要要素。它是由保险供给和保险需求共同决定的。

二、保险市场的特征

(一) 保险市场是直接的风险市场

保险市场是直接的风险市场,是针对交易对象与风险的关系而言的。尽管任何商品交易都存在风险,都可能因此而使交易双方遭受经济损失,但一般商品市场所交易的商品并不直接与风险相关联,但保险企业经营的商品就是风险,其向市场提供的是建立在各类可保风险基础上的风险损失经济保障。保险商品的交易过程,本质上就是各类可保风险的聚集与分散过程。风险的客观存在是保险市场形成和发展的基础和前提,保险市场及保险商品的交易既是投保人或被保险人分散或转移风险的途径,也是其得到风险损失补偿的途径。"无风险,无保险",保险企业是经营风险的企业;无风险,保险企业也就失去了其存在和发展的基础。

(二) 保险市场是非即时结清市场

即时结清市场是指市场交易时就已知交易结果的市场。一般商品交易的市场大多都是即时结清市场。例如,需求方需要供给方提供什么样的商品,在交易前或交易时供需双方对交易的结果都是很明确的。而保险市场交易的商品是风险,而风险的不确定性、射幸性使得交易双方都不可能确切地知道交易的结果,因此,不能立刻结清。保险单的签发,看似保险交易的完成,实则是保险保障的刚刚开始,最终的交易结果还需看约定的风险事故是否发生,并造成损失以及双方履行合同条款的情况而定。所以,这一系列的不确定性,使保险市场成为非即时结清市场。

(三) 保险市场是特殊的"期货"交易市场

由于保险商品的特殊性,保险市场所提供的任何保险商品都是对未来特定风险所致损失的承诺性经济补偿保证。因此,保险交易双方约定的某种特定风险是否在约定的时间内发生,并造成损失,就成了保险人是否履行承诺性损失补偿保障的前提。也就是说,如果在约定的未来的某一时段,没有约定的风险事故发生,并造成损失,保险人也就不可能对被保险人的损失提供经济补偿。因此,保险市场上交易的保险商品实质上是一种不确定的“灾难期货”,保险市场也就是这种特殊商品的期货市场。

三、保险市场的类型

保险市场的交易对象是风险经济保障,即由保险人向投保人提供不同种类的保险险种商品,以满足投保人对风险经济保障的需求。

(一)按保险业务承保的程序分类

按保险业务承保的程序不同,可分为原保险市场、再保险市场。

原保险市场亦称直接业务市场,是保险人与投保人之间通过订立保险合同而直接建立保险关系的市场。

再保险市场亦称分保市场,是原保险人将已经承保的直接业务通过再保险合同转分给再保险人的方式形成保险关系的市场。

(二)按保险业务性质分类

按照保险业务性质不同,可分为人身保险市场和财产保险市场。

从投保方面需求看,一方面是满足对物质财产风险保障的需求,另一方面是满足对人的生命和身体风险保障的需求。为满足这两个方面的需求,按照保险业务性质不同相应地形成了财产保险市场和人身保险市场。

人身保险市场是专门为社会公民提供各种人身保险商品的市场。财产保险市场是从事各种财产保险商品交易的市场。

(三)按保险业务活动空间分类

按保险业务活动空间不同,可分为国内保险市场和国际保险市场。

国内保险市场是专门为本国境内提供各种保险商品的市场,按经营区域范围又可分为全国性保险市场和区域性保险市场。国际保险市场是国内保险人经营境外保险业务的保险市场。国际保险市场也可以分为区域性的国际保险市场和世界性的国际保险市场。

(四)按保险市场的模式或竞争程度分类

按保险市场的模式分类或者说按保险市场的竞争程度不同分类,可分为垄断型保险市场、自由竞争型保险市场、垄断竞争型保险市场。

垄断型保险市场,是由一家或几家保险人独占市场份额的保险市场,包括完全垄断和寡头垄断型保险市场。

自由竞争型保险市场,保险市场上存在数量众多的保险人、保险商品交易完全自由、价值规律和市场供求规律充分发挥作用的保险市场。

垄断竞争型保险市场,是大小保险公司在自由竞争中并存,少数大公司在保险市场中分别具有某种业务的局部垄断地位的保险市场。

第五节　保险市场的供需结构分析

一、保险市场需求及其影响因素

（一）保险市场需求的含义

需求是指在一定时期和一定条件下，以一定的货币支付能力为基础，消费者愿意、能够并且打算购买的某种商品或劳务的总量。

保险需求是指在特定时间内，在一定的费率水平上，保险消费者愿意和有能力购买的保险商品总量，也是投保人对保险保障的需求量，包括保险商品的总量需求和结构需求。保险商品的结构需求是各类保险商品占保险商品需求总量的比重，如财产保险保费收入占全部保费收入的比率。

保险需求的表现形式体现在物质层面上，是有形的经济保障需求，即被保险人获得经济补偿和给付的需求；体现在精神层面上，是无形的经济保障需求，即获得安全的需求。

保险市场需求可分为：潜在的保险市场需求、有效的保险市场需求、合格有效的保险市场需求和已渗透的保险市场需求。

（二）保险市场需求的主要影响因素

1. 风险因素

保险商品服务的具体内容是各种客观风险，无风险，则无保险。因此，风险的客观存在是保险需求产生的前提。保险需求总量与风险因素存在的程度呈正比。风险因素存在的程度越高、范围越广，保险需求的总量也就越大；反之，保险需求量就越小。

2. 社会经济发展与收入水平因素

保险是社会生产力发展到一定阶段的产物，并且随着社会生产力的发展而发展。商品经济的发展程度与保险需求呈正比，商品经济越发达，则保险需求越大；反之，则越小。经济发展带来保险需求的增加；收入水平的提高也会带来保险商品需求总量和结构的变化。衡量保险需求量变化对收入变化反映程度的指标是保险需求收入弹性。它是需求变化的百分数与收入变化的百分数之比，表示收入变化对需求变化影响的程度。保险需求的收入弹性一般大于1，即收入的增长引起对保险需求更大比例增长。但不同险种的收入弹性不同。

3. 保险商品价格因素

保险商品的价格是保险费率。保险需求主要取决于可支付保险费的数量。保险费率与保险需求一般呈反比例关系，保险费率愈高，则保险需求量愈小；反之，则愈大。

反映保险需求量变化对保险商品价格变化敏感程度的指标是保险需求的价格弹性，它是保险商品需求变化的百分数与保险商品价格变化的百分数之比，不同险种的价格弹性不同。若以D表示保险商品需求量；ΔD表示保险商品需求变化量；P表示保险商品的价格；ΔP表示保险商品价格变化量，则需求的价格弹性E_d为

$$E_d=-\frac{\Delta D/D}{\Delta P/P}$$

4. 利率因素

利率水平的变化，对储蓄型的保险商品有一定影响。保险需求与利率呈反比。利率愈高，则保险需求量愈小；反之，则愈大。

5. 人口因素

人口因素包括人口总量和人口结构。保险业的发展与人口状况有着密切联系。人口总量与人身保险的需求呈正比，人口总量越大，对保险需求的总量也就越多；反之，就越少。人口结构主要包括年龄结构、职业结构、文化结构、民族结构等。由于年龄风险、职业风险、文化程度和民族习惯不同，人们对保险商品的需求也就不同。

6. 强制保险的实施因素

强制保险是政府以法律或行政的手段强制实施的保险保障方式，凡在规定范围内的被保险人都必须投保。因此，强制保险的实施，人为地扩大了保险需求。

二、保险市场供给及其主要影响因素

（一）保险市场供给的含义

保险市场供给是指在一定保险条件下、费率水平上、保险市场上各家保险企业愿意并且能够提供的保险商品的数量的总和。保险供给包括供给总量和结构。保险商品供给结构体现为险种结构，体现为某种保险品种所提供的经济保障的额度；供给总量是指全社会所提供的保险供给的总量，即全社会的所有保险人对社会经济所担负的危险责任的总量，即所有承保的保险金额之和。保险市场供给可以用保险市场上的承保能力来表示，它是各个保险企业的承保能力的总和。

（二）保险市场供给的主要影响因素

保险市场供给是以保险市场需求为前提的。因此，保险市场需求是制约保险市场供给的基本因素。在存在保险市场需求的前提下，保险市场供给受到以下因素的制约。

1. 保险资本量因素

保险供给是由全社会的保险公司和其他保险组织所提供的，保险公司经营保险业务必须有一定数目的经营资金。在一定时期内，社会总资本的量是一定的，因而能用于经营保险的资本量在客观上也是一定的。因此，这个有限的资本量在客观上制约着保险供给的总规模。在一般情况下，可用于经营保险业的资本量与保险经营供给呈正比关系。

2. 保险偿付能力

各国法律对保险企业都有最低偿付能力标准规范，也会制约保险供给。

【拓展阅读】

法律法规的有关偿付能力的规定

《保险公司偿付能力额度及监管指标管理规定》（下称《规定》）要求，最低偿付能力额度取按保费和赔款计算的数额中较大的一项：“最近会计年度公司自留保费减营业税及附加后1亿元人民币以下部分的18%和1亿元人民币以上部分的16%；公司最近3年平均综合赔款金额7 000万元以下部分的26%和7 000万元以上部分的23%。”

第二章 偿付能力额度

第四条 财产保险公司应具备的最低偿付能力额度为下述两项中数额较大的一项：

（一）最近会计年度公司自留保费减营业税及附加后1亿元人民币以下部分的18%和1亿元人民币以上部分的16%；

（二）公司最近3年平均综合赔款金额7 000万元以下部分的26%和7 000万元以上部分的23%。

经营不满三个完整会计年度的保险公司，采用本条第（一）项规定的标准。

第五条 人寿保险公司最低偿付能力额度为长期人身险业务最低偿付能力额度和短期人身险业务最低偿付能力额度之和。

长期人身险业务是指保险期间超过1年的人身保险业务；短期人身险业务是指保险期间为1年或1年以内的人身保险业务。

（一）长期人身险业务最低偿付能力额度为下述两项之和：

1. 投资连结类产品期末寿险责任准备金的1%和其他寿险产品期末寿险责任准备金的4%；

2. 保险期间小于3年的定期死亡保险风险保额的0.1%，保险期间为3年到5年的定期死亡保险风险保额的0.15%，保险期间超过5年的定期死亡保险和其他险种风险保额的0.3%。

在统计中未对定期死亡保险区分保险期间的，统一按风险保额的0.3%计算。

风险保额为有效保额减去期末责任准备金，其中有效保额是指若发生了保险合同中最大给付额的保险事故，保险公司需支付的最高金额；期末责任准备金为中国保监会规定的法定最低责任准备金。

（二）短期人身险业务最低偿付能力额度的计算适用第四条的规定。

第六条 再保险公司最低偿付能力额度等于其财产保险业务和人身保险业务分别按照本规定第四、五条规定计算的最低偿付能力额度之和。

第七条 保险公司实际偿付能力额度等于认可资产减去认可负债的差额。

中国保险监督管理委员会制定的关于保险公司偿付能力额度的管理规定先后有两次，2003年3月24日中国保险监督管理委员会发布了《保险公司偿付能力额度及监管指标管理规定》（保监会令（2003）1号），并自发布之日起施行。

2008年6月30日中国保险监督管理委员会主席办公会审议通过，《保险公司偿付能力管理规定》（保监会令〔2008〕1号）已经于自2008年9月1日起施行，《保险公司偿付能力额度及监管指标管理规定》（保监会令〔2003〕1号）同时废止。

《意见》主要针对保监会在2003年发布的《保险公司偿付能力额度及监管指标管理规定》（下称《规定》）第四条做出修订要求，《意见》修改为"财险公司应具备的最低偿付能力额度为下述两项之和：最近会计年度自留保费减营业税及附加后50亿元人民币以下部分的9%和50亿元人民币以上部分的8%；最近三年平均综合赔款金额25亿元人民币以下部分的22.5%和25亿元人民币以上部分的12.5%"，同时规定经营不满三个完整会计年度的保险公司，应具备的最低偿付能力额度为第1项的2倍。

2009年以后的关于偿付能力相关规定如下：

《中华人民共和国保险法》（2015年修正本）

第六十九条 设立保险公司，其注册资本的最低限额为人民币二亿元。

国务院保险监督管理机构根据保险公司的业务范围、经营规模，可以调整其注册资本的最低限额，但不得低于本条第一款规定的限额。

保险公司的注册资本必须为实缴货币资本。

第八十六条 保险公司的偿付能力报告、财务会计报告、精算报告、合规报告及其他有关报告、报表、文件和资料必须如实记录保险业务事项，不得有虚假记载、误导性陈述和重大遗漏。

第一百三十八条 对偿付能力不足的保险公司，国务院保险监督管理机构应当将其列为重点监管对象，并可以根据具体情况采取下列措施：

（一）责令增加资本金、办理再保险；

（二）限制业务范围；

（三）限制向股东分红；

（四）限制固定资产购置或者经营费用规模；

（五）限制资金运用的形式、比例；

（六）限制增设分支机构；

（七）责令拍卖不良资产、转让保险业务；

（八）限制董事、监事、高级管理人员的薪酬水平；

（九）限制商业性广告；

（十）责令停止接受新业务

第九十八条 保险公司应当根据保障被保险人利益、保证偿付能力的原则，提取各项责任准备金。

保险公司提取和结转责任准备金的具体办法，由国务院保险监督管理机构制定。

第一百零一条 保险公司应当具有与其业务规模和风险程度相适应的最低偿付能力。保险公司的认可资产减去认可负债的差额不得低于国务院保险监督管理机构规定的数额；低于规定数额的，应当按照国务院保险监督管理机构的要求采取相应措施达到规定的数额。

第一百四十九条 保险公司因违法经营被依法吊销经营保险业务许可证的，或者偿付能力低于国务院保险监督管理机构规定标准，不予撤销将严重危害保险市场秩序、损害公共利益的，由国务院保险监督管理机构予以撤销并公告，依法及时组织清算组进行清算。

第一百四十四条 保险公司有下列情形之一的，国务院保险监督管理机构可以对其实行接管：

（一）公司的偿付能力严重不足的；

（二）违反本法规定，损害社会公共利益，可能严重危及或者已经严重危及公司的偿付能力的。

被接管的保险公司的债权债务关系不因接管而变化。

中国保监会为完善我国保险监管体系，改进和加强偿付能力监管，深化保险业市场化改革，转变行业增长方式，更好地保护保险消费者权益，保监会于2012年启动了“中国风险导向偿付能力体系”建设工作，2015年2月13日将研制完成的偿二代全部主干技术标准共17项监管规则（附件：保险公司偿付能力监管规则（1～17号））予以发布。

2017年5月16日，原中国保监会（现为中国银保监会）与原香港保险业监理处（现为香港保险业监管局 Insurance Authority，以下称香港保监局）签署《中国保险监督管理委员会和香港特别行政区政府保险业监督关于开展偿付能力监管制度等效评估工作的框架协议》（以下称《框架协议》）。根据《框架协议》，双方在签署协议的同时即进入过渡期，在此期间，双方同意给予对方过渡性优待，即承认对方的偿付能力监管效能与己方等同或相近。《框架协议》过渡期内，中国内地保险机构向香港保险机构分出业务的再保险交易对手违约风险因子主要适用《保险公司偿付能力监管规则第8号：信用风险》，其中合格的香港再保险机构，应符合以下条件：① 经香港保监局授权在香港营业的专业再保险机构；② 自愿按要求每季度向香港保监局报送按香港监管标准计算的偿付能力信息；③ 国际信用评级不低于 $\overline{A}$；④ 偿付能力充足率达标。

偿付能力充足率达标是指：① 对于从事非寿险业务的再保险机构，偿付能力充足率应不低于200%；② 对于从事寿险业务的再保险机构，偿付能力充足率应不低于150%；③ 对于既从事非寿险业务，又从事寿险业务的综合再保险机构，非寿险业务和寿险业务的偿付能力充足率应分别不低于200%和150%。

2017年10月20日，保监会下发修订的《保险公司偿付能力管理规定(征求意见稿)》（下称征求意见稿），对偿二代保险公司偿付能力管理规定公开征求意见。

2018年7月2日中国银行保险监督管理委员会发文(银保监发〔2018〕34号)

中国银保监会关于印发《保险公司偿付能力监管规则——问题解答第1号：偿付能力监管等效框架协议过渡期内的香港地区再保险交易对手违约风险因子》的通知

中指出在偿付能力等效互认过渡期内，视同对方已经达到等效资格并给予等效条件下的监管优待政策。

3. 保险供给者的数量和质量

通常保险供给者的数量越多，意味着保险供给量越大；保险供给不但要讲求数量，还要讲求质量。质量好，消费者乐于接受，需求增加就能够促进供给量。要提高质量，关键在于保险供给者的素质。

4. 经营管理水平和保险技术水平

保险业是一个专业性和技术性很强的行业，由于保险业本身的特点，在经营管理上要有相当的专业水平和技术水平，即风险管理、险种设计、业务选择、再保险分出分入、准备金的提存、费率厘定，以及人事管理和法律知识等方面均要具有一定的水平，其中任何一项水平的高低，都会影响保险的供给，与保险供给呈正比关系。

有些险种很难设计，所以需要专业性很强的保险市场来适应。保险供给者素质高，许多新险种就容易开发出来，推广得出去，从而扩大保险供给。例如，国内保险市场上至今没有提供给残疾给付保险和老年护理保险的专业保险公司。

5. 保险价格因素

(1) 保险费率。保险供给是通过保险市场进行的。在市场经济条件，保险供给的主要影响因素是保险费率。在保险成本及其他因素一定的条件下，保险价格即保险费率与保险供给呈正比关系：一般来说，保险费率上升，保险供给增大；反之，减少。此外，互补品、替代品的价格也会影响供给。

保险费率变动引起的保险商品供给的变动，反映保险供给量变化对保险商品价格变化敏感程度的指标是保险供给的价格弹性，它是保险商品供给量变化的百分数与保险商品价格变化的百分数之比，表示保险价格变化对保险商品供给变化影响的程度。保险供给的价

格弹性 E_S 为：

$$E_S = -\frac{\Delta S/S}{\Delta P/P}$$

其中，S 表示保险商品供给量；ΔS 表示保险商品供给变化量；P 表示保险费率即保险商品的价格；$\triangle P$ 表示保险商品价格变化量。

供给无弹性：$E_s=0$；

供给无限弹性：$E_s \to \infty$；

供给单位弹性：$E_s=1$；

供给富于弹性：$E_s>1$；

供给缺乏弹性：$E_s<1$。

保险产品供给弹性的特性具有如下特点：

① 不受经济周期影响，变化稳定。

② 供给弹性大；纯费率相对稳定，经济发展影响价格上升；固定资产投资比率小，很容易调整供给；替代品比较丰富。

③ 供给弹性通过很长周期才可以看出。

(2) 互补品和替代品价格。互补品价格和保险供给呈正相关关系。替代品价格和保险供给呈负相关关系。

6. 保险成本因素

保险成本一般包括赔款、佣金、工资、房屋和租金、管理费用等。对保险人来说，在保险费率一定时，若保险成本低，所获的利润就多，那么对保险业的投资就会扩大，保险供给量就会增加。在一般情况下，保险成本与保险供给呈反比例关系，保险成本高，保险供给就少；反之，保险供给就大。

7. 保险市场竞争因素

保险市场竞争对保险供给的影响是多方面的，保险竞争的结果，会引起保险公司数量上的增加或减少，从总的方面来看会增加保险供给；同时，保险竞争使保险人改善经营管理，提高服务质量，开辟新险种，从而扩大保险供给。

8. 政府的政策因素

政府的政策在很大程度上决定保险业的发展，决定保险经营的性质，决定保险市场竞争的性质，也决定了保险业的发展方向。如果政府的政策对保险业采用扶持政策，则保险供给增加；反之，若采取限制发展的政策，则保险供给减少。政府的监管对市场的规范程度有重要影响，也影响着保险供给。目前，各国对保险业都有严格的监管制度。因此，即使保险费率上升，由于政府的严格管制，保险供给也会受控制。

9. 保险市场规范

竞争无序的市场会抑制保险需求，从而减少保险供给；反之，会提高保险市场需求。

三、保险市场的供求平衡

保险市场供求平衡，是在一定的保险价格条件下，保险供给恰好等于保险需求，即保险供给与保险需求达到均衡点，或当 P 不变时，$S=D$。

（一）保险市场的供求状况

保险市场的供求状况，即保险供给与保险需求之间的均衡问题，存在三种情况：保险供给大于保险需求、保险需求大于保险供给、保险市场供求平衡。第一种与第二种情况是保险供求的非均衡状况，需要调整二者之间的关系，以促成二者最终达到均衡状况。

1. 保险供给大于保险需求

当保险供给大于保险需求时，竞争加剧，保险商品的价格将下降。当保险供给大于保险需求时，要采取措施，激发社会公众对保险的需求量增大，同时加强对保险供给方的管理，使两者逐步趋于均衡，即刺激需求，调整供给，尤其要发挥保险价格的作用，适当降低保险价格。

2. 保险需求大于保险供给

保险需求大于保险供给将使保险商品价格走高。当保险需求大于保险供给时，只能从增加供给方的保险供给入手，新增保险业务，扩大范围，最大限度地满足投保者的要求，必要时适当提高保险价格，从而，使保险需求与供给达到均衡。

3. 保险供给等于保险需求

在一定的保险价格条件下，保险供给恰好等于保险需求，即为保险市场供求平衡，这种情况达到了保险供给与保险需求之间的均衡。

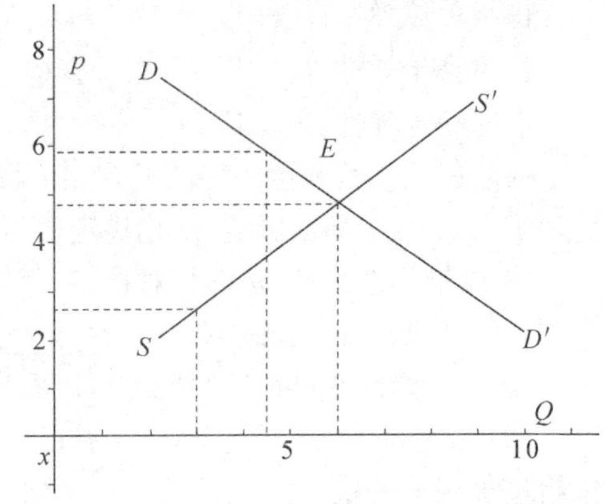

图 2－1　供求平衡状态

（二）保险市场供求平衡的总量平衡与结构平衡

保险市场供求平衡应包括供求的总量平衡与结构平衡两个方面，且平衡是相对的。

(1) 保险供求的总量平衡是指保险供给规模与需求规模上的平衡。

(2) 保险供求的结构平衡是指保险供给的结构与保险需求的结构相匹配，包括保险供给的险种结构与消费者需求险种结构的适应性，保险费率与消费者缴费能力的适应性以及保险产业与国民经济产业结构的适应性等。

（三）保险市场供求状况受市场机制制约

市场机制指价值规律、供求规律和竞争规律三者之间相互约制、相互作用关系的总和。价值规律是决定商品价值的规律，其表现形式为商品的价格围绕价值上下波动。供求规律是反映商品供给与需求关系的规律，其表现形式为供给总是在追随需求，追求供给与需求的均衡，从长远或总体看供需是趋于均衡的。

保险市场供求平衡受市场竞争程度的制约。市场竞争程度决定了保险市场费率水平的高低，因此，市场竞争程度不同，保险供求平衡的水平各异。而在不同的费率水平下，保险供给与需求的均衡状态也是不同的。如果市场达到均衡状态后，市场价格高于均衡价格，则保险需求缩小，迫使供给缩小以维系市场均衡；反之，如果市场价格低于均衡价格，则保险供给缩小而迫使需求下降，实现新的市场均衡。所以，保险市场有自动实现供求平衡的内在机制。竞争规律在保险市场上同样发挥作用。

价格竞争在任何商品市场上都具有典型作用，就一般商品而言，均为主要竞争手段。但在保险市场上由于其商品的价格不完全取决于供求关系，而主要取决于特定风险的发生率及损失程度。一般商品在供求关系变动情况下，其价格可以低于其价值或成本，但一般不会对消费者造成损害，而保险这一特种商品，如其价格低于其风险底线，不仅会导致保险人亏损，还会给其保障对象（被保险人或受益人）带来损害。因此，一般商品市场价格的竞争机制，在保险市场上必然受到某种程度的限制。

四、保险市场的分析和预测

（一）保险市场的一般供求规律

供求规律的一般含义：当市场上商品的供给与需求不平衡时，价格就会因此发生变化，价格的变化反过来影响商品的供求数量，使二者逐渐互相趋近，最终达到市场均衡。

供求规律主要体现在两个方面：

当商品供给大于需求时，价格会下降。此时，由于需求与价格呈反向关系，供给与价格成正向关系，价格的下降将导致需求上升，供给减少。当供给与需求达到相等时，市场便实现了均衡状态。

当商品供给小于需求时，价格会上升。同样的原因，价格上升会导致供给增加，需求减少。当供给与需求达到相等时，市场便实现了均衡状态。

（二）保险需求的确定

保险需求的确定原则是效用最大化原则。

对于消费者而言，购买保险仍然符合个人效用最大化的原则。下面用效用最大化原则来确定消费者的最优保险需求。

1. 效用和效用函数

效用是对一个人拥有不同财富时满足程度的度量。

效用函数描述了不同财富水平与满足程度之间的关系。

$$U=U(W)$$

效用函数的形式：财富越多，个人所获的效用越大。效用是财富的增函数，财富越多，效用越大。

效用随着财富的增加而增长有三种方式：① 增长速度逐渐放慢；② 增长速度不变；③ 增长速度逐渐加快。

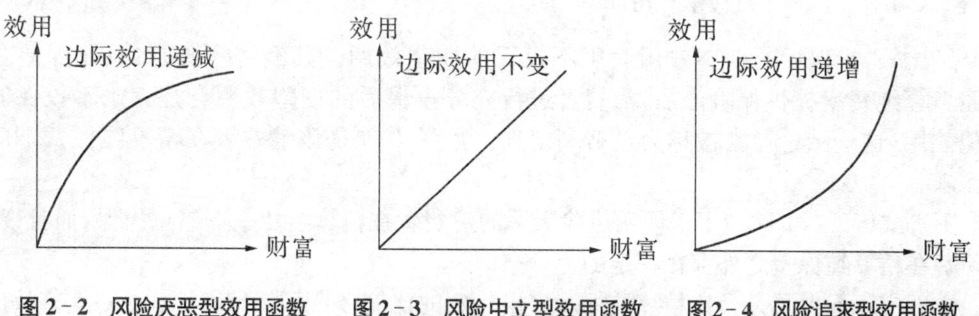

图 2-2　风险厌恶型效用函数　　**图 2-3　风险中立型效用函数**　　**图 2-4　风险追求型效用函数**

经过调查研究，绝大部分人均属风险厌恶者，其效用函数都是凹函数，即边际效用递减。

2. 消费者的保险需求

假设某人目前财富为 W，他面临的损失的可能性，如他财富中的房产价值为 L，房产遭受火灾烧尽的概率为 p。所以，他的财富是一个随机变量，以概率 p 取 $W-L$，以概率 $1-p$ 取 W。

当消费者面临投保与不投保的选择时，是否投保，购买多少的决策过程如下：

如果不投保，他的期望效用为：

$$EU_{NI}=p\cdot U(W-L)+(1-p)\cdot U(W)$$

如果投保，假设保险公司愿以费率 p 承保，消费者购买了保险金额为 X 的保险，缴纳保费一X，则消费者的期望效用为：

$$EU_I=p\cdot U(W-\pi X-L+X)+(1-p)\cdot U(W-\pi X)$$

消费者寻求效用最大化，即

$$\max[p\cdot U(W-\pi X-L+X)+(1-p)\cdot U(W-\pi X)]$$

一阶条件为

$$\frac{\partial EU_I}{\partial X}=(1-\pi)pU'(W-\pi X-L+X)-\pi(1-p)U'(W-\pi X)=0$$

假设保险公司仅收取纯保费，即 $\pi X=pX$ 或 $\pi=p$，代入一阶条件式，你会发现，要是条件成立，必须

$$(W-\pi X-L+X)=(W-\pi X)\text{，即 }X=L$$

就是说，如果只收取纯保费，风险厌恶的消费者会购买完全保险。

我们再将投保与不投保的消费者效用进行对比：

如果不投保，消费者的期望效用为

$$EU_{NI}=p\cdot U(W-L)+(1-p)\cdot U(W)$$

如果投保，消费者会购买完全保险，他的期望效用为

$$\begin{aligned}EU_I&=p\cdot U(W-\pi X-L+X)+(1-p)\cdot U(W-\pi X)\\&=p\cdot U(W-pL-L+L)+(1-p)\cdot U(W-pL)\\&=U(W-pL)\end{aligned}$$

经比较，投保后的期望效用大于不投保的期望效用。其经济含义是：只要保险公司按照精算纯费率提供保险产品，消费者进行充分投保后的期望效用总是大于不投保时的期望效用，这一结论通常被称为贝努利定理。数量 L 就是该消费者在精算纯保费下的保险需求。

不等式 $EU_I>EU_{NI}$，不仅说明风险厌恶的消费者在精算纯费率下愿意投保，而且说明：保险费在精算纯保费之外存在一定的上升空间。

亦即实际保费总是会比精算纯保费多出一定的比例，对于消费者来说，这一期望效用不

等式仍然成立，即参加投保比不投保要好。高出部分即为附加保费。

（三）供求规律在保险业作用的特点

尽管保险商品遵循一般的市场供求规律，但消费者的心理因素或市场行为常常会导致供给需求曲线发生变异，进而导致不同的市场反应。主要原因：逆选择和道德风险。

1. 逆选择

投保人通常比保险人具有更多的标的风险信息，存在信息不对称。逆选择就是指投保人运用优越的信息优势以获取更低价格上的保险产品的意图和行为。

分析：假设两名投保人具有相同的效用函数以及相同的初始财富（125 元），但一个“低风险”，一个“高风险”，在接下来的一年中，两人都可能承受 100 元的经济损失，其中低风险个人的损失概率 25%，高风险个人的损失概率 75%。

由贝努利定理可知，如果在精算纯费率下保险是可得的，每个人都会充分投保。

于是对于低风险个人来说：

$$EU_I^L = U(100) > 0.25U(25) + 0.75U(125) = EU_{NI}^L$$

对于高风险个人来说：

$$EU_I^H = U(50) > 0.75U(25) + 0.25U(125) = EU_{NI}^H$$

即如果保险人能够区分不同投保人的风险水平，就可以在精算纯保费基础上提供保单，在收取纯保费情况下，两人均会选择足额投保，而且两人均能买到保险，提高自己的效用水平。

以上分析较为理想化，由于存在信息不对称，保险人在无法区分投保人的风险高低的情况下，保险人为了保证收支相抵，会向两个投保人收取同样的纯费率，即两投保人精算纯费率的均值 50[=(25+75)/2]。

此时，每个投保人会将“纯联合费率”下投保的期望效用与不投保的期望效用进行比较，决定投保与否。

投保的效用：由于两人具有相同的初始财富，并支付了相同的保费，最终，不管风险发生与否，其财富均为 75(=125−50)，效用均为 $U(75)$。

不投保的效用：高风险人 EU_{NI}^H，低风险人 EU_{NI}^L

可见，高风险投保后效用剧烈升高，但低风险人投保后效用降低，所以，低风险人选择不投保；高风险人投保。

由于向选择，保险市场上充满了要求投保的高风险人，在采用纯联合费率的情况下，保险人将发生亏损。

如果保险人了解到低风险投保人不愿投保的情况，就会废除纯联合费率，代之以高的纯净算费率，这样，市场上就只剩下高风险投保人和高风险保单了。

即在市场供需关系上，逆选择使得供求规律发生了一定的变异：一方面，保险需求保持上升势头；另一方面，保险供给则持续下降；供需出现了不平衡。

另外，二者在数量上的背离程度反过来又刺激保险价格的上升，进一步导致供需的背离，保险市场无法达到有效均衡。

逆选择对供需双方都不利。

逆选择的控制：

逆选择对供需双方都不利，但只有供方(保险人)可以控制逆选择。

逆选择的根本原因在于信息不对称，即保险人无法准确掌握保险标的风险信息。

所以，控制逆选择的方法就是想办法获取更多的投保标的风险信息，对标的进行风险分类，对不同风险的标的收取不同的费率。

2. 道德风险

道德风险指投保人在得到保险后改变日常行为的倾向。包括事前和事后道德风险。

事前道德风险：投保人得到保险后丧失或减低了防损的动力；

事后道德风险：损失发生后，被保险人丧失了减损的动力。

【案例分析】 道德风险对保险市场供求的影响。

案例：假定张三有 12 000 元现金和价值 4 000 元的摩托车。一次事故会导致摩托车全损，而事故发生频率依赖于张三驾驶的谨慎程度。当他开车很快，不够小心时，事故发生概率为 50%；当他开车很慢，足够小心时，事故发生概率为 20%。并假设因小心开车而延长路途和多耗油的成本为 1 000 元，张三的效用函数为财富的平方根。

试分析张三在不买保险、买保险时的驾车方式决策。

(1) 没有购买保险时。

小心驾驶的期望效用为：

$$EU_C = 0.2U(16\,000-4\,000-1\,000)+0.8U(16\,000-1\,000) = 118.96$$

开快车的期望效用为：

$$EU_{NC} = 0.5U(16\,000-4\,000)+0.5U(16\,000) = 118.02$$

所以，张三的理性选择是小心驾驶。

(2) 购买保险后。

假设张三以精算纯费率购买全额保险，保险公司看到张三一贯小心驾驶，所以收取的纯保费为 800 元(=0.2×4 000)。

现在看看投保后，张三对驾驶方式的选择：

小心驾驶的期望效用为：

$$EU_{IC} = 0.2U(16\,000-800-1\,000-4\,000+4\,000)+0.8U(16\,000-800-1\,000) = 119.16$$

开快车的期望效用为：

$$EU_{INC} = 0.5U(16\,000-800-4\,000+4\,000)+0.5U(16\,000-800) = 123.29$$

所以，张三的理性选择是开快车。

购买保险后，张三改变了自己的日常行为，变得更加危险了，这就是投保人的道德风险。

(3) 道德风险的进一步分析。

保险公司发现张三选择开快车后，保险公司需要重新定价，收取开快车的纯保费 2 000 元(=0.5×4 000)。

现在看看保险人提高费率后，张三对驾驶方式的选择：

小心驾驶的期望效用为：

$EU'_{IC}=0.2U(16\,000-2\,000-1\,000-4\,000+4\,000)+0.8U(16\,000-2\,000-1\,000)$
$=114.02$

开快车的期望效用为：

$EU'_{INC}=0.5U(16\,000-2\,000-4\,000+4\,000)+0.5U(16\,000-2\,000)$
$=118.32$

所以，张三的理性选择是开快车，但效用大小发生了变化。

三种情况下的最优选择和效用分别为：

① 不买保险，小心驾驶：$EU_C=118.96$。

② 购买保险，开快车：$EU_{INC}=123.29$。

③ 提高保费，开快车：$EU'_{INC}=118.32$。

上述②保险公司不会选择（不会提供 800 元的保险），所以，张三面临的选择只有①和③，张三会选择①。

所以，张三最终的最优选择是“不买保险、小心驾驶”。

道德风险的后果是：保险人定价过高，投保人多为具有道德风险的人，高价格引起供给增加；很多消费者选择不买保险，保险需求急剧减少；保险市场难以达到均衡状态。

道德风险的控制：产生道德风险的主要原因在于被保险人避免道德风险（或者进行防损减损）需要付出成本。所以，只有在保险人做出努力，使得被保险人避免道德风险的边际收益为正时，才能促使被保险人像未投保一样防损减损。

具体做法包括免赔额、共保条款、针对防损减损措施好坏进行费率调整。

第六节　中国保险市场

一、中国保险市场的形成

（一）外商保险公司垄断时期的中国保险市场

我国现代形式的保险是伴随着帝国主义的入侵而传入的。19 世纪初，西方列强开始了对东方的经济侵略，外商保险公司作为保险资本输出与经济侵略的工具进入中国。我国的保险是伴随帝国主义的入侵而传入的。在 1805 年，英国商人麦格尼克在广州设立了“广州保险公司”，这是在我国历史上出现的第一家保险公司。直到中国解放以前，外商保险公司始终控制着中国的保险市场。

（二）民族保险业开创与发展时期的我国保险市场

外商保险公司对中国保险市场的抢占及西方保险思想的影响，一些华商也开展保险业务。1824 年一广东富商在广州城内开设张宝顺行，兼营保险业务，这是华人经营保险的最早记载；1865 年上海华商义和公司保险行创立，打破了外商保险公司独占中国保险市场的一统天下局面，中国近代民族保险业正式诞生；清朝的洋务运动中李鸿章提出了“三自主张”：须华商自立公司，自建行栈，自筹保险。1875 年 12 月 28 日，经李鸿章批准，唐廷枢、徐润通过向社会募股 20 万两白银，在上海的永安衔成立了“保险招商局”，专保“轮船招商局”

的轮船,保险招商局被认为是我国第一家民族保险公司;1886 年,“仁和”、“济和”两保险公司合并为“仁济和”水火保险公司,资金达到 100 万两,雄厚的资金大大加强了其在保险市场上的实力和竞争能力,成为中国近代颇有影响的一家华商保险企业,“仁济和水火险公司”对民族保险业的贡献是十分巨大的,它一举力破了外商保险公司对我国保险业的垄断。民族保险业领域中华商开设的保险公司也越来越多,在民族资本主义工商业的大发展中得以迅速发展。1905 年在上海由 9 家保险公司成立了华商火险公会。1912 年由吕岳泉联络了黎元洪、冯国章及海外华侨创立的“华安合群保寿公司”是我国第一家实力比较雄厚的人寿保险公司,并培养了我国第一个民族精算师陈恩度。

二、新中国保险市场的初创

新中国成立后,新政府接管了官僚资本的保险机构,首先是对旧中国保险市场进行管理与整顿,紧接着是创立与发展人民保险事业。1949 年 10 月 20 日,中国人民保险公司正式挂牌开业,这标志着中国现代保险事业的创立,开创了中国保险的新纪元。保险市场上除传统的火险和运输险外,还积极开发新的险种,同时中国人民保险公司在全国各地建立了自己的分支机构,并逐步开展了各种财产保险和人身保险业务。随着中国人民保险公司的建立,外商保险公司招揽不到业务纷纷申请歇业,于 1952 年年底全部撤离中国大陆。几十家私营保险公司经过公私合营,最终合并为太平保险公司,受中国人民保险公司领导,专营海外保险业务,之后为了业务需要移师香港,国内保险业务由中国人民保险公司独家经营。1958 年 10 月,国内保险业务被迫停办,直到 1979 年恢复。20 年的中断,使大量的专业人员和宝贵资料散失,拉大了与国外保险同行的差距,给中国现代保险业的发展带来不可弥补的损失。中国共产党十一届三中全会以后,国内保险业务得到恢复。

三、中国保险市场的初步发展

(一)中资保险公司发展概况

恢复保险业后,我国保险事业得到了飞速的发展。从 1980—1985 年累计保费收人达到上亿元,累计赔款支出 33 亿元,上缴国家税收 18.8 亿元,提取各种责任准备金 28 亿元。中国人民保险公司独家垄断经营中国保险业的弊端逐步暴露出来。保险费率居高不下,市场开拓力极度萎缩。

1986 年 7 月 15 日,经中国人民银行批准,新疆生产建设兵团农牧业生产保险公司成立,经营范围仅局限于新疆建设兵团内部的种植、牧养业及职工的一些人身保险,对保险市场的影响极小。

1987 年底由交通银行成立了保险部才打破了中国保险市场的垄断格局,1991 年 4 月 26 日并在保险部分离出来的基础上,组建了太平洋保险公司,由交通银行全资控股。

1988 年 3 月 21 日,经中国人民银行的批准,深圳蛇口工业区社会保险公司同中国工商银行深圳信托投资公司合资成立了平安保险公司,1992 年 5 月更名为中国平安保险公司,经营范围扩大至全国。

1994 年 12 月 28 日由浦东经贸总公司等 22 家企业出资成立了天安财产保险公司。1995 年 1 月 26 日由上海大众出租汽车公司等 17 家企业出资成立了大众财产保险公司,这两家均为区域性的保险公司,总部设在上海。

1995 年，华泰财产保险股份有限公司、泰康人寿保险股份有限公司、新华人寿保险股份有限公司等 3 家全国性的保险公司相继成立，总部设在北京；同年，另两家总部分别设在深圳和西安的区域性保险公司——华安保险股份有限公司和永安保险股份有限公司也相继成立。而随着我国成功入世，保险市场也开始向国内民营资本开放，我国第一家民营保险公司民生人寿保险股份公司也已获经营许可。

1996 年 8 月 22 日泰康人寿保险股份有限公司系经中国人民银行总行批准成立的全国性、股份制人寿保险公司，公司总部设在北京。

1996 年 9 月永安财产保险股份有限公司是根据党中央发展西部经济战略部署成立的，是中国唯一一家总部设在西部（西安）的股份制财产保险公司。公司以电力、电子、航天航空、商贸、石油等具有雄厚经济实力的国有骨干企业集团和上市公司为主要股东。注册资本 3 亿元。

（二）外资保险公司的概况

1992 年 9 月 29 日，在外商保险公司撤离中国大陆整 40 年后，美国的友邦保险有限公司经中国人民银行批准在上海开设分公司，经营人寿保险业务，中国的保险市场才增加了新的竞争主体。是改革开放后最先获准在我国经营保险业务的外资保险公司。友邦先进的个人营销员制度进入中国，中资保险公司纷纷效仿。

1994 年 8 月 13 日日本东京海上火灾株式会社获准在上海经营财产保险业务。美国的博保险集团相继在北京、上海、深圳设立代表处。美国恒康相互人寿保险公司相继在北京、上海、天津、广州设立代表处。英国保诚集团相继在北京、上海、广州、天津、沈阳设立代表处。自 1995 年 4 月起，加拿大永明人寿保险公司相继在北京、重庆设立代表处。1999 年这四家实力雄厚的国际保险公司被获准进入中国市场。

1996 年 11 月瑞士千泰保险（亚洲）有限公司获准在上海经营财产保险业务。1997 年 5 月与友邦同属于美国国际集团全资附属子公司的美亚保险有限公司获准在上海开业，专营财产保险业务。1998 年 10 月英国的皇家太阳联合保险公司获准在上海成立分公司，经营财产保险业务。2001 年 4 月 26 日韩国三星火灾海上保险公司获准在上海经营财产保险业务。

截至 2003 年底，共有 13 个国家和地区的 37 家外资保险公司在华投资设立了 62 个保险营业机构，有 19 个国家和地区的 128 家外资保险机构在华设立了 192 个代表机构和办事处。

2004 年中国保监会一口气批准了十几家财险、寿险、农业险、健康险、养老保险等新公司筹建，中国保险市场打破连续 8 年不批设中资保险公司的坚冰，同时还加快了外资保险公司审批步伐。

本章小结

1. 介绍了保险商品的含义、特征及其分类；
2. 分析了保险商品的价格、保险费率及其厘定；
3. 介绍了保险市场的概念、特点及其功能；
4. 简单分析保险市场的需求与供给。

强化训练

一、单选题

1. 保险费率是保险商品的价格，呈现(　　)。

A. 没有变化　　B. 缓慢增加　　C. 显著增加　　D. 下降

2. 保险经营企业的经营成本具有(　　)特征。

A. 不确定性　　B. 稳定性　　C. 特殊性　　D. 补偿性

二、多选题

1. 保险市场供给的主要影响因素有(　　)。

A. 保险供给者的数量和质量　　B. 经营管理水平

C. 保险技术水平　　D. 经营管理环境

2. 衡量保险市场发展的指标主要有(　　)。

A. 保险监管　　B. 保险深度　　C. 保险密度　　D. 保费收入

三、名词解释

保险商品　保险费率　保险市场　保险市场需求　保险市场供给　保险市场供求分析　保险股份公司　相互保险公司　保险合作社

四、简答题

1. 简述保险商品的含义及其主要特征。
2. 简述保险商品的价格。
3. 简述保险市场的供给及需求的概念。
4. 简述影响保险市场供给的因素。
5. 简述影响保险市场需求的主要因素。

实训课堂

一、技能训练

1. 对当地保险市场进行调研，对保险市场供给和需求进行分析，谈谈如何促进市场供给与需求平衡。

2. 分析我国保险市场状况，论述应该怎样从健全自身机制和优化外部环境着手，促进我国保险市场的发展？

3. 找出关于当地居民人均保险费支出的数据或者其他相关数据，调查影响居民保险需求的主要因素，分析保险行业应该采取什么对策来增大居民的保险需求。

二、专项实训

实训题目：保险市场供求状况分析。

三、实训目的

掌握保险市场供求状况分析的基本方法，从哪几个方面进行分析。

四、实训内容

1. 选取一个保险大类产品，进行保险市场供求状况调查；
2. 分析报告的撰写、整理、答辩；
3. 制作可供公开展示汇报的幻灯片。

模块二　保险公司内部管理结构

第三章　保险公司及其组织结构

资料导入

保险组织结构①

组织结构是组织正常营运和提高经济效益的支撑和载体。现代组织如果缺乏良好的组织结构，没有一套分工明确、权责清楚、协作配合、合理高效的组织结构，其内在机制就不可能充分发挥出来。因此，保险公司的组织结构及内部各职能部门的设置是整个保险公司顺利营运的重要组成部分与前提条件，也是保险公司战略实施的保证。一般情况下，保险公司组织架构跟银行类似：从组织结构来看主要有总公司、省分公司＋各细分区域的营业部；员工分为内勤员工和外勤员工。寿险公司总部按照职能分为各个部门：董事长办公室、市场部、精算分析部、产品部、核保核赔部、客服部、运营部、企划部、综合开拓部等。平安人寿总部还有根据事业片区来划分的区域总部（南区、东区、北区和中区），区域总部下面一般配置的职能部门同总部，不过少了精算、产品、核保、客服等部门，只保留了市场、运营、企划这些跟业务管沟的部门。从实践上看，因为寿险产品非常标准化，总部核保核赔部一般在15人以内，承担类似制定、调整核保核赔政策，为分公司提供工作指引和培训、处理分公司提交的疑难杂症等。分公司里面虽然也设置了核保核赔部，其实也是根据总部指引执行日常核保核赔工作而已。现在很多核保核赔工作都走标准化路线，通过人工录入信息然后计算机自动识别操作。

中国人寿保险（集团）公司是国有特大型金融保险企业，总部设在北京，世界500强企业、中国品牌500强。公司前身是成立于1949年的原中国人民保险公司，1996年分设为中保人寿保险有限公司，1999年更名为中国人寿保险公司。中国人寿保险公司下设中国人寿保险股份有限公司、中国人寿资产管理有限公司、中国人寿财产保险股份有限公司、中国人寿养老保险股份有限公司、中国人寿保险（海外）股份有限公司、国寿投资控股有限公司以及保险职业学院等多家公司和机构，业务范围全面涵盖寿险、财产险、养老保险（企业年金）、资产管理、另类投资、海外业务等多个领域，并通过资本运作参股了多家银行、证券公司等其他金融和非金融机构。

---

①　资料来源：https://www.zhihu.com/question/39666458/answer/82482516。

知识目标

1. 了解保险公司的组织特征、组织形式、组织结构；
2. 熟悉保险公司各职能部门的划分方法与主要职责；
3. 掌握保险公司内部各职能部门之间的业务和管理关系；
4. 了解和把握保险公司的整体运作及内部营运管理模式。

技能目标

1. 熟悉保险公司各职能部门的职责分工及运作模式。
2. 掌握保险公司职能部门的划分方法。
3. 通过现场调查，了解保险公司的组织特征、组织形式、机构模式及组织机构的设置情况。

第一节　组织、组织结构及协调要素

一、组织

在希腊语中组织的原义是指和谐、协调。社会系统学派的代表巴纳德给组织下的定义是："两人以上有意识地协调和活动的合作系统。"他提出构成组织的基本要素有：共同的目标，合作的意愿，信息的交流。

组织是一切管理活动赖以存在的物质载体。无论是作为静态的组织体，还是作为动态的组织职能，组织在管理活动中都能起着重要的作用。

从广义上说，组织是指由诸多要素按照一定方式相互联系起来的系统。从狭义上说，组织是指人们为着实现一定的目标，互相协作结合而成的集体或团体，如党团组织、工会组织、企业、军事组织等等。

二、组织结构

组织结构是组织正常运营和提高经济效益的支撑和载体，是表明组织各部分排列顺序、空间位置、聚散状态、联系方式以及各要素之间相互关系的一种模式，是整个管理系统的"框架"，有了它，系统中的人流、物流、信息流才能正常流通，使组织目标的实现成为可能，可以说组织结构的本质是职工的分工协作关系，其内涵则是组织中职、责、权方面的结构体系。

为适应经济发展和管理实践的需要，组织结构从研究伊始至今在不断调整和变化，迄今为止已产生多种多样的结构形式，如直线制、职能制、直线职能制、矩阵制等。但无论组织结构的具体形式如何变化，其实质内容仍然是职能结构、层次结构、部门结构和职权结构的组合。组织结构的具体内容主要包括：

职能结构，即组织中各项业务及其比例。

层次结构，指组织中纵向的层次划分，每一层次所代表的等级不同。

部门结构，指同一层次的部门划分，代表着组织的横向结构。

职权结构，是组织在责任、权力方面的分工及相互关系。

组织结构的合理化是有效管理的重要因素。组织结构设计是一个系统工程，而非单纯地设计一个组织结构图以及相关部门、岗位职责说明。成功的组织结构设计必须包括变革管理的内容。保险公司在推行新的组织结构之前应对实施阻力进行充分的评估，设计相应的措施来克服这些阻力。其中最重要的工作是改变公司内部人员因长期在原有组织结构下工作而形成"思维惯性"，促使全体员工充分了解和理解新的组织结构，并积极参与组织变革的进程。现代组织如果缺乏良好的组织结构，其内在机制就不可能充分地发挥出来。

科学的组织架构是保险公司内控体系有效运作的保障，加强组织机构的监控，有利于保险公司实现管理的紧密和高效。目前，国内保险公司已由过去大多采用职能式组织结构形式，逐步改变为采用事业部式的组织结构形式，这两种组织结构形式既有各自的优势，也有不足之处。随着我国改革开放的不断深入，社会主义市场经济的逐步发展，尤其是加入WTO以后，经济全球化和保险国际化时代的来临，我国保险业正面临着新的竞争和重组，这就要求中资保险公司坚持不断创新，其中包括组织创新，主要是优化组织架构，提高组织工作效率，这是确保中资保险公司具有国际竞争力的根本性措施。

三、组织结构协调要素

组织结构协调要素主要包括：部门结构、部门职能、人员素质、运行机制、协调机制等方面。

（一）部门结构环境

部门结构环境是指保险公司部门设置构成。一般情况下，保险公司设立股东大会、董事会、监视会、总经理、市场部、精算部、核保部、客服部、理赔部、投资部、财务部、法律部、人事部、信息部和公关部。其中，股东大会选出董事会和监事会，董事会和监视会对股东大会负责；董事会聘任总经理，总经理对董事会负责；监视会负责监督董事会和经理层的经营和管理，对于财务部门的工作承担监督义务，就董事会和经理层的工作以及财务部门的工作向股东大会提出意见和建议；真正对保险公司各部门承担管理义务的是总经理和各级经理，各级经理由总经理提名对总经理负责。其中，双向箭头表示隶属关系，低一层对高一层负责；单向箭头表示上下两部分不存在隶属关系，上一级对下一级有监督权利和义务。保险公司部门结构如图 3-1 所示。

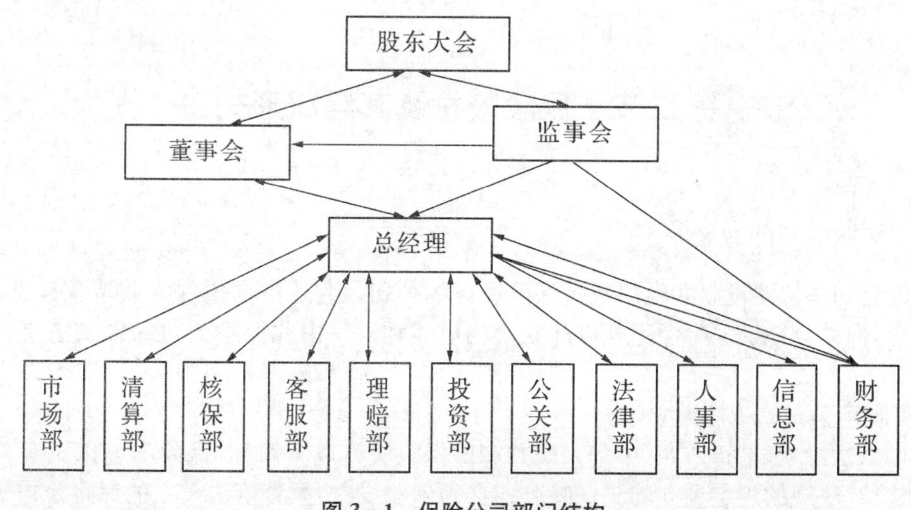

图 3-1　保险公司部门结构

（二）部门职能

部门职能指保险公司各部门的职能是否明确、有没有明确的岗位责任、运行是否高效率等问题。市场部门负责销售产品，跟客户沟通介绍产品，负责收取投保人的投保申请单，负责签定保险合同；信息部负责收集反馈的信息，进行分析和合同归档；公关部则必须根据分析结果设计市场部需要的广告和产品说明书，协调保险公司与行业和企业关系，树立保险公司形象；核保部负责核查投保申请单上的信息与保险标的实际情况有没有出入，做出是否承保的决定；收取保险费出具发票和记录经营情况是财务部门的事情；而售后服务和客户维护特别是后期费用催缴由客服部完成；精算部负责设计保险产品；投资部负责投资管理；理赔部负责查勘定损理赔计算；法律部负责保险纠纷的诉讼；人事部负责员工的管理特别是员工的招聘录用和薪资管理。

（三）人员素质

人员素质环境是指保险公司工作人员的年龄、经验、学历、专业水平和职业资格的问题。《保险法》规定保险从业人员必须有相应的职业资格；而作为保险公司内部管理的需要其他要素也不容忽视。目前国内保险对从业人员没有年龄、学历和专业限制的要求，严重影响了保险业的发展。

（四）运行机制

保险公司的运行必须也必须采取股份制的运行机制。在这个前提下，结合财务准则，建立一套适合保险公司的成本管理体制，特别是改变目前保险行业依靠大量保险销售代理和经纪人来销售产品的模式非常重要。设计通用的财产保险产品和保障广泛的人寿保险产品，实现财产保险的一体化经营和人寿保险的一体化经营，是目前国内保险市场有益的实践。

（五）协调机制

保险公司高层如何协调公司各部门的经营，达到控制成本提高利润率的目的，体现了协调机机制的优劣。

第二节　保险公司及其组织形式

一、保险公司的含义

保险公司是依法设立的专门从事保险业务的公司。它通过向投保人收取保险费，建立保险基金，向社会提供保险保障并以此获得相应的利润。由此保险公司的含义主要有三个方面：

(1) 保险公司是依法设立的。

所谓依法设立，是指依照《中华人民共和国保险法》（以下简称《保险法》）以及有关保险公司的法律、法规的规定设立的。保险公司必须依法设立，只有依法设立的保险公司所从事的保险业经营活动，才能受到法律保护。

（2）保险公司是专门从事保险业务的公司。

保险公司是一种特殊的公司，所经营的保险业务范围，要依据《保险法》的规定，并由保险监督管理机构依法审定。保险公司必须按上述规定执行，否则，要承担相应的法律责任。

（3）保险公司的经营目的是获取利润。

保险公司在投保人签订保险合同时，是作为保险人而存在的，因此，《保险法》中，保险人是指与投保人签订保险合同，并承担赔偿或者给付保险金责任的保险公司。保险公司作为商业性的法人组织，其从事保险业务的基本出发点就是为获得商业利润。但是，保险人并不都是保险公司，充当保险人的还可以是其他机构，如保险合作社、保险互助组织等不以营利为目的的保险组织。只是《保险法》所指保险人是特指保险公司。

二、保险公司的组织形式

保险公司的组织形式就是保险公司的存在方式，即依法设立、登记，并以经营保险为业的机构，也就是指在一个国家或地区的保险市场上，保险人经营保险业务所采取的具体经营组织模式。各国保险法对保险经营者的组织形式都有要求。在国外，保险组织形式多种多样，除英国等极少数国家、地区外，各国均已禁止个人经营保险业务，保险经营者必须是法人组织。就其经营主体而言，可分为公营保险组织和民营保险组织；就其经营目的而言，可分为营利性保险组织和非营利保险组织；按经营的地域范围，可以分为地区性保险公司、区域性保险公司、全国性保险公司和跨国保险公司。除了保险股份有限责任公司和相互保险公司外，国际上还有其他保险组织形式，主要有保险合作社、个人保险组织及专业自保组织、行业自保组织等。

我国自 2009 年 10 月 1 日起正式实施的新《保险法》为适应保险业的发展需要，删除了有关保险公司组织形式的特别规定，保险公司在组织形式上直接适用《公司法》，既可以采取股份有限公司的形式，也可以采取有限责任公司的形式。目前我国采用国有独资保险公司、股份保险公司和行业自保组织三种组织形式。

（一）国有独资保险公司又称为国营保险组织

国有独资保险公司是国家授权的投资机构或国家授权的部门单独投资设立的保险有限责任公司，它是国家以投资者的身份参与保险业经营的重要手段，并担负着经营政策性保险业务的重要职能。国有独资保险公司的特殊性：它是一种特殊的有限责任公司；其组织机构有特色；是一种特殊的国有企业国有保险公司目前是我国保险公司的主要组织形式之一，在我国保险市场上占有重要地位。

国有独资保险公司主要有中国人民保险集团公司、中国人寿保险（集团）公司、中国再保险（集团）股份有限公司、中国出口信用保险公司以及香港中国保险（控股）有限公司等。

国有保险组织是由国家或政府投资设立的保险经营组织，它又可分为：

（1）完全垄断型：担负着保险经营与监管双重责任，大多数第三世界国家保险市场。如 1988 年前的中国人民保险公司 PICC。

（2）商业竞争型：与民营保险自由竞争的非垄断性保险。

（3）政策型：我国的农业保险公司，出口信用保险和美国联邦存款保险。

其基本特征为：国有独资保险公司是国家授权投资机构或国家授权的部门单独投资设立的保险有限责任公司，投资主体只有一个；国家与公司不存在行政上的隶属关系，是平等的民事关系;作为投资主体可以设立有限责任公司;国有企业。如在股份制改革前,中国人民保险公司、中国人寿保险公司就属于这一性质的国营保险组织。

1. 含义

国有保险组织,即由国家或政府投资设立的保险经营组织。其经营方式有两种:一种是由政府的特定机构直接经营;一种是由政府委托。通过法规的方式,由某个团体来经营,即政府间接经营模式。如日本的健康保险组合、日本输出银行办理输出保险业务,就属于间接国营保险组织。国营保险组织经营模式往往具有垄断性,完全垄断型国营保险组织,垄断一国或一个区域的保险业务,"政企合一"的这样的保险组织既是保险管理机关,又是经营保险业务的实体。1998年以前中国人民保险公司就是这一性质的保险经营组织。或垄断某类保险业务。通过法令法规的形式,将某些强制性或特定保险业务垄断为自己独有业务的国营保险组织。如美国联邦存款保险公司就属于这一性质的政策型保险公司。

除上述具有垄断性的保险经营组织外,在一些国家或地区还有竞争性的国营保险组织,其经营目标同样是利润最大化。如我国目前的中国人民保险公司、中国人寿保险公司就属于竞争型的国有保险公司。

国有独资保险公司是国家授权投资机构或国家授权的部门单独投资设立的保险有限责任公司。我国的中国出口信用保险公司属于国有独资保险公司。苏联、朝鲜等国家所设立的国家保险局,也具有国有保险公司的性质。

2. 国有独资保险公司特点

(1) 投资主体单一,投资主体只有国家或者国家授权的投资部门。

(2) 公司的组织机构中无股东大会。即凡是股份公司股东大会的权力,在独资公司都归于国家授权的投资部门。当然,国家为了维护独资公司的独立性,也可以将股份公司的股东大会的其他权力授予董事会行使。

(3) 资金雄厚,多为大规模经营,风险较分散,业务稳定

(4) 一般采用固定费率,且费率较低

(5) 注重社会效益,有利于实施国家政策。

3. 国有独资保险公司的法律特征

(1) 国家是国有独资保险公司的唯一股东;

(2) 国家仅以出资额为限对公司承担有限责任;

(3) 代表国家出资的机构或部门必须获得国家授权;

(4) 国有独资保险公司不设股东会;

(5) 国有独资保险公司的章程,由国家授权投资的机构或部门制定,或者由公司董事会拟定,由国家授权投资的机构批准,并报经中国保监会核准后生效。

(二) 私营保险组织主要指保险股份有限公司

私营保险组织是由私人投资设立的保险经营组织,它多以股份有限公司的形式出现。保险股份有限公司是现代保险企业制度下最典型的一种组织形式。股份有限公司简称为股份公司,是现代企业制度最典型的组织形式。

股份保险公司是将全部资本分成等额股份,股东以其所持股份为限对公司承担责任,公司则以其全部资产对公司债务承担责任的企业法人。

保险股份有限公司的特点:股份有限公司是典型的资合公司;股份有限公司通过发行股

票(或股权证)筹集资本;所有权与经营权分离;采取确定的保险费制。例如,平安保险和太平洋保险。

1. 含义

私营保险组织,即由私人(独资或股份)投资设立的保险经营组织。私营保险经营组织大多以股份有限公司的形式出现。保险股份有限公司是现代保险企业制度下最典型的一种经营组织模式。

保险股份有限公司是由一定数目以上的股东发起组织的,通过发行股票或股权证筹集资本,股东以其所认购股份承担有限责任。保险股份有限公司是现代保险公司制度下最典型的一种组织形式。改革开放以后,我国新设立的中资保险公司基本上采取这种组织形式。

股份保险公司:又称保险股份有限公司,是将全部资本分成等额股份,股东以其所持股份为限对公司承担责任,公司则以其全部资产为限对公司债务承担责任的企业法人。

股份有限公司是典型的资合公司,公司的所有权与经营权相分离,利于提高经营管理效率,增加保险利润,进而扩展保险业务,使风险更加分散,经营更加安全,对被保险人的保障更强。

股份有限公司通常发行股票(或股权证)筹集资本,比较容易筹集大额资本,使经营资本充足,财力雄厚,有利于业务扩展。保险股份有限公司采取确定保险费制,比较符合现代保险的特征和投保人的需要,为业务扩展提供了便利条件。

2. 保险股份有限公司特点

(1) 保险股份有限公司所需要的大量资本通过发行股票(或股权证)筹集。筹集到的大额资本,使其经营资本充足,资金实力雄厚,有利于业务扩展和风险更广泛地分散,使经营更安全,从而对被保险人的保障能力也更强。

(2) 保险股份有限公司的所有权与经营权相分离,有效地防范经营管理风险。

(3) 保险股份有限公司采取确定的保险费制,使投保人的保费负担能够确定,便于保险业务的扩张。

(4) 保险股份有限公司的内部组织机构主要由权力机构、经营机构和监督机构三部分组成。

3. 保险股份有限公司的优势

第一,筹集资金、扩展业务规模更为便利。股份保险公司可以通过资本市场来筹集资金,而相互保险公司筹集资金主要来自积累的盈余。第二,激励机制更有效。股份保险公司可以实行股权激励机制来吸引关键人才。股份保险公司归股东所有,股东对公司运作比相互保险公司的所有者(保单持有人)有更浓厚的兴趣,更关注于公司的经营管理。

我国的中国人民财产保险股份有限公司、中国人寿保险股份有限公司、中国平安保险(集团)股份有限公司、中国太平洋保险(集团)股份有限公司、新华人寿保险公司、华泰财产保险股份有限公司,均为股份保险公司。

4. 保险股份有限公司的缺点

第一,由于公司实行按股行驶表决权的制度,公司的决策权易被大股东控制。由于保险业的特殊性,以及为防止因股份过于集中而导致少数大股东操纵或者控制股份有限责任保险公司,保护其他股东的利益和被保险人利益,有些国家规定了每个股东所持股份的限额。

第二,公司的会计信息必须是公开,因此不易保密。

第三,公司所有权和经营权分离会带来的委托—代理问题,而这将影响公司效率的提高。

（三）合营保险组织中外合资保险公司

合营保险组织，一种是政府与私人共同投资设立的保险经营组织，属于公私合营保险组织形式。一种公私合营的保险经营组织（公司等），即由政府或组织与私人共同投资设立的保险经营组织。公可以是政府或国营公司，私可以是国内国外的私人（公司）投资者。在我国由本国政府或组织与外商或外国保险公司共同投资设立的保险经营组织称为中外合资保险公司。另一种是本国政府或组织与外商共同投资设立的合营保险组织，我国称之为中外合资保险经营组织形式。

中外合资保险公司是我国政府或组织与外商共同投资建立的合营保险组织。目前我国保险市场上已有多家这样的保险组织形式。例如，1999 年 1 月由中国大众保险股份有限公司与德国安联保险集团合资设立的安联大众人寿保险有限公司；1998 年 10 月 16 日由中国太平洋保险股份有限公司与美国安泰人寿保险公司合资设立的太平洋安泰人寿保险公司；1999 年 8 月，由法国的安盛保险集团与中国五矿集团共同投资设立的金盛人寿保险公司；2003 年 1 月 1 日由英国英杰华集团与中国中粮集团合资组建的中英人寿保险有限公司等等。

（四）合作保险组织

合作保险组织，即由具有共同风险的单位或个人共同集资设立的保险经营组织。合作保险组织又分为消费者合作保险组织与生产者合作保险组织。

1. 消费者合作保险组织

消费者合作保险组织，一种由消费者集资组建的为其组织成员提供保险保障的经营组织。其经营组织形式主要有：相互保险公司、相互保险社和保险合作社。

(1) 相互保险公司。

① 相互保险公司是一种由所有参加保险的人自己设立的保险法人组织，是保险业特有的公司组织形式。相互保险公司是法人组织。每个成员既是投保人和被保险人，同时又是保险人，只要缴纳保险费，就可以成为公司会员，而一旦解除保险关系，其会员资格也随之消失。

相互保险公司历史悠久，起源于中世纪欧洲的基尔特组织——为组织会员及其家庭成员在生老或病亡时提供经济保障的行会。

相互保险公司是国外普遍存在的保险业特有的公司组织形态，它没有股东，保单持有人的地位与股份公司的股东地位相类似，公司为他们所拥有。相互保险公司没有资本金，也不能发行股票，其运营资金来源于保费，该公司设立前期所需的资金一般是通过借贷等方式由外部筹措；以各成员缴纳的保险费来承担全部保险责任，并以此为依据参与公司盈余分配，称补公司亏损。相互保险公司比较适宜于人寿保险公司，如目前世界上最大的寿险公司——日本生命保险公司就是一家相互保险公司。现在世界上最大的保险公司中，有许多都是相互保险公司。

相互保险公司是一种互助性保险组织。相互保险公司没有资本金，以各成员缴纳的保险费形成公司责任准备金，并以其承担全部保险责任；同时，也以所缴保险费为依据，参与公司盈利分配和承担公司亏空时的弥补额。相互保险公司的组织构成类似于股份公司。相互保险公司的最高权力机关是会员大会或会员代表大会。会员大会或会员代表大会选举董事会，由董事会任命公司的高级主管人员。随着公司规模的扩大，一般会员已很难真正参加管理，公司的控制权主要集中在少数董事和高级管理人员手中。目前看，大多相互保险公司实际已演变成委托具有法人资格的代理人经营管理，负责处理一切保险业务。相互保险公司的组织结构比较适宜于人寿保险公司。美国最大的人寿保险公司，如谨慎人寿保险公司、大都会人寿保险公司等都是相互保险公司。需要注意的是，从目前这些相互保险公司的性质看，其相互性正在逐渐消失，与股份公司已无明显差异。而且事实上，不少相互保险公司设立时，也是以股份公司的形式设立的，后经过退股而使其相互保险公司化。

② 相互保险公司的特点。

与股份保险公司相比较，相互保险公司有以下特点：

相互保险公司的投保人具有双重身份。相互保险公司无股东，保单持有人既是公司所有人，又是公司的客户(既是公司所有人，又是公司客户，集保险人和投保人或被保险人于一身)。在相互保险公司这一组织形式下，投保人只要缴纳保险费，就可以成为公司的成员，成员关系与保险关系结合在一起，一旦解除保险关系，也就自然脱离公司，保险关系一旦终止，成员资格随之消失。

相互保险公司是一种非盈利性的组织。相互保险公司没有资本金，公司创立时所需的经营资金称为基金，由各社员以缴纳保险费的形式筹集，用以承担将来的全部保险责任，不足额可以向外筹借。保险费的收取采用不定额保费，如果有盈余，在支付借入基金的利息及社员所缴纳的基金利息扣除外，分配给社员或作为以后的保险费。如果亏损，向社员增收保险费或采取保险金减额给付、减少公积金等办法来弥补。

相互保险公司的加入者同时为社员，可以参与公司的经营和盈余分配，社员的利益也就是被保险人的利益，利益关系密切，相互依存，彼此监督，可以有效避免保险人的不正当经营和被保险人的欺诈行为。此外，由于相互保险公司不以营利为目标，保险费中布包括预期利润，因此，保险费负担较轻。

随着寿险业的发展，相互保险公司最初的相互性正在逐渐消失，与保险股份公司之间的区别已不再明显。事实上，保险股份有限公司和相互保险公司可以相互转化，不少相互保险公司最初也是以保险股份有限公司的形式设立的，然后通过退股转化为相互保险公司；不少相互保险公司转化为股份制保险公司，而且随着金融业的国际化发展，相互保险公司向保险股份公司转化的势头将进一步加强。

③ 相互保险公司的优势：

第一，可以有效避免敌意收购。相互保险公司不发行股票，其竞争对手无法通过资本市场运作来进行恶意收购。第二，对消费者更有吸引力。与股份保险公司不同，相互保险公司经营所获得的绝大部分利润将返还给保单持有人，因此，保险消费者能最大限度地降低成本并获得保障。

相互保险组织也称相互保险社(Mutual Insurance Association)是为参加保险的成员之间相互提供保险的一种组织，是由一些对某种危险有同一保障要求的人为了应付自然灾害或意外事故造成的经济损失而自愿结合起来的集体组织，当其中某个成员遭受损失时，由其余成员共同分担。

相互保险适合于寿险，如现代人寿保险开端的英国公平保险。海上保险也属于该类。

相互保险社是最早出现的保险组织，也是最原始的相互组织形式，其保单持有人即为社员，社员不分保额大小均有相等的投票选举权。通常设一专职或兼职受领薪金的负责人处理业务并管理社内事务。其保费的收取采取赋课方式即出险后由社员分担缴纳。目前相互保险社在欧美仍普遍存在。相互保险社是同一行业的人员，为了应付自然灾害和意外事故造成的经济损失而自愿结合起来的集体组织。

相互保险社具有以下特征：

① 参加相互保险社的成员具有双重身份，保险人和被保险人之间互相提供保险，真正体现了“我为人人，人人为我”。

② 非营利组织，成员可以参加利润的分配。相互保险社无股本，其经营资本的真正来源仅为社员缴纳的分担金。

③ 相互保险社保险费采用事后分摊制，事先并不确定。

④ 相互保险社的最高管理机构是社员选举出来的管理委员会。

相互保险公司(Mutual Insurance Company)是指未上市，并没有股票股东的保险公司。是由所有参加保险的人自己设立的保险法人组织，其经营目的是为各保单持有人提供低成本的保险产品，而不是追逐利润。相互保险公司没有股东，保单持有人的地位与股份公司的股东地位相类似，公司为他们所拥有。相互保险公司没有资本金，也不能发行股票，其运营资金来源于保费，该公司设立前期所需的资金一般是通过借贷等方式由外部筹措；各成员也以其缴纳的保费为依据，参与公司的盈余分配和承担公司发生亏空时的弥补额。

而相互保险公司也具有自己独特的优势：第一，可以有效避免敌意收购。相互保险公司不发行股票，其竞争对手无法通过资本市场运作来进行恶意收购。第二，对消费者更有吸引力。与股份保险公司不同，相互保险公司经营所获得的绝大部分利润将返还给保单持有人，因此，保险消费者能最大限度地降低成本并获得保障。

(2) 相互保险社。

一种由同一行业人员为应付自然灾害或意外事故所致损失，通过自愿认缴分摊金的方式而组织形成的集体保险组织。相互保险社从其成立的形式看，应是保险组织的最原始状态。目前在欧美仍然相当普遍，如在人寿保险方面有英国的“友爱社”、美国的“同胞社”等。在海上保险方面有“船东互相保障协会”等。

相互保险社与相互保险公司相比较，具有以下特征：

保险保障由相互保险社成员相互提供保险。即每个社员为其他社员提供保险保障，同时每个社员又获得其他社员提供的保险保障。体现了“我为人人，人人为我”的保险最基本原则。

相互保险社无股本。相互保险社的经营资本源于社员认缴的分摊金。分摊金一般在每年年初按暂定分摊额向社员预收，年度结算后，再按实际分摊额多退少补。相互保险社保险费采取事后分摊制，事前并不确定。相互保险社的最高管理机构是社员选举出来的管理委员会。

(3) 保险合作社。

保险合作社保险合作社是由一些对某类风险具有同一保障要求的人，自愿集股设立的保险组织，是一种非盈利性的保险组织，它是由社员共同出资入股设立，被保险人只能是社员，社员只能是自然人，社员对保险合作社的权利以其认购的股金为限。它一般属于社团法人，社员与投保人基本上是一体的。

最早的合作保险组织为1867年英国的合作保险公司，其后逐渐发展，迄今已有三十多个国家存在保险合作社这种组织，其中以英国的保险合作社数量最多，范围较大，是世界合作保险的中心。在法国、美国、日本、新加坡等国，保险合作社均有一定的影响。目前，全球具有影响力的保险合作社有美国蓝十字与蓝盾协会、日本的“全劳济”等。美国的蓝十字会和蓝盾医疗保险组织是美国非营利性的医疗保险组织，它们以州或社区为经营范围。蓝十字会提供住院费保险，蓝盾则提供费住院的内外科医疗费用保险，美国各地共有70个这样的组织，大约2/5的美国人是蓝十字会成员，1/3的美国人参加了蓝盾保险。这两种组织是由医院和合作的承保组织联合向成员提供医疗保险的。

保险合作社：是一种特殊的相互组织形式，它要求社员加入时必须缴纳一定金额的股本，并且合作社与社员的关系比较永久，社员认缴股本后即使不是保单持有人也具有社员资格，与合作社保持密切关系。一般属于社团法人，是非盈利机构。保险合作社的原理是互助共济，大家一起为自己提供经济保障，不以盈利为目的。显示的优点是可以有效降低成本，通过这种利益合作，实现相互监督，减少或避免道德危险的发生。这类合作社组织形式多样，情况复杂，需要具体规范的时机尚不成熟，依保险的规定，将来由法律、行政法规去另行规定。

一般而言，保险合作社与相互保险公司最早都属于非盈利的保险组织。但二者存在区别：

(1) 保险合作社属于社团法人，而相互保险公司属于企业法人。

(2) 就经营资金的来源而言，相互保险公司的经营资金为基金；保险合作社的经营资金包括基金和股金。

(3) 保险合作社与社员间的关系比较永久，社员认缴股本后，即使不投保仍与合作社保持关系；相互保险公司与社员间，保险关系与社员关系则是一致的，保险关系建立，则社员关系存在；反之，则社员关系终止。

(4) 就适用的法律而言，保险合作社主要适用保险法及合作社法的有关规定；相互保险公司主要适用保险法的规定。

保险合作社与相互保险社相比较，具有以下特征：

保险合作社是由社员共同出资入股设立的，社员即为保险合作社的股东，其对保险合作社的权利以其认购的股金为限。而相互保险社却无股本。

保险合作社的社员才有资格成为被保险人，当然社员可以选择是否与其建立保险关系成为被保险人。而相互保险社与社员之间的关系是因保险关系而建立的，如保险关系终止，双方即自动解约。

保险合作社保险费采取固定保费制，事后不补缴。而相互保险社保险费采取事后分摊制，事前并不确定。

保险合作社的业务范围仅限于合作社社员，即只承担合作社社员的相关风险。这一点与相互保险社相同。

2. 生产者合作保险组织

生产者合作保险组织亦称行业自保组织或专业自保组织，是由某一行业或公司为本系统提供保险保障的组织形式。是一种由某一行业机构单位或企业集团集资组建的为本系统组织成员或本企业提供保险保障的经营组织，常以公司命名。是作为一种针对传统保险而言的可供选择的创新机制。

行业自保公司是在第一次和第二次世界大战期间首先在英国兴起的，到 20 世纪 50 年代美国也开始出现了这种专业性自保公司。如欧美国家的许多大企业集团都设有自己的专业自保保险公司，如美国的蓝十字会和蓝盾医疗保险组织。

自保公司(Captivc)是目前发展最为成熟的一种可选择性风险转移 (A R. T)形式，实质上是建立企业的自保基金，一般被定义为由不属于保险业的一家公司或一组公司全部拥有的保险公司或再保险公司，其经营主要目的在于承保母公司财产或伤害保险领域的风险。如我国原新疆生产建设兵团，现为联合保险。如可口可乐、微软、YKK 等都在 2011 年成立了提供员工福利计划的自保公司，以满足员工需求。同时，很多中小型公司为获取团体健康险和员工养老金计划而参与到了集团自保公司中。

专业自保公司一般由其母公司拥有，母公司直接影响并支配其自保公司的运营。专业自保公司可以直接承保母公司及其下属公司的风险，或间接地通过为母公司及其下属公司的原保险公司办理再保险，向母公司及其下属公司提供保障。目前，美国已有 1 000 多家专业自保公司，《财富》500 强中已有 48%的公司建立了专业自保公司。

专业自保公司具有一般商业保险所具备的优点，但其适用范围有限制，故而不能像商业保险那样普遍采用。其优点在于：

（1）减少公司的保险费用。专业自保组织用比商业性保险公司更经济的办法提供保险业务。

（2）容易参加再保险。许多再保险公司只与保险公司做交易，而不与被保险人打交道。

（3）公司盈利的一项来源。专业自保组织除了向母公司及其子公司提供保险外，也向其他单位提供保险业务。

（4）减轻税收负担。向专业自保组织缴付的保险费可以从公司应税收入中扣除。

（5）加强损失控制，即通过建立专业自保公司，可以降低商业企业保险引起的道德风险，母公司会更加主动地监督其风险管理方案。

（五）行业自保组织

我国新疆建设兵团保险公司也属于行业自保组织。1986 年 7 月 15 日由财政部、农业部专项拨款 1.1 亿元在新疆注册成立的“新疆生产建设兵团农牧业生产保险公司”。成立之初，公司主要经营新疆生产建设兵团范围内的“种、养”两种保险业务，是财政部、农业部最早开展农业保险试点的企业。1990 年，经中国人民银行批准，公司的业务险种范围扩展到兵团农牧团场以下的财产险和人身险。1992 年，公司经央行批准再次将业务领域拓展到兵团范围内除涉外保险和法定保险外的所有保险业务，并改名为“新疆兵团保险公司”。2000 年 7 月，按照国务院和中国保监会的要求，公司实行分业经营机构体制改革，业务经营区域扩大到全疆，更名为“新疆兵团财产保险公司”，可在全自治区范围内开展所有财产保险业务和健康险及短期人身保险业务。2001 年 11 月，根据兵保的管理和经营情况，中国保监会批准其业务经营范围从全自治区扩大至全国，在北京、上海、广州、南京、杭州、大连、重庆、成都、西安等 9 个地区设立分公司。2005 年 10 月 18 日，总部位于乌鲁木齐市的“新疆兵团财产保险公司”正式更名为“中华联合财产保险公司”并举行了挂牌仪式。

日本的农业合作社是日本办理人寿保险最活跃的合作社，它是根据昭和二十二年（1947 年）的农业合作社法，由农民组织建立的互助组织。社员与基层社签订互助契约，再由部、道、府、县的联合会提供再保险，联合会再把超过自留额的部分向全国互助农业合作社联合再保险，实际上基层社不负有互助责任。费率和条款在全国是统一的，所聚集的资金达部分存入农业合作社系统的信用农业合作社联合会或农林中央金库，或用来购买农林公债和金融机构发行的债券。

美国的保健团体是一种健康保险合作组织，又称管理式医疗保险组织，它向成员提供综合性的医疗和保健服务。虽然其重要性不如商业性人寿保险公司和非营利性的蓝十字会及蓝盾组织，但它在 20 世纪 70 年代后得到迅速发展。

（六）外国保险公司分支机构

所谓外国保险公司，通常指的是公司国籍隶属于本国以外国家的保险公司。对于公司国籍的确定，有各种不同的标准。《公司法》第一百九十九条第二款规定："本法所称外国公司是指依照外国法律在中国境外登记设立的公司。"可见，《公司法》对于外国公司的确定，兼采用了设立准据法主义和设立行为地法主义的双重标准。

1. 隶属于外国保险公司

外国保险公司分支机构须由外国保险公司设立，并隶属于该外国保险公司。外国保险分支机构不能独立于外国保险公司而存在，如果外国保险不存在，或者曾经存在而在其后归于消灭，则该外国分支机构不能设立，或者不能继续存在。外国保险公司分支机构为与外国保险公司在地域上相分离的一个组成部分，隶属于该外国保险公司。

2. 依本国的法律规定设立

外国保险公司依其所属国法律而设立，但外国保险公司分支机构则须依所在国法律设立，这是国际上通行的一般规则。就我国而言，外国保险公司分支机构在设立时除了要符合《公司法》中规定的外公司分支机构设立的程序和条件等项要求外，还必须向保监会提交申请，获得在我国经营保险业务的许可证。

3. 在本国境内设立

外国保险公司分支机构须在本国境内设立才具有本国法律上规定的外国保险公司分支机构的资格，依照本国公司法和相关法律受到相应的保护。外国保险公司分支机构实际上乃是外国保险公司常驻他国的代表机构，是一个公司派驻国外的常驻代表。如果仅仅是在本国境内从事临时性的活动，并非常驻本国从事连续性保险经营活动，则不能构成外国保险公司的分支机构。

4. 从事保险活动

允许外国保险公司分支机构在所在国从事何种保险活动，通常取决于所在国所采取的经济政策，特别是保险产业政策，并由法律明文规定。在我国，除属于法律明确规定不允许外国保险公司分支机构从事的保险经营活动之外，外国保险公司的分支机构与我国保险公司的分支机构具有同等的经营权利。

5. 不具有独立法人资格

外国保险公司分支机构并非独立的法人，而仅仅是法人的组成部分。因此，就外国保险公司分支机构的法律地位而言，表现出两个特点：第一，外国保险公司分支机构虽然依中国法律进行登记，但不具有中国法人资格。第二，外国保险公司分支机构虽然在保险经营活动上具有一定的独立性，但并不具有独立责任能力，外国保险公司分支机构在中国境内进行经营活动产生的民事能力，应由设立该分支机构的外国保险公司承担。

（七）外资保险公司

外资保险公司，是指经中国保险监督管理机构批准设立的中外合资保险公司、外商独资保险公司、外国保险公司分公司。

(1) 中外合资保险公司是我国政府或组织与外商共同投资建立的合营保险组织。第一家中外合资保险公司是 1996 年 11 月 26 日由中化集团对外贸易信托投资公司与加拿大宏利人寿保险公司合资设立的中宏人寿保险有限公司。

(2) 外国保险公司国外分支机构是指外国保险公司依照所在国公司法和保险法的规定,在所在国境内设立的经营性保险组织。如 1992 年 9 月 29 日,美国国际集团(AIG)全资附属的子公司美国友邦人寿保险公司在上海设立分公司;英国皇家太阳联合保险集团上海分公司、瑞士丰泰保险(亚洲)有限公司上海分公司等。

(八) 个人保险组织

个人保险组织是个人为保险人的组织。该组织主要存在于英国,英国的劳合社是世界上最大的、历史最悠久的个人保险组织。我国不存在个人保险组织。

个人保险组织是自然人即以个人名义承保保险业务充当保险人的一种保险组织形式。迄今为止,世界上只有英国的"劳合社"是唯一一家个人经营的保险组织。也是世界上唯一的,也是最大的具有垄断性质的个人保险组织。

劳合社是从劳埃德咖啡馆演变而来的,其演变史可以成为英国海上保险发展的一个缩影。1688 年,劳埃德先生在伦敦塔街附近泰晤士河边开设了一家以自己名字命名的咖啡馆;由于地理位置非常优越,与当时的海军部、海关等靠近,于是每天该咖啡馆都聚积着许多与航海贸易有关的商人。爱德华 . 劳埃德独具慧眼,利用归国船员及各种社会关系打听最新海运新闻,进而使咖啡馆演变为航运消息的传播中心。1696 年开始出版发行《劳埃德新闻》,每周出版三期,后又改名为《劳合社动态》。据说,除官方的《伦敦公报》外,《劳合社动态》是英国现存历史最悠久的报纸。

1769 年由 79 个劳埃德咖啡馆的顾客每人出资 100 英镑组成了海上保险团体;由于这家咖啡馆消息十分灵通,因此每天富商满座,保险经纪人就利用这一时机,将承保便条递给每个饮咖啡的保险商,让他们在便条上按顺序签上自己的姓名及承保金额。随着海上保险地不断发展,劳埃德承保人的队伍日益壮大,影响不断扩大,成为一个颇有实力的团体。但由于该团体是自发形成的民间组织,没有得到政府机构的认可,因此局限了它进一步发展。

1774 年,劳埃德咖啡馆发展成为劳合社——经营海上保险业务的特殊市场。劳合社诞生了,并迁至皇家交易所内。从此劳埃德咖啡馆不再卖咖啡而专门经营海上保险业务,并成为当时英国海上保险业务的交易中心。

1871 年,劳合社向政府申请注册,英国议会通过《劳埃德法案》,授予劳合社正式的法律地位,劳合社成为一个具有法人资格的社团组织,而且其业务范围也从海上保险扩张到了一切保险业务。并获得了飞速发展,到现在劳合社已成为世界上最大的保险组织。

由于"劳合社"是从劳埃德咖啡馆演变而来的,故又称"劳埃德保险社"。"劳合社"正式成立后,由其社员选举产生的一个理事会来管理,下设理赔、出版、签单、会计、法律等部,并在 100 多个国家设有办事处。该社为其所属承保人制订保险单、保险证书等标准格式,此外还出版有关海上运输、商船动态、保险海事等方面的期刊和杂志,向世界各地发行。在历史上,"劳合社"设计了第一张盗窃保险单,为第一辆汽车和第一架飞机出立保单,后来又成为计算机、石油能源保险和卫星保险的先驱。"劳合社"设计的条款和报单格式在世界保险业中有广泛的影响,其制定的费率也是世界保险业的风向标。"劳合社"承保的业务包罗万象。"劳合社"对保险业的发展,特别是对海上保险和再保险做出的杰出贡献是世界公认的。

劳合社本身是个社团,不是保险公司,更确切地说是一个保险市场,实际上是一个个人承保商的集合体,其成员全部是个人。各个承保商独立承保、自负盈亏,并以个人全部财力对其承保风险承担无限责任。与纽约证券交易所相似，但只向其成员提供交易场所和有关的服务，本身并不承保业务。

劳合社的保险交易方式通常是由保险经纪人为其保户准备好一份承保文件，写明保险的船舶和货物及保险金额等，然后将此保单置于桌上，由劳合社的会员在保险金额额度内自愿签字承保（注明自己愿意承保的金额），直到所需承保的金额全部有人承保为止，再交劳合社签单部签单，交易完成。所以劳合社的一份保单往往是由多个承保商共同承保的。

第三节　保险公司的主要职能部门

一、职能部门的划分方法

部门划分是组织结构设计的必经之路。部门划分的目的在于确定寿险公司中各项任务的分配与责任的归属。寿险机构内部职能的结构往往因业务范围、经营规模和经营方式等因素而异。寿险公司内部部门划分方法通常有以下几种。

（一）按职能划分部门

按职能划分部门是以职能为基础，按管理职能的不同划分管理部门的一种方法。这是许多的寿险公司广泛采用的一种部门划分的方法。寿险企业的基本职能是承保、核保、理赔和防灾防损，所以其业务部门可按职能分为承保、核保、理赔、防灾防损等部门与之相对应。这种方法的优点在于能充分反映专业化管理原则，有利于提高各职能部门的工作效率。这种方法的缺点是各部门的局部利益有可能导致部门间的协调困难，从而降低公司的整体效能。

（二）按险种分类划分部门

按险种分类划分部门是以险种分类为基础划分管理部门的一种方法。如将险种分类为个人寿险、团体保险、养老保险和健康保险等，分别设置个人寿险部、团体保险部和健康保险部等。这种划分方法的特点是以一类险种为对象，将险种的销售、内部管理和售后服务等统统放在一个部门，实行“一条龙”管理方式。这种划分方法的好处在于有利于实行险种的分类核算或单险种核算，缺点是各险种管理部门的独立性比较强而整体性则比较差。

（三）按管理类别划分部门

按管理类别划分部门是以管理分类为基础划分部门的一种方法。如将寿险公司的管理分为营销管理、业务管理、客户管理、财务管理、资产管理、监控管理和行政管理等，分别以此为基础设置相应部门。这种划分方法类似于按职能划分部门的方法，但没有按职能划分部门方法划分得细。比较流行的是将这些管理部门设置为中心。

二、寿险公司的职能部门

为了履行寿险公司的赔偿给付职能，寿险公司内部必须设有与此相适应的职能部门。寿险公司内部各职能部门的结构往往因业务范围、经营规模和经营方式等因素而异。通常寿险公司一般都设立以下职能部门。

（一）市场营销部

也有公司称市场营销部为市场拓展部或产品研发部。市场营销部的主要职能是从事市场的调研、协同公司的其他部门开发新险种和修改现有的险种，以满足客户的需求。市场营销部通常还负责企业形象包装和新险种宣传推广等工作。

（二）个险销售部

个险销售部的主要职能是从事个人保单的销售，以及代理人队伍的组建、选拔、培训教育、业绩追踪和监督管理等。个险销售部通常要举行经营分析会议，并做好保单的宣传广告工作。在一些较大规模的寿险公司可另设企划部专门负责宣传广告、出版刊物等活动。

（三）团险销售部

团险销售部的主要职能是从事法人业务的开拓，相关销售人员的培训、督导和管理，以及业务经营分析会等相关的管理工作。

（四）银行保险部

银行保险部的主要职能是负责协调、激励银行柜面代理销售专门的银行保险产品，一般以比较简单的投资类产品为主，同时对公司相关业务拓展人员和银行销售人员进行培训、监督和管理。

（五）教育训练部

教育训练部的主要职能是负责组建、选拔和培训代理人队伍，通过交流、讲课、研讨等形式提升代理人的销售技能，培养代理人的销售习惯。有些公司会将此职能包含在相关的业务销售部门中。

（六）业务管理部

业务管理部是寿险公司选择风险并办理承保、理赔等业务的后援服务部门。此部门的主要职能为核保与核赔。核保主要是在目前个人寿险保单多为保险公司的代理人代为签发的情况下，对已有合同的审查，不符合承保要求的合同可予以取消或要求加保。核赔则是进行科学、合理的理赔，维持适当的理赔记录。

（七）投资部

投资部的任务是将保险公司的资本金、准备金以及盈余现金妥善投资以赚取利息。投资部享有负责选择和实施投资项目及运用有关投资的权利，此外还负责处理不动产投资问题，如资产评估、抵押物收购、产权取得，以及利息的获取与利税缴付等。

（八）会计部

保险公司均设有会计部，主要负责公司的各项财务工作，处理各种原始账簿，定期编制各种财务报表上交高层管理部门，为其制定公司经营方针提供重要依据，并监督各部门的财务收支状况，有力地化解公司的财务风险。

（九）再保险部

为了分散风险，寿险公司往往将超过自己负担能力的保险责任转嫁给其他的保险公司承担。为了增加自己的收入，寿险公司也可以接受其他公司的分保业务。办理这些业务的部门就是再保险部。规模较大的寿险公司均在总公司内设置这个部门。以前人们认为人寿保险不需要再保险，但随着人寿保险承保金额的增加，人寿保险的再保险显得日益重要。

（十）精算部和统计部

人寿保险公司一般都设立精算部，通常由一个精算师主持，并由若干精算师和数学家予以协助。过去由于我国缺乏精算师，所以在险种费率的厘定过程中利用统计员更多一些，现在这种情况正在转变。一方面由于科学的计算费率的方法越来越重要，另一方面也是由于保险法规要求保险公司每年的报告要由取得资格的精算师来完成，精算师正在取代一般统计员。

（十一）客户服务部

客户服务部主要负责接待客户的各种咨询和投诉。客户服务部一般设有咨询柜台、投诉热线和接待处等，对上门需要投保的客户给予专业咨询和指导，并推荐优秀的代理人为其服务，对通过电话投诉或上门投诉的客户给予解释和劝慰，并将有关信息传递至业务行销部，由涉案代理人的上级主管妥善处理。

（十二）行政人事部

行政人事部主要负责公司的各项行政事务，如人事分配、后勤服务、财务管理和法律咨询等。一般中小型的寿险公司将财务、法律等职能归属于行政部。

（十三）合规部

合规部的主要职能是制定和执行合规政策，开展合规监测和合规培训等，培育全体员工和保险代理人的合规意识，预防、识别、评估、报告和应对合规风险的行为，建立健全合规管理制度，完善合规管理组织架构，明确合规管理责任，构建合规管理体系，确保公司稳健营运。此外，合规部还需向中国保监会提交年度合规报告。

有些寿险公司还根据具体情况设有其他一些部门，包括保单制作部、保单贷款部、风险调查部、医疗事业部、档案部、发展改革部和企业年金管理中心等。

第四节　保险公司组织结构

保险公司能否顺利实现企业目标，在很大程度上取决于组织结构的完善程度。就保险公司而言，建立科学合理、高效的组织结构，对其开展业务，充分发挥员工的积极性和主动性，加强经营管理，提高工作效率、实现管理职能等具有重要意义。从目前国内保险公司组织机构形式和职能分配看，多数是实行总、分、支公司管理模式。保险公司分支机构作为最基层经营单位，其主要职能是销售保险产品、提供保险服务，保险公司分支机构是保险公司运营系统的终端和服务窗口，是保险公司微观经营基础的重要组成部分，是保险公司业务收入和利润的直接来源，其经营管理水平的高低在一定程度上决定保险公司的整体经营状况，直接反映保险公司的社会形象和发展水平。

一、股份有限公司的组织结构

保险股份有限公司的内部组织机构主要由决策机构、执行机构和监督机构三部分组成。主要有股东大会、董事会、监事会和高级经理人员。为了保证股份保险公司的稳定经营，各国保险法律法规对其资本金的最低限额、高级管理人员，一般都有明确的规定。一般股份有限公司的组织机构如图 3-2 所示。

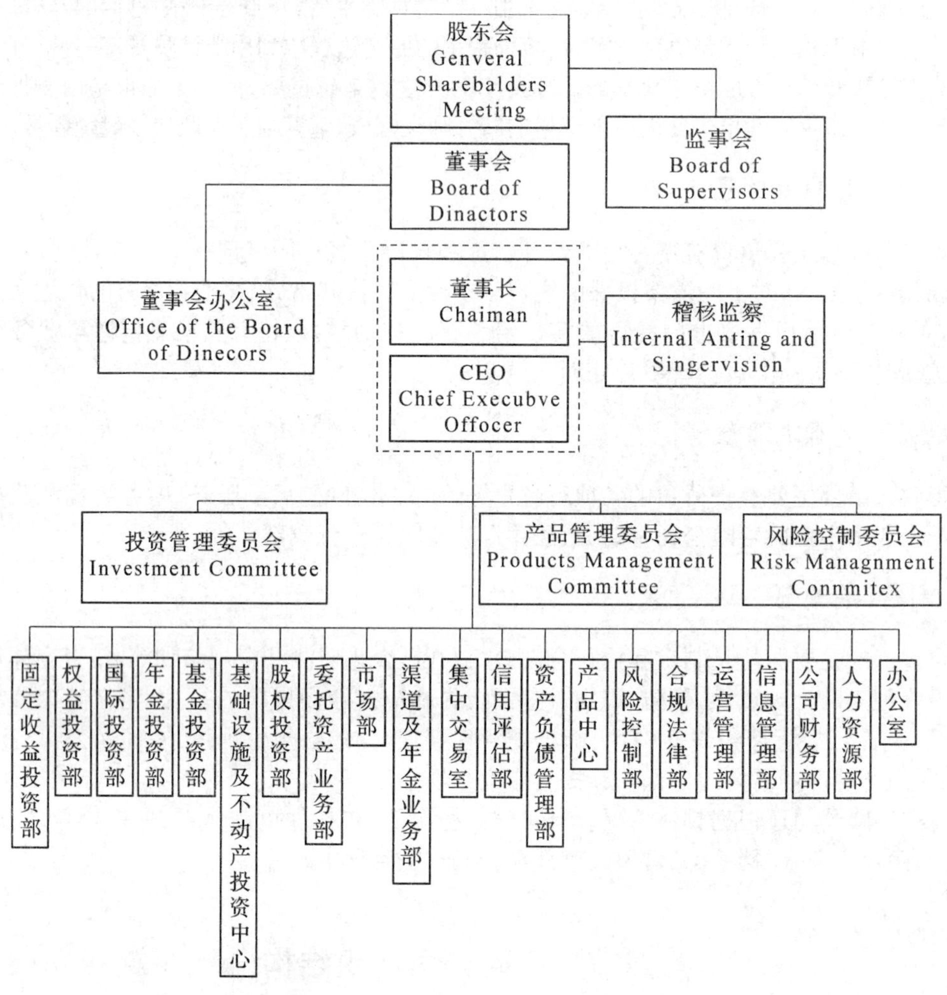

图 3-2　一般股份有限公司的组织机构

（一）股东大会

股份有限公司的股东大会是公司的最高权力机构，由股东构成。股东通过股东大会行使表决权，决定公司的重大事项。

（二）董事会

董事会是股份有限公司的权力机关股东大会下设的常设业务执行机关和经营机构，依法对公司进行管理。董事由股东大会选举产生；董事长和副董事长由董事会以全体董事的过半数选举产生。董事任期由公司章程规定，但最长不得超过3年，连选可以连任。董事长为公司的法定代表人，负责召集和主持董事会会议，董事会每年至少召开两次会议，也可以召开临时会议。

（三）监事会

监事会是公司经营管理的监督机构。监事会成员由股东大会选举产生和职工大会选举产生，成员一般不少于3人。监事的任期为3年，任期届满可以连选连任。监事会的职责是监督董事经营执行公司职务时违反法律、行政法规或公司章程的行为；检查公司财务；要求董事、经理纠正损害公司利益的行为；提议召开临时股东大会等。

（四）高级经理人员

经理或称总经理由董事会聘任，对董事会负责，是董事会决议的具体的执行者。

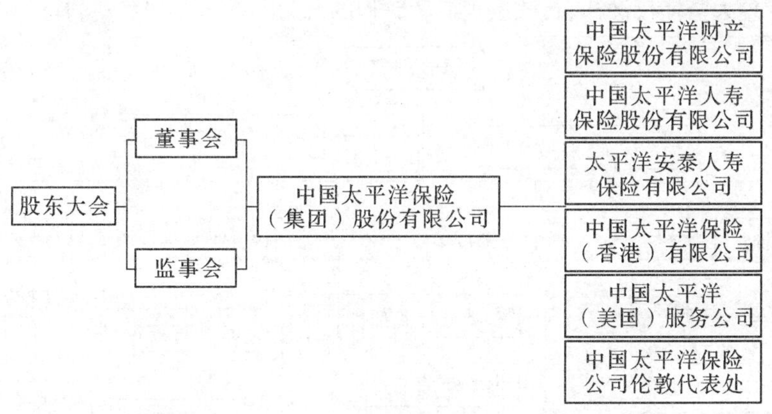

图3-3　太平洋保险股份有限公司的组织机构

二、相互保险公司的组织结构

相互保险公司的组织机构与股份公司类似，社员大会或社员代表大会是相互保险公司的最高权力机关，由它们选举董事会，再由董事会任命高级管理人员。

相互保险公司本应由会员参与经营管理，但随着公司规模的扩大，董事会和高级管理人员实际上已经控制了公司的全部事务，会员很难真正参与经营管理。目前，大部分相互保险公司都委托具有法人资格的代理人营运管理，负责处理一切保险业务。

三、国有独资保险公司的组织结构

（一）股东

在一般的有限责任公司中，股东权利通过股东会行使；而在国有独资公司中，国家是唯一的股东，因此不设股东会；国有独资公司由国家授权投资的机构或国家授权的部门委派董事，授权董事会行使股东会的部分职权。

（二）董事会

国有独资公司设立董事会，董事会对股东负责；董事会制订并决定公司的经营方针和投资计划；《公司法》规定：国有独资公司的董事会由三到九名董事组成。董事长是公司的法定代表人，董事长负责召集主持董事会。

（三）经理

经理由董事会聘任，对董事会负责，是董事会决议的具体的执行者；经理主持公司的日常经营工作；《公司法》规定："经国家授权投资的机构或国家授权的部门同意，董事会成员可以兼任国有独资公司的经理。

（四）监事会

国有独资保险公司设立监事会。监事会由保险监督管理部门、有关专家和保险公司工作人员的代表组成，对国有独资保险公司提取各项准备金、最低偿付能力和国有资产保值增值等情况及高级管理人员违反法律、行政法规或者章程的行为和损害公司利益的行为进行监督。

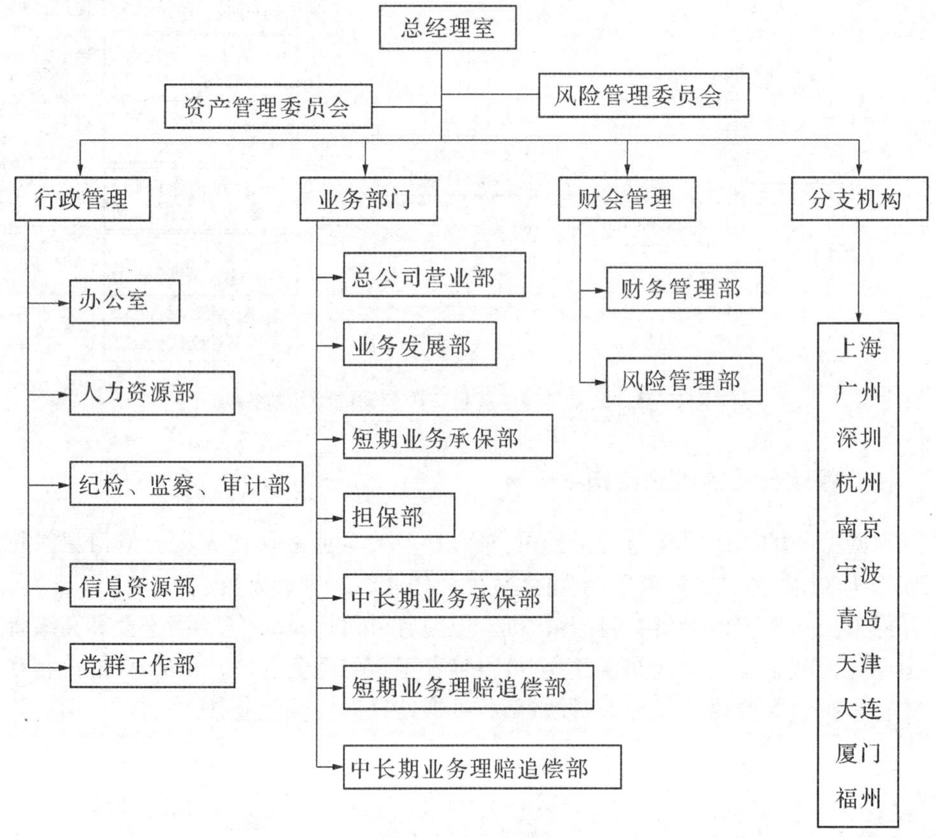

图 3-4　中国出口信用保险公司组织结构图

本章小结

讲述了保险公司组织结构含义、保险公司的组织特征、组织形式与组织结构。

熟悉了保险公司各职能部门的划分方法与主要职责。

强化训练

一、单选题

1. 中国人寿保险公司的组织结构属于保险公司那种类型(　　)

A. 国有独资　　B. 中外合资　　C. 相互保险　　D. 股份有限公司

2. 在我国属于行业自保组织的是(　　)。

A. 新疆建设兵团保险公司　　B. 中国人民保险

C. 中国人寿　　D. 中国平安

二、多选题

1. 寿险公司的职能部门包括(　　)。

A. 市场营销部　　B. 个险销售部　　C. 团险销售部　　D. 银行保险部

2. 保险公司组织结构主要有(　　)。

A. 国有独资　　B. 中外合资　　C. 相互保险　　D. 股份有限公司

三、名词解释

保险公司组织结构　股东会　董事会　监事会

实训课堂

一、技能训练

请你分析未来我国保险公司组织结构的发展趋势。

二、专项实训

项目(一)

实训目标:

通过本实训环节,充分了解保险公司的组织特征、组织形式、组织结构,保险公司各职能部门的划分方法与主要职责,掌握保险公司内部各职能部门之间的业务和管理关系,增强学生对保险公司整体运作及内部营运管理的了解和把握。

1. 熟悉保险公司各职能部门的职责分工及运作。

2. 掌握保险公司职能部门的划分方法。

3. 通过现场调查,了解保险公司的组织特征、组织形式、机构模式及组织机构的设置情况,并写出实际调查分析报告。

实训内容:

到工学结合的校外实训基地,参观了解本市大型保险公司,了解保险公司内部营运管理的组织结构,选两家寿险公司进行组织结构的比较,找出他们的异同点,并做出分析。

实训要求:

1. 独立完成,不得雷同。

2. 制作可供公开展示汇报的幻灯片。

3. 撰写实训心得,提交实训报告。

第四章　保险公司人力资源管理

资料导入

保险公司人才培养的两个途径①

保险公司人才需求缺口很大，存在种种问题，我们应当清醒地认识到我国保险业发展中存在的问题和面临的困难，特别是对于促进我国保险业长期、健康发展方面仍然有许多的工作有待开展和完善，以保险人才队伍现状来分析，要更好地促进我国保险业的发展，可从两个途径做好培养工作：

1. 强化在校大学保险专业教育。随着我国保险的快速发展，对保险人才的要求也越来越高，为了适应新时代保险业对人才的需求，首先，注重保险理论研究和加强实践性教学。其次，加强对国际接轨人才培养模式的探索。从而培养出更多的国际型保险人才，为我国的保险业做出更大贡献。

2. 加强对保险从业人员的在职教育。我国保险从业人员众多，但真正通过高校接受过专业保险教育的从业人员不多。为此，要大力鼓励保险从业人员通过自考、函授等社会考试继续深造，不断提高保险理论知识和从业素质；同时还应加强对从业人员的培训，通过组织保险人员从业资格考试、保险代理人销售从业资格证考试等，提高从业人员的职业水平。

知识目标

1. 掌握保险公司人力资源管理的概念、目的和任务；
2. 掌握保险公司人力资源开发管理系统的基本原理和运作内容。

技能目标

1. 明确用人单位招聘流程；
2. 联系自己的就业考虑，理解人力资源管理的必要性。

---

① 资料节选于 https://wenda.so.com/q/1410009816724553? src=140。

第一节 保险公司人力资源管理概述

一、人力资源管理的含义

（一）人力资源的含义

人力资源是特殊的经济资源：① 人力资源是首要的能动性生产要素。② 人力资源是特殊经济资源。

人力资源是现代科学知识与技能的发明创造者和载体人力资源所表现的忠诚、向心力、创造力是保险企业的动力和活力所在。

（二）人力资源管理

人力资源管理（Human Resource Management）指一个组织对人力资源的获取、维护、激励、运用与发展的全部管理过程与活动。

（三）人力资源管理与人事管理区别

（1）人力资源管理与人事管理最根本的区别在于人力资源管理比人事管理更具有战略性、整体性和未来性。

（2）人力资源管理将人力视为组织的第一资源，比人事管理更注重对其开发，因而更具有主动性。

（3）人力资源管理部门成为组织的生产效益部门，而人事管理不是。

（4）人力资源管理相对于人事管理而言对员工管理更多地体现出人本化。

（四）主要内容

一是人力资源招聘，根据组织发展需要，招聘合适人员，增加人力资源数量；

二是人力资源使用，根据岗位需要，竞争择优，让合适的人进入合适的岗位；

三是人力资源培养，根据工作需要，全方位培养，提高能力；

四是人力资源考核，根据工作表现，评价人力资源绩效，奖勤罚懒，激发人力资源潜力。

二、保险公司人力资源的重要性

在知识经济时代的现代企业中，“以人为本”的观念逐渐得到落实，人已经成为企业发展最为重要的资源。而企业能否成功地对员工实施激励机制，发挥员工的积极性、主动性和创造性，直接决定其在未来市场中的竞争地位。随着保险业的开放和外资保险公司的进入，中国保险公司面临的是资本实力、业务、客户、技术和人才等方面的强大竞争，而人才是保险业竞争的根本。怎样应对保险市场的人才竞争，如何采取相应的对策和措施，尽快改革人力资源管理体制，这是关系到中国保险业繁荣发展的大事。

（一）适应知识经济发展潮流

20世纪90年代以后，人类社会开始步入知识经济时代。知识经济的一个重要特征是经济活动对知识的“依赖”，人力资本是经济增长中最重要的资源。美国经济学家舒尔茨在《人力资本投资》一书中指出：劳动者掌握的具有经济价值的知识和技能，是造成技术先进国家生产优势的重要原因。人力资源是一切资源中最重要的资源，在经济增长中人力资本的作用大于物质资本的作用。

（二）适应人事管理创新

随着信息技术的飞速发展，网络技术的普遍应用，传统的人事管理正在发生一些深刻变化。首先，人力资源管理日益柔性化。其次，组织结构逐渐扁平化。再次，员工需求不断多元化。所以，强调员工内在因素的人力资源管理则显得非常重要。

（三）真正建立现代企业制度

建立一套产权清晰、权责明确、政企分开、管理科学的现代保险企业制度，是保险公司适应保险市场国际化竞争挑战、提升核心竞争力和加快自身发展的必然要求。如何深入推进公司治理结构的规范化、组织架构的科学化、经营机制的市场化和经营管理的精细化，如何构建科学的资源配置体系和激励约束机制，用好、用活公司的战略资源，如何推进创新型人才战略，建立有效的选人用人机制，切实解决“能进不能出”、“能上不能下”、“能多不能少”等老大难问题，是改进和加强人力资源管理的重要而艰巨的任务，也是真正建立现代保险企业制度的重要内容和基本途径。

三、保险公司人力资源管理的目标与任务

（一）人力资源管理目标

人力资源管理目标是指企业人力资源管理需要完成的职责和需要达到的绩效。人力资源管理既要考虑组织目标的实现，又要考虑员工个人的发展，强调在实现组织目标的同时实现个人的全面发展。

包括以下几个方面：

(1) 有效地运用人员的能力与技术专才，保证组织对人力资源的需求得到最大限度的满足。

(2) 最大限度地开发与管理组织内外的人力资源，促进组织的持续发展。

(3) 维护与激励组织内部人力资源，促使组织成员的工作士气高昂，激发其潜能使人才得到最大限度的发挥，使其人力资本得到应有的提升与扩充。

(4) 协助组织负责人做出正确决策，发起且落实组织变革，协助组织完成发展规划。

(5) 满足组织成员的自我实现感与增加成员的工作成就感，提高组织成员的工作生活品质。人力资源管理关心的是“人的问题”，其核心是认识人性、尊重人性，强调现代人力资源管理“以人为本”。在一个组织中，围绕人，主要关心人本身、人与人的关系、人与工作的关

系、人与环境的关系、人与组织的关系等。

现代人力资源管理就是一个人力资源的获取、整合、保持激励、控制调整及开发的过程。通俗点说，现代人力资源管理主要包括求才、用才、育才、激才、留才等内容和工作任务。

（二）现代人力资源管理主要包括以下几大系统

（1）人力资源的战略规划、决策系统；

（2）人力资源的成本核算与管理系统；

（3）人力资源的招聘、选拔与录用系统；

（4）人力资源的教育培训系统；

（5）人力资源的工作绩效考评系统；

（6）人力资源的薪酬福利管理与激励系统；

（7）人力资源的保障系统；

（8）人力资源的职业发展设计系统；

（9）人力资源管理的政策、法规系统；

（10）人力资源管理的诊断系统。

四、人力资源管理的基本原理

（一）激励原理

激励原理指的是通过对员工的物质的或精神的需求欲望给予满足的允诺，来强化其为获得满足就必须努力工作的心理动机，从而达到充分发挥积极性，努力工作的结果。

人在工作过程中是否有积极性，或积极性有多高，对于其能力的发挥程度至关重要。我们知道，人的能力只有在工作中才能发挥出来。人所拥有的能力和他在工作中发挥的能力往往是不等量的，这除了受到诸如工作环境的好坏、工作条件的良好程度，以及单位或组织内人际关系（包括上下级关系、同事关系）的协调、配合情况等客观因素影响之外，还要受到人的积极性的发挥程度这一主观因素制约。在客观因素相同的条件下，主观因素是个人能力发挥的决定性因素。

人力资源管理者的任务不只是以获得人力资源为目标，人力资源管理者在为单位或组织获得人力资源之后，还要通过各种开发管理手段，合理使用人力资源，提高人力资源的利用率，为此就必须坚持激励原理。

（二）增值原理

增值原理是指对人力资源的投资可以使人力资源增值，而人力资源增值是指人力资源品位的提高和人力资源存量的增大。

人力资源是指社会劳动者的劳动能力，而劳动能力的提高主要靠两方面的投资，营养保健投资和教育培训投资、其中更为重要的是教育培训投资。要想使企业中的员工提高其生产效率和生产能力，就必须对其进行业务培训。

（三）差异原理

人力资源管理的根本任务是合理配置使用人力资源，提高人力资源投入产出比率。要合理使用人力资源，就要对人力资源的构成和特点有详细的了解。“知己知彼，百战不殆”。人力资源是由一个个劳动者的劳动能力组成的，而各个劳动者的劳动能力由于受到身体、受教育程度、实践经验等因素的影响而各自不同，形成个体差异。就个体能力来说，这种差异包括两方面：一是能力性质、特点的差异。二是能力水平的差异。“用人之长，避人之短”是人力资源管理的基本原则。

承认人与人之间能力水平上的差异，目的是为了在人力资源的利用上坚持能级层次原则，大才大用，小才小用，各尽所能，人尽其才。在人力资源管理中，差异原理指的是：具有不同能力层次的人，应安排在要求相应能级层次的职位上，并赋予该职位应有的权力和责任，使个人能力水平与岗位要求相适应。

（四）动态原理

动态原理指的是人力资源的供给与需求要通过不断的调整才能求得相互适应；随着事业的发展，适应又会变为不适应，又要不断调整达到重新适应，这种不适应—适应—再不适应—再适应的循环往复的过程，正是动态原理的体现。动态原理使我们认识到人力资源规划的重要性。

（五）互补原理

在现代社会中，任何一个人都不可能孤立地去做事，人们只有结成一定的关系或联系，形成一个群体才能共事。因此，群体内部的关系如何，直接关系到该群体所承担任务的完成好坏。

现代人力资源管理要求，一个群体内部各个成员之间应该是密切配合的互补关系。人各有所长也各有所短，以己之长补他人之短，从而使每个人的长处得到充分发挥，避免短处对工作影响，这就叫作互补。

个体与个体之间的互补主要是指以下几个方面：性别互补、能级互补、年龄互补、气质互补。

第二节　保险公司人力资源开发管理工作

作为一个知识、技术、智力密集型的保险行业，在我国保险业从高速成长时期逐步向稳步发展过程中，人力资源在保险公司培育核心竞争力过程中逐步成为最重要的要素。许多保险公司高度重视人力资源的建设，努力通过人力资源的发现、培养、使用和尊重等，保证企业核心竞争力的培育和形成。尽管如此，保险行业人力资源发展形势仍不容乐观，最大隐忧之一：保险业人力资源稀缺，特别是高素质的保险中介和营销人员，高水平的保险精算人员，高层次的保险高级管理人员，复合型的保险从业人员，高水准的保险监管人员成为目前保险业最稀缺的5种人才。① 在中国保险市场上尤其是那些处于龙头地位，集人身保险、财产保险、企业年金、资产管理和保险职业教育等多功能于一体的金融保险集团，随着市场竞争程度加剧在经营管理等方面暴露出不少问题，人力资源量的积累时间短、企业并未把人力资源管理提高到战略高度、并未构建企业核心能力的人力资源开发战略、人力资源管理体系的混乱等，已经严重阻碍了公司的发展，其人力资源管理提升迫在眉睫。

一、人力资源开发管理的基本原理

（一）要素有用原理

要素有用原理是指人力资源个体之间尽管有差异，有时甚至是非常大的差异，但我们必须承认人人有其才，即每个人都有他的“闪光点”，都有他突出的地方。比如有的人研究开发能力很强，有的人组织协调能力很强，还有的人表达能力和自我展示的能力强，当然也有的人对社会经济发展变化适应的能力很强等。这种差异要求人力资源开发工作者要有深刻的认识，对人不可求全责备，而是在人力资源配置过程中要注意合理地搭配组合人才，充分发挥每个人的长处和优势，而不是只采用淘汰的办法，使人人都有不安全感。

（二）能位相宜原理

能位匹配原理是指根据岗位的要求和员工的能力，将员工安排到相应的工作岗位上，保证岗位的要求与员工的实际能力相一致、相对应。属于人员招聘、选拔与任用机制。“能”是指人的能力、才能，“位”是指工作岗位、职位，“匹配”是一致性与对称性。企业员工聪明才智发挥得如何，员工的工作效率和成果如何，都与人员使用上的能位适合度成函数关系。能位适合度是人员的“能”与所在其“位”的配置程度。能位适合度越高，说明能位匹配越合理、越适当，即位得其人、人适其位、适才适所，这不但会带来高效率，还会促进员工能力的提高和发展，反之亦然。

根据这一原理，企业必须建立以工作岗位分析与评价制度为基础，运用人员素质测评技术等科学方法甄选人才的招聘、选拔、任用机制，从根本上提高能位适合度，使企业人力资源得到充分开发和利用。

（三）互补合力原理

互补合力原理是指互补产生的合力比之单个人的能力简单相加而形成的合力要大得多。现代人力资源管理要求，一个群体内部各个成员之间应该是密切配合的互补关系。人各有所长也各有所短，以己之长补他人之短。从而使每个人的长处得到充分发挥，避免短处对工作的影响，这就叫作互补。互补产生的合力比之单个人的能力简单相加而形成的合力要大得多。

互补增值、协调优化原理是充分发挥每个员工的特长，采用协调与优化的方法，扬长避短，聚集团体的优势，实现人力、物力和财力的合理配置。属于员工配置运行与调节机制一

① 《中国保险业发展蓝皮书》。

部分。人作为个体,不可能十全十美。而作为群体,则可以通过相互结合、取长补短,组合成最佳的结构,更好地发挥集体力量,实现个体不能达到的目标。在贯彻互补原则时,还应当特别注意主客观因素之间的协调与优化。所谓协调,就是要保证群体结构与工作目标相协调,与企业总任务相协调,与生产技术装备、劳动条件和内外部生产环境相协调;所谓优化,就是经过比较分析,选择最优结合方案。

互补的形式是多层次、多样化的,如个性互补、体力互补、年龄互补、知识互补、技能互补、组织才干互补、主客观环境和条件互补等。

(四) 同素异构原理

在人力资源开发过程中,组织构成是一个非常重要的内容。在一个组织中,即使组成的人力资源因素是一样的,但采用不同的组织结构,其组织效力的发挥会大不相同。同素异构原理一般是指事物的成分因在空间组合关系和方式的不同,即在结构形式和排列次序上的不同,会产生不同的结果,引起不同的变化。属于总体组织系统的调控机制。因为传统的金字塔组织结构具有传递信息慢,缺乏灵活性,难以适应外界快速变化的需要等不足,所以需要进行变革。当前变革的趋势是:压缩层次,拓宽跨度。组织结构由金字塔向扁平化、网络化发展,以增强组织的适应性和灵活性,有效发挥组织人力资源的积极性、创造性和主动性。

例如,在群体成员的组合上,同样数量和素质的一群人,由于排列组合不同而产生不同的效应;在生产过程中,同样人数和素质的劳动力因组合方式不同,其劳动效率高低也不同。

同素异构是化学中的一个重要原理,最典型的例子就是金刚石与石墨,其构成是同样数量的碳原子,但由于碳原子之间在空间上的排列方式与组合关系的不同,形成了在物理性质上存在着极为明显差别的两种物质:金刚石坚硬无比,而石墨却十分柔软,在色泽与导电等方面两者也迥然不同。

通过观察金刚石与石墨两张元素结构图,就足以证明企业人力资源管理"同素异构,原理的科学性与现实性。在组织中同样一群人,由于领导者与被领导者组合排列方式上的差别,会产生不同的结果。在现实活动中,可以举出大量此类案例。由此可以说明构建完善组织系统的动态调节机制的重要意义。

根据这一原理,企业必须建立有效的组织人事调控机制,根据企业生产经营的需要,重视组织内部各种信息的传递和反馈,不断地对组织与人员结构方式进行调整,以保证系统的正常运行。

(五) 动态优势适应原理

动态适应原理则是指在人员配备过程中,人与事、人与岗位的适应性是相对的,不适应、不匹配是绝对绝对的,从不适应到适应是一个动态的过程。因此,人员配备和调整不应是一次性活动,而是一项经常性的工作。要求在动态中用好人、管好人,充分利用和开发员工的潜能和聪明才智。属于员工培训开发、绩效考评与人事调整机制的主要内容。应当注重员工的绩效考评及员工潜能和才智的开发,始终保持人才竞争的优势。社会一切事物和现象都是处于变动之中的,企业的员工也处于变动之中,从优化组织的角度看,企业员工要有上有下、有升有降、有进有出、不断调整、合理流动，才能充分发挥每个员工的潜力、优势和长处，使企业和员工个人都受益。

（六）效率优先、激励强化原理

效率优先、激励强化原理是指将提高效率放在首要位置，通过有效激励，使员工明辨是非，认清工作的目标和方向，保持持续不竭的内在动力。在企业中一切工作都要以提高效率为中心，时时处处将提高效率放在第一位，各级主管应当充分有效地运用各种激励手段，对员工的劳动行为实现有效激励。主要用于员工酬劳与激励机制。例如，对员工要有奖有惩、赏罚分明，才能保证各项制度的贯彻实施，才能使每个员工自觉遵守劳动纪律，严守岗位，各司其职，各尽其力。如果干与不干、干好与干坏都一样，那么就不利于鼓励先进、鞭策后进、带动中间，把企业的各项工作搞好。

此外，通过企业文化的塑造，特别是企业精神的培育，教育、感化员工，以提高组织的凝聚力和员工的向心力；通过及时的信息沟通和传递，以及系统的培训，使员工掌握更丰富的信息和技能，促进员工观念上、知识上的转变和更新。

（七）公平竞争、相互促进原理

公平竞争、相互促进原理是在企业的人事活动中坚持“三公”原则，即待人处事、一切人事管理活动都必须坚持“公正、公平和公开”的原则，提倡起点相同、规则相同、标准相同，考评公正、奖惩公平、政务公开，采取比赛、竞争的手段，积极开展“比、学、赶、帮、超”活动，激发员工的斗志，鼓舞员工的士气，营造良好的氛围，调动员工的积极性、主动性和创造性。用于员工竞争与约束机制。在企业中，为了促进生产任务的完成，应当提倡员工相互比赛、相互竞争。在社会主义市场经济条件下，企业要为全体员工搭建一个体现“三公”原则的大舞台，将绝大多数员工吸引到这个“效率优先、平等竞争”的舞台上，使他们能够大显身手，施展本领，发挥自己的才能。在企业中，应创造一切条件鼓励员工在生产产量、质量、技术操作等方面相互比赛、相互竞争，使员工在竞争中得到充分开发和利用。

二、保险公司人力资源开发管理的任务

（一）制订和形成人力资源管理计划

根据组织的发展战略和经营计划，评估组织的人力资源现状及发展趋势，收集和分析人力资源供给与需求方面的信息和资料，预测人力资源供给和需求的发展趋势，制订人力资源招聘、调配、培训、开发及发展计划等政策和措施。

（二）人力资源成本会计工作

人力资源管理部门应与财务等部门合作，建立人力资源会计体系，开展人力资源投入成本与产出效益的核算工作。人力资源会计工作不仅可以改进人力资源管理工作本身，而且可以为决策部门提供准确和量化的依据。

（三）岗位分析和工作设计，调配人力资源

对组织中的各个工作和岗位进行分析，确定每一个工作和岗位对员工的具体要求，包括技术及种类、范围和熟悉程度；学习、工作与生活经验；身体健康状况；工作的责任、权利与义务等方面的情况。这种具体要求必须形成书面材料，这就是工作岗位职责说明书。这种说明书不仅是招聘工作的依据，也是对员工的工作表现进行评价的标准，进行员工培训、调配、晋升等工作的根据。

（四）人力资源的招聘与选拔

根据组织内的岗位需要及工作岗位职责说明书，利用各种方法和手段，如接受推荐、刊登广告、举办人才交流会、到职业介绍所登记等从组织内部或外部吸引应聘人员以及委托国内知名的猎头公司。并且经过资格审查，如接受教育程度、工作经历、年龄、健康状况等方面的审查，从应聘人员中初选出一定数量的候选人，再经过严格的考试，如笔试、面试、评价中心、情景模拟等方法进行筛选，确定最后录用人选。人力资源的选拔，应遵循平等就业、双向选择、择优录用等原则。

（五）雇佣管理与劳资关系，调节保险企业人际关系。

员工一旦被组织聘用，就与组织形成了一种雇佣与被雇佣的、相互依存的劳资关系，为了保护双方的合法权益，有必要就员工的工资、福利、工作条件和环境等事宜达成一定协议，签定劳动合同。调节保险企业内部人际关系。

（六）岗前教育、培训和发展人力资源

任何应聘进入一个保险公司的新员工，都必须接受岗前教育，这是帮助新员工了解和适应组织、接受组织文化的有效手段。主要内容包括行业企业的历史发展状况和未来发展规划、保险职业道德和组织纪律、劳动安全卫生、社会保障和质量管理知识与要求、岗位职责、员工权益、工资福利状况及岗位技能等。

为了提高广大员工的工作能力和技能，有必要开展富有针对性的岗位技能培训。对于管理人员，尤其是对即将晋升者有必要开展提高性的培训和教育，目的是促使他们尽快具有在更高一级职位上工作的全面知识、熟练技能、管理技巧和应变能力。

（七）工作绩效考核

工作绩效考核，就是对照工作岗位职责说明书和工作任务，对员工的业务能力、工作表现及工作态度等进行评价，并给予量化处理的过程。这种评价可以是自我总结式，也可以是他评式的，或者是综合评价。考核结果是员工晋升、接受奖惩、发放工资、接受培训等的有效依据，它有利于调动员工的积极性和创造性，检查和改进人力资源管理工作。

（八）帮助员工的职业生涯发展，管理保险企业职员的生活

人力资源管理部门和管理人员有责任鼓励和关心员工的个人发展，帮助其制订个人发

展计划，并及时进行监督和考察。这样做有利于促进组织的发展，使员工有归属感，进而激发其工作积极性和创造性，提高组织效益。人力资源管理部门在帮助员工制订其个人发展计划时，有必要考虑它与组织发展计划的协调性或一致性。也只有这样，人力资源管理部门才能对员工实施有效的帮助和指导，促使个人发展计划的顺利实施并取得成效。

（九）员工工资报酬与福利保障设计

合理、科学的工资报酬福利体系关系到组织中员工队伍的稳定与否。人力资源管理部门要从员工的资历、职级、岗位及实际表现和工作成绩等方面，来为员工制订相应的、具有吸引力的工资报酬福利标准和制度。工资报酬应随着员工的工作职务升降、工作岗位的变换、工作表现的好坏与工作成绩进行相应的调整，不能只升不降。

员工福利是社会和组织保障的一部分，是工资报酬的补充或延续。它主要包括政府规定的退休金或养老保险、医疗保险、失业保险、工伤保险、节假日，并且为了保障员工的工作安全卫生，提供必要的安全培训教育、良好的劳动工作条件等。

（十）员工档案管理

人力资源管理部门有责任保管员工入司时的简历以及入职后关于工作主动性、工作表现、工作成绩、工资报酬、职务升降、奖惩、接受培训和教育等方面的书面记录材料。

三、管理者的职能

（一）计划

提供有关保险企业人力资源发展方向的，需根据保险企业总体发展目标，制定人力资源开发管理各项任务计划。

（二）组织

（1）确立组织机构。列出保险企业组织图。

（2）分析和明确每一组织群体的工作目标和任务。

（3）确立和明确每一组织机构中各个职位应承担的工作内容、范围、上下监督和治理结构关系，以及每一职务岗位应具有的知识和技能等等。

（4）给每个单位组织合理地配备人员组合。

（5）把完成工作所必需的权限合理授予各岗位的管理者和员工。

（6）设计和维护一种团结协作、宽松的环境。

（三）执行

（1）使被管理者很好地领会、理解管理者的意图和指令。

（2）随时了解、掌握指令执行情况，根据工作实际进展情况，予以具体的指导和帮助。

（3）了解保险企业职员的要求，实施灵活的指挥方式和方法。

（四）控制

控制过程主要有四个步骤:第一步,一旦计划实施,管理者就要随时了解计划实施和完成情况;第二步,将完成实况与原订计划目标进行对照,从中发现问题和偏差,并掌握计划执行进度;第三步,有计划地采取切实可行措施,纠正计划执行中的偏差或问题,以确保计划目标的实现;第四步,重新评价原计划目标,必要时,可根据实际情况做适当调整。

四、人力资源战略

人力资源战略就是确定一个企业如何进行人员管理以实现企业的战略目标的方向性指导计划。而战略人力资源管理就是要使企业的人力资源管理和企业发展战略相一致,以符合企业的战略需求,引导所有的人力资源活动都围绕着企业的战略目标进行,为企业战略的制定实施创造条件。其目的是要通过确保企业获取具有良好技能和良好激励的员工,使其获得持续的竞争优势,从而形成企业的战略能力,依靠人们实现战略目标和依靠核心人力资源去建立竞争优势。

第三节　保险公司人力资源管理的激励机制

保险公司人力资源管理方面,存在高素质、高水平、高层次、复合型人才的极度缺乏以及激励和绩效考核机制的僵化问题亟待解决。

一、保险公司人力资源管理的激励体制

（一）激励的必要性

1. 激励的含义

激励:指持续地激发人的动机和内在动力,使其心理过程始终保持在激奋的状态中,鼓励人朝着所期望的目标采取行动的心理过程。在企业管理中是调动保险企业职员的工作积极性,激发和鼓励其达到组织目标的过程。

2. 激励的必要性

对一个企业来说,科学的激励制度至少具有以下几个方面的作用:

(1) 吸引优秀的人才到企业来。

在发达国家的许多企业中,特别是那些竞争力强、实力雄厚的企业,通过各种优惠政策、丰厚的 福利待遇、快捷的晋升途径来吸引企业需要的人才。

(2) 开发员工的潜在能力,促进在职员工充分的发挥其才能和智慧。

美国哈佛大学的威廉·詹姆斯(W. James)教授在对员工激励的研究中发现,按时计酬的分配制度仅能让员工发挥 20%～30%的能力,如果受到充分激励的话,员工的能力可以发挥出 80%～90%,两种情况之间 60%的差距就是有效激励的结果。管理学家的研究表明,员工的工作绩效是员工能力和受激励程度的函数,即绩效=F(能力 * 激励)。如果把激

励制度对员工创造性、革新精神和主动提高自身素质的意愿的影响考虑进去的话，激励对工作绩效的影响就更大了。

(3) 留住优秀人才。

德鲁克(P. Druker)认为，每一个组织都需要三个方面的绩效：直接的成果、价值的实现和未来的人力发展。缺少任何一方面的绩效，组织注定非垮不可。因此，每一位管理者都必须在这三个方面均有贡献。在三方面的贡献中，对“未来的人力发展”的贡献就是来自激励工作。

(4) 造就良性的竞争环境。

科学的激励制度保含有一种竞争精神，它的运行能够创造出一种良性的竞争环境，进而形成良性的竞争机制。在具有竞争性的环境中，组织成员就会收到环境的压力，这种压力将转变为员工努力工作的动力。正如 麦格雷戈(Douglas M. Mc Gregor)所说：“个人与个人之间的竞争，才是激励的主要来源之一。”在这里，员工工作的动力和积极性成了激励工作的间接结果。

（二）激励的方法与类型

1. 激励——满足需要

激励的目标是使组织中的成员充分发挥出其潜在的能力。激励是“需要→行为→满意”的一个连锁过程。一个人从有需要直到产生 动机这是一个“心理过程”，比如当一个下属做了一件自认为十分漂亮的事情后，他渴望得到上司或同事的赞赏、认可和肯定，这就是他渴望被上司激励的心理“动机”。这时，如果上司及时而得体地用表扬“激励”了他，他在今后的工作会更卖力，甚至做得更好，这就使他产生了努力工作的“行为”，而这种行为肯定会导致好的“结果”，最后达到下属和上司都“满意”的成效。

2. 激励类型

激励类型，可从不同角度进行划分。

(1) 物质激励与精神激励。

虽然二者的目标是一致的，但是它们的作用对象却是不同的。前者作用于人的生理方面，是对人物质需要的满足，后者作用于人的心理方面，是对人 精神需要的满足。随着人们物质生活水平的不断提高，人们对精神与情感的需求越来越迫切。比如期望得到爱、得到尊重、得到认可、得到赞美、得到理解等。

(2) 正激励与负激励。

所谓正激励就是当一个人的行为符合组织的需要时，通过奖赏的方式来鼓励这种行为，以达到持续和发扬这种行为的目的。所谓 负激励就是当一个人的行为不符合组织的需要时，通过制裁的方式来抑制这种行为，以达到减少或消除这种行为的目的。

正激励与负激励作为激励的两种不同类型，目的都是要对人的行为进行强化，不同之处在于二者的取向相反。正激励起 正强化的作用，是对行为的肯定；负激励起负强化的作用，是对行为的否定。

(3) 内激励与外激励。

所谓内激励是指由内酬引发的、源自于工作人员内心的激励；所谓外激励是指由外酬引发的、与工作任务本身无直接关系的激励。

内酬是指工作任务本身的刺激，即在工作进行过程中所获得的满足感，它与工作任务是同步的。追求成长、锻炼自己、获得认可、自我实现、乐在其中等内酬所引发的内激励，会产生一种持久性的作用。

外酬是指工作任务完成之后或在工作场所以外所获得的满足感，它与工作任务不是同步的。如果一项又脏又累、谁都不愿干的工作有一个人干了，那可能是因为完成这项任务，将会得到一定的外酬——奖金及其他额外补贴，一旦外酬消失，他的积极性可能就不存在了。所以，由外酬引发的外激励是难以持久的。

此外还有关怀激励和榜样激励。不同的激励类型对行为过程会产生程度不同的影响，所以激励类型的选择是做好激励工作的一项先决条件。

（三）激励的原则

要区别对待，灵活激励；坚持激励的公正性，主要原则如下。

1. 目标结合原则

在 激励机制中，设置目标是一个关键环节。目标设置必须同时体现 组织目标和员工需要的要求。

2. 物质激励和精神激励相结合的原则

物质激励是基础，精神激励是根本。在两者结合的基础上，逐步过渡到以精神激励为主。

3. 引导性原则

外激励措施只有转化为被激励者的自觉意愿，才能取得激励效果。因此，引导性原则是激励过程的内在要求。

4. 合理性原则

激励的合理性原则包括两层含义：其一，激励的措施要适度。要根据所实现目标本身的价值大小确定适当的激励量；其二，奖惩要公平。

5. 明确性原则

激励的明确性原则包括三层含义：其一，明确。激励的目的是需要做什么和必须怎么做；其二，公开。特别是分配奖金等大量员工关注的问题时，更为重要。其三，直观。实施物质奖励和精神奖励时都需要直观地表达它们的指标，总结和授予奖励和惩罚的方式。直观性与激励影响的 心理效应呈正比。

6. 时效性原则

要把握激励的时机，“雪中送炭”和“雨后送伞”的效果是不一样的。激励越及时，越有利于将人们的激情推向高潮，使其创造力连续有效地发挥出来。

7. 正激励与负激励相结合的原则

所谓正激励就是对员工的符合组织目标的期望行为进行奖励。所谓 负激励就是对员工违背组织目的的非期望行为进行惩罚。正负激励都是必要而有效的，不仅作用于当事人，而且会间接地影响周围其他人。

8. 按需激励原则

激励的起点是满足员工的需要，但员工的需要因人而异、因时而异，并且只有满足最迫切需要（主导需要）的措施，其效价才高，其激励强度才大。因此，领导者必须深入地进行调查研究，不断了解员工需要层次和需要结构的变化趋势，有针对性地采取激励措施，才能收到实效。

二、保险企业职员的晋升、降职与流动

（一）晋升

1. 晋升的含义和作用

晋升是指在保险公司人力资源管理形成的组织等级中，保险公司职员从较低等级上升到较高等级的工作岗位流动的过程，包括员工的职务、职称资格晋升以及薪金的提升。每一个更高等级的工作岗位挑战性更高、所需承担责任更大以及享有的职权更多。职位的晋升意味着管理层次的升高，管理工作与一般技术性工作不同，不同层次的管理者处理问题的重点不同，对人的技能要求不同。基层管理者要求专业技术能力，中层管理者要求沟通能力，高层管理者要求决策能力。

2. 晋升的目的和作用

目的主要是为了提升员工个人素质和能力，充分调动全体员工的主动性和积极性，在公司内部营造公平、公正、公开的竞争机制，规范公司员工的晋升、晋级工作流程，保持保险公司工作的连续性和稳定性。合理的晋升还可以避免本保险企业职员外流，从而维持保险企业人力资源的稳定。

3. 晋升原则及注意事项

(1) 在晋升中注意保持管理系统的精干有效。

(2) 因材适用原则。要重视能力、资历和适应性相结合。

(3) 机会均等原则。根据组织公正性理论，晋升决策中的公正性是指领导是否能公正的对待每个候选人，给每个人平等的竞争机会。公开选拔程序和晋升标准，使员工每个人面前都有晋升之路，即对管理人员要实行公开招聘，公平竞争，只有这样才能真正激发员工的上进心。

(4) “阶梯晋升”和“破格提拔”相结合。“阶梯晋升”是对大多数员工而言。这种晋升的方法，可避免盲目性，准确度高，便于激励多数员工。但对非常之才、特殊之才则应破格提拔，唯才是举，不唯学历，不唯资历，使稀有的杰出人才不致流失。

(5) 德才兼备原则

晋升考核过程中注意德和才二者不可偏废。有的公司打着“用能人”的旗号，重用和晋升一些才高德寡的员工，在员工中造成不良影响，进而打击员工的积极性。这类情况一定要避免出现。

4. 晋升的种类

晋升按职位与薪资关系，可分为职位晋升、薪资晋升；职位晋升、薪资不变；职位不变、薪资晋升。

晋升按晋升的幅度，可分为常规晋升和破格晋升。

晋升按选择范围，可分为公开竞争型晋升和封闭型晋升。

5. 晋升的流程

员工的晋升工作通常是由员工本人先提出书面申请，申请内容包括对未来经理工作的设想、自身所具备的能力素质、自身的工作经验等，提交人力资源部对拟晋升者要求递交的各项材料如《员工职业发展规划表》、《能力开发需求表》等，公司组织评委进行初审，通过后再由考核管理委员会进行复审，依据《员工职业生涯规划管理办法》各级职位复审需考察的主要因素，考核管理委员会通过后就总经理签发任命通知。

6. 晋升管理机制

(1) 年资晋升。

基于年资的晋升是将员工参加工作的时间长短和资历的深浅作为晋升的主要标准。一个员工如果年资不够或之前有更资深的人，能力、绩效再好，仍无法获得晋升。

其理论依据是：正常的情况是经历越长的，人生的经验越丰富。员工的业务能力水平、技术熟练程度、对本单位所作的贡献都与工作年限呈正比。因此，工资应逐年增加也越应该得到晋升的机会。这在日本颇为普遍，新员工进入企业后，在他以后的职业生涯中工资待遇是按照资历逐年上升，在干部提拔使用和晋升制度中也规定了必须具备的资历条件，达不到规定的资历就不具备成为晋升候选人的条件。

年资晋升制的优点：标准明确，简单易行，可以避免由于领导者个人的好恶或亲疏而产生的晋升不当现象，给工作人员安全保障感。目前仍有一些公司采用这种方式。

年资晋升制的缺点：年资与工作成绩及能力并不一定呈正比，资历只表明人的经历的一般自然情况，资历本身不是才能与贡献的象征，它只是时间上的量的积累，不应该成为衡量才能大小、智慧高低的唯一标准。根据年资选拔的晋升者，无论工作成绩还是工作能力，都未必是最佳人选。年资晋升容易造成不求无功、但求无过、坐熬年头的消级心态。不利于吸收外单位的人才，也无助于留住本单位的优秀人才。

(2) 绩效晋升。

与绩效评估、奖励或薪酬分配等管理决策相比，职务晋升通常不是企业的常规性决策，不少企业缺乏明确的职务晋升标准与规范的晋升制度，企业领导往往根据晋升候选人过去的工作业绩和能力，判断他们今后的业绩和能力。基于绩效的晋升是指将员工在现任岗位上的工作表现和绩效产出作为晋升的主要标准。假设前提是一个人在目前的工作岗位上成绩突出，那么他一定会在更高的岗位上有所成就。在工作责任、工作方式、工作内容不变的情况下该假设是合理的。业绩能够代表员工的知识水平、业务能力及工作态度，体现他具备未来取得成功的必备因素，在技术领域尤为显著。

基于绩效的晋升要求绩效评价是全面、客观和科学的。但现有的绩效评估手段和方法却远不能达到这一要求。特别是在对无形绩效和远期绩效的评估方面，更是存在明显不足，这就导致测得绩效与实际绩效之间存在较大差距。根据委托一代理关系，由于劳资双方存在明显的非对称信息，企业只能在事后观察才能获得员工的才能、知识、业绩及人品这些对晋升很重要的信息。在难以或无法对远期行为进行有效评估的情况下，晋升所基于的只能是观测到的已完成绩效，这样的制度安排常常不可避免地导致一系列后果，如组织成员只注重部门的短期成果，忽视长期发展；各部门只考虑部门内部利益，忽略了整体效益；部门与部门之间缺乏沟通和配合，甚至相互拆台，组织成员个人自利化选择的结果将可能导致组织总体价值受损。

晋升员工无法胜任高一层级的职位。根据赫兹伯格的双因素理论，晋升属于激励因素，能使员工获得满意感，但“彼得陷阱”的存在使基于绩效的晋升激励作用会有所削减。彼得发现，“在层级组织里，每个人都会由原本能胜任的职位，晋升到他无法胜任的职位，无论任何阶层中的任何人，或迟或早都将有同样的遭遇”。员工因为在原来的职位干得好而得以提升，并不表明他在高一层级的职位上同样可以成为出色的员工。若员工仍然占据不能胜任的职位，必然会出现失落感和压抑感增强，满意度下降的现象；而其下属面对一位即使品格高却领导素质提升无望的上司，同样会感到不满，工作缺乏动力，工作绩效下降；对整个组织来说，顾客不满，员工士气低落，生产率降低也是不可避免的。若员工放弃高一层级职位，即降职回归本位，那么员工的自尊心会受到极大伤害，没有人愿意体会降职的痛苦。所以，来自个人、下属和组织三方面的压力使员工通常选择离职，到市场上重新寻找合适的职位。将一位技术专家由基层管理者的位置提拔到高层管理岗位时，除了体现对成绩突出者的肯定和认可外，在为企业高职位配备合格管理人才角度有可能是无效率的。这种提升付出的代价是牺牲管理效率。

与员工职业愿景相背离。根据马斯洛的需求层次理论，随着社会经济的发展人们不再将职业仅仅看作是生活保障的基础，而更多的期望是从自身的职业中，获得一种社交、自尊甚至是更高层次的自我实现的满足感，体会到工作中蕴涵的价值。每位员工都会对自己的职位系列有一个定位，都有心目中的职业通道。但晋升的现实情况往往与员工的职业愿景不符。如果一名技术人员拥有娴熟的技术，企业不考虑员工是否希望在技术领域内继续深入研究，而单方面将其调至管理系列职位上，这样就很容易出现背离员工职业愿景的情况，员工不能从企业提供的晋升职位中体会到工作的意义，对工作产生不满情绪，于是员工的离职动机就会产生。而员工对工作是否满意在很大程度上决定了员工是否流动。

(3) 人际关系晋升。

基于人际关系的晋升是指将员工与领导和同事的亲密程度作为晋升的主要标准。美国学者鲁德曼、奥勒特和克雷姆等人认为企业内部关系网会影响企业的晋升决策。员工关系网中职位较高的成员会向晋升决策者传递各种对晋升候选人有利的信息。

企业领导对晋升者的能力和业绩主要基于主观判断，并没有明确的客观标准。非制度因素往往成为影响企业晋升决策的主要因素，企业内部的人际关系因素往往会对企业的职务晋升决策工作产生极大的影响。企业领导往往会晋升自己的亲近者。一则由于双方关系比较融洽，沟通比较容易，有利于在工作中相互合作；二则可进一步增强双方的关系，得到对方的回报的几率大。

企业领导还会考虑晋升候选人与同事的关系，特别是在国有企业中晋升者有良好的群众基础，即良好的同事关系，以后就更容易开展工作。员工的人际关系越好，就越可能晋升职务。

不利之处是如果员工觉得领导有意偏护自己亲近的员工，将自己亲近的员工升到管理岗位,那么这种晋升不仅公信力较低而且会引起员工的不满意和不公平感。

(4) 综合晋升。

以上三种主要的晋升机制在一定程度上都无法客观、公正、公平地评价员工的综合素质,影响了晋升的准确性,使员工和企业都遭受了一定的损失。取长补短,不少公司再了解的基础上对三种晋升机制加以综合运用。

(二) 降职

降职是一个员工在企业中由原有职位向更低职位的移动。这是与晋升相对的。降职是一种工作人员任用方式和任用行为,也是一种人才资源调配手段,目的是为了合理使用工作人员,充分发挥其作用,为单位的各个职位选择配备适宜的人才。在我国,降职不是一种行政处分,也不是一种惩戒手段。受处分的,在一定期间内不得晋升职务级别和工资档次。被降职使用的,以上方面均不受影响,一旦其在新的职位上德才表现和工作实绩确实突出,经考察后,根据工作需要仍然可以晋升职务。

(三) 流动

1. 员工流动管理的目的

员工流动管理的目的是确保组织人力资源的可获得性,满足组织现在和未来的人力需要和员工的职业生涯需要。

2. 保险公司人力资源流动的形式

(1) 按流动的边界是否跨越企业分为员工流入、员工内部流动和员工流出。

(2) 按流动的主动性与否分为自愿流动和非自愿流动(解聘)。

(3) 按流动的走向可分为地区流动、层级流动和专业流动。

如从技术员到助理工程师、从熟练工人到技术员;如技术到管理专业。

(4) 按个人主观原因分为人事不适流动、人际不适流动和生活不适流动。

人事不适流动如用非所学、人际不适流动如员工与领导关系紧张和生活不适流动如如水土不服。

3. 人力资源流动对保险公司人力资源的影响

(1) 对员工忠诚度的影响。每一次组织对员工的解雇都塑造着在职员工对组织的忠诚程度。具有不安全感的员工可能对自己和组织的关系斤斤计较,只有当其职业生涯的需求被迅速地满足时才决定留下来。而相信自己直到退休都和组织在一起的员工,则可能在与组织的关系上有一种更长远的目光。

(2) 对员工能力的影响。不稳定的进出模式使管理者强调对员工的选择而非强调对员工的开发。如果解雇员工费力又费钱,经理们就会在选择上更仔细,并且在开发上投资更大。

(3) 对组织适应性的影响。定期的劳动力削减迫使组织解雇那些效率低下者,使新的一代员工有机会重塑组织,这是管理变化的一种方法。在采用不稳定的进出流动模式的组织中,员工可能会更富有多样性,而多样性一般来说是有利于创新的。

(4) 对组织文化的影响。文化的力量要受到流动模式的影响。因为流动模式决定着员工和组织在一起的时间，进而决定着学习和传播一系列企业信念的可能性。如在不稳定的进出模式中，人员流出率很高，以致员工未被充分地同化就已经离开组织，而且在这样的组织中也没有足够多的长期员工来传播文化。而在终身雇用制的组织中，发展强有力的文化相对就会容易一些。因为员工更有可能认同组织，并且希望被同化。

(5) 对组织社会角色的影响。不同的流动模式对组织在社会中的角色的认识是不同的。不稳定的进出模式认为，员工存在的目的是帮助组织来赢利，而终身雇用制认为，组织存在的目的是提供稳定的就业和保障员工的生活。

4. 员工流动管理应实现的目标

(1) 确保保险公司在现在和未来的发展中获取所需的各类人才。

(2) 使员工感觉到的发展机会与其自身需要的发展机会相一致。

(3) 员工不会因为自身的不可控因素而被解雇。

(4) 让员工认为，选人、安置、晋升和解雇都是公平的。

(5) 实现最低可能的工资。

5. 合理的员工流动带来的好处

(1) 合理的员工流动应有利于员工满意程度的提高和员工投入感的增强。

(2) 合理的员工流动应有利于提高员工的能力。

(3) 合理的员工流动应成为促进员工发展和提高的动力。

(4) 合理的员工流动应在把握组织效率的基础上兼顾公平性和一致性。

第四节　保险公司人力资源开发

一、保险公司人力资源开发的必要性和原则

(一) 保险公司人力资源开发的含义

人力资源开发(HRD，Human Resource Development)是20世纪80年代兴起的，旨在提升组织人力资源质量的管理战略和活动。人力资源开发基本定义为组织提供给员工的一个教育或学习的计划来帮助员工提高技能，并改变他们的态度和行为，这个过程使个人和组织都得到提升。人力资源开发是指一个企业或组织团体在组织团体现有的人力资源基础上，依据企业战略目标、组织结构变化，对人力资源进行调查、分析、规划、调整，提高组织或团体现有的人力资源管理水平，使人力资源管理效率更好，为组织团体创造更大的价值。核心内容包括培训开发、组织发展和职业生涯规划三个部分。

人力资源开发包括以下四方面含义：开发的对象是人的智力、才能，即人的聪明才智。人力资源开发要借助于教育培训、激发鼓励、科学管理等手段来进行。人力资源开发活动是无止境的。人力资源开发是一项复杂的系统工程。人既是开发的主体，又是被开发的客体。在开发过程中同时受到主观因素和客观因素的双重影响。决定发展和改善组织中人力资源

最佳方法的一种程序，以及经由训练、教育、发展与领导等行为，有计划的改进绩效和人员生产力，以同时达成组织与个人目标的做法。

（二）保险公司人力资源开发的必要性

（1）人才是市场竞争中取胜的决定因素保险公司作为知识、技术、智力密集型企业，人才对推动企业发展和业务、技术、管理、制度创新等各方面的作用尤为突出和重要，是在未来激烈的同业竞争中能否取胜的决定因素。我国加入世界贸易组织以后，国际大型跨国保险公司加快在我国的网点布局和本土化进程，其管理和业务人才主要来自于我国的保险行业。在各方对人才需求大量增加，而我国中高级保险人才又相对匮乏的情况下，对人才的争夺就可想而知了。保险公司能否在人才竞争中取得先机，将成为其在市场竞争中胜败的关键。

（2）人才是建立现代企业制度的重中之重，保险公司现代企业制度的建立离不开人才的支持，尤其是懂得现代企业制度组织和运营的人才支持。保险公司现代企业制度的设计既要满足产权清晰、权责明确、政企分开、管理科学等现代企业制度的一般特征，也要结合保险公司现实的行业特点、产权结构、经营规模等实际情况，因而不但需要通晓企业管理理论和实务的人才，更需要通晓国际保险公司经营和管理惯例的人才。

（三）保险公司人力资源开发的原则

1. 人力资源开发的原则

（1）要明晰人力资源开发的重点。

（2）计划性原则。

（3）内容结构合理化原则。

（4）质量和数量并重的原则。

2. 人力资源调配原则

人尽其才，物尽其能，全面兼顾，以核心任务为重心。

3. 企业人力资源管理制度规划的基本原则

（1）共同发展原则：将员工与企业的利益紧密结合，促进员工与企业共同发展。

（2）适合企业特点原则：从企业内外部环境和条件出发，建立适合企业特点的人力资源管理制度体系。

（3）学习与创新并重原则：学习和借鉴外国先进人力资源管理理论的同事，有所创新。

（4）符合法律规定。学习了解国家法规，哪些是可以哪些是必须，明白应该做什么，应该怎样做。制度规划必须遵守国家相关劳动人事法律、法规。

（5）与集体合同协调一致。这是内部的法律规则，他规定了员工和企业的权力和义务。

（6）保持动态性。必须重视管理制度信息的采集、沟通与处理，保持企业人力资源管理制度规划的动态性。

4. 人才选拔的管理原则

管理原则，是人力资源从业人员在处理人和事的问题时，要站在公正和开明的立场上，按照统一标准和同一原则办事的职业规范。作为现代企业人力资源管理，首要任务应当是人才的选拔。主要原则:一是客观公正,公开透明;二是赏罚分明,优势互补;三是以人为本,能力为上。人才选拔的五项管理原则如下:

(1) 高度重视的原则。

企业的主管领导者要把人才问题当成一种战略来考虑,授权人力资源管理部门成立由高层管理人员、企业专才和技术人员代表组成的专门评选机构,根据企业发展的需要,制定出严格的评选标准和要求,由人力资源部具体负责,严格按照程序来执行。

(2) 按工作岗位特点的原则。

最重要的是搞好企业的人力资源规划,搞清楚企业各岗位人员的现状、需求状况和具体要求,针对岗位特点和工作性质的需要而进行人才选拔。要做到岗有所需、人有所值。正所谓:适用的便是人才。

(3) 品德与才华并重的原则。

人才的选拔必须兼顾品德与能力、学历与经验,从工作态度、办事能力落实、绩效等方面入手;注重细节把握大局,开发和培养德才兼备的能人。

(4) 多渠道选拔人才的原则。

信息时代的到来给企业人才的选拔提供了更为广阔的空间,企业的人力资源管理部门可以按照自己实际的需要,通过人才市场、报刊广告、互联网、猎头公司、熟人介绍等多种有效的人才招聘渠道,招聘到自己需要的人才。

(5) 运用测评选拔人才的原则。

科学技术的进步推动了人力资源管理的科学性,通过利用科学的测评手段,如专门测评软件、面试、笔试、辩论等,了解人员的素质结构、能力特征和职业适应性,为量才用人、视人授权提供可靠的依据。为了实现原则规范,细则灵活。人力资源管理者可以采用"走动式管理"模式,这种模式除了可以协助管理人员事先客观了解企业员工的各个方面,为选拔人才的公正性提供事实依据。

5. 企业人力资源管理评价指标体系设计原则

(1) 系统性原则。企业人力资源管理评价指标应全面地、系统地反映企业人力资源管理系统中的各个子系统及其相互协调以及整体运作。

(2) 科学性原则。企业人力资源管理评价的每一个指标都要有明确的内涵和科学的解释,要考虑指标选择、指标权重确定、数据选取时的可比性和计算方法的科学性。

(3) 目标一致性原则。在评价系统中,应在系统目标、评价指标和评价目的之间取得一致。

(4) 可操作性原则。指标的设计既要考虑有数据的支持、数据获取的难易程度和可靠性,又要考虑计算方法的简易性等。

(5) 可比性原则。评价指标要具有横向和纵向的可比性,即具有企业之间的可比性和企业纵向时间上的可比性。

二、保险公司人力资源开发的战略

从以下几个方面来构建企业核心能力的人力资源开发战略。

（一）核心员工特殊技能的培训与开发

保险企业在注重培养员工的一般技能以保持企业竞争均势和员工的可雇性之外，更要重视开发员工的企业特殊技能，因为企业特殊技能既为企业提供价值，又不容易被竞争对手模仿，还不容易转化为市场行为。为此，企业需加大投资，不断培养和开发员工以完成本企业特殊的工作程序和操作流程。

（二）职业生涯开发和事业发展

企业核心能力保持永久生命力的关键就在于员工及其组织的自我更新能力，因此，保险企业必须在管理者和员工之间建立起一种协调的合作关系，使他们共同为了事业成功发展而努力。职业生涯开发是通过个人生涯计划和组织生涯管理过程来达到个人与组织目标的最佳配合，职业开发是一个长期的战略，对于员工和企业都是非常有益的，最终推进整个企业的发展。职业开发计划描述了员工职业生涯道路，帮助员工确定职业兴趣、明确职业目标、并使他们对自己的职业生涯有一个积极的长期的规划。事业发展是一个要求个体和组织共同来创造一个能够提高员工当前或未来工作任务所需要的知识、技术能力和态度的合作关系。事业发展为个体发展和组织发展提供了联结，在提高组织更新能力和绩效水平的同时，允许个体熟练程度的提高，使联结个体和组织发展的能力最大化，从而提高企业的竞争准备程度，并增强了组织的更新程度。

（三）实施人力资源战略化的开发与管理

在实际工作中，保险企业应把各种人力资源管理政策和实践综合成一个有机的整体，并且与企业其他方面的运行机制相一致，以创造一种协同效果。在保险企业中，人力资源计划、招聘、甄选决定了企业的更新能力和竞争力所需要的人力资源的数量与质量。一旦被选中，员工将进入适应过程，人力资源部门通过建立一系列制度、文化活动，以帮助员工在组织内快速地社会化，适应组织环境，实现对组织的承诺，成为组织公民。人力资源管理部门依据对员工工作的表现，给予绩效管理、报酬和奖励，并提出学习和改变的要求，规划其发展方向，把其职业生涯规划和企业的事业发展结合起来。

（四）做好核心员工的规划与流失预警机制

一般来说 80%以上的企业价值和利润是由 20%的核心员工创造的，为此要做好核心员工管理重点和发展目标，制定相应目标支持计划。同时由于价值贡献大的核心员工的流失给企业带来的损失也大，可以在企业人力资源战略基础上对核心员工进行“差异化”管理，从而规避其流失给企业带来的巨大的损失。所谓企业“差异化”的人力资源战略，是为核心员工量身定做的一种战略，就是在核心员工密集的企业中，依据人力资源市场的竞争动态，通过各种独特的差异化措施如良好的企业文化，创新的工作环境，个性化的激励方式，有差别的薪酬体系，多通道的职业发展空间等，来满足核心员工群体或个人的需要，加强核心员工对企业的忠诚度，提高企业核心竞争力。

三、保险公司人力资源开发系统

（一）保险企业人力资源开发的规划系统

内容包括：明确开发的重点，做好开发计划，合理设计开发的内容与结构，确定人力资源开发的主体和开发的对象，精心设计开发方案，预备所需的技术资源等。

（二）保险企业人力资源开发的投入—产出系统

(1) 职员培训：人力资源开发的基础层次。

(2) 职员教育：人力资源开发的扩展层次。

(3) 职员发展——人力资源开发的高级层次

（三）保险企业人力资源开发的评估系统

美国的经济学者唐纳德·L.柯马帕特里克提出了评估的参考标准。

(1) 反应：受训者对训练项目的喜爱程度如何。

(2) 学习：受训者学到什么原理、经验和技巧。

(3) 行为：由于训练，职员的工作表现有什么变化。

(4) 效果：人力资源开发计划在降低成本、改善质量、增加产量方面有什么实际结果。这样的评估标准完全适用于职员培训计划。

本章小结

1. 讲述了保险公司人力资源管理的含义、重要性、目的和任务；
2. 介绍了保险公司人力资源开发管理的基本原理和管理者的职能；
3. 分析了保险公司人力资源管理的激励机制；
4. 阐述了保险公司人力资源开发的必要性和原则、策略和系统。

强化训练

一、单选题

1. 近十年我国保险专业人才培养呈现(　　)趋势。

A. 没有变化　　B. 缓慢增加　　C. 显著增加　　D. 下降

2. 保险人才需求呈现(　　)特征。

A. 没有变化　　B. 缓慢增加　　C. 显著增加　　D. 下降

二、多选题

1. 激励类型，可从不同角度进行划分，主要有(　　)。

A. 物质激励和精神激励　　B. 内激励和外激励

C. 关怀激励　　D. 榜样激励

2. 衡量保险市场发展的指标主要有(　　)。

A. 保险监管　　　B. 保险深度　　　C. 保险密度　　　D. 保费收入

三、名词解释

人力资源规划　员工绩效考核　薪酬体系设计　激励

四、思考题

1. 谈谈人力资源规划的供求预测和综合平衡；

2. 谈谈保险公司绩效考核的目的、原则和类型；

3. 谈谈保险公司员工的薪酬管理的目标和原则，如何进行薪酬体系设计？

实训课堂

一、技能训练

请你谈一谈未来我国保险公司人力资源管理的发展趋势。

保险公司人才需求缺口很大，存在种种问题，通过观察谈谈并分析原因及对策。

简述如何开展保险公司员工的教育培训和发展。

二、专项实训

项目(一)

实训目标：

通过本实训环节，使学生充分了解保险公司的招聘、选人、用人，增强学生对保险公司团队运作及内部员工管理的了解和把握。

实训内容：

1. 保险公司的人员构成。

2. 保险公司人资经理的主要职责。实训内容：通过对寿险企业代理人队伍的参观了解，参与比较，找出他们的异同点，并做出分析。

实训任务：

1. 熟悉保险公司各类型的员工素质及工作内容。

2. 掌握保险公司团队筹建的方法。

3. 通过现场调查，亲身参与，了解保险公司的各类员工的招聘、选用等并写出实际调查分析报告。

实训步骤：

第一步：小组成员选择保险公司不同销售渠道的销售人员；

第二步：通过各种途径和方法了解所选其工作模式；

第三步：围绕该该模式展开调查和整合资料；

第四步：制作可供公开展示汇报的幻灯片。

模块三　保险公司的业务管理

第五章　保险营销管理

资料导入

促销策略及其注意事项①

促销策略既要求保险企业对广告不要过分迷信的同时，千万不能忽视。平安保险公司根据自身特点分析认为在进行广告策略整合时，应注意以下几点：

(1) 寻找一个有潜力的市场，先进行市场调研，然后了解广告对新的消费者的消费心理和消费习惯的需求，再运用广告等手段宣传和美化产品以吸引消费者注意，最后找到一个好的卖点，促使消费者购买。

(2) 注意把握时机。通常的做法是将电视广告、广播广告、报纸广告、杂志广告、POP和促销等放在一个筐子里，然后一股脑涌向市场，强行向消费者灌输信息，认为这样就会产生效应。然而，不同的媒体，具有不同的作用，这种轰炸式广告宣传虽能带动些销售，但也会浪费很多企业的广告费。因此，应根据不同的市场时期，对广告的制作和发布采取不同的策略应对。

(3) 注意要有连续性。广告有滞后性，因此投放一定要持续，千万不能随意停下来，否则就会引起很多猜测。

(4) 要注意社会效应。正如美国历史学家大卫·波特所指出："现在广告的社会影响力可以与具有悠久传统的教会及学校相匹配。广告主宰着宣传工具，它在公众标准形成中起着巨大的作用。"

知识目标

1. 深刻理解保险营销的含义及特征；
2. 熟悉保险营销模式的类型、存在问题及创新策略；
3. 掌握保险公司的4P营销策略。

---

① 资料来源：http://wenku.baidu.com/link? url=r6hLVvgmLsC3qEtJavufYgLf4i04 yK4xSqwQH2TXz9jxQnKIfwGBmab84B9UMvPH6C3F2_rHTz_vhbh1_BtyRC2AfFZRk EUcoqg01A7GiwO。

技能目标

1. 分析保险公司不同营销渠道及其特点；

2. 对保险营销职业或工作岗位要求有一定的了解，可适当开展保险营销活动，熟悉一个营销岗位职责；

3. 掌握保险中介机构的名称和市场职能。

第一节　保险营销概述

一、保险营销的概念以及内容

保险营销是保险公司为满足保险市场存在的保险需求进行的总体性活动。即通过挖掘人们对保险商品的需求，设计和开发出满足投保人需求的保险商品，并且通过各种沟通手段使投保人接受这种商品，并从中得到最大的满足。主要包括四个方面的内容。

（一）保险营销起点是投保人的需求

对于保险商品的投保人来说，他的需要是客观存在的。每个人一生下来就会有各种各样的需要，如生理需要和社会需要。

首先，避害趋利是人的本能。在人们的生活中，会存在着各种各样的风险，人们总会想出各种各样的办法去避免风险，为自己和家人带来一份幸福和安宁。比如，人们在购物时，会挑选那些信誉好、质量高、服务优的商店和产品，以避免可能带来物质上、精神上、社会上、心理上等方面的损失。从一定意义上说，保险商品就是一种趋利避害的商品，它能在灾害事故发生时，为投保人和被保险人免去一定的忧虑，并带来一定的物质上的补偿和精神上的安慰。其次，寻求保障和补偿是人的天性。人们除了有避害趋利的本能之外，还有一种寻求保障和补偿的天性。比如，人们在购物时，总是希望能得到一定的售后服务或退货保证，由保险商品的性质决定，当人们购买了这种商品之后，他们就获得了一定的保证和一份安宁，从而可以做到"临危不惧，处乱不慌"。

当然，人们的需要可以通过各种形式的产品来满足，比如，当人们口渴时，他可以通过对各种具体产品的欲求得到满足。比如通过矿泉水、饮料、乳制品等具体的产品形式来满足喝水这一需要。当人们要满足其保值需要时，他可能将现金存到银行或购买保值商品，如购买黄金首饰、珠宝、房地产等，以求得一定的保障。但只有保险商品能够做到避害趋利、寻求保障和经济补偿的目的。

人们的需要有多种多样，人们的欲望也是无穷无尽的，然而，要满足人们的这些需要和欲望，必须要有一定的购买力来支持。就保险商品而言，投保人纵然有趋利避害、寻求保障和获得补偿的需要和欲望，但是，如果人们缺乏支持这种需要和欲望的经济能力，就很难形成对保险商品的需求。

因此，就保险商品的营销来说，发现投保人的需求，并设法去满足这种需求是其营销活动的第一步，也是关键的一步。

（二）保险营销核心是社会交换过程

保险营销要能够顺利进行，其核心是要提供满足这些需要和欲望的保险商品，并在公平合理的原则下进行交换与交易，从而实现交易双方的满意，使保险商品的营销活动得以最终完成。因此，保险商品营销的社会交换过程包含了以下两个方面：

其一，提供满足需要的保险商品。保险商品就是由保险人提供给保险市场的、能够引起人们注意，购买，从而满足人们减少风险和转移风险，必要时能得到一定的经济补偿需要的承诺性服务组合。满足人们这些需要的承诺性服务组合可以有很多，它可以是一种具体的服务形式，也可以是一种服务思想。作为保险商品的经营者，必须能了解以及挖掘投保人的需要和欲望，并尽一切可能去提供满足这些需要和欲望的保险商品。

其二，进行公平合理的交换与交易。要使提供给市场的保险商品为投保人所接受，双方必须要通过交换和交易完成这一过程。要保证交换和交易的进行，必须确保满足以下条件：① 至少有两方参加，即保险人与投保人；② 双方都拥有对方认为有价值的东西，如保险人有保险商品和保险服务，投保人有购买欲望和购买力；③ 双方都希望与另一方做交易，保险人希望通过交易实现盈利目标，投保人希望通过交易获得一定的保障；④ 双方都有权自由地接受或拒绝对方提供的东西，保险人可以拒绝那些不符合条件的投保人的投保申请，投保人可以不购买保险人提供的保险商品；⑤ 双方必须在彼此满意的条件下，在合适的时间、地点下成交。

（三）保险营销手段是整体营销活动

现代营销学强调整体性的营销活动，不能把营销仅仅当作推销或促销，或者只是当作一项临时性的工作，而应把营销当作一项长期的、周密的、细致的、整体的工作来进行。因此，营销的手段应包括市场调研和预测、市场分析、产品设计与开发、产品定价、渠道的选择、促销组合的运用等。因此，保险营销的手段也应强调整体的营销活动。

（四）保险营销宗旨是顾客满意

顾客满意受到越来越多的企业重视，其中一个很重要的原因在于吸引顾客的成本。通常吸引一个新顾客要比保持一个老顾客花费更多的时间和精力，获得一位新顾客要比维系一位旧顾客增加的成本高 5～6 倍[①]，留住一位老主顾只需花费一位新顾客 1/5 的成本[②]。所以保持老顾客比吸引新顾客更加重要。保持老顾客的关键就是让顾客满意。实践表明，在购买和使用某企业产品时，享受到了企业良好服务获得满意感的顾客对企业经营有很大的影响：他会较少注意竞争者的厂牌和广告而再次购买该企业的产品以及该企业产品线上的其他产品；他还会成为企业的义务宣传员，宣传该企业，等等。

---

① 来自 1987 年加拿大 MORTGAGEBNKING 杂志的调查研究结果。

② 根据波士顿论坛公司的调查。

由于保险商品的特殊性,保险营销中让顾客满意更为重要。

1. 保险商品知识不普及导致保险营销更需要通过关怀让顾客满意

如果投保人对保险商品知识了解不足,则更需要通过关怀,达到令其满意。由于保险商品的特性以及保险在我国发展的历史很短,许多人对保险商品一无所知或知之甚少,这就给保险商品的经营者们提出了新的和更高的要求,要求他们要从投保人和被保险人的利益出发,让人们买前顺心和可心,买后放心和省心。

2. 由于保险商品是非渴求性商品,需要通过打动人心的沟通,使顾客满意

如果投保人对保险商品需求不迫切,就需要通过打动人心的沟通,使其满意。在人们对保险商品需求不迫切的情况下,如何使人们对保险商品的潜在需求变为现实需求,是保险营销经营者们所面临的任务之一。要使人们对保险商品的需求变得更加迫切,就需要有打动人心的双向交流与沟通。通过交流与沟通,一方面使人们了解保险商品的功能与作用,产生购买保险商品的欲望,另一方面也使保险经营者们能够挖掘出人们对保险商品的新需求,从而不断推出新险种以满足人们的需求,最终实现顾客满意。

3. 保险商品属于无形商品,需要通过良好的服务形象令顾客满意

如果投保人对保险商品顾虑重重,同样需要通过良好的服务形象,达到令其满意的效果。人们在购买有形商品时,常常会因购买到了假冒伪劣商品而懊丧不已,保险商品这种无形商品他们又怎么能放心大胆地购买呢?因此,在一些企业不顾消费者利益,追求短期利益行为的影响下,消费者对无形商品的购买更是顾虑重重。良好的服务形象,能够让顾客产生对经营者以及对其经营的产品的依赖与忠诚,打消人们的顾虑,促使人们采取购买行动。

二、保险营销的特点

保险商品的营销同一般商品营销相比,更注重主动性、人性化和关系营销。

(一)主动性营销

保险商品营销的最大特点之一就是主动性营销。因为,如果没有主动出击和主动性的营销活动的开展,许多营销活动就会难以顺利进行。离开了主动性,保险营销就会陷于盲目和停滞。保险营销的主动性表现为以下三个方面:

(1) 变潜在需求为现实需求。多数人对保险的需求是潜在的。尽管保险商品能够转移风险,提供一种保障和补偿,但由于它是一种无形的,是一种看不见、摸不着的抽象商品,因此,对大多数人来说,人们似乎对它没有迫切性,尤其是寿险产品更是如此。因此,保险营销者必须通过主动性的营销,变投保人的潜在需求为现实需求。比如,通过主动地接近顾客、主动向顾客宣传、主动解答顾客的疑难问题、主动提供顾客所需要的一切服务等,实现投保人需求的转变。当然,这种转变是艰难的但却是能够做到的。

(2) 变负需求为正需求。由于保险商品涉及的大多数是与人们的生死存亡相关事件,因此,对很多人来说,他们对保险商品的需求是一种负需求。也就是说,人们因不喜欢或不了解保险商品,而对其采取消极回避的态度和行为。因此,保险营销者必须通过积极、主动的营销活动,扭转人们对保险商品的消极态度和行为。

(3) 变单向沟通为双向沟通。沟通,是人们交流思想,获取相互理解、支持的重要手段

之一。有许多企业在与人们沟通和交流时，注重的是一种单向沟通，也就是只单纯地将企业想要传达的信息，通过一定的媒介传递出去而已，至于这种信息如何为消费者所接受，消费者对该信息的反应如何等考虑得很少，结果导致所提供的产品和服务在很大程度上难以满足消费者的需求。作为保险商品的营销者必须将单向沟通变为双向沟通。也就是要通过主动性营销，将企业要传达的信息，按消费者能理解和接受的方式，通过信息传播媒介传递给消费者，并跟踪和注意消费者对信息的反馈，根据消费者对所提供的保险商品的意见和反应，及时调整和改进服务策略，以实现顾客满意。

（二）人性化营销

保险商品营销以人为本，是以人为出发点并以人为中心的营销活动。脱离了人性化，保险营销就会变得缺乏活力和吸引力。保险经营者需要时刻面对自己、面对员工、面对顾客，并实现三者利益统一的营销活动。

1. 面向自己

它是指保险营销者必须正确地了解自己的所需所求，并使其经营活动令自身满意。因为，只有使其自身获得满意，才有可能实现令他人满意。只有使其明确自身的需求，才可能要求其将自身的需求与员工的需求、顾客的需求、社会的需求统一起来。因此，保险商品的营销首先是围绕经营者自身的营销，是最大限度地发挥营销者自身积极性和创造力的活动。

2. 面向员工

从一定意义上讲，员工也是顾客，令顾客满意，必须首先令员工满意。因为，保险商品营销活动在很大程度上要通过员工们的共同努力来实现，如果没有员工的满意，怎么能指望其行为令最终消费者满意呢？因此，关心员工的成长、注重员工道德的培养，使每个员工都树立起敬业精神和主动精神，是保证营销成功的关键。

3. 面向顾客

保险商品营销的最终目的是实现顾客满意。保险经营者必须要认识到，顾客是企业的衣食父母，顾客是企业生存和发展的保证。因此，保险商品经营者要面对顾客，要能够从顾客的需求出发，不断开发和提供满足顾客需求的产品和服务；要能够针对顾客对外界事物认知的特点，有的放矢地开展营销活动；要能够维护顾客的根本利益，向顾客提供满意的服务。

（三）关系营销

忽视了关系营销，保险营销就会成为无源之水，无本之木。现代企业的营销是将企业的营销看作是一个与消费者、竞争者、供应商、分销商、政府机构和社会组织发生互动作用的过程。在这一过程中，建立与发展同相关个人及组织的关系是其营销的关键。保险商品的营销作为一个蓬勃发展的事业，更要注意关系营销。具体说来，保险营销中的关系营销应体现在以下三个方面。

1. 建立并维持与顾客的良好关系

顾客是企业生存和发展的基础，市场竞争的实质是争夺顾客。因此，建立并维持与顾客的良好关系，强调以顾客为中心，强调顾客的高度参与性与联系性，以及高度的、长期的顾客服务，密切与顾客的感情，是保险营销制胜的法宝。

2. 促进与竞争者合作关系的形成

在当今市场竞争日趋激烈的形势下，视竞争者为仇敌，与竞争者视不两立的竞争原则已非上策，相反，促进与竞争者合作关系的形成，减少无益竞争，达到共存共荣的目的，是现代市场竞争对企业提出的新要求。

3. 协调与政府间的关系

政府对经济生活进行干预是当今世界各国通行的做法。政府出于维护社会整体利益，实现整个社会稳定、协调发展目标，必然会制定各种政策、法规和法令，对宏观经济进行管理和调节，这些宏观调控的手段和措施必然对企业经营发生影响。因此，作为保险经营者要能够采取积极的态度，协调与政府的关系，积极与政府合作，努力争取政府的理解和支持，为企业营销活动创造良好的外部环境。

第二节　保险营销渠道

一、保险营销渠道的含义及分类

（一）保险营销渠道含义

营销渠道就是商品和服务从生产者向消费者转移过程的具体通道或路径。保险营销渠道是指让客户方便快捷地购买保险和获得服务的地点和环境。

（二）保险营销渠道分类

(1) 按照是否有中间人分直接营销渠道和间接营销渠道。

直接销售渠道是一种能够使保险公司和消费者彼此进行直接交易的销售渠道。在直接销售渠道中，保险公司致力于直接与准保户建立联系，利用一个或多个媒体，引导消费者或潜在购买者产生立即反应或适当反应，如购买或咨询保险产品。

直接销售渠道主要有直销人员销售、直接邮寄销售、电话销售和网络销售；间接销售渠道主要有保险代理人销售和保险经纪人销售。

间接销售渠道（亦称”中介制”）是指保险公司通过保险中介机构、依法取得资格证书的保险代理从业人员等中介销售保险品的方式。保险中介不能代替保险人承担保险责任，只能通过参与代办、推销、提供专门技术服务等各种保险活动，来促成保险销售的实现。

(2) 按照营销模式是否创新分传统分销渠道和新型分销渠道。

传统分销渠道包括保险代理人和保险经纪人；新型分销渠道包括：银行保险，邮政代理，电话直销，信函直销，网络营销等。

(3) 按照营销主体身份可分为公司业务型、个人营销型、邮储兼代型和渠道销售型。

渠道销售主要通过专业经纪公司、代理公司等专业经代型渠道路径开展业务，目前规模尚小。

从业务规模和利润贡献度来看，直销型和银邮兼代型路径的业务规模贡献度较大，个人营销型路径的利润贡献度和创费能力较高。此外，还有其他模式规模尚小。

二、直接营销渠道

（一）公司业务型

公司业务型，俗称"大项目型"直销型，通过公司在编外勤人员开展保险的营销工作，主要推动团体保险和大项目保险销售，营销人员除享有底薪和福利之外，还可以根据销售业绩来提成手续费或佣金。总体上，这类渠道业务大概占到了业务总量的20%以上。

直销人员销售是指保险公司利用自己的职员进行保险产品销售的方式。这是一种传统的保险销售方式，即保险公司自己的销售职员通过上门或者柜台方式销售保险产品。

（二）直接邮寄销售

直接邮寄销售是一种以印刷品形式，通过邮政服务来分销保险产品或提供相关信息的销售方式。

（三）电话销售

电话销售是利用电话来进行销售，包括拨入电话销售和拨出电话销售。用电话的形式，向客户介绍保险产品，使客户足不出户，就可以了解保险产品，咨询与保险有关的事宜，最后达到购买的目的。

电话销售保险的流程首先是电话销售人员向客户介绍保险产品，在客户认可的情况下递送保险申请书，核保及正式合同递送，投保人有一定的反悔期。

电话直销的优点：第一，顺应紧张快捷的生活工作方式；第二，高效集成的企业资源管理的要求；第三，实现服务和形象上的统一；第四，避免人为设置的障碍。

电话直销的缺点：买卖双方接触度低，只适合功能单一，易于解说的险种；有个人骚扰，侵犯隐私的负面效应；通信资费投入非常大。

（四）网络销售

网络销售是保险公司利用互联网的技术和功能，销售保险产品，提供保险服务，在线完成保险交易的一种销售方式。

保险网络营销的优点：① 经营成本低；② 信息量大，且具有互动性；③ 有利于促进保险宣传和市场调研的电子化，加快新产品的推出，提高销售质量；④ 节省营销时间，加速新产品的推出和销售。

网络营销的局限性：存在安全风险、法律风险、道德风险等风险；客户居主导地位，只能销售比较简单的产品，如汽车保险，家庭财产保险，人身意外伤害保险，旅游保险等产品；投资巨大，不能作为主流，只能作为辅助手段。

网络、电话、邮寄等又被统称为直复型营销渠道。

三、个人营销型渠道

在国外发达国家,一个成熟的保险市场是由保险人(即保险公司)、投保人以及为保险人和投保人最终达成保险合同而提供相关服务的保险中介人组成的。保险中介人一般包括保险代理人、保险经纪人、保险公估人。

个人营销型渠道,就是通过经纪代理对分散的保险客户群进行保险产品的营销.该类渠道业务大致占业务总量的55%。

(一)保险代理人营销

保险代理人是指根据保险人的委托,在保险人授权的范围内代为办理保险业务,并依法向保险人收取代理手续费的单位或者个人。即通过保险个人代理人针对分散型个人客户销售个人保险产品,该类渠道业务大致占总业务的一半以上。

1. 保险代理人的作用

在现代保险市场上,保险代理人已成为世界各国保险企业开发保险业务的主要形式和途径之一。

纵观西方发达国家保险业的发展史,保险代理人在其中扮演了重要的角色。他们为保险市场的开拓、保险业务的发展起到了功不可没的作用。例如,在英、美、日等国约有80%以上的保险业务是通过保险代理人和经纪人招揽的。在我国,《保险法》专门以一章的形式阐述了有关保险代理人和保险经纪人的问题,并且于1996年2月和1997年12月两次出台了《保险代理人管理规定》,这些无不说明保险代理人在保险业发展中的地位和作用。

实际上,保险代理制的实施,保险代理人的出现,为完善保险市场,沟通保险供求,促进保险业发展发挥了重要作用。具体说:

第一,直接为各保险公司收取了大量的保险费,并取得了可观的经济效益。据有关资料介绍,目前,我国通过各种保险代理人所获得的保险业务收入占保险业务总收入的50%左右,而湖北省保险费收入的60%是通过保险代理人获得的。

第二,各种保险代理人的展业活动渗透到各行各业,覆盖了城市乡村的各个角落,为社会各层次的保险需求,提供了最方便、最快捷、最直接的保险服务,发挥了巨大的社会效益。

第三,直接、有效地宣传和普及了保险知识,对提高和增强整个社会的保险意识起到了不可替代的作用,进一步促进了我国保险事业的发展。

第四,保险代理人的运行机制,对保险公司尤其是对国有独资的中保公司的机制转换,有着直接和间接的推动作用;对领导有启发;对员工有触动。大家都从中深刻地认识到,中保公司必须建立起适应市场经济需求的机制。另外,保险代理作为一个新兴的行业,它的发展能容纳大批人员就业。日本从事保险代理的人,约占国民的1%.随着我国保险事业的不断兴旺发达,保险代理人的队伍将日益扩大,从而在安置就业方面,将发挥一定的积极作用。

2. 保险代理人的分类

根据我国《保险代理人管理规定(试行)》,保险代理人分为专业代理人、兼业代理人和个人代理人三种。

根据我国《保险法》和《保险代理人管理规定(试行)》,从事保险代理业务必须持有国家保险监管机关颁发的"保险代理人资格证书",并与保险公司签订代理公司,获得保险代理人展业证书后,方可从事保险代理活动。国家对上述三类不同的保险代理人都分别规定了其各自应具备的条件。保险代理人因类型不同业务范围也有所不同。

(1) 专业保险代理人。

专业保险代理人是指专门从事保险代理业务的保险代理公司,其组织形式为有限责任公司,具有独立的法人资格。保险代理公司的业务范围:代理推销保险产品,代理收取保费,协助保险公司进行损失的勘查和理赔等。

专业代理人必须具备以下条件:

① 公司最低实收货币资金为人民币 50 万元。在公司的资本中,个人资本总和不得超过资本金总额的 30%;每一个人资本不得超过个人资本总和的 50%;

② 有符合规定的章程;

③ 有至少 30 名持有"保险代理人资格证书"的代理人员;

④ 有符合任职资格的懂事长和总经理;

⑤ 有符合要求的营业场所。

(2) 兼业保险代理人。

兼业保险代理人是指受保险人委托,在从事自身业务的同时,指定专人为保险人代办保险业务的单位,主要有行业兼业代理、企业兼业代理和金融机构兼业代理、群众团体兼业代理等形式。兼业保险代理的人业务范围:代理推销保险产品,代理收取保费。

兼业代理人必须符合下列条件:

① 具有所在单位法人授权书;

② 有专人从事保险代理业务;

③ 有符合规定的营业场所。兼业代理人的业务范围仅限于代理销售保险单和代理收取保险费。

(3) 个人代理人。

个人代理人是指根据保险人的委托,在保险人授权的范围内代办保险业务并向保险人收取代理手续费的个人。个人代理人展业方式灵活,为众多寿险公司广泛采用。凡持有"保险代理人资格证书"者,均可申请从事保险代理业务,并由被代理的保险公司审核登记报当地保险监督管理部门备案。

个人代理人的业务范围仅限于代理销售保险单和代理收取保险费,不得同时为两家(含两家)以上保险公司代理保险业务,转为其他保险公司代理人时,应重新办理登记手续。财产保险公司的个人代理人只能代理家庭财产保险和个人所有的经营用运输工具保险及第三者责任保险等。人寿保险公司的个人代理能代理个人人身保险,个人人寿保险,个人人身意外伤害保险和个人健康保险等业务。不得办理企业财产保险和团体人身保险。

3. 保险代理人的展业规则

为使保险代理人行为规范化,我国保险法律法规对其展业活动规定有一系列的展业规则。其主要内容包括:

(1) 保险代理人只能为经保险监管机关批准设立的保险公司代理保险业务。

(2) 代理人寿保险业务的保险代理人亦能为一家人寿保险公司代理业务。

(3) 保险代理人从事保险代理业务，不得有擅自变更保险条款，提高或降低保险费率，强迫或引诱误导投保人，挪用或侵占保险费等损害保险公司，投保人和被保险人利益的行为。

(4) 保险代理人向保险公司投保财产保险和人身保险，视为保险公司直接承保业务，保险代理人不利从中提取代理手续费德行。另外，保险公司必须建立、健全代理人委托、登记、撤销档案资料，同进度向保险监管机关备案。

4. 保险代理人展业中的法律风险

(1) 核保前代收保费的法律风险。保险合同的成立和其他合同一样，是一个要约和承诺的过程。在具体的承保过程中有四个时点：接受投保单、核保通过、接受保费、签发保单。我国《保险法》第13条规定："投保人提出保险要求，经保险人同意承保，保险合同成立。保险人应当及时向投保人签发保单或者其他保险凭证。"所以理论上应该以核保通过作为保险合同成立的依据。但在实际情况中，核保通过时投保人并不会立即得到通知。这样保险合同成立的时点就很难确定。根据《保险法》第14条："保险合同成立后，投保人按照约定交付保险费，保险人按照约定的时间可是承担保险责任"和上述第13条，保险公司收取保费或签发保单都可以作为保险合同成立的依据。在各省高级人民法院的《关于审理保险合同纠纷案件若干问题的指导意见》中都明确指出：保险人虽未出具保险单或者其他保险凭证，但已接受投保单并收取了投保人缴纳的保险费的，一般应认定保险人同意承保，保险合同成立。如果保险代理人为了提前获取佣金而在核保尚未通过时就预先收取保费，保险事故发生后(保险人没有对合同的效力约定附条件或发期限时)，保险公司就必须承担赔偿或给付责任。

(2) 代填投保单、代签名的法律风险。在保险合同纠纷中，大量纷争的焦点最终都会落到投保单填写的内容是否全面和真实。如果投保人没有如实填写投保单，那么在被保险人出险后，保险人可以依据《保险法》以投保人未如实告知而解除保险合同并拒绝赔付(在可抗辩期内)。但是，现实操作中，因为业务人员的业务素质不高、法律观念淡薄，往往为了方便业务操作，私自简化流程，而代投保人填写保险单甚至代投保人签名，这样保险公司就无法证明投保人违反了如实告知义务，从而也就必须对被保险人进行赔偿或给付。

(3) 未履行如实告知的义务的法律风险。保险合同属于格式条款，在订立保险合同时，保险人应当按照法律要求就保险合同中的免责条款、被保险人义务等限制性条款向被保险人说明。《保险法》第17条规定："订立保险合同，采用保险人提供的格式条款的，保险人应当向投保人说明合同内容；未做提示或者说明的，该条款不产生效力。"在实际操作中，保险代理人为了赚取佣金或因为过失而对于一些特殊条款不对投保人进行解释或说明或歪曲条款的真正意思，从而对投保人产生了误导，此时保险公司就要对本来属于除外责任的事故进行赔偿或给付。

5. 保险代理人风险的防范措施

(1) 制定标准化的展业流程。目前保险代理合同中，授予了保险代理人代收保费、指导客户填写投保单的代理权限，但未明确收取保费、填写投保单的具体要求，统一和明确展业宣传、履行说明义务、投保单填写、收取保费等易引发争议环节的操作标准和注意事项。

(2) 强化对保险代理人的培训及展业过程的监督。要加强保险代理人的上岗培训、业务培训以及相应法律法规的教育工作，结合具体案例。更直观、更有针对性地指导其避免不当操作和违规行为，提高代理人的工作责任心，改善服务质量。同时，通过客户回访定期对展业情况进行调查，对发现的问题及时予以纠正和补救，最大限度地防范风险和减少损失。

(3) 改革佣金制度。现行的佣金制度由于集中支付在初期，实际上对保险代理人产生短期利益的导向。所以首先要降低首年保费的佣金比例，调高以后各年的佣金提取，以长期的经济利益弱化代理人误导欺诈等短期行为的动机。其次在后续佣金的发放上，应综合考察营销员的退保率、投诉率等指标。总之，通过薪酬佣金制度的改革，实现风险与收入的挂钩，建立健全有效的内部约束机制。

（二）保险经纪人营销

1. 保险经纪人(Insurance Broker)及其作用

保险经纪人指基于投保人的利益，为投保人与被保险人订立保险合同，提供中介服务并依法收取佣金的人。保险经纪人是站在客户的立场上，为客户提供专业化的风险管理服务，设计投保方案、办理投保手续并具有法人资格的中介机构。简单地说，保险经纪人就是投保人的风险管理顾问。

保险经纪人是基于投保人的利益，为投保人与保险人订立保险合同提供中介服务，并依法收取佣金的机构。

2. 主要分类

根据委托方的不同，保险经纪人可以分为狭义的保险经纪人(专指原保险市场的经纪人)和再保险经纪人。

狭义的保险经纪人是指直接介于投保人和原保险人之间的中间人，直接接受投保客户的委托。

按业务性质的不同，狭义的保险经纪人又可分为寿险经纪人和非寿险经纪人。

寿险经纪人是指在人身保险市场上代表投保人选择保险人、代办保险手续并为此从保险人处收取佣金的中间人。寿险经纪人必须熟悉保险市场行情和保险标的详细情况，熟练掌握专项业务知识，还要懂法律，运用法律，并且会计算人身险的各种费率，以便为投保人获得最佳保障。

非寿险经纪人是安排各种财产、利益、责任保险业务，在保险合同订约双方间斡旋，促使保险合同成立并为此从保险人处收取佣金的中间人。由于保险产品的复杂性，非寿险经纪人必须要掌握相关的专业知识，以便能与投保人进行沟通，为投保人进行风险评估、设计风险管理方案，为投保人选择最佳保险保障等服务。

再保险经纪人是促成再保险分出公司与接受公司建立再保险关系的中介人。他们把分出公司视为自己的客户，在为分出公司争取较优惠的条件的前提下选择接受公司并收取由后者支付的佣金。再保险经纪人不仅介绍再保险业务、提供保险信息；而且在再保险合同有效期间对再保险合同进行管理，继续为分保公司服务，如合同的续转、修改、终止等问题；并向再保险接受人及时提供账单并进行估算。

再保险经纪人应该熟悉保险市场的情况，对保险的管理技术比较内行，具备相当的技术咨询能力，能为分保公司争取较优惠的条件。并与众多的投保人、保险人和再保险人保持着广泛、经常的联系，以便及时获取有利的信息，为分保公司争取一笔又一笔的再保险交易。

事实上，许多巨额的再保险业务都是通过再保险经纪人之手促成的。由于再保险业务具有较强的国际性，因此充分利用再保险经纪人就显得十分重要，尤其是巨额保险业务的分保更是如此。在西方保险业务发达的国家，拥有特殊有利地位的再保险经纪人在有利条件下能够为本国巨额保险的投保人提出很多有吸引力的保险和再保险方案，从而把许多资金力量不大、规模有限的保险人组织起来，成立再保险集团，承办巨额再保险。

3. 作用

保险经纪人通过向投保人提供保险方案、办理投保手续、代投保人索赔并提供防灾、防损或风险评估、风险管理等咨询服务，使投保人充分认识到经营中自身存在的风险，并参考保险经纪人提供的全面的专业化的保险建议，使投保人所存在的风险得到有效的控制和转移，达到以最合理的保险支出获得最大的风险保障，降低和稳固了经营中的风险管理成本，保证了企业的健康发展。

另外，因为保险经纪人的业务最终还是要到保险公司进行投保，保险经纪公司业务量的增加会引起保险公司整体业务量的增加，从而降低了保险公司的展业费用；在保险市场上，保险经纪人把保险公司的再保份额顺利的推销出去，消除了保险公司分保难的忧虑，大大降低了保险公司的经营风险；而且保险经纪人代为办理保险事务，减少了被保险人因不了解保险知识而在索赔时给保险人带来的不必要的索赔纠纷，提高了保险公司的经营效率。

因此，保险经纪人的产生不管是对投保人还是对保险公司都是有利的，其产生是保险市场不断完善的结果。

4. 经营业务范围

国外规定保险经纪人的经营范围包括财产保险、人寿保险以及再保险。

在美国，保险经纪人可以分为销售财产和责任保险的经纪人和营销人寿保险经纪人两大类。一般允许地区、全国和全球性的保险经纪公司兼营财产和责任保险，团体人寿和健康保险的经纪业务，并可安排再保险。但在人寿保险营销方面，美国保险中介以保险代理人为主，在一些州(如纽约州)，特别规定保险经纪人不得办理人寿保险与年金保险业务。

在韩国，保险经纪人主要分为人身保险经纪人和损害保险经纪人，允许二者兼营，前提要分别取得人身保险经纪人和损害保险经纪人的执业证书。但在韩国。严格禁止保险经纪人兼营保险公司、保险代理人、保险精算人及理赔理算人的业务。相比之下，英美国家规定相对宽松，允许个人保险经纪人兼营保险代理业务。

我国经过保险监管部门批准，保险经纪公司可以经营以下业务：

(1) 以订立保险合同为目的，为投保人提供防火、防损或风险评估以及风险管理咨询服务。通过保险经纪人提供的以上专门服务，可以使被保险人的防灾工作、风险管理工作做得更好，就可以以较低的费率获得保障利益。

(2) 以订立保险合同为目的，为投保人拟订投保方案，办理投保手续。投保方案的选择是一项专业技术性很强的工作，被保险人自己通常不能胜任，保险经纪人就可以以其专业素质，根据保险标的情况和保险公司的承保情况，为投保人拟订最佳投保方案，代为办理投保手续。

(3) 在保险标的或被保险人遭遇事故和损失的情况下，为被保险人或受益人代办检验、索赔。

(4) 为被保险人或受益人向保险公司索赔。

(5) 再保险经纪人凭借其特殊的中介人身份，为原保险公司和再保险公司寻找合适的买(卖)方，安排国内分入、分出业务或者安排国际分入、分出业务。

(6) 保险监管机关批准的其他业务。

保险经纪人有严格的执业规则，世界各国对其都实行严格的执业管理。我国《保险法》规定，因保险经纪公司过错，给投保人、被保险人造成损失的，由保险经纪公司承担赔偿责任。

5. 组织制度

一般来说，保险经纪人具有三种组织方式，即个人制、合伙制和公司制。

(1) 个人制。大多数国家，如美、英、日、韩等，都允许个人保险经纪人从事保险经纪业务活动。为了保护投保人的利益，维护保险市场的秩序，各国都对个人保险经纪人进行严格管理。各国保险监督机构都规定个人保险经纪人需参加职业责任保险或者缴纳营业保险金。在英国，保险经纪人注册委员会作为监管机构规定了个人保险经纪人的最低营运资本金额和职业责任保险的金额，劳合社对其个人保险经纪人要求的职业责任保险金额更高；日本则要求个人保险经纪人缴存保证金或者参加保险经纪人赔偿责任保险。韩国规定，如果保险经纪人参加财政部指定的保险经纪人赔偿责任保险，可以减少其应缴存的营业保证金，但不得少于最低1亿韩元的限额。

(2) 合伙制。英国等一些国家允许以合伙方式设立合伙保险经纪组织，但要求所有的合伙人必须是经过注册的保险经纪人。

(3) 公司制。公司制保险经纪人一般采取有限责任公司形式，这是所有国家都认可的保险经纪组织形式。各国对保险经纪公司的清偿能力都作了具体要求，要求最低资本金，缴存营业保证金，参加职业责任保险。

6. 保险经纪人与保险代理人的区别

保险经纪人和保险代理人均为保险市场的中介人，但两者是有区别的：

(1) 代表的利益不同。保险经纪人是基于投保人的利益，接受客户委托，向保险人或其他代理人签订保险合同，代表的是客户的利益；而保险代理人则是根据保险人的委托为保险公司代理保险业务，代表的是保险公司的利益。

(2) 提供的服务不同。保险经纪人虽然也像保险代理人一样，向保险人收取佣金，如为投保人提供保险咨询、充当顾问时，但提供的服务不同。保险经纪人为客户提供风险管理、保险安排、协助索赔与追偿等全过程服务；而保险代理人一般只代理保险公司销售保险产品、代为收取保险费。

(3) 服务的对象不同。保险经纪人的主要客户主要是收入相对稳定的中高端消费人群及大中型企业和项目，保险代理人的客户主要是个人。

(4) 法律上承担的责任不同。客户与保险经纪人是委托与受托关系，如果因为保险经纪人的过错造成客户的损失，保险经纪人对客户承担相应的经济赔偿责任。而保险代理人与保险公司是代理被代理关系，被代理保险公司仅对保险代理人在授权范围内的行为后果负责。

(5) 保险经纪人收取保险费的行为，对保险人无约束力，即法律上不视为保险人已经收到，被保险人不能以此为由主张保险合同业已成立。但是在投保人或被保险人授权的情况下，保险经纪人在授权范围内所做的行为则对投保人或被保险人有约束力。此时，保险代理人收取保险费后，即使实际尚未交付给保险人，在法律上则视为保险人已收到。

(6) 保险经纪人的业务范围要比保险代理人广，如受保险人的委托充当保险人的代理人，也可以代理保险人进行损失的勘察和理赔，甚至还可以从事保险和风险管理咨询服务。我国《保险经纪人管理暂行规定》已经出台，但国内保险业务中并未实行保险经纪人制度，不过在国际保险业务中却时常接受国外保险经纪人介绍的保险业务。

7. 佣金制度

作为中介的保险经纪人主要以收取佣金为利润来源，各国对此有不同的规定。在英国，佣金率是由保险人和经纪人协商确定，监管机关不规定佣金率的幅度。如果投保人要求获知保险人所支付的佣金金额，保险经纪人应及时向投保人披露。在美国保险经纪人根据不同的险种收取不同比例的佣金，一般收取佣金的方式主要是按照保险费比例支付佣金或按赔付率支付利润分享佣金。佣金支付标准通常根据保险公司经营的业务、性质和种类等因素不同分别来确定。

现在英国也逐步采用了双方通过讨价还价协商收取佣金的制度，在韩国，保险经纪人的佣金由保险人支付，保险经纪人需将佣金等相关内容进行记账，以供投保人查阅，法律禁止保险经纪人向投保人收取中介手续费或其他费用。

8. 监管制度

国际上，现代保险经纪已有百年历史，保险经纪在一些保险发达国家是保险营销的一种重要形式。国外保险经纪人发展较快，保险经纪人的数量、业务范围及影响程度都非同昔比。通过观察分析保险经纪在这些发达国家的发展情况，对发展我国保险经纪可以有所借鉴。

除了管理机关的监管外，成立保险经纪人的同业组织进行行业自律也是一个鲜明特色。保险经纪人的同业组织主要通过建立保险经纪协会等形式，在保险经纪行业内部进行自我管理，自我约束，它的有效管理能够促进保险经纪业健康有序发展。有些国家(如英国、韩国、日本)还特别规定保险经纪人必须参加保险经纪人同业组织，否则就限制或者不准从事保险经纪活动。

(1) 西班牙：监管最早。

早在1556年，西班牙国王菲勒二世就颁布了有关对保险经纪人加以管理的法令，该法令确认了保险经纪人制度，并规定保险经纪人不得在保险业务中认占份额，可见对保险经纪人的监管在其诞生之初就出现了，发展到现在，监管措施方式主要分为法律监管和自律管理两种。

(2) 英国：管理甚严。

在保险经纪人力量最强大历史最悠久的英国，国会于1977年通过了《保险经纪人注册法》，规定了保险经纪人的申请资格、注册、保证金、业务范围、基本原则、保险经纪人和被保险人的权利和义务、对保险经纪人的监管措施等，随后依法成立了保险经纪人注册理事会，成为保险经纪人和保险经纪公司和注册监管机关，在1987年被授权成为法定保险经纪人职业认证机构。保险经纪人注册理事会后来颁布了《经营法》，对保险经纪人的信誉、宣传及服务进行监管。注册理事会对保险经纪人最严厉也是惟一的处罚办法就是将违法者除名，除名后的公司或个人不得再利用保险经纪人名义从事经纪活动。

在国际保险市场上，英国的保险经纪制度影响最大，保险经纪人的力量最强。据统计，英国保险市场上有 800 多家保险公司，而保险经纪公司就超过 3 200 家，共有保险经纪人员 8 万多名。英国保险市场上 60%以上的财险业务是由经纪人带来的，“劳合社”的业务更是必须由保险经纪人来安排。

英国的保险经纪人制度起源于海上保险。英国第一家保险经纪公司成立于 1906 年，并于 1910 年被英国政府贸易委员会予以注册。1977 年，英国通过了《保险经纪人法》，并设立了专门的法案机构即英国保险经纪人协会和英国保险经纪人注册理事会(IBRC)。

英国对保险经纪人的管理相当严格，其主要表现在：

① 设立专门的监管机构即保险经纪人注册理事会，颁布了"经营法"，对保险经纪人的信誉、宣传及服务进行监管。在英国，只有经过注册理事会注册的个人或法人才能以"保险经纪人"的身份开展业务。

② 进行严格的财务管理。《保险经纪人法》规定，保险经纪人的资产要超过负债 1 000 英镑，而且要开设独立的"保险经纪人账户"；保险经纪人每年要向注册理事会提交审计过的账户及有关证明；执业保险经纪人必须提交一定的保证金，最低金额为 25 万英镑，最高为 75 万英镑。

③ 严厉的惩罚条例。注册理事会最严厉也是唯一的处罚办法就是将违法者除名。除名后的公司或个人不得再利用保险经纪人名义从事经纪活动。

英国在 1978 年成立了由保险经纪人选出的保险经纪人代表组成保险经纪人协会。

(3) 美国：财险为主。

美国保险市场是世界上最大的保险市场之一。1998 年，全美全部业务的保费收入达 7 364.7亿美元，居世界首位。寿险业务保费收入为 3 493.9 亿美元。美国保险市场上保险公司众多，达五千多家。保险经纪人在美国市场上发挥着一定的作用，但远没有英国那么重要。

在财险方面，美国以保险代理人和保险经纪人为中心，进行保险营销。经纪人主要招揽大企业或大项目保险业务，经纪公司多设在大城市。经纪人的佣金支付标准以保险人经营业务的性质和种类等因素来确定。商业火灾险的佣金率一般为保费收入的 19%，一般商业责任险的比率为 18%，汽车险为 16%，劳动力补偿险为 10%左右。双方通过讨价还价还可以有所浮动。

在寿险方面，保险经纪人几乎不介入。在一些州(如纽约州)有规定，保险经纪人不得办理人寿保险和年金保险业务。

虽然保险经纪人在美国市场上的作用不是特别突出，但有关部门对其监管仍相当严格。除了联邦政府和各州的立法规范外，政府还在各地区委派了许多保险特派员，他们有权对违规的保险经纪人发出警告、进行罚款、责令暂停营业甚至吊销营业执照。

在美国，各州《保险法》都有适用于管理保险经纪人的法律规定。除了联邦政府和各州的立法规范外，政府还在各州委任了许多负责管理和监督保险业的保险特派监督官，他们有权对违规的保险经纪人发出警告、进行罚款，责令暂停整顿甚至建议吊销营业执照等处罚。

美国1996年2月，全国保险经纪人协会起草了一份《保险经纪人示范法规》，引导和推动保险经纪人制度朝着规范化方向发展。

(4) 德国：个人参与。

在德国保险市场上，保险经纪人作用显著。在德国，保险代理人被称作是保险人"延长的手"，而独立保险经纪人则有被保险人的"同盟者"之称。目前，德国的保险经纪人总数为3 000多人。在个人保险业务方面，8%的业务量是由经纪人带来的，高于银行代销(5%)和保险公司直销(7%)。而在工业企业保险业务的销售上，保险经纪人举足轻重，50%～60%的业务量是由经纪人带来的，远远超过了保险代理人(10%～20%)的业务量。

在德国，对保险经纪人的管理主要依据《民法》来进行。德国《民法》规定，保险经纪人在从事保险经纪活动过程中，因自身过错造成委托人损失的，应单独承担民事法律责任。而且保险经纪人必须投保职业责任保险，以维护他们所服务对象的利益。

由于德国的相关法规没有关于保险经纪人资格条件的规定(这点与其余欧美国家不同)，最近几年，越来越多的个人和机构进入保险经纪行业。他们大多以金融顾问、保险顾问或保险咨询专家的身份，从事一些具有保险经纪性质的活动。而一些大工业公司，除了依靠职业保险经纪公司进行风险管理和保险安排外，甚至自己设立保险经纪事务所，负责本公司的风险鉴别、评估工作。保险经纪已经深入德国民众生活。

(5) 日本：特点鲜明。

日本保险营销制度有自己鲜明的特点。日本保险营销主要依靠公司外勤职员和代理店来进行。其非寿险90%以上的业务由代理店来招揽。

1996年4月，日本新的保险法开始实施，经纪人这一形式才被引进。日本引进经纪人制度采用的是登记制(申请登记即可)，而不是执照制。经纪人直接向大藏省登记注册，但要求经纪人寄存一定数目的保险金，超过最低保证金的部分由经纪人投保赔偿责任保险(E&Q)。

日本有关专家指出，由于日本保险业长期以来都实行代理店制度，这种制度效果良好，而且这些代理店在一定程度上也具有保险经纪的功能，日本的保险经纪要取得实质性发展，仍需付出巨大努力。

(6) 中国：准入监管。

目前，中国对保险经纪公司的设立与运作实行严格的准入和监管制度。《保险法》及《保险经纪人管理规定(试行)》中明确规定：保险经纪公司的注册资本不低于1 000万元；保险经纪公司的高级管理人员须具备任职资格条件，保险经纪公司须具备不少于15名持有保险经纪人资格证书的从业人员；保险经纪公司须将其资本金的40%存放在保监会指定的账户上，作为营业保证金。

总的来说，目前中国保险市场上存在的诸多问题，其实从根本上揭示了一个必然规律：寿险销售方式必将从产品导向的推销方式，变革为需求导向的咨询服务方式，从而为消费者创造真正价值。这是每个行业的必然规律，保险行业也是如此。在行业发展的初期，供给方占据垄断地位，消费者处于被动地位，没有更多的选择余地；随着行业的发展和竞争的加剧，主动权逐渐从保险公司过渡到消费者手中，因此，也只有真正从客户需求出发的咨询服务模式才是真正长远有效的销售方式。

而在这种销售方式的变革过程中，保险经纪人是体现客户需求导向的最佳人选。和保险代理人相比，保险经纪人在价值定位上存在根本的优势。代理人是代表保险公司推销产品，而经纪人则是代表客户、从众多保险公司的产品中挑选最满足客户需求的保险方案，同时协助客户向保险公司获取服务。国际保险市场的经验表明，保险经纪人是成熟保险市场中举足轻重的主导销售渠道，而受到监管机构的大力支持，这一新兴渠道在中国保险市场上飞速发展的时代已经来临。

四、银邮兼代型

（一）含义

银行保险（Bancassurance）是由银行、邮政、基金组织以及其他金融机构与保险公司合作，通过共同的销售渠道向客户提供产品和服务。

银邮兼代型，即银行邮储等网点销售，又称为银保渠道，即保险公司与银行、邮政等金融机构、行业部门签订兼业代理协议，通过这些兼业代理的网点来展开保险业务，主要销售个人分红型保险产品，包括五年期的业务、长期个人业务以及风险保障类产品等等，过去几年以5年趸缴业务为主，现开始重视长期个人业务和风险保障类产品的销售。当然，银邮兼业代理根据业务量提取约定的手续费，该类渠道业务大致占总业务的25%左右。属于传统销售模式基础上的创新销售模式。

（二）银行保险发展的三个阶段

银行保险的模式主要有合作协议模式、合资公司模式以及建立金融服务集团。银行保险的发展经历了三个阶段：

第一阶段：20世纪20—80年代，主要是贷款信用保险以及与房屋贷款有关的住宅保险，是银行业务的附加契约。

第二阶段：1980年以后共同开发储蓄性保险产品。

第三阶段：20世纪80年代末以及90年代初，从单纯的开发产品到销售策略的共同制定，银行开始销售保险产品。

（三）合作多赢的效果

1. 保险公司获益

保险公司利用银行密集的网点，通过银行柜面或理财中心销售保险产品，可以提高销售额并且降低公司的经营成本，保险产品费率降低，从而可以以更低的价格为客户提供更好的产品，给消费者更多实惠。

利用银行的客户资源和信誉，再配合以保险公司的优质服务，可以树立良好的品牌形象，开拓更多的客户源。

2. 银行获益

对银行来说，可以通过代理销售多样化的产品，提高客户满意度和忠诚度。

3. 消费者获益

银行网点遍布城乡各地,消费者可以随时随地通过银行柜面或理财中心进行的简单、便捷的方式购买保险产品,购买成本低。

该渠道安全可靠,便于消费者与家庭预算相结合,选择符合实际需求的产品,通过银行办理投保相关手续,可确保消费者的资金安全。

第三节　保险营销模式存在的问题及其创新策略

关于我国保险营销模式的探索处于初期阶段,大多数保险公司的营销模式都还处在一种推销或者说从推销向营销转变的过程之中。对一个企业来说,营销模式能体现其营销战略思维,营销模式的选择其实就是市场覆盖与占领模式的选择,属于市场营销决策的关键内容。保险公司建立科学合理的保险营销模式,不断创新是至关重要的。

一、主要营销模式

当前我国保险公司采用的主要营销模式,随着中国人民保险独家经营格局的改变,保险市场上竞争主体越来越多,竞争的日益激烈化,各家公司的服务水平会在竞争中不断提高。保险公司要想吸引客户,只有更新保险营销观念,在认真研究市场、调查市场的基础上进行市场细分,根据企业自身优势与经营特点进行准确的保险市场定位,同时在选准并确定目标市场后,按照客户的需求开发新产品,拓展保险产品线的长度和宽度,占领并不断巩固市场份额。

二、保险营销模式存在的问题

(一)销售人员与保险公司的隔离问题

1. 内外勤人员隔离

保险公司外勤营销人员与保险公司的内勤和职能管理人员相区隔,产生了保险公司在编人员或编外人员。前勤系统与后勤系统脱裂相互之间缺乏有效沟通和联动。这种区分导致销售人员没有归属感,对公司的忠诚度低,公司内部的不和谐氛围就会增加,从而导致隔离问题。

2. 不同渠道外勤销售人员分离

各保险公司都制定了针对不同渠道营销人员的独立的销售管理办法,即《个人代理人销售管理办法》、《银邮代理专管员队伍销售管理办法》和《团体保险销售人员管理办法》等,分别建立了对不同渠道路径销售人员的包括组织架构、资格条件、业务范围、活动管理、绩效考核评估、职级升降、薪酬福利待遇等方面的销售管理体系,每个体系之间是相对封闭的,关联性很小。

在国内保险公司中,较早开展了财产保险、团个险综合开拓业务,制定了专门的《综合开拓专员管理办法》,并在其他三类渠道销售人员管理办法中对综合开拓业务考核进行了相关规定的有平安保险公司,其综合开拓效果是可观的。

3. 薪酬政策割裂

三类渠道在薪酬待遇方面最大的差别在于有无底薪、是否享有社会保障、业务提成比例等,一般而言,在编人员才能销售团体保险,而个人营销人员和兼代专管员往往是从社会招募的代理人员,没有底薪和不能享受社会福利保障待遇等。

此外,保险公司之间也是各自只管耕耘自己的领地,缺乏相互之间的营销联盟。

(二) 销售产品区隔:保险产品相同,价格不同

一般来讲,除卡折类大众型的保险产品与各销售渠道共同具有销售权外,各家公司都会针对不同营销渠道特点开发了不同的渠道产品,不同渠道销售各自的渠道产品。在不同渠道销售的产品保险责任大致相近的情况下,保费价格却有较大差异,原因在于厘定产品费率时已考虑到不同渠道的营销服务成本的存在着差异,从总体上看,个人产品价格最高,团体产品价格最低,各保险公司为了抢占市场份额,价格战在所难免。

(三) 保险客户与保险公司分离导致客户需求撕裂

保险公司大部分的业务来源需要依靠介于公司与客户之间的中间人即营销人员来获得,保险公司的运营和客户的需求就会因中间人的存在而出现分离。

因不同渠道各自有相应的产品组合,客户与某渠道接触时往往只能在该渠道产品组合中进行挑选,而不能在一个渠道内得到得到所有的产品信息,尤其是其他渠道的产品,如果需要其他类型的产品,只能再次与另外的营销渠道打交道。大部分营销人员基于自己的利益考虑,也不会告诉保险公司,公司也就无法了解客户的真正需求,出现了客户与公司的分离,客户的需求被分裂的渠道撕裂开来,客户不能得到一站式的服务。

(四) 销售活动分裂

不同渠道内的销售人员分别接受不同销售管理部门的销售活动规划和指导,接受不同的活动管理,并分别享有实力不等的培训资源。虽然三类渠道都分别建立了相对独立的培训体系,但由于个人营销渠道的培训实践开始早、投入多、力量强、成效显著,而团险培训和兼代培训力量相对较弱。

以上情况造成下述问题产生:① 浪费或搁置现成的可利用资源,如销售人力资源,培训资源。② 未有效开发潜在资源,如客户资源,很显然,团体客户可能带来个人客户,个人客户可能介绍团体客户,银邮客户也是如此。③ 未满足客户综合性需求。客户在购买人寿保险产品时可能具有财产保险方面的需求,同样,购买产险的客户也可能购买人寿保险,但是,除了少数产寿险兼营的金融保险集团外,一般产寿险公司之间缺乏有力合作,客户只能分别与不同的公司打交道。④ 销售能力缺陷。由于不同营销渠道销售人员只卖本渠道产品,相对来说,对公司其他渠道产品缺乏了解或理解不够透彻,并且缺少机会参与其他渠道的销售活动,如个险销售人员缺乏大项目保险招投标活动的经验,其拓展销售能力就相应受到限制。

三、保险营销模式创新

（一）原则

保险营销创新，除了强调保险营销的一般原则外更注重以下两点。

1. 要注重关系营销

在公众的消费价值观由感性消费时代、理性消费时代跨入感情消费时代的过程中，消费者更多地注意在商品的购买与消费过程是否带来心灵上的满足，即追求商品的“附加值”。购买保险是高消费，广大客户认购保险更多的是建立在知识、信息、信任、关系、他人赞扬等基础上。这里，建立关系、寻找恰当的保户就显得十分必要。

美国咨询企业贝恩公司的研究显示，保留顾客和公司利润率之间有着非常高的相关性：在保险企业中，保留顾客方面增加 5 个百分点，利润可以增加 50%。波士顿论坛公司调查也显示：留住一位老主顾只需花费一位新顾客 1/5 的成本。留住顾客是保险企业所要面对的关键性战略问题。因此，一个保险公司要想在市场上建立永久的地位，首先必须建立稳固的关系，

充分利用行业的基础设施——对行业运转起关键作用的人、公司和企业，必须意识到，是保险公司这些基础设施之间紧密的联系给了保险商品无限的生命力。这就要求现代保险企业最大限度地利用各种关系作为营销手段去加强公司与客户以及公司与市场的交流。保险商品和服务都会因为这种交流而不断转变、修改、完善乃至创新。具体说来，保险营销中的关系营销应体现在建立并维持与顾客的良好关系。营销人员应主动、真诚、热忱地告知有关个人的一些背景以增加客户的信赖感，同时营销人员在与客户交往中应表现出与其相似的目标、兴趣、价值观，以专业形象影响客户，取得他们的信任，促进与竞争者合作关系的形成。保险公司之间除了适度竞争外，还应加强合作，共同开发新的险种、新的市场，取长补短，以增强彼此的实力。

2. 要突出营销中的文化含量和文化品位

对于保险消费者，服务的本质在于具有文化特色。作为一种具备文明意识和文明要求的生物。人类除了依靠实践活动来维持自己的生存和改造周围环境以外，总是企图把简单的生存上升到一种至真、至善、至美的环境，总是希望在满足生理需求的同时，获得心理上的愉悦。随着生活水平的提高，消费者行为越来越具有文化性。也就是，现代营销不再是简单的一买一卖，而同时是一种文化交流，需要在营销中巧妙地融入保险知识、生活习俗、文化艺术等，使买卖关系淡化为文化展示与交流，从而拉近客户与公司的关系。服务做为一种特殊的保险商品也大体具有商品的一般特征。无论是”名牌”、”特色”还是”创新”服务，都是公司员工经过多年的实践创造出来的有鲜明个性的服务”精品”，它以一种文化形态渗透在企业经济活动中，体现在公司与客户接触的各种层面上，并赋予公司名称以特有的内涵，使其信誉倍增，极富魅力。这种服务虽然仅以一种活动、一种行为，独立的或伴随着有形产品的提供满足客户的需要，但它却以与众不同的风格文化使人们认同、青睐、接受。了解保险营销面对的文化环境，了解目标客户的文化背景，消除文化障碍，争取客户的文化认同，是保险营销的重要任务之一。对于保险营销人员，保险企业应建立企业文化来管理。人是有多方面、

多层次需求的。当现代的科学技术创造了很高的生活标准，充分满足了人们生活需要和安全需要后，人们在追求自尊、交际、自我成就等更高层次需要时，报酬、允诺、刺激、威胁和其他强制手段就不会太起作用。而企业文化作为一种把人的精神属性和价值追求提到首位的管理方法，正好恰恰满足了这一需求。就保险而言，它通过仪式、典礼、文化沙龙等一系列形式，把保险企业价值观念变成所在企业员工共有的价值观念，通过共有价值观念进行内在控制，使本企业成员以这种共有价值观念为准则来自觉监督和调整自己的日常行为借以增强保险企业的凝聚向心力，齐心协力实现保险企业的目标。

（二）我国保险营销模式的创新策略案例

基于保险营销模式的现状和存在的问题，公司应主动适应环境，采取针对性的创新策略。

1. 联手打造"保险超市"营销体系

所谓保险超市，类似于家电等商品的超市卖场，将各家的保险公司产品集中一起放置，让客户自行选择产品，尽量的"货比三家"。在这样的"保险超市"里，国内外的客户不仅可以根据自己的能力和偏好，任意选择单项保险或组合保险，还可以通过自己的个性化产品来满足自己的需要。

2. 创新"保险连锁店"服务模式①

针对国内保险行业过度依赖保险人和中介渠道，保险公司远离客户、远离风险管控点的问题，保险公司应当依托城市社区建立保险产品销售及客户服务中心，在居民社区布局设点，与客户面对面的交易，减少中间环节，直接营销，以方便、快捷的保险专业服务与增值服务吸引客户主动上门。

3. 采取"方案营销"的全新策略

保险公司从销售产品变为提供保障方案，形成一种以客户需求为导向的全新保险营销模式。客户有什么样的需求，什么样的险种最适合客户家庭，保险公司就应该提供这样一种满足客户需要的方案供客户选择。因此，建议保险公司成立专门为客户服务的综合机构，配备营销精英，提供资源，为客户设计科学合理的保险保障计划。

第四节　保险营销策略

保险营销策略与一般商品营销的策略类似，主要包括新产品开发策略、市场开发策略、促销策略和赢利策略。保险公司在选择策略时，应根据具体的经营战略、经营市场及其他因素来决定选择其中的一种或同时采用多种策略进行混合运用。

一、新产品开发策略

新产品开发策略是基于传统险种基础上的新险种开发，以新的保险商品取代老产品。

---

① http://www.xianbear.com/baoxian/qcbx/376910.html。

在现有保险商品在现有保险市场出现滞销或开发新市场有困难时采用。通过及时更新产品,达到继续占有和扩张原有市场的目的。改造保险商品,实行保险商品的更新换代。

(一)新险种的界定

对基于传统险种基础上开发的新险种进行界定很有必要。新险种是指整体险种或其中的一部分有所创新和改革,能给保险消费者带来新的力量和满足的险种。其具有两个特点:具有新用途;有一定新的经济利益。

(二)新险种的分类

1. 完全创新的保险品种

完全创新的保险品种是保险公司利用科技进步成果开发的适应保险客户新需求的保险品种,如爱滋病保险、乳腺癌特种疾病保险等。

2. 模仿的新险种

模仿的新险种指保险公司借鉴外国的保险品种通过移植在本国保险市场推广的新保险品种,如卫星发射保险、利润损失保险等。

【拓展阅读】

利润损失保险

利润损失保险是对传统财产保险不予承保的间接损失提供补偿。利润损失保险承保由于火灾和自然灾害或意外事故,被保险人在保险财产从受损到恢复至营业前状况一段时期内,因停产、停业或营业受到影响所造成的利润损失和受灾的营业中断期间所需开支的必要费用。

1. 利润损失保险特征

(1) 财产保险承保的是保险标的的直接损失,而利润损失保险所承保的是财产保险不予承保的间接损失。

(2) 被保险人只有在足额投保财产保险并附加“恢复基础赔偿条款”的基础上,投保利润损失保险,才能获得充分的保险保障。

(3) 利润损失保险赔偿的只是投保企业合法、合理的经济损失,被保险人不能从赔偿中获取任何非法的利益。

2. 利润损失保险的保险金额确定

(1) 保险金额可按企业上一会计年度可保项目的金额来确定。

(2) 保险金额可根据企业生产、销售增长情况,在上年度营业利润和期间费用的基础上增加一定比例确定。

(3) 保险金额应按投保人投保的赔偿期相应的营业利润和期间费用来确定。

(4) 期间费用可全部承保,也可按一定比例承保。

3. 改进的新保险品种

改进的新保险品种是对原有保险品种的特点和内容进行改进后推出的新保险品种。

4. 换代新保险品种

换代新保险品种指针对老的保险品种的某一特点进行重新包装，使其特点有显著提高，并冠以新的名称的保险品种，如“熊孩子”保险等。

（三）保险新品种的开发步骤

1. 构思新产品

构思新产品指为满足一种新的保险需求而提出的保险新产品设想。这些设想的来源包括：代理人、经纪人和其他分销人员；公司顾问、精算师、营销主管及其他员工；营销环境分析活动；市场调查；竞争对手的产品及活动；消费者等。其中消费者占60%。构思的方法可采用营销部门直接与客户接触，应注重在不同的环境寻找好的构思，鼓励代理人为公司出谋划策并及时反馈给有关部门。

2. 构思的筛选

构思的筛选指剔除那些明显不适当的产品构思，决定哪些构思是值得深入调查考虑的。但是，在筛选时要注意防止潜在的好构思被低估或错误抛弃，相反被不好的构思诱导，从而造成时间和财力浪费。

为此，保险公司要依据自己和其他公司的经验建立一套筛选准则：① 要与公司目标相容；② 要满足市场的特定需要；③ 在目前分销渠道和技术能力上可行。

3. 构思的市场分析

构思的市场分析即商业分析是指对检查筛选过的构思，分析其开发的可行性与潜力，并上报高层管理部门。

一般包括五个步骤：

(1) 进行市场分析，即对所有影响产品销售的环境因素进行研究，包括产品是否满足消费者的需要、目标市场大小及属性、潜在销量与利润、消费者对产品的认同、代理人和其他分销人员的认同、产品与竞争者产品的异同、产品与公司其他产品的联系等。其中保险公司要重点考虑新保单对当前正在提供的保单的影响，因为新保单的介人可能使保单持有人退保以取得新保单。

(2) 建立产品时间目标。

(3) 进行经验和技术上的可行性论证。

(4) 制订营销计划。

(5) 进行销售与财务预测，包括收入、成本、利润等项。

4. 新品种的技术设计

新品种的技术设计主要是指保险条款的拟定。拟定条款时应考虑到利率变化、风险概率、费用率、通货膨胀等因素，并确定产品的费率结构、利润水平、承保标准和责任范围，然后将保险合同送交公司主管等检查。若保险合同被认为能满足市场需要，便呈送营销委员会营销委员会由公司关键主管组成，由其提供总的指导。注意应符合保险监管规定。

5. 新品种开发的实施

新产品开发的实施主要包括：

(1) 获得保险监管部门对新保单销售的批准。

(2) 促销设计。为营销人员、保户服务人员、消费者等编制销售资料;为产品命名;创造适合的广告;为代理人、经纪人或消费者发布有关信息;将有关产品的广告和宣传材料送交出版社或其他新闻机关;举办新保单销售发布会,制定奖励措施,鼓励销售新产品。

(3) 信息系统必须更新软件或改装原有系统用来支持新产品。

6. 新品种的试销

新品种的试销就是保险公司在产品广泛投入市场前选择代理人在小范围内销售,使公司能发现和纠正潜在问题。在试销过程中要听取来自代理人、消费者的意见。

7. 新产品正式上市

新产品正式上市指保险新品种的商品化和入世。新产品正式上市时,保险公司应该在合适的媒体中做广告或举行新闻发布会,将新产品公告于众。同时召开有关会议,把新产品介绍给代理人、经纪人、公司外勤人员以及保户服务人员,印发销售培训材料。此外,还要举办各种培训班,为代理人、外勤人员讲授关于新产品的特征与利益、如何填写投保单、所需服务的内容等项,对核保人、保单签发人就如何管理新产品、如何服务进行培训。

8. 销售管理与总结

保险新品种上市后,营销部门应检查产品销售情况和财务状况是否与原定目标相符。如不符,则查明原因,进行改正。要分析新产品年保费收入、已售保单总保险金额、已实现的利润、购买者的人口统计因素、赔付数据、内部替代数量以及对年保费的影响、成功的广告和促销、分销方式等,以利于未来更好地销售和开发新产品。

(四) 保险新品种的开发策略

1. 目标市场的定位

根据消费需求者的年龄结构、知识层次、收入状况、文化背景、宗教信仰、偏好等因素,以及保险公司的经营状况、财务状况、管理水平、业内的竞争,以及宏观经济形式等供给因素决定目标市场的定位。

2. 保险产品组合

保险产品组合的三个因素是保险组合宽度,保险组合深度和保险组合关联度。保险组合宽度指组合中的险种系列数目;保险组合深度指组合中的险种数量;保险组合关联度指各险种在用途和销售渠道上的相关程度。

3. 保险品种优化策略

保险品种优化包括核心、险种形式和延伸部分的优化。核心部分是能给消费者带来利益和效用。形式部分是险种的命名和宣传部分。延伸部分是险种的保全服务,包括保费的收取,保单的变更,保险金的赔付,以及信息咨询等。

4. 保险品种优化内容

在国际通行的标准化保单基础上嵌入自动垫缴保费条款,保单质押贷款条款和各种选择权条款等;在保单中实施报单转换制度、中途增额制度,并根据客户需要提供多样化的附加险种,追加保险保障;设计符合投保人收支变化的缴费方式,增加缴费的灵活性,提高保单的继续性;设置多样化的红利分配和保险金给付选择方式,如一次性现金支付红利,抵扣保费等。

二、市场开发策略

（一）市场开发策略

市场开发策略既包括原有市场的扩张，也包括新市场的开拓。具体包括市场浸透策略、市场开拓策略等内容。为了实现可以增大市场的宽度和深度的目的，可采用双管齐下、全面出击的方法，能大大提高自己的竞争力，同时要多承担风险。保险公司在选择市场开发策略时，应根据具体的经营战略、经营市场及其他因素决定一种或同时采用多种策略。

1. 市场浸透策略

市场浸透策略是指扩大现有商品在现有市场的销售量。采用该策略的最佳时机是现有保险商品存在着潜在需求时，主要方法有挖掘内部潜力、降低保险费率、提高保险服务质量、扩大保险宣传等。

市场浸透策略可以达到的预期效果：提高现有保险商品的竞争能力；增强现有保险商品的市场渗透能力；扩大现有保险商品在原有市场上的占有率。

2. 市场开拓策略

市场开拓策略指为现有保险商品寻求新市场。在对现有保险商品持满意态度，不准备更大地改进时采用。通过向边远地区投放或面向广大的农村市场，或者由面向地方变为面向全国，乃至寻求开拓国际保险市场。

三、促销策略

促销策略就是向消费者介绍和宣传保险商品和服务，以促进和影响人们的购买行为和消费方式，主要包括广告、人员推销、销售促进、宣传和公共关系引导等。

促销策略可以归纳为两大类：

(1) 推式策略：以派员推销为主，把保险商品和服务推进到目标市场。工作重点放在商品流通渠道上。

优点：与顾客正面接触，弹性大，有较强的针对性；在大多数情况下可以促成实际购买行为；能听取顾客意见，收集市场情报。

缺点：费用高；耗时多；对流通环节多的销售渠道困难较大。

(2) 拉式策略：采取广告宣传、营业推广或其他办法，引起保户需求，并使其主动产生购买保险行为的促销策略。包括营业推广、广告促销和公共关系引导等。

推式策略和拉式策略的方式和手段不同。推式策略是把保险商品移向购买者；拉式策略则是使购买者趋向保险商品。两者结合效果更好。

每种促销方式都有其长处和不足，保险公司应将各种促销形式有机地结合起来，形成不同的促销策略，以更好地推进保险商品的销售。重点做品牌和形象宣传，公关和新闻报道是促销的主要手段。首选公关活动包括慈善、捐助、赞助等活动。尽量少做产品的广告，做公益广告是不错的选择。

四、盈利策略

盈利策略是为实现保险经营的利润目标所采取的行动方案，主要包括低成本策略、高收入策略和多角化经营策略。保险公司根据自身实际情况采用降低业务费用、节约开支、开展新业务、扩大经营规模或是多方位经营等方式来实现企业的利润目标。人身和财产保险价格弹性不大，更适合采用质量和服务竞争。

本章小结

1. 理解保险营销的含义特征。
2. 掌握保险中介机构。
3. 熟悉不同的保险促销策略。
4. 了解保险营销职业或工作岗位要求。

强化训练

一、单选题

1. 保险经纪人代表的利益是(　　)。

A. 自身的利益　B. 保险公司的利益　C. 客户的利益　D. 其他人的利益

2. 保险代理人与保险公司之间的关系是(　　)。

A. 代理与被代理关系　B. 委托与受托关系

C. 代表与被代表关系　D. 授权与被授权关系

二、多选题

1. 电话直销的优点包括(　　)。

A. 顺应紧张快捷的生活工作方式　B. 高效集成的企业资源管理的要求

C. 实现服务和形象上的统一　D. 人为设置一些障碍。

2. 保险销售的4P要素包括(　　)。

A. 产品　B. 价格　C. 促销　D. 分销渠道

三、名词解释

保险营销　保险营销策略　保险代理人　保险经纪人

四、简答题

1. 保险营销的未来发展趋势是什么？
2. 分别阐述保险代理人和保险经纪人的业务范围。
3. 银行保险的发展历程及其优缺点。

实训课堂

一、技能训练

分析不同的保险营销渠道的优缺点。

分两个小组辩论：保险产品的非价格竞争是否应优先于价格竞争？

二、专项实训

实训题目：

查阅并分析一家你所熟悉的保险公司的代理人制度。

实训要求：

1. 独立完成，不得雷同；

2. 提交实训报告。

实训步骤：

第一步：小组成员每人选择一家公司了解保险代理人这种保险营销渠道，优先考虑到世界五百强保险企业实地考察该渠道；

第二步：通过各种途径和方法了解所选渠道信息资料；

第三步：围绕该企业代理人基本法展开调查和整合资料；

第四步：制作可供公开展示汇报的幻灯片。

第六章　保险公司业务经营环节

资料导入：

不用见面的保险销售方式——电话行销

某日，张先生接到一家保险公司的电话。被告知其手机号码是按号段随机抽取的，获得了幸运奖励，保险公司赠送其3个月期限的意外伤害保险，保额1万元。随后，张先生提供了自己的身份证号码、地址等个人信息资料。

不久，张先生发现自己已经进入了该保险公司客户联系跟踪系统，公司每隔一段时间就会打来电话向其推销新产品，他多次婉拒，但公司锲而不舍。数月后，张先生同意购买一份防癌保险，每月缴费240多元，连续缴纳10年，若10年内患癌，获赔10万。随后由快递公司送来投保单，他签字确认后拿到了一份保险单正本。

上述是典型的电话行销的基本流程操作流程：首先保险公司通过附赠保险的先期成本支出获得客户资料，然后通过电话营销跟踪系统锁定客户，最后利用快递公司签单。张先生自始至终从未见过公司的销售人员。

分析提示：

电话行销是近几年各家公司的业务创新重点。电话行销可以降低销售成本，具有良好的成本优势，通过电话行销给坐席人员的佣金比例一般低于个人代理渠道。在当前保险市场竞争激烈、代理人流失严重的情况下，电话行销渠道的开发可以减少对传统销售渠道的依赖程度。①

知识目标：

1. 理解核保、理赔在保险公司经营管理中的重要性；
2. 掌握核保、理赔的内容；
3. 了解核保、理赔的程序。

技能目标：

1. 理解道德风险与逆选择的区别和联系，道德风险的控制；
2. 掌握合格的核保或理赔员所需要的技能。

---

① 该案例根据网络查询与现实保险公司业务整理。

第一节　保险展业管理

一、保险展业的含义辨析

保险展业即保险销售，是保险经营中至关重要的一个环节，是将保险产品卖出的一种行为，是通过保险销售人员推荐并指导消费者购买保险产品的，也可能是消费者通过获取相关信息后主动购买保险产品而完成的。保险业务的开展，需要由保险人开展服务工作，对危险、有保障需求的众多投保人，通过订立保险合同、缴纳保险费，使被保险人获得保险的经济保障。保险产品只有转移到消费者手中，才能使保险产品产生效用，实现保险活动的宗旨。做好保险展业，能不断扩大承保数量，拓宽承保面，实现保险业务规模经营，满足大数法则的要求，保持偿付能力，实现保险公司的利润目标。保险展业管理包括了解市场对保险的需求和信息管理，对展业对象的管理，以及选择风险和设计险种。

二、保险展业的主要环节

专业化保险展业流程通常包括四个环节。

（一）准客户开拓

1. 准客户开拓的含义及意义

准备要投保但尚未与保险公司签订契约者，或已签订契约但保险公司尚未通过核保程序者，统称准客户。准客户开拓是保险销售环节中最重要的步骤。准客户开拓就是识别、接触并选择准客户的过程。准客户应具备的条件：有购买能力，有决定权，易接近。

准客户开拓的意义：准客户开拓是保险销售环节中最重要的一个步骤，也是保险销售流程中的第一个环节，用一种系统的方法来决定该跟谁接触，寻找符合条件的销售对象。准客户是保险营销员最大的资产，是保险营销员赖以生存、得以发展的基础。准客户开拓是一个持续性的工作，是推销流程中的重要环节，也是保险销售人员最主要的工作。

2. 准客户开拓的方法

一般来说，准客户开拓的方法有三种，即缘故法、转介绍、陌生拜访。

(1) 缘故法。缘故法就是在熟人和亲友中寻找客户的方法。由于容易取得该群体客户的信任，容易成交，但同时会让业务员忽略专业流程而引起亲友的反感。

(2) 转介绍。请求缘故关系或现有的客户做介绍人，推荐他们的熟人做准客户的方法。由于有介绍人，该群体客户容易接近，成交几率较高。

(3) 陌生拜访。陌生拜访或称随机拜访，在没有计划的情况下，在不确定的时间或地点拜访准客户的方法。此外，属于陌生拜访范畴的还有从广告中寻找客户、收集名片、小区服务、网上查找客户信息等。该方法可以突破心理障碍，锻炼与陌生人的沟通能力，但是不太容易被拜访对象信任。

3. 准客户开拓的步骤

(1) 罗列准客户名单并分类分层次。先列出名单，再根据客户投保的意向和对保险的了解程度，将准客户分为1、2、3三个级别。对于1类准客户，合理安排时间，尽快拜访；对于2、3两类客户，需要透过持续的服务将其慢慢培养成为1类客户。

要对客户做层次分析，年收入为2万～5万属低层次；5万～10万属中等层次；10万～50万属中等偏上；50万以上属高端客户。

(2) 把握促成时机达成目标。在准客户开拓过程中如何合理制订计划对促成目标的达成也很重要。达成目标源于有效跟进，要注重有效跟进的技巧，要留下好的第一印象，将陌生客户缘故化，创造被利用的价值，用心服务，学会舍得，提供个性化的服务。

把握促成时机：察颜观色、关注细节、学会倾听、少说多问、判断异议、及时处理、坚持促成。

(3) 客户维护从服务入手。对已经做好层次分析的客户，需要从基础和个性化两方面进行，做好客户维护，诚实守信，投其所好，持续服务，真诚关心；学会包装自己的服务，关注细节，学会舍得，要有投入经营的意识。

基础服务包括保全变更、交费提醒、提供资讯等；罗列名单及时跟进、了解客户群体特质、形象包装分享荣誉。

期望服务主要是定期给其提供保险相关知识和额外服务，包括短信、客服报、生日祝福、寄贺卡、电话问候等。

满意服务则包括建QQ群或微信群锁定客户、特殊节假日问候并赠送特殊的精美礼品、保单年检提出诚恳建议、整合资源提供增值服务、帮客户所需和所急等。

（二）收集、调查并确认客户需求

准确收集、调查客户需求信息，对展业有很大的帮助作用。只有在准确识别客户需求的前提条件下，才谈得上满足客户需求。要设定无效需求标准并准确识别出有效与无效需求，避免对收集结果造成影响。要有必要的资金保障，有效执行客户需求收集调查方案。五种客户需求收集的方法如下：

1. 通过保险监管部门、行业协会、行业学会及其他相关机构收集客户需求

保险行业协会主要承担了招商引资、帮助企业进行市场分析、收集客户需求信息等职责，掌握着更多的资源，拥有更大的平台，获取有效信息的机会更多。保险企业可以直接通过行业协会索要相关资料，从而获取客户需求信息。

行业学会主要做理论研究、热点研讨等，对保险发展过程中存在的问题比较关注，通过保险局了解保险投诉主要领域，都可以准确收集、调查客户需求信息。

2. 通过与客户沟通收集

与客户进行沟通收集客户需求是最为直接的方法，面对面沟通交流最佳，也可以通过电话、QQ、微信等与客户沟通，沟通话术最好先设计好，能紧密结合需要了解的信息，从而在沟通交流中去识别客户的需求。执行该项任务的沟通人员选择一些有亲和力、沟通能力强的人员。

3. 通过大数据收集查询信息和消费数据

各类搜索引擎和网络平台比较大，每天都会接受各种信息查询，通过收集用户的查询信

息就能了解的用户的关注点与兴趣点。客户的消费数据包含了大量的客户需求信息，销量好的产品品种、退保频率高的险种等，通过这种方法对所有数据和消费信息进行分类、统计和分析，最终就能更为全面的找出客户的需求点。可以通过各种搜索引擎、网购平台等进行合作，从查询信息和消费数据中去收集客户需求。

4. 采用问卷调查收集客户需求

可根据产品和行业特点等信息，设计一套针对性较强的适合于用户填写的调查问卷。题型最好是设计成选择题的形式，尽可能不要出现问答题以免客户会嫌麻烦而放弃，题量不要太大以免客户没有耐心填写而乱填导致识别的需求不准确，最好是控制在 10 项左右；注意准备一些小礼品，对客户的付出表示感谢。

可通过现场发放调查问卷也可通过邮件的形式发送给客户，由客户来填写需求信息，填写完成后通过邮件寄回后再将所有邮件进行汇总分析，从而找出客户的需求信息。

5. 通过销售过程与售后服务收集客户需求

销售过程与客户最近的人员。人员活动在一线，他们在销售产品的时候免不了客户会提出一些建议和意见，销售人员只要将这些信息进行记录，积累一段时间之后就将这些记录进行汇总，按提出次数进行排序，出现次数最多排序靠前的几位建议就是大部分客户的需求，对这些问题要引起高度重视。

售后服务有四种方式可以收集客户需求信息，一是通过现场售后服务人员收集；二是通过客服电话收集；三是通过客户投诉收集。四是客户评价收集。这些方式都可以直接听到客户的反馈，如不满、抱怨及关注焦点，了解产品实际与客户心理预期向相比较的结果，从而找到客户需求信息。例如客户抱怨产品寿命短，则说明客户需求是希望能够提供质量更好、寿命更长的产品。

（三）设计并介绍保险方案

1. 保险方案的设计

保险销售人员根据调查得到的信息，可以设计几种保险方案，并说明每一种可供选择方案的成本和可以得到的保障，以适应准客户的保险需求。保险方案的设计既要全面，又要突出重点。

2. 保险方案说明

就拟定的保险方案向准客户进行简明、易懂、准确的解释。一般而言，方案说明主要是介绍推荐的产品，对重要信息进行精确的解释，尤其是涉及有关保险责任、责任免除、未来收益等重要事项，必须确认准客户完全了解方案中的相关内容，以免产生纠纷。保险方案说明是指对拟定的保险方案向准客户做出简明、易懂、准确的解释。

（四）疑问解答并促成签约

1. 有针对性地解答准客户的疑问

准客户对保险方案完全满意的情况是极为少见的，若准客户提出反对意见，保险销售人员要分析准客户反对的原因，并有针对性地解答准客户的疑问。

2. 促成签约

促成签约是指保险销售人员在准客户对于投保建议书基本认同的条件下，促成准客户签约的过程。

3. 指导准客户填写投保单

投保人购买保险，首先要提出投保申请，即填写投保单。

第二节　保险承保

一、保险承保的含义

保险承保是保险人对投保人所提出的投保申请进行审核，继而决定是否承保和如何承保的过程。具体来说就是保险人对愿意购买保险的单位或个人即投保人所提出的投保申请进行审核，对签订合同双方的权利和义务，包括要保条件、承保标的、保险金额、保险费率及保险责任等进行审核、监督和控制，做出是否同意接受和如何接受的决定的过程，以保证业务的承保质量。可以说，保险业务的邀约、承诺、核查、订费等签订保险合同的全过程，都属于承保业务环节。通过对要保条件和承保标的的审核，确定保险人应承担的责任，为选用条款、确定费率提供依据。

首先，确定保险金额，保险金额是保险人承担风险的最高额度。通过对每一危险单位保险金额的审核，确定保险额度的合理性，对明显超过标的价值和难以确定偿付责任的保险金额应当予以调整，或规定最高赔偿限额。其次，审核保险责任就是确定保险人承担的风险责任，保险企业选用合适的条款，确定保险责任范围，明确对灾害事故损失应负的赔偿责任或除外责任，对不可保的责任予以严格控制。最后，根据承保条件和承担的风险责任制定合理的费率，确定被保险人应付的保险费。实际上，进入承保环节，就进入了保险合同双方就保险条款进行实质性谈判的阶段。

二、保险承保的主要环节与程序

（一）核保

1. 含义

保险核保是指保险公司在对投保标的的信息全面掌握、核实的基础上，对投保申请进行审核，对可保风险进行评判与分类，在对投保标的的信息全面掌握、在接受承保风险的情况下，进而决定是否接受承保并确定承保条件的过程。核保的主要目标在于辨别保险标的的危险程度，按保险标的物的不同风险类别，给予不同的承保条件，按不同标准进行承保、制定费率，从而保证承保业务的质量，保证保险经营的稳定性。

核保的本质是对可保风险的判断与选择，是承保条件与风险状况适应或匹配的过程。保险公司以经营与管理风险为主要特征，识别、控制和把握标的的风险，是保险企业的核心工作。核保人员通过对积累数据的分析判断，根据公司自身的财务和经营能力、对风险的接受程度、经营状况及市场情况，确定核保策略。核保工作对标的的选择及对承保条件的制定直接影响到公司的承保盈亏、财务稳定、业务质量的高低和盈利的大小，是保险企业防范经营风险的第一关，也是最重要的一关。核保工作的好坏直接关系到保险合同能否顺利履行。因此，严格规范的核保工作是衡量保险公司经营管理水平高低的重要标志。

2. 核保的内涵

具体来说，核保的内涵如下：

(1) 风险评估。这是核保的基础工作，即对要求投保的风险进行分析，明确风险的性质、风险程度、可保不可保、可能造成的最大损失等。

(2) 业务选择。业务选择实质上是风险选择，包括对“人”和“物”的选择，是保险人在风险评估的基础上，按照一定的标准和原则，对被保险人和保险标的面临的风险进行选择，以排除不合乎保险规章要求的被保险人和保险标的，并防止不可保风险的介入。对被保险人的选择主要包括其资信、品格、作风、管理水平、风险事故记录等，如参加汽车保险的驾驶员有无酗酒习惯和肇事记录；对保险标的的选择主要是根据其可能面临的风险状况，确定可保标的和特约承保标的，排除不可保标的。

(3) 承保控制。承保控制是对可以承保的业务确定其承保条件，其中主要措施包括控制保险金额、安排分保、保险双方按比例分担责任、规定一定的免赔、业务质量搭配以及规定其他附加条件等。承保控制的实质是防止依赖保险和产生道德风险及逆选择。

(4) 核定费率。费率即保险的价格，也是承保的主要条件之一。在风险评估、业务选择和承保控制的基础上，保险人根据承保业务的具体风险状况，核定适当的保险费率。核定费率一般是在已订费率的基础上，根据市场供求关系和竞争状况，被保险人的有关风险因素和保险标的的近期损失记录，适当增减调整保险费率，使保险双方达成交易，保险人的收支保持平衡。

3. 核保的意义

核保是保险经营中必不可少的环节。保险人对投保人的投保并非来者不拒，而是先要进行审核，只有符合承保条件的风险，保险人才同意承保。所以，通过核保，保险人可以筛选非可保风险或不合格的被保险人和保险标的，以保证承保质量，增强保险企业在市场上的竞争能力。

(1) 有利于合理分散风险。保险经营管理的对象是风险，保险人承担风险都是受到一定限制的，不能够承担所有的风险。保险人所追求的是承保在一定费率之下所预期发生的风险。核保的目的就是使可保风险得以合理地分散。

合理分散风险有两方面：一是同质风险的集合，即将大量性质相同的风险集中起来承保。由于这类风险的种类、大小与损失金额基本相同，有利于风险的分散。例如，同为木质结构的房屋，其中一栋价值极高的房屋发生火灾，其损失金额是其他建筑物的10倍，从保险的角度来看，这栋房屋就不属于同质风险。二是风险在地域上的分散。即便是同质风险，如集中于某一地区，也有造成巨大损失的可能性，因此，保险人在承保时对此种风险要加以分散。

(2) 确保业务质量。实现经营稳定。保险公司是经营风险的特殊行业，其经营状况关系社会的稳定。保险公司要实现经营的稳定，关键一个环节就是控制承保业务的质量。但是，随着国内保险市场供应主体的增多，保险市场竞争日趋激烈，保险公司在不断扩大业务的同时，经营风险也在不断增大。其主要表现为：① 为了拓展业务而急剧扩充业务人员，这些新的工作人员业务素质有限，无法认识和控制承保的质量；② 保险公司为了扩大保险市场的占有率，稳定与保户的业务关系，放松了拓展业务方面的管理；③ 保险公司为了拓展新的业务领域，开发了一些不成熟的新险种，签署了一些未经过详细论证的保险协议，增加了风险因素。保险公司通过建立核保制度，将展业与承保相对分离，实行专业化管理，严格把好承保关。

(3) 防止逆选择，排除经营中的道德风险。在保险公司的经营过程中始终存在一个信息问题，即信息的不完整、不精确和不对称。尽管最大诚信原则要求投保人在投保时应履行充分告知的义务，但事实上始终存在信息的不完整和不精确的问题。保险市场信息问题，可能导致投保人或被保险人的道德风险和逆选择，给保险公司经营带来巨大的潜在风险。保险公司建立核保制度，由资深人员运用专业技术和经验对投保标的进行风险评估，通过风险评估可以最大限度地解决信息不对称的问题，排除道德风险，防止逆选择。

(4) 有利于保险费率的公正。保险费率是根据不同风险的性质和损失的程度来制定的。承保的核心工作就是厘定公正合理的保险费率，求得承保风险与保险费率之间保持更为合理的关系。保险企业制定有级差费率、浮动费率、优惠费率等制度，然而，再精确的保险费率，如果没有良好的承保制度相配合，也无法体现其公正性和合理性。换言之，公正合理的保险费率的最终实现，是以核实保险标的的风险程度及其损失率为基础的。只有通过核保，确定了不同保险标的风险程度和损失率，才能使保险费率水平与风险损失程度相当。

在核保中，通常是由精算师来制定费率，但是对于一些保险标的少的险种，其费率就是由承保人根据以往的经验来确定，也就是说，制定费率也是承保的一个重要工作。

(5) 有利于促进被保险人防灾防损。保险的目的并不限于处理赔案、提供经济补偿，还要立足于积极的预防，提高全社会的防灾防损能力，进而保证人民生活长期稳定和社会生产的持续进行。承保的目的就是要识别风险、分析风险，促使被保险人采取有效的风险管理措施，将损失减少到最小程度。

(6) 实现经营目标，确保可持续发展。在市场经济条件下，企业发展的重要条件是对市场进行分析，并在此基础上确定企业的经营方针和策略，包括对企业的市场定位和选择特定的业务和客户群。同样在我国保险市场的发展过程中，保险公司要在市场上争取和赢得主动，就必须确定自己的市场营销方针和政策，包括选择特定的业务和客户作为自己发展的主要对象，确定对各类风险承保的态度，制定承保业务的原则、条款和费率等。而这些市场营销方针和政策实现的主要手段是核保制度，通过核保制度对风险选择和控制的功能，保险公司能够有效地实现其既定的目标，并保持业务的持续发展。

(7) 扩大保险业务规模，与国际惯例接轨。我国加入 WTO 以后，国外的保险中介机构正逐步进入中国保险市场；同时，我国保险的中介力量也在不断壮大，现已成为推动保险业务的重要力量。在看到保险中介组织对于扩大业务的积极作用的同时，也应注意到其可能带来的负面影响。由于保险中介组织经营目的和价值取向的差异以及人员的良莠不齐，保险公司在充分利用保险中介机构进行业务开展的同时，也应对保险中介组织的业务加强管理。

核保制度是对中介业务质量控制的重要手段，是建立和完善保险中介市场的必要前提条件。因此，保险人在承保时要审查保险标的状况、可能发生最大损失的程度以及被保险人的情况。在承保后，还要定期检查和分析这些风险是否发生了变化。如果某个被保险人的风险增加了，保险人就可能需要提高保险费，或增加保险限制条件，或不再接受该投保人的续保。

4. 核保的主要内容

(1) 投保人资格。对于投保人资格进行审核的核心是认定投保人对保险标的拥有保险利益，人寿保险主要是被保险人与投保人的关系是否符合要求；汽车保险业务中主要是通过核对行驶证来完成的。

(2) 投保人或被保险人的基本情况。投保人或被保险人的基本情况在寿险中主要是年龄、性别、职业、健康状况等；在财产保险中保险公司主要通过了解企业的性质、是否设有安全管理部门、经营方式、主要运行线路等，可以分析投保人或被保险人对车辆管理的技术和经验，及时发现其可能存在的经营风险，便于采取必要的措施降低和控制风险，做到科学经营。

(3) 投保人或被保险人的信誉。对投保人或被保险人的信誉是核保工作的重点之一，避免道德风险和逆向选择。寿险主要以告知为主，财险评估投保人或被保险人信誉的一个重要手段是对其以往损失和赔付情况进行了解。

(4) 保险标的。对保险车辆应尽可能采用“验车承保”的方式，即对车辆进行实际的检验，包括了解车辆的使用和管理情况，复印行驶证、购置车辆的完税凭证，拓印发动机与车架号码，对于一些高档车辆还应拍照和建立车辆档案。

(5) 保险金额。保险金额的确定涉及保险公司及被保险人的利益，往往是保险双方争议的焦点，因此保险金额的确定是财产保险核保中的一个重要内容，寿险中往往会根据收入和年龄等确定保险金额。

5. 信息资料来源途径

核保人员通常对保险标的并没有直接的接触和了解，虽然对一些较大的标的有必要实地调查了解，但不可能也没必要对所有保险标的都去实地调查了解。为了有效地进行核保工作，必须尽量获得有关被保险人和保险标的的各种资料，据以从事核保工作。保险核保信息资料主要来源于三个途径，即投保人填写的投保单、销售人员和投保人提供的情况、通过实际查勘获取的信息。

(1) 投保单。投保单是核保工作的主要资料来源。投保单是核保的第一手资料，也是最原始的保险记录。保险人可以从投保单的填写事项中获得信息，以对风险进行选择。投保单的填写应遵循诚信原则，客户必须正确、详细地填写投保单，以作为核保的主要依据。

(2) 保险代理人或经纪人的意见。销售人员实际上是一线核保人员，其在销售过程中获取了大量有关保险标的情况，其寻找准客户和进行销售活动的同时实际上就开始了核保过程，可以视为外勤核保。所以必要时核保人员会向销售人员直接了解情况。对于投保单上未能反映的保险标的物和被保险人的情况，也可以进一步向投保人了解。保险代理人、保险经纪人日常与投保人打交道，对保险标的风险状况比较了解，核保人员在核保时应注意听取代理人或经纪人的初步审核意见，加以重视，作为核保的参考。

(3) 调查报告。对保额较大或风险因素较复杂的某些保险标的进行实地调查是非常必要的，核保人员可从中获得第一手资料。在财产保险市场上，这项工作一般由公司的风险管理部或工程部的高级工程师完成。这些工程师对本行十分精通，他们所提供的实地调查报告可以作为核保的重要资料。

(4) 其他资料来源。除上述核保资料来源外，核保人员还可将保险标的的周围环境、最近的损失记录、被保险人的道德因素和管理水平等因素作为核保的重要资料。保险人还要对保险标的、被保险人面临的风险情况进行查勘，称之为核保查勘。核保查勘可由保险人自己进行，有时也会委托专门机构和人员以适当方式进行。

（二）做出承保决策

保险承保人员对通过一定途径收集的核保信息资料加以整理，并对这些信息经过承保选择和承保控制之后，可做出以下承保决策。

1. 正常承保

对于属于标准风险类别的保险标的，保险公司按标准费率予以承保。

2. 优惠承保

对于属于优质风险类别的保险标的，保险公司按低于标准费率的优惠费率予以承保。

3. 有条件地承保

对于低于正常承保标准但又不构成拒保条件的保险标的，保险公司通过增加限制性条件或加收附加保费的方式予以承保。例如，在财产保险中，保险人要求投保人安装自动报警系统等安全设施才予以承保；如果保险标的低于承保标准，保险人采用减少保险金额，或者使用较高的免赔额或较高的保险费率的方式承保。

4. 拒保

如果投保人投保条件明显低于保险人的承保标准，保险人就会拒绝承保。对于拒绝承保的保险标的，要及时向投保人发出拒保通知。

（三）缮制单证

缮制保单是在接受业务后填制保险单或保险凭证等手续的程序，把保险单的制作点填写和完善。保险单或保险凭证是载明保险合同双方当事人权利和义务的书面凭证，是被保险人向保险人索赔的主要依据。因此，保险单质量的好坏，往往直接影响保险合同的顺利履行。填写保险单的要求有：单证相符、保险合同要素明确、数字准确、复核签章、手续齐备。

对于同意承保的投保申请，要求签单人员缮制保险单或保险凭证，并及时送达投保人手中。缮制单证是保险承保工作的重要环节，其质量的好坏，关系到保险合同双方当事人的权利能否实现和义务能否顺利履行。单证采用计算机统一打印，要求做到内容完整、数字准确、不错、不漏、无涂改。保单上注明缮制日期、保单号码，并在保单的正副本上加盖公、私章。如有附加条款，将其粘贴在保单的正本背面，加盖骑缝章。同时，要开具“缴纳保费通知书”，并将其与保单的正、副本一起送复核员复核。

（四）复核签章

任何保险单均应按承保权限规定由有关负责人复核签发。它是承保工作的一道重要程序，也是确保承保质量的关键环节。复核时要审查投保单、验险报告、保险单、批单以及其他各种单证是否齐全，内容是否完整、符合要求，字迹是否清楚，保险费计算是否正确等，力求准确无误。保单经复核无误后必须加盖公章，并由负责人及复核员签章，然后交由内勤人员清分发送。

（五）收取保费

交付保险费是投保人的基本义务，向投保人及时足额收取保险费是保险承保中的重要环节。为了防止保险事故发生后的纠纷，在签订保险合同中要对保险费缴纳的相关事宜予以明确，包括保险费缴纳的金额及交付时间以及未按时交费的责任。对于非寿险合同，合同中会特别约定并明确告知：如果投保人不能按时缴纳保险费，保险合同将不生效，发生事故后保险人不承担赔偿责任；如果不足额缴纳保险费，保险人将有限定地（如按照实交保费与应付保费的比例）承担保险责任。一般通过保单签订时的关联账户扣款收取保费。

由于寿险和非寿险的标的特征、业务性质不同，各自核保的要求各异，此处不予详述。

第三节　保险理赔

一、保险理赔的含义

保险理赔也称给付管理，是指保险人在保险标的发生风险事故后，对被保险人或受益人提出的索赔要求进行处理的行为。是保险人履行承担损失赔偿责任应尽的义务，也是被保险人应享受保障的权益。

理赔是受理报案、现场查勘、责任判定、损失核定以及赔案缮制、赔款支付的过程，核心是审核保险责任和核定保险赔偿额度与事项，具体体现为保险合同的履行。保险公司要保证赔得准确、快捷、合理，让客户满意，这完全取决于合理的理赔流程。理赔技术水平和理赔人员的素质体现在理赔过程中，客户会对公司履行保险合同情况和服务水平的高低有直接和深刻的印象。客户的满意程度，决定了他对保险公司品牌的认可程度，也关系到保险公司能否稳定住忠诚的客户群，并以此扩大销售。另一方面，理赔水平的高低也直接影响公司的赔付率和最终的盈利状况。理赔管理实际上是对灾害事故造成的损失进行查勘、核损、计算赔额。通过对诸损案的监督和控制，防止出现错赔、乱赔、滥赔及惜赔，正确发挥保险的职能和作用。保险理赔管理的原则是重合同、守信用、实事求是，以及主动、迅速、准确、合理。

保险理赔是指在保险标的发生保险事故而使被保险人财产受到损失或人身生命受到损害时，或保单约定的其他保险事故出现而需要给付保险金时，保险公司根据合同规定，履行赔偿或给付责任的行为，是直接体现保险职能和履行保险责任的工作。保险理赔是保险人依据保险合同或有关法律法规的规定，受理被保险人提出的保险赔偿请求，进行查勘、定损、理算和实行赔偿的业务活动，是保险法律制度中十分重要的一环，是保险人履行其义务的主要形式。

《保险法》第 22 条、第 23 条规定，保险事故发生后，依照保险合同请求保险人赔偿或者给付保险金时，投保人、被保险人或者受益人应当向保险人提供其所能提供的与确认保险事故的性质、原因、损失程度等有关的证明和资料。

保险人依照保险合同的约定，认为有关的证明和资料不完整的，应当通知投保人、被保险人或者受益人补充提供有关的证明和资料。

二、理赔原则

（一）重合同，守信用

保险合同所规定的权利和义务关系，受法律保护，因此，保险公司必须重合同、守信用，正确维护保户的权益。

（二）主动，迅速，准确，合理

要让保户感觉到保得放心，赔得心服。

（三）坚持实事求是

在处理赔案过程中，要实事求是地进行处理，根据具体情况，正确确定保险责任、给付标准、给付金额。

三、保险理赔的流程

（一）一般理赔程序

1. 立案查勘

保险人在接到出险通知后，应当立即派人进行现场查勘，了解损失情况及原因，查对保险单，登记立案。

2. 审核证明和资料

保险人对投保人、被保险人或者受益人提供的有关证明和资料进行审核，以确定保险合同是否有效，保险期限是否届满，受损失的是否是保险财产，索赔人是否有权主张赔付，事故发生的地点是否在承保范围内等。

3. 核定保险责任

保险人收到被保险人或者受益人的赔偿或者给付保险金的请求，经过对事实的查验和对各项单证的审核后，应当及时做出自己应否承担保险责任及承担多大责任的核定，并将核定结果通知被保险人或者受益人。

4. 履行赔付义务

保险人在核定责任的基础上，对属于保险责任的，在与被保险人或者受益人达成有关赔偿或者给付保险金额的协议后十日内，履行赔偿或者给付保险金义务。保险合同对保险金额及赔偿或者给付期限有约定的，保险人应当依照保险合同的约定，履行赔偿或者给付保险金义务。

保险人按照法定程序履行赔偿或者给付保险金的义务后，保险理赔就告结束。如果保险人未及时履行赔偿或者给付保险金义务的，就构成一种违约行为，按照规定应当承担相应的责任，即"除支付保险金外，应当赔偿被保险人或者受益人因此受到的损失"，这里的赔偿损失，是指保险人应当支付的保险金的利息损失。为了保证保险人依法履行赔付义务，同时保护被保险人或者受益人的合法权益，明确规定，任何单位或者个人都不得非法干预保险人履行赔偿或者给付保险金的义务，也不得限制被保险人或者受益人取得保险金的权利。

（二）人身保险的理赔流程

在理赔这一环节里总是有这样或是那样的注意事项。而人身保险的理赔也是有很多注意事项的，如果被忽略了，理赔过程就不会那么顺畅。下面具体来分析下这些事项：

1. 接案

(1) 报案。

报案是指保险事故发生后，投保人或被保险人、受益人通知保险人发生保险事故的行为。根据保险金种类不同，报案的途径不一样。① 所有住院医疗保险金的申请均需先通过营销部再传递至公司理赔部。② 申请除住院医疗保险金以外的其他各类保险金，可通过办事处或直接到理赔部报案。

根据保险合同的规定，保险标的遭到损毁或发生保险事故时，投保人、被保险人、受益人及他们的委托代理人应当尽快通知保险公司，否则由此而造成的损失由受益人自行承担。一般情况下，投保人应在保险事故发生后10日内通知保险公司。

一般情况下，理赔报案均采用电话形式。报案时应详细说明下列问题：保单号码、被保险人、报案人、事故基本情况(时间、地址、经过)、就诊医院、现状、代理人、联系方式等。

(2) 索赔申请。

索赔是指保险事故发生后，被保险人或受益人依据保险合同向保险人请求赔偿损失或给付保险金的行为。根据保险金种类不同，索赔时应提供的资料不一样.一般要求提供有关证件的原件。

① 死亡给付申请一般要求提供给付申请书，被保险人、身故金受益人及申请人身份证，被保险人户口本，死亡证明书，法医鉴定书或交通意外责任认定书，保险单及最后一期收据。

② 伤残给付申请一般要求提供给付申请书，被保险人、伤残金受益人及申请人身份证，法医鉴定书，住院门诊病历或交通意外责任认定书，保险单及最后一期收据。

③ 医疗给付申请一般要求提供给付申请书，被保险人、医疗金受益人及申请人身份证，住院门诊病历及医疗费收据，保险单及最后一期收据。

(3) 立案处理。

立案条件符合则立案：保险合同责任范围内的保险事故已经发生；保险事故在保险合同有效期内发生；在保险法规定时效内提出索赔申请；提供的索赔资料齐备。

2. 初审

(1) 审核出险时保险合同是否有效。

(2) 审核出险事故的性质。

(3) 审核申请人所提供的证明材料是否完整、有效,理赔资料是否齐全。在进行保险理赔时,无论是什么险种,必须准备最基本的单证为:保险单正本、被保险人或受益人的身份证证件的原件及最近一次缴费的发票、理赔申请书;若委托他人代为办理还需填写委托授权书。如未住院,需提供门诊病历、门诊收据、诊断证明;如为"门诊+住院",需提供门诊病历、门诊收据、诊断证明、住院费用清单、住院病历、各种检查报告、住院费用收据。

(4) 审核出险事故是否需要理赔调查。

3. 调查

调查就是对客观事实进行核实和查证的过程理赔事故调查。资料收齐后,保险公司如有疑问会进行理赔调查。要求客户配合公司进行调查,如有需要还需要提供理赔资料以外的其他资料。如果投、被保险人在投保时有隐瞒病史的带病投保或投、被保险人没有亲笔签名等情况,都会给理赔的进行带来障碍。所以在投保时一定要如实告知,并且要亲笔在投保单上签字确认。

4. 核定

① 给付理赔计算;② 拒付;③ 豁免保费计算;④ 理赔计算的注意事项。

5. 复核、审批

① 出险人的确认;② 保险期间的确认;③ 出险事故原因及性质的确认;④ 保险责任的确认;⑤ 证明材料完整性与有效性的确认;⑥ 理赔计算准确性与完整性的确认。

保险公司只对保险合同责任范围内的风险进行赔偿,对于保险条款中的除外责任,保险公司并不提供保障。客户可以通过阅读保险条款或拨打保险公司的电话进行确认。如果被保险人有社会医疗保险,社保已经给报销了一部分,那么需事先向保险公司出示由社保开具的医疗费用报销分割单,并注明所花费的医疗费用总额和社保已支付的费用,连同原始单据的复印件一起交给保险公司,保险公司将依据上述材料在医疗费用的剩余额度内进行理赔。

6. 结案、归档

(三) 财产保险理赔的流程

1. 报案及损失通知

保险事故发生后,被保险人或受益人应将事故发生的时间、地点、原因及其他有关情况,以最快的方式通知保险公司理赔部门,并提出索赔请求。这是财产保险被保险人必须履行的义务。

(1) 损失通知的时间要求。根据险种不同,发出损失通知书有时会有时间要求,例如,被保险人在保险财产遭受保险责任范围内的盗窃损失后,应当在24小时内通知保险人,否则保险人有权不予赔偿。此外,有的险种没有明确的时限规定,只要求被保险人在其可能做到的情况下,尽快将事故损失通知保险人,如果被保险人在法律规定或合同约定的索赔时效内未通知保险人，可视为其放弃索赔权利。《中华人民共和国保险法》第二十六条规定：“人寿保险以外的其他保险的被保险人或者受益人，对保险人请求赔偿或者给付保险金的权利，自其知道或者应当知道保险事故发生之日起二年不行使而消灭。”

(2) 损失通知的方式。被保险人发出损失通知的方式可以是口头的，也可用函电等其他形式，但随后应及时补发正式书面通知，并提供各种必需的索赔单证。如保险单、账册、发票、出险证明书、损失鉴定书、损失清单、检验报告等等。如果损失涉及第三者责任时，被保险人还须出具权益转让书给保险人，由保险人代为行使向第三者责任方追偿的权益。

(3) 保险人受理。接到报案后，根据客户提供的保险凭证或保险单号立即查阅保单副本并抄单以及复印保单、保单副本及附表等。

接受损失通知书意味着保险人受理案件，保险人应立即将保险单与索赔内容详细核对，并及时向主管部门报告，安排现场查勘等事项，然后将受理案件登记编号，正式立案。

2. 审核保险责任

保险人收到损失通知书后，应立即审核该索赔案件是否属于保险人的责任，审核的内容可包括以下几个方面：

(1) 保险单是否仍有效力。例如，我国财产保险基本险条款规定，被保险人应当履行如实告知义务，否则，保险人有权拒绝赔偿，或从解约通知书送达一定天数后终止保险合同。

(2) 损失是否由所承保的风险所引起。被保险人提出的损失索赔，不一定都是保险风险所引起的。因此，保险人在收到损失通知书后，应查明损失是否由保险风险所引起。

(3) 损失的财产是否为保险财产。保险合同所承保的财产并非被保险人的一切财产，即使是综合险种，也会有某些财产列为不予承保之列。例如，我国财产保险综合险条款规定，土地、矿藏、水产资源、货币、有价证券等就不属于保险标的范围之内；金银、珠宝、堤堰、铁路等要通过特别约定，并在保险单上载明，否则也不属于保险标的范围。可见，保险人对于被保险人的索赔财产，必须依据保险单仔细审核。

(4) 损失是否发生在保单所载明的地点。保险人承保的损失通常有地点的限制。例如，我国的家庭财产保险条款规定，只对在保单载明地点以内保险财产所遭受的损失，保险人才予以负责赔偿。

(5) 损失是否发生在保险单的有效期内。保险单上均载明了保险有效的起讫时间，损失必须在保险有效期内发生，保险人才能予以赔偿。例如，我国海洋运输货物保险的保险期限通常是以仓至仓条款来限制的，即保险人承担责任的起讫地点，是从保险单载明的起运地发货人的仓库运输时开始，直到保险单载明的目的地收货人仓库为止，并以货物卸离海轮后满 60 天为最后期限。又如责任保险中常规定期内发生式或期内索赔式的承保方式。前者是指只要保险事故发生在保险期内，而不论索赔何时提出，保险人均负责赔偿；后者是指不管保险事故发生在何时，只要被保险人在保险期内提出索赔，保险人即负责赔偿。

(6) 请求赔偿的人是否有权提出索赔。要求赔偿的人一般都应是保险单载明的被保险人。因此，保险人在赔偿时，要查明被保险人的身份，以决定其有无领取保险金的资格。例如，在财产保险合同下，要查明被保险人在损失发生时，是否对于保险标的具有保险利益；对保险标的无保险利益的人，其索赔无效。

(7) 索赔是否有欺诈。保险索赔的欺诈行为往往较难察觉,保险人在理赔时应注意的问题有:索赔单证的真实与否;投保人是否有重复保险的行为,受益人是否故意谋害被保险人;投保日期是否先于保险事故发生的日期等等。

3. 进行损失调查

保险人审核保险责任后,应派人到出险现场实际勘查事故情况,以便分析损失原因,确定损失程度又称为查勘定损。

(1) 检验人员在接到通知后根据出险地点在一个工作日内或三个工作日内完成现场查勘和检验工作。

分析损失原因。在保险事故中,形成损失的原因通常是错综复杂的。例如,船舶发生损失的原因有船舶本身不具备适航能力、船舶机件的自然磨损、自然灾害或意外事故的影响等。只有对损失的原因进行具体分析,才能确定其是否属于保险人承保的责任范围。可见,分析损失原因的目的在于保障被保险人的利益,明确保险人的赔偿范围。

(2) 要求客户提供有关单证。

确定损失程度。保险人要根据被保险人提出的损失清单逐项加以查证,合理确定损失程度。例如,对于货物短少的情况,要根据原始单据、到货数量,确定短少的数额;对于不能确定货物损失数量的,或受损货物仍有部分完好或经加工后仍有价值的,要估算出一个合理的贬值率来确定损失程度。

(3) 指导客户填列有关索赔单证。

认定求偿权利。保险合同中规定的被保险人的义务是保险人承担赔偿责任的前提条件。如果被保险人违背了这些事项,保险人可以此为由不予赔偿。例如,当保险标的的危险增加时,被保险人是否履行了通知义务;保险事故发生后,被保险人是否采取了必要的合理的抢救措施,以防止损失扩大等。这些问题直接影响到被保险人索赔的权利。

4. 赔偿保险金

保险人对被保险人请求赔偿保险金的要求应按照保险合同的规定办理,如保险合同没有约定时,就应按照有关法律的规定办理。

(1) 签收审核索赔单证。

营业部、各支公司内勤人员审核客户交来的赔案索赔单证,对手续不完备的向客户说明需补的单证后退回客户,对单证齐全的赔案应在"出险报告(索赔)书"(一式二联)上签收后,将黄色联交还被保险人;将索赔单证及备存的资料整理后,交核赔科。

(2) 理算复核。

核赔科经办人接到资料后审核,单证手续齐全的在交接本上签收;所有赔案必须在三个工作日内理算完毕,交核赔科负责人复核。

(3) 审批。

一般赔案交主管理赔的经理审批;超权限的逐级上报。

(4) 赔付结案。

经办人将已完成审批手续的赔案编号,将赔款收据和计算书交财务划款;财务对赔付确认后,除赔款收据和计算书红色联外,其余取回。

若损失属于保险责任范围内,经调查属实并估算赔偿金额后,保险人应立即履行赔偿给付的责任。保险人可根据保险单类别、损失程度、标的价值、保险利益、保险金额、补偿原则等理算赔偿金额。财产保险合同赔偿的方式通常是货币补偿。不过,在财产保险中,保险人也可与被保险人约定其他方式,如恢复原状、修理、重置或以相同实物进行更换等方式。

5. 损余处理

一般来说,在财产保险中,出险的财产会有一定的残值。若保险人按全部损失赔偿,其残值应归保险人所有,或是从赔偿金额中扣除残值部分;若按部分损失赔偿,保险人可将损余财产折价给被保险人以充抵赔偿金额。

6. 代位求偿

若保险事故是由第三者的过失或非法行为引起的,第三者对被保险人的损失必须承担赔偿责任。保险人可按保险合同的约定或法律的规定,先行赔付被保险人,然后被保险人应当将追偿权转让给保险人,并协助保险人向第三者责任方追偿。

四、理赔依据

理赔是保险公司履行合同义务的行为,它的依据是保险合同及保险相关法律、同业规定和国际惯例,其他任何理由或解释均不能作为理赔的依据。

保险理赔是指保险人依据保险合同或有关法律法规的规定,受理被保险人提出的保险赔偿请求,进行查勘、定损、理算和实行赔偿的业务活动,是保险法律制度中十分重要的一环,是保险人履行其义务的主要形式。为了使被保险人尽快获得经济补偿,保险人应积极主动地做好理赔工作。理赔遵循以保险合同为依据、遵守国际惯例和有关国际公约、及时和合理做出赔偿的原则。保险的理赔一般是从接受出险通知开始,经过查勘、检验或委托检验、核实案情、理算赔偿金额和支付赔偿六个阶段。根据我国《海商法》规定,“保险事故发生后,保险人向被保险人支付保险赔偿前,可以要求被保险人提供与确认保险事故性质和损失程度有关的证明和资料。”

五、理赔方式

保险公司在出险后依据保险合同约定向保户理赔有两种方式:赔偿和给付。

赔偿与财产保险对应,指保险公司根据保险财产出险时的受损情况,在保险额的基础上对被保险人的损失进行的赔偿。保险赔偿是补偿性质的,即它只对实际损失的部分进行赔偿,最多与受损财产的价值相当,而永远不会多于其价值。

而人身保险是以人的生命或身体作为保险标的,因人的生命和身体是不能用金钱衡量的,所以,人身保险出险而使生命或身体所受到的损害,是不能用金钱衡量的。故在出险时,保险公司只能在保单约定的额度内对被保险人或受益人给付保险金。即人身保险是以给付的方式支付保险金的。

六、理赔时效

保险索赔必须在索赔时效内提出,超过时效,被保险人或受益人不向保险人提出索赔,不提供必要单证和不领取保险金,视为放弃权利。险种不同,时效也不同。人寿保险的索赔时效一般为5年；其他保险的索赔时效一般为2年。

索赔时效应当从被保险人或受益人知道保险事故发生之日算起。保险事故发生后，投保人、保险人或受益人首先要立即止险报案，然后提出索赔请求。

保户提出索赔后，保险公司如果认为需补交有关的证明和资料，应当及时一次性通知对方；材料齐全后，保险公司应当及时做出核定，情形复杂的，应当在30天内做出核定，并将核定结果书面通知对方；对属于保险责任的，保险公司在赔付协议达成后10天内支付赔款；对不属于保险责任的，应当自做出核定之日起3天内发出拒赔通知书并说明理由。保险人理赔审核时间不应超过30日，除非合同另有约定。而在达成赔偿或给付保险金协议后10日内，保险公司要履行赔偿或给付保险金义务。此外，核定不属于保险责任的，应当自核定之日起3日内发出拒赔通知书并说明理由。

【知识链接】

保险理赔员职业介绍

历经十余年的发展，保险理赔员逐渐建立起了规范化、标准化的理赔服务体系。保险理赔员的出现使得"投保容易，理赔难"这一现象不再令保险的客户觉得是个难题。

保险理赔员主要负责在接到查勘定损通知后，组织客户及有关人员，现场调查取证，核定保险事故的损失；接见客户，检查确定财产权利的有效性，查找警察和医院记录，确定责任；调查取证，收集、整理并审核查勘定损资料等工作。其工作内容主要有：

(1) 调查取证，收集、整理并审核查勘定损资料；

(2) 接到查勘定损通知后，组织客户及有关人员，现场调查取证，核定保险事故的损失；

(3) 接见客户，检查确定财产权利的有效性，查找警察和医院记录，确定责任；

(4) 检查索赔形式和其他记录确定承保范围，对职责范围内所有赔案、代理算赔案进行赔款理算；

(5) 向客户及代理人合理地解释理赔结论，处理客户反馈的有关查勘定损意见和理赔意见；

(6) 理赔文件整理归档，建立、维护理赔业务数据库和客户风险档案，分析客户风险分布状况，提出风险管理对策，确保理赔信息数据的真实准确；

(7)研究理赔有关政策、管理制度和实务流程，提出拟定以及修改意见，不断提高赔付的质量和效率。

保险理赔员一般要求要有保险、法律、会计、金融等相关专业本科以上学历，具有2年以上从事保险理赔或保险业务工作实际经验，拥有保险行业资格证书者优先。全国保险理赔员的平均年薪为3.6万元，上海、深圳、广州等一线城市理赔员的年薪可达到7～8万元左右。其中，欧美外商独资企业提供的薪酬可达平均薪酬的1.3倍。理赔员薪酬与工作年限挂钩，从业时间越长收入越高。

保险理赔员一般分为保险人直接理赔与保险代理人理赔两种。而在财产与责任保险中，理赔员主要有理赔代理人、公司理赔员、独立理赔员和公众理赔员等。根据目前不同行业的现状和发展状况来看，汽车及医疗理赔方面的人才需求量最大。保险理赔员可以晋升为理赔部经理、客服部主任等上级职务，或是平调到保险公司的其他部门或者晋升至更高级的行政管理职位。除此之外，良好的素质让他们还可向理财规划师、注册会计师等方向发展。

保险理赔员到岗前一般需要在柜面或相关服务岗位实习半年左右，从事理赔工作后依照具体环节分为接报案、初审、处理(理算)、调查和后期审核等环节。2011年起各家保险公司对理赔员的招聘主要采用公开招募和大学生集中招聘，就业前一般不需要特殊的职业证书。在基层从事理赔柜面岗位2年以上的可以申请各公司内部组织的两核人员专业资格考试，通过后获取初级核赔员资格。4年后可申请中级核赔师(纳入全国经济专业技术资格考试体系)。高级核赔师原则上需要报请总公司一级审批。

第四节 保险客户服务

一、保险客户服务的含义

保险客户是指那些现实和潜在的本公司保险产品的消费者，如潜在客户、保单持有人、被保险人和受益人等。保险客户服务是指保险人在与现有客户及潜在客户接触的阶段，通过畅通有效的服务渠道，为客户提供产品信息、品质保证、合同义务履行、客户保全、纠纷处理等项目的服务以及基于客户的特殊需求和对客户的特别关注而提供的附加服务内容。

保险客户服务是指保险人在与现有客户及潜在接触的阶段，通过畅通有效的服务渠道，为客户提供产品信息、品质保证、合同义务履行、客户保全、纠纷处理等项目的服务以及基于客户的特殊需求和对客户的特别关注而提供的附加服务内容。

二、保险客户服务的主要内容

保险客户服务包括保险产品的售前、售中和售后三个环节的服务，在每一个环节上又都包含着具体详细的内容。

(一) 提供咨询服务

客户在购买保险之前需要了解有关的保险信息，如保险行业的情况、保险市场的情况、保险公司的情况、现有保险产品、保单条款内容等。保险人可以通过各种渠道将有关的保险信息传递给消费者，而且要求信息的传递准确、到位。在咨询服务中，保险销售人员充当着非常重要的角色，当顾客有购买保险的愿望时，一定要提醒顾客阅读保险条款，同时要对保险合同的条款、术语等向顾客进行明确的说明。尤其对责任免除、投保人、被保险人义务条款的含义、适用的情况及将会产生的法律后果，特别要进行明确的解释与说明。

(二) 风险规划与管理服务

首先，帮助顾客识别风险，包括家庭风险的识别和企业风险的识别。其次，在风险识别的基础上，帮助顾客选择风险防范措施，既要帮助他们做好家庭或企业的财务规划，又要帮助他们进行风险的防范。特别是对于保险标的金额较大或承保风险较为特殊的大中型标的，应向投保人提供保险建议书。保险建议书要为顾客提供超值的风险评估服务，并从顾客利益出发，设计专业化的风险防范与化解方案，方案要充分考虑市场因素和投保人可以接受的限度。

（三）接报案、查勘与定损服务

保险公司坚持“主动、迅速、准确、合理”的原则，严格按照岗位职责和业务操作实务流程的规定，做好接客户报案、派员查勘、定损等各项工作，全力协助客户尽快恢复正常的生产经营和生活秩序。在定损过程中，要坚持协商的原则，与客户进行充分的协商，尽量取得共识，达成一致意见。

（四）核赔服务

核赔人员要全力支持查勘定损人员的工作，在规定的时间内完成核赔。核赔岗位和人员要对核赔结果是否符合保险条款及国家法律法规的规定负责。核赔部门在与查勘定损部门意见有分歧时，应共同协商解决，赔款额度确定后要及时通知客户；如发生争议，应告知客户解决争议的方法和途径。对拒赔的案件，经批复后要向客户合理解释拒赔的原因，并发出正式的书面通知，同时要告知客户维护自身利益的方法和途径。

（五）客户投诉处理服务

保险公司各级机构应高度重视客户的抱怨、投诉。通过对客户投诉的处理，应注意发现合同条款和配套服务上的不足，提出改进服务的方案和具体措施，并切实加以贯彻执行。

(1) 建立简便的客户投诉处理程序，并确保让客户知道投诉渠道、投诉程序。

(2) 加强培训，努力提高一线人员认真听取客户意见和与客户交流、化解客户不满的技巧，最大限度地减少客户投诉现象的发生。

(3) 了解投诉客户的真实要求。对于上门投诉的客户，公司各级机构职能部门的负责人要亲自接待，能即时解决的即时解决，不能即时解决的，应告知客户答复时限。对于通过信函、电话、网络等形式投诉的客户，承办部门要期限答复。

(4) 建立客户投诉回复制度，使客户的投诉能及时、迅速地得到反馈。

(5) 在赔款及其他问题上，如果客户和公司有分歧，应本着平等、协商的原则解决，尽量争取不走或少走诉讼程序。

(6) 在诉讼或仲裁中，应遵循当事人地位平等原则，尊重客户，礼遇客户。

三、财产保险客户服务的特别内容

对承保标的的防灾防损是财产保险客户服务的重要内容。

（一）制定方案

防灾防损要以切实可行的防灾防损方案、周密详实的实施计划和具备技术特长的专业人员为保障，并根据时间的推移和现实情况的变化，定期或不定期地调整防灾防损对策。

（二）重点落实

（1）定期对保险标的的安全状况进行检查，及时向客户提出消除不安全因素和隐患的书面建议。

（2）对重要客户和大中型保险标的，要根据实际需要开展专业化的风险评估活动。

（三）特殊服务

财产保险公司可以主动或应客户要求提供一些特殊的服务。例如，收集中长期气象、灾害预报及实时的天气预报信息，协助客户做好灾害防御工作。

四、人寿保险客户服务的特别内容

（一）寿险契约保全服务

保全服务是寿险公司业务量最大的服务，寿险公司一般都设有处理保全业务的职能部门，在遵循客户满意最大化原则的基础上，具体内容如下：

（1）合同内容变更。

（2）行使合同权益。

（3）续期收费。

（4）保险关系转移。

（5）生存给付。

（二）“孤儿”保单服务

（1）“孤儿”保单服务是指因为原营销人员离职而需要安排人员跟进服务的报单，包括“孤儿”保单保全服务、“孤儿”保单收展服务、全面收展服务三种。目前各家保险公司对于“孤儿保单”的处理都已形成了一整套比较完善的业务流程。

（2）“孤儿”保单服务的业务流程：每当有业务员离职，公司电脑管理系统会立刻发出信息，一方面通知该部门立即派人处理，另一方面通知客户业务员变更的消息，并告知客户今后的一切保险事宜都将由一位新工作人员来接手。同时，尽量采用固定人员负责每份保单，以免造成客户的混乱和不便。

本章小结

1. 保险公司业务环节主要有销售、承保、理赔、服务等各项业务环节。
2. 了解直接销售渠道和间接销售渠道。
3. 了解承保流程。
4. 学习理赔常识。
5. 掌握客户服务的主要内容。

强化训练

一、单选题

1. 就销售渠道而言,保险公司以印刷品形式通过邮政服务来分销保险产品或提供相关信息的邮寄销售方法属于(　　)。

A. 直接销售渠道　　B. 间接销售渠道

C. 宽销售渠道　　D. 窄销售渠道

2. 本世纪无时区、无疆界的保险销售工具的是指(　　)。

A. 电话　　B. 报纸　　C. 网络　　D. 杂志

二、多选题

1. 保险业务经营环节包括(　　)

A. 销售　　B. 承保　　C. 理赔　　D. 服务

2. 公司为销售而同目标市场中的个人进行电话联络,建立与潜在客户之间的联系,招揽生意,促成新的签约或老客户的保额增加,叫作(　　);此外,还有一种电话销售方式称为(　　)。

A. 拨入电话销售　　B. 拨出电话销售

C. 网络销售　　D. 邮件销售

三、名词解释

保险销售　保险承保　保险理赔　保险服务

四、简答题

1. 简述间接分销渠道的类型及优势。

2. 谈谈保险商品生命周期营销策略的选择。

实训课堂

一、技能训练

1. 训练自己的保险销售技能,可从销售保险卡单等小产品开始;

2. 谈谈保险服务中的创新。

二、专项实训

项目(一)

实训题目:

保险代理人的销售实践并取得保险销售从业资格证。

实训要求:

1. 了解保险公司对保险代理人的基本法。

2. 参加保险公司组织的岗前培训。

3. 参与保险销售环节,提升销售技能。

4. 提交实训报告。

5. 获得保险销售从业资格证。

项目(二)

实训题目：

做家庭保险规划时考虑的三项选择。

保险与我们的生活联系越来越紧密,越来越多的保险公司,越来越让人眼花缭乱的产品,越来越多的代理人,当我们想要挑选比较适合自己的保险时却发现不知该怎样选择。

实训要求：

1. 了解当前市场上销售保险产品的各类保险机构,谈谈选择保险机构时有什么依据。

2. 了解保险产品购买渠道,准备通过哪种渠道选购产品,谈谈选择的技巧。

3. 选择同类产品如重疾险、意外险、学平险、分红险等,找出至少6家机构的同类产品做险种比较,并展示。

4. 提交实训报告。

第七章　再保险管理

资料导入

巨灾过后保险公司是否会因为赔付过多而破产?

"9·11"恐怖袭击事件对世界经济产生了重大影响,保险业更是首当其冲。在这次事件中,保险业为自己的系统性风险付出了沉重代价,无力经受考验的保险公司已经被清除出局。

据美国梅尔肯研究院估算数字,"9·11"恐怖袭击所造成损失的总成本为2 000亿美元,而纽约保险信息研究所估算的由"9·11"引起的保险赔付(包括财产人寿和责任险理赔费用)为356亿美元。如此巨大的天文数字令关注保险业的人士担心:保险公司是否能逃过这一劫,保险公司还保险吗?

人们的担心不无道理,如此巨额的赔付对任何一个保险公司来说都可能面临破产的危险。但保险公司自有应付之道,那就是采取再保险方式。美国保险业并未受到大的损伤,世界排名前50名的保险公司和再保险公司都参与了赔偿,这场灾难导致的巨额赔偿事实上是由全球保险业共同承担的。据有关资料显示,在美国"9·11"事件中,国际再保险市场承担了70%的风险。

知识目标

1. 掌握再保险的概念、特征及作用;
2. 掌握比例再保险和非比例再保险的概念和特点;
3. 了解合约再保险、临时再保险、预约再保险三种方式的概念及特点;
4. 掌握临时分保、预约分保和合同分保;
5. 了解再保险的业务管理。

技能目标

1. 掌握比例再保险和非比例再保险的计算方法;
2. 明确如何制订再保险计划。

第一节　再保险概述

一、再保险概念

再保险(Reinsurance)又称分保,是保险人在原保险合同的基础上,通过签订分保合同,将其所承保的风险责任一部分或全部向其他保险人进行保险的行为。国际上把再保险称为“保险的保险”。

保险人承担风险的能力受资本额、总准备金的积累、经营风险的规模及所承担的风险集中程度的限制。保险人在测算自己可以承担的最大限额后,将其余部分通过同再保险人或称分保业务接受人订立分保合同转由分保接受人承担。这是保险人控制承保责任,保证企业财务稳定所必须采取的重要手段。

我国《再保险业务管理规定》第二条规定,所称再保险是指保险人将其承担的保险业务部分转移给其他保险人的经营行为。

再保险关系是通过再保险双方签订再保险合同而建立的。

在再保险交易中,将自己承担的保险责任转嫁出去的保险人叫原保险人或分包分出人或分出公司;而接受转嫁责任的保险人叫作再保险人,或分保分入人或分入公司。而再保险人将其接受的再保险业务再分保出去叫转分保,分出方为转分保分出人,接收方为转分保接受人。一个保险人既可以是分保分出人,又可以是分保接受人。

原保险人分出的那部分风险责任金额叫分出额或分保额,自己承担的那部分风险责任金额叫自留额。影响再保险自留额的因素主要有:① 资本(包括总准备金);② 保费;③ 赔款和费用。

在再保险交易中,和直接保险转嫁风险一样,原保险人向再保险人转嫁风险责任也要支付一定保费,这种保费叫分保费或再保险费;同时,由于原保险人在招揽业务过程中支出了一定的费用,原保险人也要向再保险人收取一定的费用加以补偿,这一部分费用称为分保手续费或分保佣金。

二、再保险的特征

再保险具有固定性和独立性。再保险的固定性主要体现在再保险业务总是发生在保险人之间,再保险是保险人之间的一种业务经营活动。

再保险的独立性体现在再保险合同是独立合同,原保险是再保险的基础。再保险与原保险既有联系又有区别。

三、原保险和再保险的关系

(一) 原保险和再保险的联系

原保险人与再保险人具有共同利害关系,即利益共享、损失共担,体现了他们的合伙经营性质,尤其是在成数保险中体现得更明显。

原保险和再保险都是对风险责任的分散，原保险是对投保人的风险责任予以分散，是对风险的第一次转嫁；再保险是对保险人的风险责任予以分散，也可以说，再保险是对风险第二次转嫁。

原保险是再保险的基础，再保险是原保险的进一步延续。原保险合同因故失效时，再保险合同也同时失效。

再保险人的责任以原保险人的责任为限。再保险的保险金额不得超过原保险合同的保险金额；再保险合同的有效期限也不得超过原保险合同的有效期限。

再保险是原保险强有力的后盾。

（二）再保险与原保险的区别

再保险不同于原保险，具有相对独立性，两者的主要区别如下：

(1) 合同当事人不同。原保险合同的双方当事人是投保人和保险人；再保险合同的双方当事人都是保险人，即分出人与分入人，与原投保人无关。

(2) 保险标的不同。原保险合同的保险标的是被保险人的财产、责任、信用或人的生命和身体；而再保险合同的保险标的是原保险人分出的责任，分出人将原保险的保险业务部分地转移给分入人。

(3) 保险合同的性质不同。原保险合同具有经济补偿性或者保险金给付性；而再保险合同具有责任分摊性，或补充性，其直接目的是要对原保险人的承保责任进行分摊。

三、再保险的动因或作用分析

再保险对于保险经营管理有如下作用。

（一）分散风险，避免、控制巨额损失

分散风险、补偿损失是保险的基本职能，再保险则是将其所集中的风险再进行分散。大数法则要求保险标的的数量尽可能多，实际经营中并非如此。所以原保险人通过分保的形式可以将巨额风险化为小额风险，即通过支付保险费的方式获得极大的保障，在发生损失时由再保险人摊回赔款。

下列几种情况可能导致保险公司的巨额赔付：

(1) 保额高的大标的：承保巨额风险标的，如飞机、卫星、核电站、大型工程、大型海上石油钻井平台，发生大型风险事故；

(2) 质量差的大风险；

(3) 大的自然灾害的发生：如地震、洪水、飓风；

(4) 灾难性恐怖袭击事件：如“9·11”事件。

巨额赔付的额度可能达成几亿、几十亿，甚至几百亿美元，一家保险公司根本无法承受，可以通过再保险分散风险。

许多国家的法律规定，对于大额保险业务，如航空险、核电站保险、大型财产险、工程险等，保险人必须首先安排好分保公司，才可以接受承保。

我国《保险法》第 103 条规定，保险公司对每一危险单位，即对一次保险事故可能造成的

最大损失范围所承担的责任，不得超过其实有资本金加公积金总和的百分之十，超过的部分应当办理再保险。例如，某家保险公司净资产为 3 亿元人民币，那么对于保险金额大于3 000万元的保险标的就无法承保，这就大大限制了保险公司的承保能力，通过再保险可以使得保险公司具有较强的承保能力。

（二）扩大保险人的承保和经营能力

扩大承保面可以增加保费收入；使承保业务趋向于满足大数定律，使实际发生的赔款更加接近预测数字，保险赔付的不确定性减小；实现规模经济，可以降低单笔保单或单位保费收入的经营费用，降低保险成本，提高保险效益；扩大市场分额，增强保险人在保险市场上的地位和声望。但是，扩大承保面受到保险人承保能力的制约。

我国《保险法》对承保能力限制方面的规定主要是：

第九十九条　经营财产保险业务的保险公司当年自留保险费，不得超过其实有资本金加公积金总和的四倍。

第一百条　保险公司对每一危险单位，即对一次保险事故可能造成的最大损失范围所承担的责任，不得超过其实有资本金加公积金总和的百分之十；超过的部分，应当办理再保险。

因此，保险公司，尤其是中小保险公司，由于受到资本和财力的限制，无法单独承保大额标的。

使用再保险，保险人可将超过自身财力的风险责任转分给再保险人，从而可以承保大额业务。

（三）控制责任，稳定经营

再保险通过控制风险责任使保险经营得以稳定，具体做法分两个方面：一是控制每一风险单位的责任，即保险人规定每一风险单位自留额，对未来可能超过自留额的责任分保出去，这种控制通常也称为险位控制。二是对累计责任的控制，即对大数法则而言，每个风险单位是单独面对可能发生的损失，但在实际经营中常有累积责任的情况。

（四）降低营业费用，增加可运用资金

通过再保险，可以在分保费中扣存未满期保费准备金，还可以获得分保佣金收入。这样，保险人由于办理分保，摊回了一部分营业费用。同时，办理分保须提未满期保费准备金和未决赔款准备金，保险人可在一定时间内加以运用，从而增加了保险人资金运用总量。

（五）增进国际间的交流，提高保险技术

再保险具有控制责任的特性，可使保险人通过分保使自己的赔付率维持在某一水平之下，所以准备拓展新业务的保险公司可以放下顾虑，积极运作，使很多新业务得以发展起来。

由于再保险业务大多在国际范围内进行，所以通过分保联系可以密切国外同业联系，学习国外先进管理技术，了解国际市场信息。

此外还可促进保险业的竞争。

第二节　再保险种类

再保险按照责任限额计算基础不同，可以分为两类，即以保险金额为计算基础的比例再保险和以赔款金额为计算基础的非比例再保险。

一、比例再保险

（一）比例再保险的定义

比例再保险是以保险金额为基础，确定分出公司自留额和分入公司责任额的再保险方式。在比例再保险中，分出公司的自留额和分入公司的责任额都表示为保险金额的一定比例，该比例也是双方分配保险费和分摊赔款的依据。

（二）比例再保险的种类

比例再保险主要有成数再保险和溢额再保险两种。

1. 成数再保险

成数再保险是比例再保险的基本方式，是指分出公司的自留额和分入公司的责任额都是按照双方约定的保险金额百分比确定的。按照比例再保险方式，不论分出公司承保的每一风险单位的保额大小，只要在合同规定的限额内，双方都按约定的固定比例来分担责任，且每一风险单位的保险费和发生的赔款，也按同一比例分配和分摊。

总之，成数再保险的责任、保费和赔款的分配，表现为一定的百分比。在一定意义上讲，它就是按照双方约定的百分比进行责任和权利、义务的分配的。

成数再保险的特点主要表现为：① 合同双方利害一致。即对盈余或亏损，保险人和再保险人的利益是一致的。② 手续简化，节省成本。③ 缺乏弹性。由于不论业务大小和质量好坏，双方均按约定的比例分担，因而不能满足分出公司获得准确再保险保障的需求。④ 不能均衡风险责任。按成数决定责任，原保险合同保险金额高低不齐的问题在成数分保后仍然存在。

成数再保险的这些特点决定了这种方式比较适于小公司、新公司、新业务和某些特种业务以及那些保额和业务质量比较平均的业务。在国际再保险的交往中，成数再保险可用于分保交换。

2. 溢额再保险

溢额再保险是分出公司按每个风险单位确定自留额，将超过自留额的保险金额即溢额部分，分给分入公司。如果某一笔业务的保险金额在自留额之内就不必办理再保险，这也正是溢额再保险与成数再保险的最大区别。在溢额再保险中，分出公司和分入公司也是按照各自的责任额在总承保额中所占的比例来分享保险费和分担赔付义务的。

风险单位、自留额、线数（即自留额的一定倍数）是溢额再保险的三个要素。风险单位的划分由分出公司来决定，属于固定因素，自留额和线数则为变动因素，自留额的大小决定原保险人承担责任的大小,线数的多少,关系再保险人承担的责任。

在溢额再保险中,原保险人的自留额和再保险人的责任额与总保险金额之间的比例关系随着承保金额的大小而变动,这是与成数再保险的比例固定不变所不同的。

一般来说,分出公司根据承保的风险单位的损失率、承保业务量规模、保费收入的大小及公司准备金的多少等因素来确定自留额和安排溢额再保险合同的最高限额,但是,由于承保业务量的增加、业务的发展,有时需要设置不同层次的溢额,依次称为第一溢额、第二溢额、第三溢额等,当第一溢额的分保限额不能满足分出公司的业务需要时,可以组织第二溢额分保甚至第三溢额分保作为第一溢额补充。

溢额再保险是比例再保险中最早和最广泛应用的方式,它可以灵活确定自留额,确保业务的安全性和盈利性,比较适于业务质量优劣不齐、风险标的的保险金额不平衡的业务。

二、非比例再保险

(一)非比例再保险的定义

非比例再保险又称超过损失再保险,它是以赔款或损失确定再保险双方当事人的责任的再保险方式。即以赔款为基础规定一个分出公司自己负担的赔款额度,超过这一额度的赔款由分入公司承担赔偿责任。

(二)非比例再保险的种类

非比例再保险的种类主要有险位超赔再保险、事故超赔再保险和赔付率超额再保险。

1. 险位超赔再保险

险位超赔再保险是以每一风险单位所发生的赔款为基础,确定分出公司自负责任的限额,即自赔额和分入公司责任额的再保险方式。

在险位超赔再保险中,若总赔款金额不超过分出公司的自负责任额,全部损失由分出公司赔付;若总赔款金额超过分出公司的自负责任额,超过部分由分入公司赔付。但分保责任限额根据分保合同规定也是有一定的限度的。

2. 事故超赔再保险

事故超赔再保险是依一次巨灾事故中多数风险单位所发生赔款的总和为基础,来确定自负责任额和分保责任额的再保险方式。它是险位超赔再保险在空间上的扩展。在这种非比例再保险中,分入公司负责当任何一次事故累积的损失超过规定自负责任额以后的赔款。

3. 赔付率超额再保险

赔付率超额再保险是以赔款与保费的比例来确定自负责任额和分保责任额的再保险方式。即在约定的一定时期(通常为一年)内,当分出公司的赔付率超过一定标准时,超过部分由分入公司负责至某一赔付率或金额。

在赔付率超额再保险中,除了有赔付率的限制外,还限定一个赔付金额,并在二者中以低者为限。而且,分出公司的自负责任额和分入公司的分保责任额都是由双方协议的赔付率标准限制的。因此,正确地、恰当地规定这两个标准,是赔付率超额再保险的关键。

第三节　再保险合同

一、再保险合同的概念

再保险合同又称分保合同，是分出公司和分入公司之间订立的在法律上具有约束力的保险合同。

二、再保险合同的种类

依据不同的分类标准，可以将再保险合同分成各种不同的类型。

（一）依责任分配形式分类

再保险合同可以分为比例再保险合同和非比例再保险合同，比例再保险合同又可细分为成数再保险合同和溢额再保险合同；非比例再保险合同又可细分为险位超赔再保险合同、事故超赔再保险合同和赔付率超额再保险合同。

（二）依安排方式分类

再保险合同可以分为临时再保险合同、固定再保险合同和预约再保险合同。

1. 临时再保险合同

临时再保险合同是分出公司根据业务需要，临时选择再保险人，经双方逐笔协商达成协议而签订的再保险合同。临时再保险合同是再保险合同的最初形态。

2. 固定再保险合同

固定再保险合同又称合同再保险合同，是由分出公司与分入公司用签订合同的方式确定双方的再保险关系，双方通过合同将业务范围、地区范围、除外责任、分保手续费、自留额、合同最高限额、账单编制和付费等各分保条件用文字写明，明确双方的权利和义务。合同再保险的特点在于其强制性，即凡经分出公司和分入公司议定，并在合同内明确规定的业务，分出公司必须按合同的规定向分入公司办理分保，分入公司也必须接受，双方都无选择的自由。

3. 预约再保险合同

预约再保险合同是介于固定再保险合同和临时再保险合同之间的一种再保险合同。往往用于对固定再保险的一种补充。对于合同规定的业务，分出公司无义务约束，是否要办理分保或分出多少完全可以自由决定。而对于分入公司来说，则有一定的强制性，即凡属预约再保险合同内的每一笔业务不能挑剔选择，更不能拒绝接受。由于预约再保险合同对于分出公司具有与临时再保险合同类似的选择性，而对分入公司具有与固定再保险合同类似的强制性，因此又称为临时固定再保险合同。

（三）依分保对象分类

再保险中安排业务时往往以某一类业务为基础，因而根据分保对象不同可将再保险合同可以分为财产险再保险合同、责任险再保险合同、人身险再保险合同等。在实务中,也有将几类业务混合在一份分保合同中,往往称为"一揽子"综合再保险合同。

(四) 依责任转移目的分类

按责任转移目的划分,再保险合同可分为承担再保险合同和赔偿再保险合同。

1. 承担再保险合同

承担再保险合同也称未满期责任再保险合同,是指原保险人将所有未满期责任与再保险人签订的再保险合同。按照合同规定,再保险人将承担原保险人的所有未满期责任。

2. 赔偿再保险合同

赔偿再保险合同实际上就是通常的再保险合同。

本章小结

本章主要介绍再保险的概念、特征,与原保险的联系与区别,再保险种类,再保险合同的概念及其分类。

强化训练

一、单选题

1. 再保险的保险标的是(　　)。

A. 被保险人面临的风险　　B. 保险人

C. 被保险人　　D. 保险人承担的有效责任

2. 比例再保险是按(　　)确定再保险份额的。

A. 保险责任　　B. 保险利益　　C. 保险金额　　D. 赔偿金额

3. 成数再保险中的自留额和分保额是按(　　)确定的。

A. 固定比例　　B. 变动比例

C. 临时约定　　D. 取决于保险人意愿

二、多选题

1. 比例再保险包括(　　)。

A. 成数再保险　　B. 溢额再保险

C. 事故超赔再保险　　D. 险位超赔再保险

2. 再保险业务的安排方式包括(　　)。

A. 临时分保　　B. 预约分保　　C. 合同分保　　D. 非比例再保险

3. 原保险和再保险的区别是(　　)。

A. 保险主体不同　　B. 可保利益不同

C. 保险性质不同　　D. 保险责任不同

三、名词解释

再保险　比例再保险　非比例再保险

四、简答题

1. 2007 年，劳合社再保险(中国)有限公司在上海正式开业。要求：详细了解劳合社再保险的业务种类及其经营管理。

2. 谈谈中国境内经营再保险业务的公司。

实训课堂

一、技能训练

再保险计算。

二、专项实训

实训题目：

国内再保险业务调研。

实训要求：

1. 独立上机完成，不得雷同；
2. 提交实训报告。

实训步骤：

第一步，找出国内有经营再保险业务的公司。

第二步，对各公司再保险业务的经营历史进行梳理。

第三步，比较各家公司的优势所在。

第四步，完成实训报告。

模块四 保险资金运用

第八章 保险公司财务管理

资料导入

一份损益表的分析

下面给出中华联合财产保险公司2001年损益表,如表8-1所示。

表8-1 中华联合财产保险公司损益表 (单位:百万元)

项 目	2003	2004
收入项目	1 910.94	6 488.68
保费收入	1.87	0.55
分保业务收入		
其他业务收入	9	36.02
转回未到期责任准备金	76	716.77
转回人身责任准备金	186	269.83
转回未决赔款准备金	11	64.72
支出项目	717	
赔款支出	229 466	1 767.3
退保金及给付	17	
分保业务支出	52	690.87
手续费支出	16	
费用以及其他支出	70	1 873.41
提存未到期责任准备金	102	2 659.39
提存人身险责任准备金	217	393.84
提存长期责任准备金		
提存未决赔款准备金	10	183.71
提存保险保障基金	4	

续 表

项 目	2003	2004
营业税金以及附加	16	
营业利润	20	
加:投资收益	16	
营业外收入	1	
减:营业外支出	6	
加:以前年度损益调整		
利润总额	31	8.05
减:所得税		
净利润:	31	8.01

(资料来源:《金融年鉴》2003—2004 年。)

通过观察中华联合财产保险公司 2004 年损益表,不难得出以下结论:该公司保费收入占总收入的 62.1%,投资收入只占总收入的 2.1%;支出也以赔款支出和提存准备金为主,占总支出的 77.8%。这也提供了国内保险公司在分销渠道上依靠大量人员投入,分销效率低下的一个证据。

知识目标

1. 掌握保险公司财务管理的内容、方式以及指标体系;
2. 掌握财务管理的重点:基础财务会计的所有者权益和保单持有者权益内容;
3. 掌握保险公司财务管理的资产负债表、现金流量表和利润分配表等主要内容,特别是反映短期偿债能力的流动比率和速动比率;
4. 为保险公司的决策和经营管理提供重要依据。

技能目标

1. 熟悉所有者权益和保单所有者权益内涵和关系;
2. 掌握资产负债表、现金流量表和利润分配表的结构主要项目和处理原则;
3. 培养把握资产负债期结构合理,资产负债期限长短、规模大小配套,比率适当的能力。

第一节 财务管理概述

一、财务管理相关概念

财务管理是在一定的整体目标下,关于资产的购置(投资)、资本的融通(筹资)和经营中现金流量(营运资金)，以及利润分配的管理。财务管理是企业管理的一个组成部分，它是根据财经法规制度，按照财务管理的原则，组织企业财务活动，处理财务关系的一项经济管理工作。简单地说，财务管理是组织企业财务活动，处理财务关系的一项经济管理工作。

（一）所有者权益

所有者权益是指资产扣除负债后由所有者应享的剩余利益。即一个会计主体在一定时期所拥有或可控制的具有未来经济利益资源的净额。

所有者权益内容包括：

(1) 实收资本是指投资者按照企业章程，或合同、协议的约定，实际投入企业的资本。

(2) 资本公积是指资本本身升值或其他原因而产生的投资者的共同的权益，包括资本(或股本)溢价、接受捐赠资产、外币资本折算差额等。资本溢价是指企业投资者投入的资金超过其在注册资本中所占份额的部分；接受捐赠资产是指企业因接受现金和非现金资产捐赠而增加的资本公积；外币资本折算差额是指企业接受外币投资因所采用的汇率不同而产生的资本折算差额。

(3) 盈余公积是指企业从实现的利润中提取或形成的留存于企业内部的积累。

(4) 未分配利润是指企业留于以后年度分配的利润或待分配利润。

从不同角度来讲，所有者权益有不同的解释。一般情况下，需要从财务角度理解；保险经营管理的内容也应该侧重财务会计。即使如此，为方便研究，本书从《公司法》角度阐述所有者权益概念。《公司法》规定了股东权利和义务的内容：选举董事会的权利；否决董事会关于股权变动、融资和经营的方案的权利；否决董事会关于高管层聘任的方案的权利；财产和资本处置权；参加分红派息的权利；按照股权比例承担相应比例债务清偿的义务。与单方面从财务会计角度理解所有者权益比较，该规定有明显的优势，如表 8-2 所示。

表 8-2　所有者权益理解比较

	《公司法》角度	财务会计角度
内容上	选举权；审议权；否决权； 财产处置权；分红派息权； 债务清偿义务	实收资本；资本公积； 盈余公积；未分配利润
辩证法	注重权利和义务的统一	只注重权利，未提及义务
管理学	所有者权益的具体化	抽象内涵
保险公司经营管理	突出所有者权益在保险经营和监管中作为保险人和债务人的地位	突出保险人以及保险经营的盈利性、安全性和流动性的三原则

（二）保单持有者权益

保单持有者权益就是保险公司应该保障的被保险人或者以合法手段获得保险赔偿代位的人员的合法利益。

保单持有者权益则包括：各项准备金；退保金；保险赔偿或给付；保险费存入银行的利息；保险费投资的收益分红。

各项准备金的概念不做详细解释,保险赔偿也可以理解。保险费存入银行的利息和保险费投资收益分红是广大保单持有者容易忽视的权益。对于时间周期比较长的人寿保险,保险费存入银行的利息和保险费投资收益分红是法律赋予被保险人以及受益人的合法权利。特别是保险费投资收益分红,在一般保险产品上,保险人几乎从未提及被保险人有关保险费投资收益分红的权利。在许多创新型的寿险品种上,保险公司虽然有分红的规定,但通常也是讲两个账户分开,保险账户中的保险费负责保险保障,投资账户中的资金用来投资。并且对最后的红利的提取形式加以限制,通常用红利来增加保险费,提高保险金额。

(三)财务平衡公式

财务平衡公式中,把资产、负债和所有者权益联系起来。

资产=所有者权益+负债

所有者权益=资产-负债

这时,所有者权益可以理解为资产扣除负债后的余额。

现在,把这个公式推广到保险公司财务管理上。其形式应该是:

资产=所有者权益+保单所有者权益

所有者权益=资产-保单所有者权益

不难理解,保单所有者权益是保险公司最主要的负债,或者理解成保单持有者权益是保险公司必须偿还的债务,而所有者权益就是必须对保单所有者权益负责。可以理解成,保险公司在经营过程中,必须以全部资产对于被保险人的合法利益负责。因此,对于保险公司的种种严厉监管也就不难理解。

二、保险公司财务管理的必要性及特点

保险公司生产经营活动的复杂性,决定了企业管理包括多方面的内容。各项工作是互相联系、紧密配合的,同时又有科学的分工,具有各自的特点。保险公司财务管理要应对复杂的内外部环境所需。保险公司财务管理的工作有以下四个特点。

(一)综合性

保险财务管理是一项综合性管理工作。保险公司管理在实行分工、分权的过程中形成了一系列专业管理。保险公司的固定资产侧重于使用价值的管理,保险公司的证券投资业务侧重于价值的管理,保险公司人力资源侧重于劳动要素的管理,保险市场的开拓和保险业务经营统计核算侧重于信息的管理。社会经济的发展,要求保险财务管理主要是运用价值形式对经营活动实施管理。

(二)利益相关性

保险财务管理关系到各部门的利益。在保险经营与管理中,一切涉及资金的收支活动,都与财务管理有关。事实上,保险公司内部各部门与资金不发生联系的现象是很少见的。因此,财务管理的触角伸向保险经营的各个角落,每一个部门都会通过资金的使用与财务部

门发生联系，每一个部门也都要在合理使用资金、节约资金和提高效益等方面接受财务部门的指导，受到财务制度的约束，以此来保证保险公司经济效益的提高。

（三）经营状况晴雨表

保险财务管理能迅速反映保险公司经营状况。在保险经营管理中，决策水平、经营水平、技术应用水平、产销协调水平，都可在保险财务指标中得到充分反映。

（四）稳定性

保险公司资金运动具有自身的特殊性，尤其在股份制保险公司里，财务部门作为监事会重点监督的对象，具有重要责任，保险公司对财务稳定性有特殊要求，保险财务管理为保险经营决策能力提供数据支持。

第二节　保险公司资产负债管理

一、金融企业经营管理理论发展阶段

根据金融业发展历史，保险公司的经营管理理论发展经历了以下两个发展阶段。

（一）负债管理理论

在保险业发展初期，保险机构经营主要是负债管理。海上保险时期，保险机构的主要工作内容偏抵押贷款形式的工作，保险公司的利润来源是抵押贷款的利息，这时保险公司的业务是被动的、互助性质的，利润也仅限于比较低的贷款利息。随着保险理论的完善，特别是大数定理的发现，保险经营开始步入正轨——财产保险，保险公司的业务开始以保险公司主动收取保险费为主，保险公司的利润也以费差为主。随着人寿保险、生命表和利息理论的出现，保险公司的利润来源包括死差、费差和利差三大类。这个时期，保险公司的利润来源主要是费差，然后是各项准备金存入银行的利息这个时期，保险公司的主要工作就是扩大影响，增加保险费收入，实现最大化的负债，同时不断增加股本来提高偿付能力。

（二）资产负债管理理论

随着保险业的不断发展，保险行业出于竞争的需要，要不断提高对于被保险人的赔偿比率和增加自身资本金。同时，国家对于保险业的监管不断加强，使得保险业的业务规模受到偿付能力水平的限制，保险公司也必须增加资本金，而股票市场这个便捷但是充满风险的渠道被监管部门设置了严格的条件限制。所以，保险公司选择多渠道的投资来实现更大的利润，以保障被保险人的利益，同时增加自身竞争力。

保险业发展成熟阶段，一般使用资产负债管理理论。也就是保险公司不但需要吸收保险费进行主动负债业务，来实现利润最大化，还需要开展资产投资业务，提高资产价值，提高保单所有者权益中的保障程度和分红收益。这是保险公司经营管理的重要理论。该理论要求资产和负债业务必须实现大体的对称，资本金和资产业务之和必须对保险费赔偿负责。

这个理论是目前世界上大多数股份制保险公司都在使用的经营管理理论。

二、保险公司的负债

保险公司的负债是指保险公司过去的交易或者事项形成的、预期会导致经济利益流出保险公司的现时义务。负债按偿还期限的长短可以分为流动负债和长期负债。流动负债是指在一年之内或超过一年的一个营业周期内偿还的债务。长期负债是指不能在一年之内或超过一年的一个营业周期内偿还的债务。保险公司负债结构可以用图 8－1 来表示。

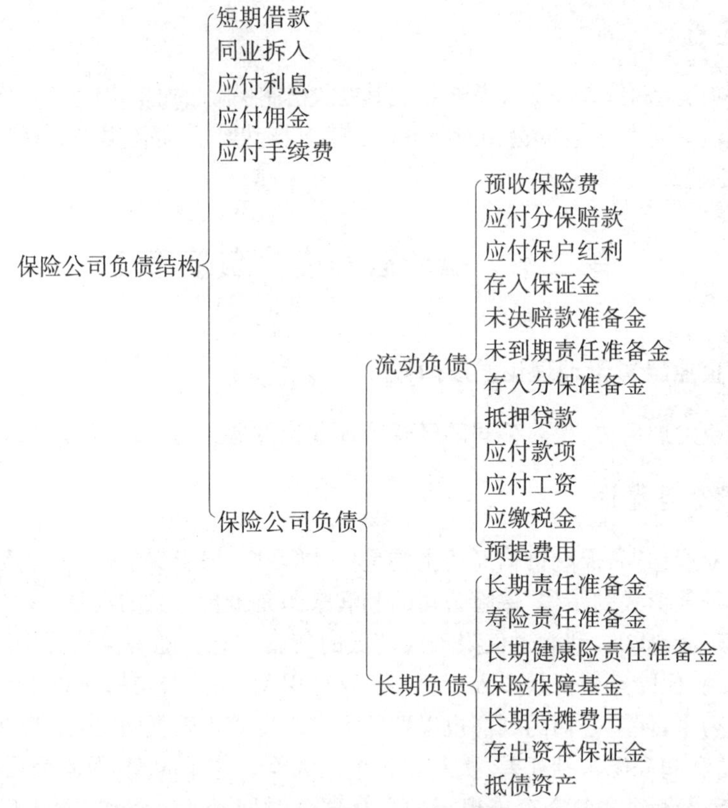

图 8－1　保险公司负债结构

保险经营具有社会稳定器的功能。为突出社会稳定作用，西方大多数国家的《保险法》和《保险财务会计准则》都明确界定了保险经营中认可负债和认可资产的范围。中国保险监督机构于 2000 年引入认可负债和认可资产的概念和标准。

认可负债：国家金融监管部门和经济监管部门承认的属于保险公司必须偿还的负债。其中主要部分是保单所有者权益。不是保险公司的所有负债都是认可负债，能计入负债表不是唯一标准。

认可负债是指准备金负债、非准备金负债、独立账户负债和或有负债四大部分，并具体列出了 24 项认可负债内容：未到期责任准备金、未赚保费准备金、保费不足准备金、未决赔款准备金、已发生未报告赔款准备金、长期财产险责任准备金、寿险责任准备金、长期健康险责任准备金、准备金负债小计、预收保费、保户储金、应付保户红利、累计生息保单红利、应付佣金、应付手续费、应付分保账款、预收分保赔款、存入分保准备金、应付工资和福利费、应交税金、保险保障基金、应付利润、卖出回购证券、其他负债、非准备金负债小计、独立账户负债、或有负债等。认可负债一般会比资产负债表上的负债总额要大。

三、资产

资产是指保险公司拥有的由过去的交易和事项形成的以货币计价的经济资源。按照流动性可以分为流动资产和非流动资产。

流动资产是指在一年之内或超过一年的一个营业周期内变现的资产，包括现金、银行存款、短期投资、应收及预付款项、存货、待摊费用等。

非流动资产是指不能在一年之内或超过一年的一个营业周期内变现的资产，包括长期投资、固定资产、无形资产及其他资产等。长期投资包括股票投资、债券投资、基金投资等证券投资。固定资产包括固定资产和在建工程等。无形资产包括专利权、著作权、土地使用权、商标权和商誉。其他资产包括长期待摊费用、存出保证金、抵债资产等。

认可资产是指国家金融监管部门和经济监管部门承认的保险公司拥有的可以用来清偿债务的资产。不是保险公司的所有资产都是认可资产，能计入资产表不是唯一标准。

根据中国保险监督管理委员会《保险公司偿付能力额度及监管指标管理规定》，在所有的资产中，只有那些可以被保险公司任意处置的可用于履行对保单持有人义务的资产，才能被确认为认可资产。这些资产主要包括现金以及能迅速变现没有价值损失的投资资产，如银行存款、债券、股票、抵押贷款、担保贷款、保单质押贷款和不动产等，还有与保险公司经营关系密切的非投资资产，如从分保接受人处可摊回的赔款额等。而非认可资产流动性差，其价值全部或部分不能在认可资产表上计列。认可资产只是保险公司总资产的一部分。

第三节 保险公司财务报表

财务管理上的会计要素是指对会计对象所做的最基本的科学分类。

会计要素包括资产、负债、所有者权益、收入、费用、利润六要素。

反映企业财务状况的静态会计要素为：资产、负债和所有者权益。资产负债表从静态角度体现保险公司的经营状况，主要依赖静态的数据。

负债＝资产－保单所有者权益

【想一想】 公式中，保单所有者权益能替代负债的原因？

反映企业经营成果的动态会计要素为：收入、费用和利润。而资金流量表以及利润分配表则从动态角度来分析财务风险的形成原因和过程。

收入是指企业在日常活动中形成的、会导致所有者权益增加的、与所有者投入资本无关的经济利益的总流入，包括主营业务收入、其他业务收入、营业外收入等。

费用是指企业在日常活动中发生的、会导致所有者权益减少的、与向所有者分配利润无关的经济利益的总流出。按费用是否与产品生产有关，费用包括生产费用和期间费用。生产费用包括直接材料、直接人工、制造费用等。期间费用包括管理费用、财务费用、营业费用。利润是指企业在一定会计期间的经营成果。

收入－费用＝利润

利润包括营业利润、利润总额和净利润。

因此，体现静态财务风险的资产负债表和体现动态财务风险形成原因的资金流量表以及利润分配表成为财务分析的主要依据。

一、资产负债表

（一）保险公司资产负债表实例

下面给出某保险公司资产负债表的实例，如表 8－3 所示。

表 8－3　保险公司资产负债表

	资产类	年　初	年　末	负债类	年　初	年　末
1	现金			短期借款		
2	银行存款			拆入资金		
3	短期投资			应付佣金		
4	拆出资金			预收保费		
5	保户质押贷款			预收分保赔款		
6	应收利息			存入分保准备金		
7	坏账准备			存入保证金		
8	应收保费			应付工资		
9	分保业务往来			应付福利		
10	预付赔款			应付保户利差		
11	存出分保准备金			应付利润		
12	存出保证金			应缴税金		
13	其他应收款			其他应付		
14	低值易耗			预提费用		
15	待摊费用			未决赔款准备金		
16	长期债券投资			未到期责任准备金		
17	固定资产			保户储金		
18	折旧			长期险责任准备金		
19	无形资产			保险保障基金		
20	长期待摊费用			长期借款		
21	抵债物资			长期应付		
22	待处理资产损益			住房周转		
所有者权益＝资产－保单所有者权益						

（二）保险公司资产负债表的特点

保险公司资产负债表的特点主要有以下五个：

（1）保险公司资产负债表中，资产与负债的结构配比和价值规模大致相当，体现保险经营的稳妥性，也间接反映了保险监管对于偿付能力的监管。

（2）保险公司资产负债表与一般企业相比，资产业务中很少有固定资产、股票以及金融衍生品的投资。因为，从各国保险实践来看，各国政府对于保险资金运用的安全性都非常重视。各国保险法都对保险资金在固定资产、股票以及金融衍生品的投资上做出明确的限制，甚至有的国家禁止保险公司投资于固定资产、股票以及金融衍生品。

（3）保险公司资产负债表中，保单所有者权益中的保险费红利得到体现。对于时间周期比较长的人寿保险，保险费存入银行的利息和保险费投资收益分红是法律赋予被保险人以及受益人的合法权利。

（4）保险公司资产负债表中，所有者权益等于资产减去保单所有者权益，监管对于被保险人利益的保护。在这个公式中，保单所有者权益只是负债的主要成分，不能代表全部负债，负债还包括保险公司再融资的其他非从属债务，比如佣金、手续费和职工工资和福利。

（5）保险公司资产负债表体现的是保险公司经营的结果，不能体现经营结果的形成原因。如果要确切知道保险公司经营结果的具体问题发生的环节，必须借助于现金流量表和利润表。

二、现金流量表

（一）保险公司现金流量表实例

下面给出某保险公司现金流量表的实例，如表 8－4 所示。

表 8－4　保险公司现金流量表

项　　目	本月数	本年累计
一、经营活动产生的现金流量		
保费收入(分保存入)		
退税		
现金流入小计		
保险赔付		
手续费		
工资和福利(中介佣金)		
税收		
现金流出小计		
经营活动现金净额		

续 表

项　目	本月数	本年累计
二、投资活动产生的现金流量		
收回投资所收到的现金		
取得投资收益所收到的现金		
处理固定资产、无形资产和其他长期资产而收到的现金净额		
现金流入小计		
购建固定资产、无形资产和其他长期资产所支付的现金		
投资所支付的现金		
现金流出小计		
投资活动现金净额		
三、利率或汇率影响资产增值		

（二）保险公司现金流量表的特点

保险公司现金流量表的特点有以下五个：

(1) 保险公司现金流量表中经营活动现金流入渠道比较单一，基本就是保险费和再保险业务分入；经营活动现金流出渠道比较广泛，包括保险中介的佣金、员工工资和福利、员工的通讯费和交通费、手续费、广告费和法律方面的费用。在经营活动现金流出这一项没有保险客户红利支出。

(2) 筹资活动现金流入流出一项没有。这从侧面说明，保险公司在经营过程中，由于固定资产的投入比较少，最低资本金扣除保证金的余额足以支撑开办费一类的费用，很少有大规模的筹资活动。即使有大规模的筹资计划也受到严格监管，基本上是增加资本金减少经营风险。

(3) 投资活动中固定资产一栏的现金流入流出体现的是公司自用固定资产而不是投资固定资产，这与国家的监管政策不无关系。

(4) 现金流量表便于研究各时期经营结构的变化，体现出各种业务经营的状态，以便管理层及时进行经营管理策略的调整。

(5) 现金流量表使用了成本会计中的平行结转法，把经营、投资和利率汇率导致的资产增值余额分别结转然后合并计算的方式。

三、利润表

（一）保险公司利润分配顺序

保险公司的利润根据国家规定做相应调整后按照下列顺序进行分配：

(1) 按照国家税收规定缴纳工商税收。

(2) 被没收的财务损失、支付各项税收的滞纳金和罚款。

(3) 弥补企业以前年度亏损。即弥补超过用所得税的利润抵补期限,按规定用税后利润弥补的亏损。

(4) 提取法定盈余公积金。即按税后利润扣除前两项后的10%提取法定盈余公积金。盈余公积金已达注册资金的50%时可不再提取。盈余公积金可用于弥补亏损或按国家规定转增资本金。

(5) 提取公益金。公益金主要用于企业职工的集体福利设施。

(6) 向投资者分配利润。企业以前年度未分配的利润,可以并入本年度向投资者分配。税后利润的分配顺序是:① 支付优先股股利;② 按公司章程或股东会决议提取任意盈余公积金;③ 支付普通股股利。

(二) 保险公司利润表实例

下面给出某保险公司利润表的实例,如表8-5所示。

表8-5 保险公司利润表

※※※※保险(集团)股份有限公司

利润表

人民币百万元

	20××年度	20××年度
一、营业收入		
保险业务收入	129 383	100 945
其中:分保费收入	119	85
减:分出保费	(5 813)	(4 298)
提取未到期责任准备金	(1 780)	(2 615)
已赚保费	121 790	94 032
银行业务利息收入	7 020	5 314
银行业务利息支出	(2 677)	(1 565)
银行业务利息净收入	4 343	3 749
非保险业务手续费及佣金收入	1 980	2 814
非保险业务手续费及佣金支出	(204)	(502)
非保险业务手续费及佣金净收入	1 776	2 312
投资收益	28 248	58 182
公允价值变动损益	(17 668)	6 885
汇兑损失	(465)	(501)
其他业务收入	1 779	604
营业收入合计	139 803	165 263
二、营业支出		
退保金	(13 362)	(13 333)
赔付支出	(34 592)	(26 998)
减:摊回赔付支出	2 960	2 443
提取保险责任准备金	(38 792)	(77 545)
减:摊回保险责任准备金	5 808	592
保单红利支出	(6 276)	(3 514)
分保费用	(23)	(16)

项目		
保险业务手续费及佣金支出	(14 637)	(10 838)
营业税金及附加	(2 576)	(3 656)
业务及管理费	(14 025)	(15 524)
减:摊回分保费用	1 456	1 167
其他业务成本	(1 931)	(585)
资产减值损失	(26 120)	(289)
营业支出合计	(142 110)	(148 096)
三、营业利润	(2 307)	17 167
加:营业外收入	114	569
减:营业外支出	(260)	(253)
四、利润/(亏损)总额	(2 453)	17 483
减:所得税费用	3 326	(1 902)
五、净利润	873	15 581
归属于母公司股东的净利润	662	15 086
少数股东损益	211	495
六、每股收益 人民币元 人民币元		
基本每股收益	0.09	2.11

(三)保险公司利润表的特点

保险公司利润表从成本会计角度分析有以下两个特点:

(1) 利润表使用了成本会计中的分步结转法。就是前一步结转完毕再往上累加下一项科目,这样容易在动态过程中看出利润形成的原因。

(2) 每一项必须依赖现有的财务资料进行汇总,然后累加。

本章小结

1. 讲述了保险公司财务管理的概念特点及其必要性。

2. 介绍了保险公司资产负债管理,重点放在对于一般财务会计知识在保险公司经营管理中的具体应用,突出了会计要素在保险公司经营管理中的具体表现形式。

3. 熟悉三个财务报表为主的主要财务数据资料特点。

强化训练

一、选择题

1. 保单所有者权益包含(　　)。

A. 准备金　　B. 分红　　C. 赔偿和给付　　D. 保险保障基金

E. 存款利息

2. 流动资产有(　　)。

A. 现金　　B. 银行存款　　C. 应收　　D. 预付款项
E. 待摊费用

3. 所有者权益包括(　　)。
A. 资本溢价　　B. 捐赠　　C. 税后已分配利润　　D. 预提税款
E. 普通股分红

二、名词解释

保单持有者权益　流动负债　长期负债　认可资产

三、简述

1. 简述资产负债表的特点。
2. 简述现金流量表的特点。
3. 简述利润表的特点。

实训课堂

解读财务报表。

※※※※保险(集团)股份有限公司

资产负债表

人民币百万元

	20××年12月31日	20××年12月31日
资产		
货币资金	52 445	72 740
结算备付金	1 177	2 027
拆出资金	304	1 192
交易性金融资产	65 486	84 938
衍生金融资产	17	177
买入返售金融资产	13 084	36 457
应收利息	6 931	4 187
应收保费	4 554	4 568
应收分保账款	2 733	2 452
应收分保合同准备金	11 354	4 931
保户质押贷款	3 725	2 411
发放贷款及垫款	74 160	63 125
存出保证金	108	887
定期存款	83 003	41 731
可供出售金融资产	212 236	178 539
持有至到期投资	126 502	127 736
长期股权投资	6 025	2 207
商誉	617	610
存出资本保证金	5 860	1 560
投资性房地产	6 551	4 051
固定资产	7 641	7 894
无形资产	9 500	3 621

递延所得税资产	7 767	87
其他资产	5 860	3 216
资产总计	707 640	651 344
负债		
短期借款	3 071	3 719
同业及其他金融机构存放款项	17 204	7 532
存入保证金	7 413	5 398
拆入资金	33	175
衍生金融负债	265	189
卖出回购金融资产款	41 334	13 980
吸收存款	80 649	72 133
代理买卖证券款	6 929	14 394
预收保费	2 210	2 981
应付手续费及佣金	1 243	1 104
应付分保账款	3 571	2 656
应付职工薪酬	2 156	4 732
应交税费	3 073	1 907
应付利息	975	574
应付赔付款	6 222	5 161
应付保单红利	12 012	7 006
保户储金及投资款	6 420	5 287
保险合同准备金	420 064	380 947
长期借款	3 884	3 218
递延所得税负债	472	4 822
其他负债	6 971	4 211
负债合计	626 171	542 126
股东权益		
股本	7 345	7 345
资本公积	48 095	72 111
盈余公积	6 125	5 655
一般风险准备	395	395
未分配利润	16 820	21 770
外币报表折算差额	(23)	(42)
少数股东权益	2 712	1 984
股东权益合计	81 469	109 218

问题：保险公司资产负债表体现保险财务管理的哪些特点？

第九章　保险公司偿付能力管理

资料导入

负债过高导致被监管部门责令停止部分业务

2000年8月28日，日本保险主管当局对日本大正生命保险股份公司(以下简称"大正生命")下达了停止保险业务的命令。当时大正生命的财务状况如下：

资产额：1 545亿日元+70亿日元(品牌价值费)=1 615亿日元

负债额：1 910亿日元−33亿日元(责任准备金缩减至原来的90%)=1 877亿日元

债务超过额：1 877亿日元−1 615亿日元=262亿日元

分析：大正生命保险股份公司由于种种原因造成负债率过高，导致了监管当局停止业务的处罚。考虑到广大保单持有者利益，如果由于经营不善导致财务不稳定并且达到法律规定的警戒线，那么依照各国保险法律规定，保险公司必须进入市场退出程序：停止业务并且整改；合并或兼并；自动解散；国家接管。保险公司应通过缩减责任准备金的额度减少债务超过额度，并选择最大限度认可品牌价值的救助保险公司的主要内容及程序。①

知识目标

1. 了解和掌握保险公司偿付能力的概念、偿付能力的对象、偿付能力内容；
2. 掌握最低偿付能力定义、财务稳定性指标公式、偿付能力指标公式。

技能目标

1. 掌握保持保险公司资本充足率的方法；
2. 熟悉偿付能力包含的内容；
3. 会计算财务稳定性指标和偿付能力指标；
4. 能根据财务稳定性指标和偿付能力指标判断经营状况，并且会根据财务稳定性指标和偿付能力指标的偏差进行保险经营管理的调整。

① 资料来源于日本寿险公司破产四大案例，中国保险报2011年06月20日。

第一节 企业财务管理指标

一、财务管理指标

财务管理指标是指企业总结和评价财务状况和经营成果的相对指标，中国《企业财务通则》中为企业规定的三种财务指标为：四大主要财务管理指标是指：偿债能力指标、营运能力指标、盈利能力指标、企业发展能力指标。

二、偿债能力指标

偿债能力指标是一个企业财务管理的重要管理指标，是指企业偿还到期债务本息的能力。偿债能力指标包括短期偿债能力指标和长期偿债能力指标。

（一）短期偿债能力

短期偿债能力，是指企业流动资产对流动负债及时足额偿还的保证程度，是衡量企业当期财务能力，尤其是流动资产变现能力的重要标志衡量指标主要有流动比率、速动比率和现金流动负债比率三项。

1. 流动比率

流动比率，是流动资产与流动负债的比率，它表明企业每一元流动负债有多少流动资产作为偿还保证，反映企业用可在短期内转变为现金的流动资产偿还到期流动负债的能力。

$$流动比率=\frac{流动资产合计}{流动负债合计}\times 100\%$$

流动资产，是指企业可以在一年或者超过一年的一个营业周期内变现或者运用的资产，主要包括货币资金、短期投资、应收票据、应收账款和存货等。

流动负债，也叫短期负债，是指将在一年或者超过一年的一个营业周期内偿还的债务，包括短期借款、应付票据、应付账款、预收账款、应付股利、应交税金、其他暂收应付款项、预提费用和一年内到期的长期借款等。

流动比率越高，企业资产的流动性越大，但并不是越大越好，比率太大占用流动资产较多会影响经营资金周转效率和获利能力。合理的流动比率为2。

2. 速动比率

速动比率是指企业速动资产与流动负债的比率，是衡量企业流动资产中可以立即变现用于偿还流动负债的能力。

$$速动比率=\frac{速动资产}{流动负债}$$

其中：

$$速动资产=流动资产-存货$$

或：

$$速动资产=流动资产-存货-预付账款-待摊费用$$

速动资产是企业的流动资产减去存货和预付费用后的余额，主要包括货币现金、短期投资、应收票据、应收账款及其他应收款等可以在较短时间内变现的项目。

因为存货在流动资产中变现速度较慢，有些存货可能滞销，无法变现，所以要扣除。至于预付账款和待摊费用根本不具有变现能力，只是减少企业未来的现金流出量，所以理论上也应加以剔除，但实务中，由于它们在流动资产中所占的比重较小，计算速动资产时也可以不扣除。

速动比率过低，企业的短期偿债风险较大，速动比率过高，企业在速动资产上占用资金过多，会增加企业投资的机会成本。一般而言，速动比率为 1 比较合理。但是实务中，应考虑到企业的行业性质。

3. 现金流动负债比率

现金流动负债比率(Cash Coverage Ratio)，是企业一定时期的经营现金净流量同流动负债的比率，它可以从现金流量角度来反映企业当期偿付短期负债的能力。

$$\text{现金流动负债比率}=\frac{\text{年经营现金净流量}}{\text{年末流动负债}}\times 100\%$$

年经营现金净流量是指一定时期内，由企业经营活动所产生的现金及现金等价物的流入量与流出量的差额。该指标是从现金流入和流出的动态角度对企业实际偿债能力进行考察。

该指标从现金流入和流出的动态角度对企业的实际偿债能力进行考察，反映本期经营活动所产生的现金净流量足以抵付流动负债的倍数。

由于净利润与经营活动产生的现金净流量有可能背离，有利润的年份不一定有足够的现金(含现金等价物)来偿还债务，所以利用以收付实现制为基础计量的现金流动负债比率指标，能充分体现企业经营活动所产生的现金净流量，可以在多大程度上保证当期流动负债的偿还，直观地反映出企业偿还流动负债的实际能力。

一般该指标大于 1，表示企业流动负债的偿还有可靠保证。该指标越大，表明企业经营活动产生的现金净流量越多，越能保障企业按期偿还到期债务，但也并不是越大越好，该指标过大则表明企业流动资金利用不充分，盈利能力不强。

需要注意以下问题：

一是对经营活动产生的现金净流量的计量。企业的现金流量分为三大类，即经营活动产生的现金流量、投资活动产生的现金流量、筹资活动产生的现金流量。计算企业现金流动负债比率时所取的数值仅为经营活动产生的现金流量。这是因为企业的现金流量来源主要取决于该企业的经营活动，评价企业的财务状况也主要是为了衡量企业的经营活动业绩。投资及筹资活动仅起到辅助作用且其现金流量具有偶然性、非正常性，因此用经营活动产生的现金流量来评价企业业绩更具有可比性。

二是对流动负债总额的计量。流动负债总额中包含有预收账款。由于预收账款并不需要企业当期用现金来偿付，因此在衡量企业短期偿债能力时应将其从流动负债中扣除。对于预收账款数额不大的企业，可以不予考虑。但如果一个企业存在大量的预收账款，则必须考虑其对指标的影响程度，进行恰当的分析处理。

另外，经营活动产生的现金净流量是过去一个会计年度的经营结果，而流动负债则是未来一个会计年度需要偿还的债务，二者的会计期间不同。因此，这个指标是建立在以过去一年的现金流量来估计未来一年的现金流量的假设基础之上的。使用这一财务比率时，需要考虑未来一个会计年度影响经营活动的现金流量变动的因素。

（二）长期偿债能力指标

长期偿债能力指标是反映企业偿还长期负债能力的指标，是反映企业偿债能力指标体系中的数量指标之一。

资产是清偿企业债务的最终物质保证，盈利能力是清偿债务的经营收益保障，现金流量是清偿债务的支付保障。所以，只有将这些因素加以综合分析，才能真正揭示企业的长期偿债能力。主要从盈利能力角度和资产规模角度分析长期偿债能力。

1. 从盈利能力角度分析长期偿债能力

企业的盈利状况对其长期偿债能力的影响主要体现在利润越多，企业可用于偿还负债本息的能力越强。因此，通过反映企业盈利能力与负债本息之间关系的指标计算与分析，可以评价企业的长期偿债能力状况。通常，盈利能力对短期偿债能力和长期偿债能力都有影响，但由于利润按权责发生制原则计算，当期实现的利润并不一定在当期获得现金，因此并不能将利润或盈利能力与短期偿债能力划等号。而从长远看，利润与经营现金净流量呈正比，利润越多，企业偿债能力就越强。从盈利能力角度对企业长期偿债能力进行分析评价的指标主要有利息保障倍数、债务本息保障倍数、固定费用保证倍数等。

(1) 利息保证倍数。

任何企业为了保证再生产的顺利进行，在取得营业收入后，首先需要补偿企业在生产经营过程中的耗费。所以，营业收入虽然是利息支出的资金来源，但利息费用的真正资金来源是营业收入补偿生产经营中的耗费之后的余额，若其余额不足以支付利息费用，企业的再生产就会受到影响。利息保证倍数，亦称利息赚取倍数或利息保障倍数，是指企业生产经营所获得的息税前营业利润与利息费用之比。

其中，息税前正常营业利润是指营业利润加利息费用；利息支出总额是指本期发生的全部应付利息，不仅包括财务费用中的利息支出，还应包括资本化利息。

利息保证倍数指标反映了企业盈利与利息费用之间的特定关系。一般来说，该指标高低，说明企业的长期偿债能力强弱；运用利息保障倍数分析评价企业的长期偿债能力时，从静态上看，一般认为该指标至少要大于 1，否则说明企业偿债能力很差，无力举债经营；从动态上看，如果利息保证倍数提高，则说明偿债能力增强，反之说明企业偿债能力下降。

(2) 债务本息保证倍数。

债务本息保证倍数比利息保障倍数能更精确地表达企业偿债能力的保证程度。对债权人来说，如果连本金都不能收回，那就不敢奢求利息了。债权人借款给企业，目的虽然是为了获取利息收入，但基本前提是能够按期收回本金。而企业的偿债义务是按期支付利息和到期归还本金，所以其偿债能力的高低不能仅看偿付利息的能力，更重要的是还要看其偿还本金的能力。

债务本息保证倍数是指企业一定时期息税前利润与还本付息金额的比率，它是现金流人量对财务需要的满足程度，即现金流出的保证程度的比率，通常用倍数来表示。其计算公式如下。

在计算债务本息保证倍数时之所以考虑折旧和所得税税率，是因为折旧作为当期现金流人量可用于偿还长期负债；本金额按所得税税率进行调整是由于归还长期借款的利润是企业的税后利润。另外，在计算该指标时，应注意分子和分母的口径一致。如果计算某一年度的债务本息保证倍数，则各项目都是按年度口径计算，即偿还本金数额应是当年到期的长期负债额；如果计算的是一个时期的债务本息保证倍数，则各项目应使用这一时期的数据。

债务本息保证倍数最低标准为1，该指标越高，表明企业偿债能力越强。如果该指标低于1，说明企业偿债能力较弱，企业会因为还本付息造成资金周转困难，支付能力下降，使企业信誉受损。

(3) 固定费用保证倍数。

固定费用是指类似利息费用的固定支出，是企业必须需固定开支。任何企业如果不能按期支付这些费用，就会发生财务困难。固定费用保证倍数是指企业息税前利润与固定费用的比率，通常用倍数表示。该指标是利息保证倍数的演化，是一个比利息保证倍数更严格的衡量企业偿债能力保证程度的指标。该指标的计算公式如下。

运用固定费用保证倍数指标反映企业的长期偿债能力，其内涵比利息保证倍数和债务本息保证倍数指标更广泛、更综合，因其将企业所有长期债务都考虑了进去。计算固定费用保证倍数的方法多种多样，经常被当作这一指标中固定费用的项目有：利息费用、租赁费用中的一部分或全部、支付的债务本金，大量的优先股股利也可能包括进去。不管固定费用包括多少项内容，其原则是一致的，包括的内容越多，指标就越稳健。

固定费用保证倍数至少要等于1，否则说明企业无力偿还到期债务。该指标越高，说明企业的偿债能力越强。分析时，可以采用前后期对比的方式，考察其变动情况，也可以同其他同行业企业进行比较，或与同行业的平均水平进行比较，以了解企业偿债能力的保证程度如何。该指标没有一个固定的判断标准，可根据企业的实际情况来掌握，评价时还应结合其他指标进行。

对上述3个从盈利角度反映企业偿债能力指标的分析，还可以结合行业特点，依据行业标准进行，当企业偿债能力达到行业标准时，说明企业在同行业中处于比较先进的地位。另外，还可对这几个指标进行趋势分析，以反映企业偿债能力的变动情况和规律。

2. 从资产规模角度分析长期偿债能力

负债表明一个企业的债务负担，资产则是偿债的物质保证，单凭负债或资产不能说明一个企业的偿债能力。负债少并不等于说企业偿债能力强，同样资产规模大也不表明企业偿债能力强。企业的偿债能力体现在资产与负债的对比关系上。由这种对比关系中反映出来的企业长期偿债能力的指标主要有资产负债率、所有者权益比率、净资产负债率。

(1) 资产负债率。

资产负债率是综合反映企业偿债能力的重要指标，它通过负债与资产的对比，反映在企业的总资产中有多少是通过举债获得的。其计算公式如下。

该指标越大，说明企业的债务负担越重；反之，说明企业的债务负担越轻。对债权人来说，该比率越低越好，因为企业的债务负担越轻，其总体偿债能力越强，债权人权益的保证程度越高;对企业来说,则希望该指标大些,虽然这样会使企业债务负担加重,但企业也可以通过扩大举债规模来获得较多的财务杠杆利益。如果该指标过高,会影响企业的筹资能力。因为人们认识到,该企业的财务风险较大,当经济衰退或不景气时,企业经营活动产生的现金收入可能满足不了利息费用开支的需要,所以不会再向该企业提供借款或购买其发行的债券。如果这一比率超过100%,则表明企业已资不抵债,视为达到破产的警戒线。因此,一般认为,该指标在40%~60%时,有利于风险与收益的平衡。

通过对不同时期该指标的计算和对比分析,可以了解企业债务负担的变化情况。任何企业都必须根据自身的实际情况确定一个适度的标准,当企业债务负担持续增长并超过这一适度标准时,企业应注意加以调整,不能只顾获取杠杆利益而不考虑可能面临的财务风险。

(2) 所有者权益比率。

所有者权益比率是指所有者权益同资产总额的比率,反映企业全部资产中有多少是投资人投资所形成的。

所有者权益比率是表示长期偿债能力保证程度的重要指标,该指标越高,说明企业资产中由投资人投资所形成的资产越多,偿还债务的保证程度越大。

所有者权益比率高低能够明显表达企业对债权人的保护程度。如果企业处于清算状态,该指标对偿债能力的保证程度就显得更重要。

所有者权益比率的倒数称为权益乘数,是指资产总额与所有者权益的比率。所有者权益比率和权益乘数都是对资产负债率的补充说明,可以结合起来分析运用。

(3) 净资产负债率。

净资产负债率是指企业的负债总额与所有者权益总额之间的比率。其计算公式如下。

如果说资产负债率是反映企业债务负担的指标,所有者权益比率是反映偿债保证程度的指标,那么净资产负债率就是反映债务负担与偿债保证程度相对关系的指标。它和资产负债率、所有者权益比率具有相同的经济意义,但该指标能更直观地表示出负债受到股东权益的保护程度。由于股东权益等于净资产,所以这三个指标的计算结果应该一样,只是角度不同而已。一般认为净资产负债率为100%比较合适。

三、营运能力指标

营运能力是指企业的经营运行管理能力,即企业运用各项资产以赚取利润的能力。营运能力主要从流动资产周转情况、固定资产周转情况和总资产周转情况三个方面进行分析。

企业营运能力的财务指标有:应收账款周转率、存货周转率、营业周期、流动资产周转率和总资产周转率等。主要反映企业资金运营周转的情况,企业对经济资源管理、运用效率的高低。企业资产周转越快,流动性越高,企业的偿债能力越强,资产获取利润的速度就越快。

(一) 流动资产周转情况

反映流动资产周转情况的指标主要有应收账款周转率、存货周转率和流动资产周转率。

1. 应收账款周转率

应收账款周转率(Receivable Turnover)是反映应收账款周转速度的指标,它是一定时期内赊销收入净额与应收账款平均余额的比率。应收账款周转率有两种表示方法。一种是应收账款在一定时期内(通常为一年)的周转次数,另一种是应收账款的周转天数即所谓应收账款账龄(Age of Receivable)。

在一定时期内应收账款周转的次数越多,表明应收帐款回收速度越快,企业管理工作的效率越高。这不仅有利于企业及时收回贷款,减少或避免发生坏帐损失的可能性而且有利于提高企业资产的流动性,提高企业短期债务的偿还能力。

2. 存货周转率

存货周转率(Inventory Turnover)是一定时期内企业销货成本与存货平均余额间的比率。它是反映企业销售能力和流动资产流动性的一个指标,也是衡量企业生产经营各个环节中存货运营效率的一个综合性指标。

在一般情况下,存货周转率越高越好。在存货平均水平一定的条件下,存货周转率越高好。在存货平均水平一定的条件下,存货周转率越高,表明企业的销货成本数额增多,产品销售的数量增长,企业的销售能力加强。反之,则销售能力不强。企业要扩大产品销售数量,增强销售能力,就必须在原材料购进,生产过程中的投入,产品的销售,现金的收回等方面做到协调和衔接。因此,存货周转率不仅可以反映企业的销售能力,而且能用以衡量企业生产经营中的各有关方面运用和管理存货的工作水平。

存货周转率还可以衡量存货的储存是否适当,是否能保证生产不间断地进行和产品有秩序的销售。存货既不能储存过少,造成生产中断或销售紧张;又不能储存过多形成呆滞、积压。存货周转率也反映存贷结构合理与质量合格的状况。因为只有结构合理,才能保证生产和销售任务正常、顺利地进行;只有质量合格,才能有效地流动,从而达到存货周转率提高的目的。存货是流动资产中最重要的组成部分,往往达到流动资产总额的一半以上。因此,存货的质量和流动性对企业的流动比率具有举足轻重的影响并进而影响企业的短期偿债能力。存货周转率的这些重要作用,使其成为综合评价企业营运能力的一项重要的财务比率。

3. 流动资产周转率

流动资产周转率(Current Assets Turnover)是反映企业流动资产周转速度的指标。它是流动资产的平均占用额与流动资产在一定时期所完成的周转额之间的比率。

在一定时期内,流动资产周转次数越多,表明以相同的流动资产完成的周转额越多,流动资产利用的效果越好。流动资产周转率用周转天数表示时,周转一次所需要的天数越少,表明流动资产在经历生产和销售各阶段时占用的时间越短,周转越快。生产经营任何一个环节上的工作得到改善,都会反映到周转天数的缩短上来。按天数表示的流动资产周转率能更直接地反映生产经营状况的改善。便于比较不同时期的流动资产周转率,应用较为普遍。

(二) 固定资产周转情况

固定资产周转率(Fixed Assets Turnover),是反映企业固定资产周转情况的指标,用企业年销售收入净额与固定资产平均净值的比率来表示,主要衡量固定资产利用效率。

固定资产周转率高,说明企业固定资产利用充分,企业固定资产投资得当,固定资产结构合理，能够充分发挥效率。反之，如果固定资产周转率不高，则表明固定资产使用效率不高，提供的生产成果不多，企业的营运能力不强。

运用固定资产周转率时，需要考虑固定资产净值因计提折旧而逐年减少因更新重置而突然增加的影响；在不同企业间进行分析比较时，还要考虑采用不同折旧方法对净值的影响等。

（三）总资产周转情况

总资产周转率(Total Assets Turnover)，是反映总资产周转情况的指标，用企业销售收入净额与资产总额的比率来表示，主要用来分析企业全部资产的使用效率。比率高低表明企业利用全部资产进行经营的效率好坏。企业应采取措施提高各项资产的利用程度从而提高销售收入或处理多余资产。

四、盈利能力指标

盈利能力是指企业获取利润的能力，也称为企业的资金或资本增值能力，通常表现为一定时期内企业收益数额的多少及其水平的高低。

（一）常用评价指标

盈利能力指标主要包括营业利润率、成本费用利润率、盈余现金保障倍数、总资产报酬率、净资产收益率和资本收益率六项。

1. 营业利润率

营业利润率，是企业一定时期营业利润与营业收入的比率。

$$营业利润率=\frac{营业利润}{营业收入}\times 100\%$$

营业利润率越高，表明企业市场竞争力越强，发展潜力越大，盈利能力越强。

2. 成本费用利润率

成本费用利润率，是企业一定时期利润总额与成本费用总额的比率。

$$成本费用利润率=\frac{利润总额}{成本费用总额}\times 100\%$$

其中：成本费用总额＝营业成本＋营业税金及附加＋销售费用＋管理费用＋财务费用

成本费用利润率越高，表明企业为取得利润而付出的代价越小，成本费用控制得越好，盈利能力越强。

3. 盈余现金保障倍数

盈余现金保障倍数，是企业一定时期经营现金净流量与净利润的比值，反映了企业当期净利润中现金收益的保障程度，真实反映了企业盈余的质量。

$$盈余现金保障倍数=\frac{经营现金净流量}{净利润}$$

一般来说，当企业当期净利润大于0时，盈余现金保障倍数应当大于1。该指标越大，表明企业经营活动产生的净利润对现金的贡献越大。

4. 总资产报酬率

总资产报酬率，是企业一定时期内获得的报酬总额与平均资产总额的比率了企业资产的综合利用效果。

$$总资产报酬率=\frac{息税前利润总额}{平均资产总额}\times 100\%$$

其中：　　$$息税前利润总额=利润总额+利息支出$$

一般情况下，总资产报酬率越高，表明企业的资产利用效益越好，整个企业盈利能力越强。

5. 净资产收益率

净资产收益率，是企业一定时期净利润与平均净资产的比率，反映了企业自有资金的投资收益水平。

$$净资产收益率=\frac{净利润}{平均净资产}\times 100\%$$

其中：　　$$平均净资产=\frac{所有者权益年初数+所有者权益年末数}{2}$$

一般认为，净资产收益率越高，企业自有资本获取收益的能力越强，运营效益越好，对企业投资人、债权人利益的保证程度越高。

6. 资本收益率

资本收益率，是企业一定时期净利润与平均资本（即资本性投入及其资本溢价）的比率，反映企业实际获得投资额的回报水平。

$$资本收益率=\frac{净利润}{平均资本}\times 100\%$$

其中：

$$平均资本=\frac{实收资本年初数+资本公积^{①}+实收资本年末数+资本公积年末数}{2}$$

（二）上市公司评价指标

上市公司在实务中经常采用每股收益、每股股利、市盈率、每股净资产等指标评价其获利能力。

1. 每股收益

每股收益也称每股利润或每股盈余，是反映企业普通股股东持有每一股份所能享有企业利润或承担企业亏损的业绩评价指标。每股收益的计算包括基本每股收益和稀释每股收益。

---

① 资本公积仅指资本溢价或股本溢价。

$$基本每股收益=\frac{归属于普通股东的当期净利润}{当期发行在外普通股的加权平均数}$$

其中：

当期发行在外普通股的加权平均数＝期初发行在外普通股股数＋当期新发行普通股股数×已发行时间/报告期时间－当期回购普通股股数×已回购时间/报告期时间①

稀释每股收益是在考虑潜在普通股稀释性影响的基础上，对基本每股收益的分子、分母进行调整后再计算的每股收益。

每股收益越高，表明公司的获利能力越强。

2. 每股股利

每股股利，是上市公司本年发放的普通股现金股利总额与年末普通股总数的比值，反映上市公司当期利润的积累和分配情况。其计算公式为：

$$每股股利=\frac{普通股现金股利总额}{年末普通股总数}$$

3. 市盈率

市盈率，是上市公司普通股每股市价相当于每股收益的倍数，反映投资者对上市公司每股净利润愿意支付的价格，可以用来估计股票的投资报酬和风险。其计算公式为：每股净收益，是上市公司年末每股净收益

$$市盈率=\frac{普通股每股市价}{普通股每股收益}$$

一般来说，市盈率高，说明投资者对该公司的发展前景看好，愿意出较高的价格购买该公司股票。但是，某种股票的市盈率过高，也意味着这种股票具有较高的投资风险。

4. 每股净资产

每股净资产，是上市公司年末净资产（即股东权益）与年末普通股总数的比值。其计算公式为：

$$每股净资产=\frac{年末股东权益}{年末普通股总数}$$

五、发展能力指标

发展能力，是指企业在生存的基础上，扩大规模、壮大实力的潜在能力。分析发展能力主要从营业收入增长率、资本保值增值率、资本积累率、总资产增长率、营业利润增长率、技术投入比率、营业收入三年平均增长率和资本三年平均增长率八个方面进行。

（一）营业收入增长率

营业收入增长率，是企业本年营业收入增长额与上年营业收入总额的比率，反映企业营

① 已发行时间、报告期时间和已回购时间一般按天数计算，在不影响计算结果的前提下，也可以按月份简化计算。

业收入的增减变动情况。其计算公式为：

$$营业收入增长率=\frac{当年营业收入增长额}{上年营业收入总额}\times 100\%$$

其中：　本年营业收入增长额＝本年营业收入总额－上年营业收入总额

营业收入增长率大于零，表明企业本年营业收入有所增长。该指标值越高，表明企业营业收入的增长速度越快，企业市场前景越好。

（二）资本保值增值率

资本保值增值率，是企业扣除客观因素后的本年末所有者权益总额与年初所有者权益总额的比率，反映企业当年资本在企业自身努力下实际增减变动的情况。一般认为，资本保值增值率越高，表明企业的资本保全状况越好，所有者权益增长越快，债权人的债务越有保障。该指标通常应当大于100%。

（三）资本积累率

资本积累率，是企业本年所有者权益增长额与年初所有者权益的比率，反映企业当年资本的积累能力。资本积累率越高，表明企业的资本积累越多，应对风险、持续发展的能力越强。

（四）总资产增长率

总资产增长率，是企业本年总资产增长额同年初资产总额的比率，反映企业本期资产规模的增长情况。

本年总资产增长额＝年末资产总额－年初资产总额

总资产增长率越高，表明企业一定时期内资产经营规模扩张的速度越快。但在分析时，需要关注资产规模扩张的质和量的关系，以及企业的后续发展能力，避免盲目扩张。

（五）营业利润增长率

营业利润增长率，是企业本年营业利润增长额与上年营业利润总额的比率，反映企业营业利润的增减变动情况。

本年营业利润增长额＝本年营业利润总额－上年营业利润总额

（六）技术投入比率

技术投入比率，是企业本年科技支出（包括用于研究开发、技术改造、科技创新等方面的支出）与本年营业收入的比率，反映企业在科技进步方面的投入，在一定程度上可以体现企业的发展潜力。一般认为，资本三年平均增长率越高，表明企业所有者权益得到保障的程度越大，应对风险和持续发展的能力越强。

（七）营业收入三年平均增长率

营业收入三年平均增长率表明企业营业收入连续三年的增长情况，反映企业的持续发展态势和市场扩张能力。一般认为，营业收入三年平均增长率越高，表明企业营业持续增长势头越好，市场扩张能力越强。

（八）资本三年平均增长率

资本三年平均增长率表示企业资本连续三年的积累情况，在一定程度上反映了企业的持续发展水平和发展趋势。

第二节　财务稳定指标

一、财务稳定性含义

保险公司财务稳定性是保险公司积累的保险基金是否能够履行对于保单所有者权益的责任。保险财务稳定性包含三个层次的含义：保险公司的各项责任准备金与赔偿与给付之间是否平衡；总准备金是否能够弥补保单所有者权益里面的分红权利；自有资本（包括保证金）和保险保障基金能否偿还破产时保单所有者权益的负债。也就是说，财务稳定性是保险经营管理过程中任何一个财务年度和保险年度必须关注的指标，但是主要方面是正常年份保险公司对于保险赔偿的支付能力。

二、财务稳定性指标解析

在实际经营中，实际赔付金额和预计赔付金额肯定存在偏差，这个偏差使用财务稳定性指标 k 来衡量。

$$k=\frac{a\sqrt{np(1-p)}}{anf}=\frac{\sqrt{np(1-p)}}{nf}$$

其中：n 个相互独立的保险标的，每个保险标的的保险金额是 a 元，p 是每个保险标的的损失概率，f 是纯费率。

换用文字表达就是：

$$\text{财务稳定性指标}=\frac{\text{赔付金额均方差}}{\text{预计赔款金额}}$$

对于保险公司来说，财务稳定性 k 越大财务稳定性越差。一般保险公司能承受的财务稳定性指标在区间$[0,0.1)$内。

三、财务稳定性影响因素分析

保险财务稳定性分析建立在两个前提下：各个保险标之间独立，互不影响；每个保险标的的保险金额相同。但在实际业务中，上述条件对于某个保险品种来说可能是正确的。对于保险公司的大多数业务来讲，不具有一般性。

（一）风险相关业务的财务稳定性

现在假设有 mn 个风险标的，其中 n 个标的风险相关聚合成一个风险单位。可以得到下面公式：

$$k_1 = \sqrt[n]{\prod m_i k}$$

其中：k_1 表示每个保险标的包含 m_i 个相互相关的保险标的的n 个互不相关的保险标的构成的保险业务的财务稳定性；k 表示 n 个互不相关的保险标的的保险业务的财务稳定性；每个保险标的平均保险金额是 a 元；每个标的损失概率是 p；纯费率是 f。

换句话说：可以把风险不独立的保险标的分成几组，每组是一个保险标的，这些风险标的之间相互独立，每个保险标的的保险金额是 a 元，p 是每个保险标的的损失概率，f 是纯费率；每组中的相关保险标的，平均保险金额是 a 元，每个标的平均损失概率是 p，平均纯费率是 f。

例：现在保险标的 10 个分成 3 组，每组之间风险是相互独立的，组内风险是相关的，其中分组情况是 3，3，4。如果对于 3 个不同组来说，每组是一个保险标的，这些风险标的之间相互独立，每个保险标的的保险金额是 1 元，10％ 是每个保险标的的损失概率，千分之三是纯费率；对于组内来说，每组中的 m_i 个相关保险标的，平均保险金额是 1 元，每个标的平均损失概率是 10％，平均纯费率是千分之三。分组后财务稳定性是原来多少倍？

解：$k_1 = \sqrt[3]{3 \times 3 \times 4}k = 3.25k$

答：其财务稳定性变成原来的 3.25 倍。

（二）保险金额不同的业务的财务稳定性

将 n 个保险标的分成 m 组，每组中有若干个保险标的，每组间保险金额有差别，组内每个保险标的之间没有差别，损失率等于纯费率。下面给出保险业务财务稳定性的差别，如表 9－1 所示。

表 9－1　财务稳定性的差别

组保险标的个数	组间保险金额最大差别	均方差差别	财务稳定性
1	0	0	相等
10	9	1.13 倍	1.13 倍
10	99	3.64 倍	3.64 倍

综合表 9－1 可以得出以下结论：在组保险标的的个数固定的情况下，组间保险金额差别越大，保险业务的财务稳定性越差。可以推测，如果组内保险标的个数不固定，组间保险金额差别相同情况下，保险业务财务稳定性会降低。这是因为组内个数不固定，增

加了各组均方差的不稳定性，从而引起财务稳定性指标的不确定性，加大了经营的财务风险。

（三）保险经营对于风险的控制

1. 保险业务分类

保险业务经营过程中，对于保险业务必须按照风险标的内容不同进行分类，从而达到控制风险的目的。保险业务分类（以营运汽车分类为例）如图 9-1 所示。

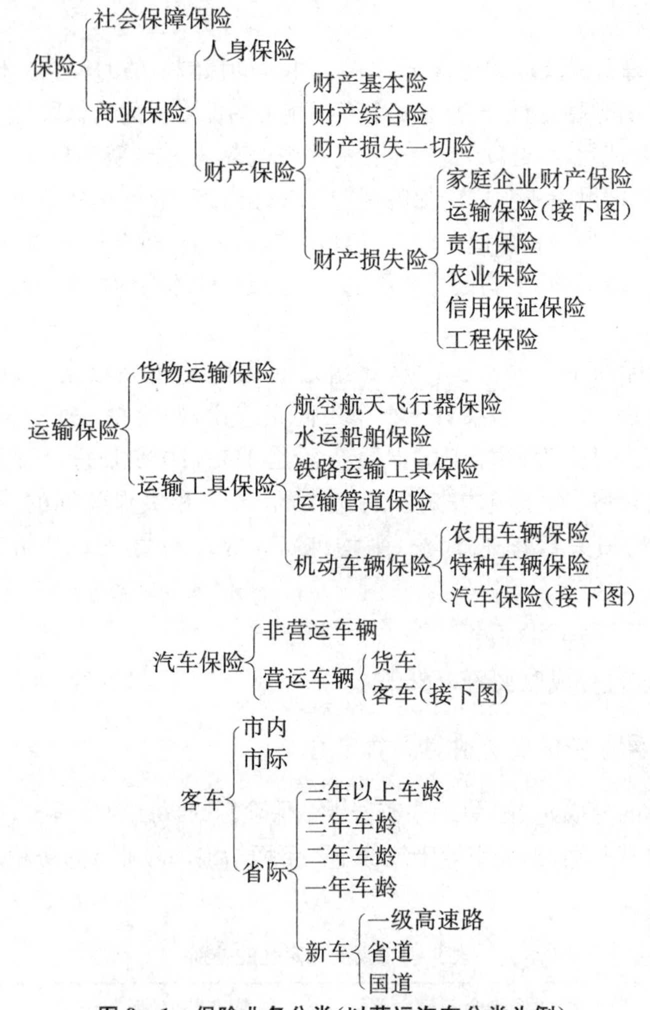

图 9-1　保险业务分类（以营运汽车分类为例）

2. 费率计算

保险业务经营过程中，对于保险业务必须按照精算基础不同进行风险费率的计算。一般情况下，非寿险的精算基础包含以下内容：伤残率、经验损失概率、经验损失程度、赔偿经验市值、经验疾病持续时间和预定费率等。这些是财产保险或有财产保险性质的保险品种风险控制的前提。寿险精算基础包含以下内容：出生率、死亡率、生存率、预定利率和预定费率等。精算基础就是一些根据经验预定假设的前提，这些前提必须以以前的统计数据为基础。当然,在保险经营中必须根据实际对这些前提假设进行调整,以保证假设尽量与实际吻合,从而达到控制经营风险的目的。

3. 保险标的保险金额差别

保险业务经营过程中,某个保险品种的单个保单之间必须风险独立且同分布,而且相同保险品种间保险标的保险金额差别不要过大。为保证财务稳定性,如果相同保险品种间保险标的保险金额差别过大,就要再划分为不同保险品种。比如:营运客车可以再分为:豪华车保险;中档客车保险;普通客车保险。

4. 大数量法则

保险业务经营过程中,某个保险品种的业务量要尽量大,以保证大数定理发挥作用,从而固定风险,达到控制风险的目的。

第三节 偿付能力指标

一、偿付能力的概念及其重要性

(一)偿付能力

偿付能力是指保险公司的偿还其到期债务的能力。是指保险公司在当前和可预见的未来,在任何情况下保险公司履行其所有合同下义务的能力,即以其可变现资产履行其偿债责任的能力,包括保单给付责任和其他负债的偿还责任,它体现了保险公司资产和负债之间的一种关系。

偿付能力对保险公司健康运作来说是至关重要的,一旦发生偿付能力危机,不仅保险公司无法维持正常经营,被保险人或投保人的利益遭到威胁或损害,而且可能会对国民经济的正常运转和社会稳定产生巨大的破坏作用。保险公司只有持续拥有这种能力才能保证投保人的根本利益。监管部门重视偿付能力的监管,就是基于保护保单所有者权益。保险公司的偿付能力监管成为世界各国对保险业监管的重要目标及其监管的核心内容。

一般以偿付能力额度作为衡量企业偿付能力大小的标准。它涉及到两个方面的内容:一是保险公司实际具备的偿付能力;二:是保险监督管理机关要求保险公司必须具备的最低偿付能力。

对保险公司偿付能力的监管不同于对其他企业偿付能力的监管。一般企业只要其资产市场价值高于其债务价值即被视为具有偿付能力。但保险公司则不同。各国保险监管部门一般要求保险公司的认可资产减去认可负债的差额必须大于保险法规规定的金额。保险公司认可资产与认可负债的差额低于这一规定的差额,即被认为是偿付能力不足。因此,保险公司偿付能力不足与破产还不是同一个概念,保险公司偿付能力不足并不一定会导致保险公司破产,在一定情况下,保险公司认可资产还会大于其负债。

（二）保险偿付能力主要保障对象

保险偿付能力主要是保障被保险人的合法利益也就是保单所有者权益。保单所有者权益，包含保险赔偿和给付、未到期责任准备金、分保准备、被保险人分红、被保险人利息。在正常年份，这些内容都是偿付能力对象；在非正常年份或者保险公司破产清算时，保险赔偿和给付以及未到期责任准备金以及分保准备就显得尤为重要。这些内容在国内保险法中可以得到体现。

【知识链接】

下面是《中华人民共和国保险法》的一些规定：

第 89 条　保险公司因分立、合并需要解散，或者股东会、股东大会决议解散，或者公司章程规定的解散事由出现，经国务院保险监督管理机构批准后解散。经营有人寿保险业务的保险公司，除因分立、合并或者被依法撤销外，不得解散。保险公司解散，应当依法成立清算组进行清算。

第 90 条　保险公司有《中华人民共和国企业破产法》第二条规定情形的，经国务院保险监督管理机构同意，保险公司或者其债权人可以依法向人民法院申请重整、和解或者破产清算；国务院保险监督管理机构也可以依法向人民法院申请对该保险公司进行重整或者破产清算。

第 91 条　破产财产在优先清偿破产费用和共益债务后，按照下列顺序清偿：(一) 所欠职工工资和医疗、伤残补助、抚恤费用，所欠应当划入职工个人账户的基本养老保险、基本医疗保险费用，以及法律、行政法规规定应当支付给职工的补偿金；(二) 赔偿或者给付保险金；(三) 保险公司欠缴的除第(一)项规定以外的社会保险费用和所欠税款；(四) 普通破产债权。破产财产不足以清偿同一顺序的清偿要求的，按照比例分配。破产保险公司的董事、监事和高级管理人员的工资，按照该公司职工的平均工资计算。

第 92 条　经营有人寿保险业务的保险公司被依法撤销或者被依法宣告破产的，其持有的人寿保险合同及责任准备金，必须转让给其他经营有人寿保险业务的保险公司；不能同其他保险公司达成转让协议的，由国务院保险监督管理机构指定经营有人寿保险业务的保险公司接受转让。转让或者由国务院保险监督管理机构指定接受转让前款规定的人寿保险合同及责任准备金的，应当维护被保险人、受益人的合法权益。

第 95 条　保险公司的业务范围：(一) 人身保险业务，包括人寿保险、健康保险、意外伤害保险等保险业务；(二) 财产保险业务，包括财产损失保险、责任保险、信用保险、保证保险等保险业务；(三) 国务院保险监督管理机构批准的与保险有关的其他业务。

保险人不得兼营人身保险业务和财产保险业务。但是，经营财产保险业务的保险公司经国务院保险监督管理机构批准，可以经营短期健康保险业务和意外伤害保险业务。保险公司应当在国务院保险监督管理机构依法批准的业务范围内从事保险经营活动。

第 96 条　经国务院保险监督管理机构批准，保险公司可以经营本法第九十五条规定的保险业务的下列再保险业务：(一) 分出保险；(二) 分入保险

(三) 保险公司偿付能力额度(Solvency margin)

1. 保险公司偿付能力额度的概念及其公式

保险公司偿付能力的经济表现是一定时期内公司资产负债表上总资产超过总负债的差额,即偿付能力额度。偿付能力额度是一个不同于偿付能力的概念,是衡量保险公司偿付能力状况最基础的综合性指标。偿付能力额度仅仅是从资产与负债的数量关系角度静态地评价了保险公司的偿付能力状况,这一概念还包括资产的质量与负债的匹配状况,即其内涵还可引申为保险公司的现金资产在任何时点上足以支付到期债务。

$$Z(t) = A(t) - L(t)$$

t 表示时刻,$A(t)$ 表示 t 时刻的资产,$L(t)$ 表示 t 时刻的负债,$Z(t)$ 表示 t 时刻的偿付能力额度;

$Z(t) > 0$ 表示保险公司某段时间内具有偿付能力,保险公司的资产大于负债;$Z(t) < 0$ 表示如果保险公司在某段时间内不具有偿付能力,保险公司的资产小于负债。

2. 认可资产和认可负债

在计算偿付能力额度时,由于各国资产和负债的估价方法和标准不同,因而产生的偿付准备估价也不同。一般说来,计算偿付能力额度的资产是指可以立即变现或在短时间内较快变现的资产,通常将可立即变现或在短时间内较快变现的资产称为认可资产。2001 年 1 月 13 日保监会发布的《保险公司最低偿付能力及监管指标管理规定(试行)》采用了,认可资产和认可负债的提法。

(四) 偿付能力不足产生的原因

1. 保险费率确定过低

保险市场与其他商品市场一样,是一个竞争的市场。各保险公司为了在市场上处于有利地位,卖出更多的保单,获得更大的市场份额,经常利用价格来进行竞争。这样,很可能造成保险费率确定过低,在未来保险事件发生时入不敷出,形成亏损。

2. 准备金计算错误

保险准备金是以对未来风险的估计为基础而计提的应对未来事件的一种资金准备。如果估计方法不当,就会出现保险准备金与实际承担的保险责任不匹配的情况,这样也会形成亏损。修订后的《合同法》第 94 条规定:"保险公司应当根据被保险人利益、保证偿付能力的原则,提取各项责任准备金。"

3. 风险程度估算不准确

保险公司面对的是风险,它通过保险条款规定自己的义务,并确定自己的权利。如果考虑的风险因素及各项因素对保险书件的影响程度不准确,一旦地震等异常风险发生,也会造成保险公司的亏损,影响偿付能力。

二、偿付能力内容

从财务稳定性角度出发,保险公司偿付能力由以下内容来支撑,如表 9-2 所示。

表 9－2　保险公司偿付能力

偿付能力内容	资金来源	用途
自有资本和股本	资本金(正常年份)	偿还债务
保证金	资本金 20%(非正常年份)	清算
保险保障基金	保险费提成(非正常年份)	救济
赔偿准备金	保险费（正常年份)	赔偿赔付
责任准备金	保险费（正常年份)	赔偿准备
总准备金	税后利润（非正常年份)	弥补利润损失

【知识链接】

下面是《中华人民共和国保险法》的一些规定：

第 97 条　保险公司应当按照其注册资本总额的百分之二十提取保证金，存入国务院保险监督管理机构指定的银行，除公司清算时用于清偿债务外，不得动用。

第 98 条　保险公司应当根据保障被保险人利益、保证偿付能力的原则，提取各项责任准备金。保险公司提取和结转责任准备金的具体办法，由国务院保险监督管理机构制定。

第 99 条　保险公司应当依法提取公积金。

第 100 条　保险公司应当缴纳保险保障基金。保险保障基金应当集中管理，并在下列情形下统筹使用：(一) 在保险公司被撤销或者被宣告破产时，向投保人、被保险人或者受益人提供救济；(二) 在保险公司被撤销或者被宣告破产时，向依法接受其人寿保险合同的保险公司提供救济；(三) 国务院规定的其他情形。保险保障基金筹集、管理和使用的具体办法，由国务院制定。

为方便理解，现对表格中相关名词做如下规定：

自有资本：保险公司建立的时候，原始股东缴纳的资金以及资本赢余。

股本：保险公司上市时候，股票发行融通到的资金以及资本溢价。

保证金：保险公司按照实收资本一定比例提取，存放于金融监管部门，用于清算的资金。

保险保障基金：从保险费中按照一定比例提取，存放于行业协会，清算时用于救助被保险人或接收破产保险人的保险公司。

赔偿准备金：所有已经发生已经报告的保险事故的赔偿资金。

责任准备金：所有未发生但是可能 发生的保险事故的赔偿准备金。

总准备金：从税后利润中提取，用于弥补非正常年份利润损失，来保障保险人分红从而转增资本金，最终保障保单所有者权益的资金；也可以向保单所有者分红。

三、偿付能力分类

偿付能力可以分为以下三类。

（一）最低偿付能力

最低偿付能力是指保险公司为了履行超过正常年景下的赔偿和给付义务，在理论上是资产超过负债的最小差额。最低偿付能力一般是运用数理科学对以往突发事故发生进行统计计算而求得的比较精确的理论结果,在一定程度上揭示了偿付能力的内在规律性,对制定法定偿付能力有指导意义,我国的保险监管机构实行的是最低偿付能力标准的监管。这种偿付能力是保险公司必须满足的偿付能力要求,即由保险法规规定的保险公司在存续期间必须达到的保险公司认可资产与认可负债差额的标准。《保险法》规定:保险公司应当具有与其业务规模相适应的最低偿付能力。保险公司的实际资产减去实际负债的差额不得低于金融监督管理部门规定的数额;低于规定数额的,应当增加资本金,补足差额。修订后的《保险法》补充规定:"保险监督管理机构应当建立健全保险公司偿付能力监管指标体系,对保险公司的最低偿付能力实施监控。"

(二)法定偿付能力

法定偿付能力是保险监管机构为确保保险企业稳健经营,依据《保险法》规定保险企业必须保持的最低偿付能力。法定偿付能力的制定降低了保险公司完全丧失偿付能力的概率,在保险公司破产时提供一个缓冲机制,同时为监管部门提供预警信息。法定偿付能力是由保险监管机构参照最低偿付能力,同时结合保险、经济状况,经过经验权衡而制定的标准,公布施行后保险企业都要遵守,使其实际偿付能力不低于法定偿付能力。

(三)实际偿付能力

实际偿付能力是指保险公司在在某一时点上实际具备的偿付能力额度,即认可资产与认可负债的一定差额,表现的是公司真实的财务能力。实际偿付能力和最低偿付能力的比较能起到早期预警的作用。

实际偿付能力是指根据监管法规、会计准则调整后的认可资本,即认可资产减去认可负债的差额。保险公司的认可资产减去认可负债的差额必须大于保险法规规定的金额,否则保险公司即被认定为偿付能力不足。

保险公司实际偿付能力金额一般小于保险公司资产负债表上的所有者权益金额。因为,在一般会计制度下,资产负债表的资产方列示了保险公司的全部资产。从偿债角度看,这些资产中,有些资产虽然账面上有价值,但实际上已全部或部分丧失偿债能力。对于这部分资产,在计算保险公司偿付能力时应做必要的扣除。对于负债,出于稳健考虑,一般不低估其账面价值。这样,保险公司负债没变化,而实际资产已小于账面资产,因此,其实际偿付能力金额必然会小于账面所有者权益。

三种偿付能力额度之间的关系:最低偿付能力必须达到或超过法定偿付能力,否则,保险监管部门就会要求保险公司追加资本或限制业务规模,直至达到标准;保险公司在经营管理过程中要始终注意使其实际偿付能力大于法定偿付能力,这样保险公司才能较好地应付突发事故的赔付。

四、偿付能力指标公式及解析

偿付能力指标是指保险公司自留保险费与资本金和公积金之和的比例。

$$偿付能力=\frac{自留保险费}{资本金+公积金}\times 100\%$$

从这个公式上可以看出，以自留保险费形式存在的各类准备金很容易被保险公司作为保险资金应用进行投资，投资损失风险必须依靠保险公司的资本金和公积金来负责偿还。

五、偿付能力相关法律规定

下面是保险公司偿付能力相关法律规定：

(1) 保险公司应当具有与其风险和业务规模相适应的资本，确保偿付能力充足率不低于100%。偿付能力充足率即资本充足率，是指保险公司的实际资本与最低资本的比率。

(2) 保险公司的实际资本，是指认可资产与认可负债的差额。认可资产适用列举法。

(3) 保险公司年度偿付能力报告的内容应当包括：董事会和管理层声明；外部机构独立意见；基本信息；内部风险管理说明；最低资本；实际资本；动态偿付能力测试。

(4) 保险公司在定期报告日之外的任何时点出现偿付能力不足的，保险公司董事会和管理层应当在发现之日起5个工作日内向中国保监会报告，并采取有效措施改善公司的偿付能力。

(5) 保险公司发生下列对偿付能力产生重大不利影响的事项的，应当自该事项发生之日起5个工作日内向中国保监会报告：重大投资损失；重大赔付、大规模退保或者遭遇重大诉讼；子公司和合营企业出现财务危机或者被金融监管机构接管；外国保险公司分公司的总公司由于偿付能力问题受到行政处罚、被实施强制监管措施或者申请破产保护；母公司出现财务危机或者被金融监管机构接管；重大资产遭司法机关冻结或者受到其他行政机关的重大行政处罚；对偿付能力产生重大不利影响的其他事项。

(6) 经营财产保险业务的保险公司当年自留保险费，不得超过实有资本金和公积金之和的四倍。

(7) 保险公司对于每一危险单位最大损失承担的责任，不得超过实有资本金和公积金总和的20%，超过部分要办理再保险。

(8) 偿付能力充足率不高于150%的保险公司，应当以下述两者的低者作为利润分配的基础：根据企业会计准则确定的可分配利润；根据保险公司偿付能力报告编报规则确定的剩余综合收益。

(9) 中国保监会根据保险公司偿付能力状况将保险公司分为下列三类，实施分类监管：不足类公司，指偿付能力充足率低于100%的保险公司；充足Ⅰ类公司，指偿付能力充足率在100%到150%之间的保险公司；充足Ⅱ类公司，指偿付能力充足率高于150%的保险公司。

(10) 对于不足类公司，中国保监会应当区分不同情形，采取下列一项或者多项监管措施：责令增加资本金或者限制向股东分红；限制董事、高级管理人员的薪酬水平和在职消费水平；限制商业性广告；限制增设分支机构、限制业务范围、责令停止开展新业务、责令转让保险业务或者责令办理分出业务；责令拍卖资产或者限制固定资产购置；限制资金运用渠道；调整负责人及有关管理人员；接管。

(11) 中国保监会可以要求充足Ⅰ类公司提交和实施预防偿付能力不足的计划。充足Ⅰ类公司和充足Ⅱ类公司存在重大偿付能力风险的，中国保监会可以要求其进行整改或者采取必要的监管措施。

本章小结

讲述了与保险公司经营有关的偿付能力问题。要求学生掌握偿付能力的保障对象、偿付能力的内容和有关偿付能力的法律规定。明白偿付能力监管是保险公司财务稳定性的一个核心内容。在正常年份，监管财务稳定性；在非正常年份，监管以偿付能力为核心的财务稳定性。

强化训练

一、单选题

1. 我国保险监督机构实行的是(　　)监管。

A. 央行　　B. 保监会　　C. 强势　　D. 弱势

E. 折中监管

我国保险监管机构认可的负债有(　　)。

A. 保户储金　　B. 应付保户红利　　C. 保单红利　　D. 应付佣金

E. 卖出回购证券

3. 保险公司偿付能力指标界限是(　　)。

A. 200%～300%　　B. 100%～400%　　C. 200%～500%　　D. 150%～300%

二、多选题

1. 反映短期偿债能力的指标有(　　)。

A. 流动比率　　B. 速动比率　　C. 资产负债率　　D. 存货周转率

2. 衡量保险市场发展的指标主要有(　　)。

A. 保险监管　　B. 保险深度　　C. 保险密度　　D. 保费收入

E. 保险规模

三、名词解释

偿付能力　财务稳定性　强势监管　认可资产　认可负债　最低偿付能力

四、简答题

1. 我国保险公司偿付能力的内容包含哪些?

2. 保险公司偿付能力包含在哪几个时期的偿付？重点是哪个时期?

3. 偿付能力有几种？偿付能力之间的关系?

4. 保险监督部门对于偿付能力不足公司的如何处理?

实训课堂

一、技能训练

1. 通过网络等渠道全面了解当前世界保险经营管理中关于偿付能力的重要理论及观点

2. 案例分析：

随着我国宏观经济政策的变化，国家连续七次下调了银行存款利率，高预定利率保单面临严重的利差问题，保险资金投资的重要性亦日益突出，使得国家开始注重保险公司的风险状况，开始注重对保险公司的监督与管理。

当前保险公司也面临着偿付能力风险，这突出表现在以下几个方面。

一、保险公司的资本增长明显落后于资产增长

追求成长是保险公司的经营目标之一，但公司的过快成长会给公司的稳定留下隐患。据美国 A. M. BEST 资信评估公司的统计显示，在美国有 20%的寿险公司和财产意外险公司由于成长过快而破产倒闭。成熟的保险市场，竞争十分激烈，保险公司要获得快速成长的主要手段是收购兼并，通过公司自身的积累获得快速成长非常困难。我国的保险市场与美国成熟的保险市场相比，成长快速相对不饱和，资本增速度明显落后于成长规模，保单持有者所面临的风险就会相应的增加。目前，中国人民保险(集团)公司、太平洋保险公司和平安保险公司三家全国性的保险公司，市场份额占到了全国保险市场的 90%以上。三家保险公司具有一个共同的特点：保费收人和资产的增长速度远远超过了资本的增长速度，导致所有者权益/资产比率持续下降。

二、实际偿付能力与最低偿付能力差额在扩大

偿付能力是反映保险公司保险给付或理赔能力的重要指标，同时也是各国保险监管机关对保险业监管的重点。保监会成立之后，为了加强防范保险公司的经营风险，确立了市场行为监管与偿付能力监管并重的监管方针。(保险公司管理规定)明确规定，“保险公司应具有与其业务规模相适应的最低偿付能力”，并在第八十一条、八十二条还对保险公司最低偿付能力及其标准的计算做出了明确的规定。为了进一步加强对保险公司偿付能力的监管和适应保险分业经营发展的需要，保监会于 2001 年印发了《保险公司最低偿付能力及监管指标管理规定》，对财产保险公司和人寿保险公司的最低偿付能力标准做出了详细的规定。通过对三家全国性保险公司偿付能力的计算可以发现，实际偿付能力与最低偿付能力的差距相对较大。

三、利差损

当保险公司的投资收益率低于保单的预定利率时，就会造成寿险公司的利差损问题。由于保险法的限制，银行存款是保险公司最主要投资渠道之一，银行存款利率的高低直接影响到保险公司的投资收益率。为了保持适度的经济增长率，促进经济发展，国家于 1996 年开始下降银行存款利率。在降息以前，国内寿险公司普遍以复利 8%～9%为保单预定利率，降息后人民银行将预定利率调整到 4%～6.5%，各寿险公司基本上均采用了 6.5%的上限，相当于 5 年期单利 7.4%和 3 年期单利 7%。而 1998 年一期国债的发行利率仅为 5 年

期单利 7.86%，3 年期单利 7.8%，而保险公司必须留出 30%以上的资金存入银行活期账户以满足周转需要。由于银行活期存款利率仅为 1.71%，保险资金的综合收益率最高只有 6%，已经形成明显的利差倒挂。支出与收益的倒挂日本泡沫经济的破灭，使日本保险公司背上不良资产和利差损的双重负担，最终导致了保险破产。截止 2000 年 3 月，日本十四家寿险公司的"差额"更高达 1.564 万亿日元。我国寿险公司的利差损虽然没有日本寿险公司那样严重，同时我国高预定利率的保单还没有到给付高峰期，但日本寿险公司的破产也、给我国的寿险公司提供了一个很好的警示

通过以上材料，试着论述我国保险业发展初期在监管保险公司偿付能力方面有哪些特点？

第十章　保险资金运用管理

资料导入

1985—2017 年中国保险资金运用政策大事记

1985 年 3 月国务院颁布《保险企业管理暂行条例》，从法规角度明确了保险企业可以自主运用保险资金。

2002 年修订后的《中华人民共和国保险法》第 105 条规定，保险公司的资金运用，限于在银行存款、买卖政府债券、金融债券和国务院规定的其他资金运用形式。保险公司的资金不得用于设立证券经营机构，不得用于设立保险业以外的企业。

2003 年 6 月，保监会公布了新的《保险公司投资企业债券管理暂行办法》，其中规定，今后中国保险业投资企业债券的范围，由只允许投资三峡、铁路、电力、移动通信等中央企业债券，扩大到自主选择购买经国家主管部门批准发行、并经监管部门认可的信用评级在 AA 级以上的企业债券，投资企业债券比例不得超过总资产的 10%提高到 20%。

2004 年 10 月，保监会颁布《保险机构投资者股票投资管理暂行办法》，规定符合条件的保险公司可通过资产管理公司或者直接投资股票。

2005 年 8 月，保监会颁布《保险机构投资者债券投资管理暂行办法》，新增加企业短期融资券，保险公司可投资的债券品种包括国债、央行票据、金融债、次级债券、次级定期债务、企业债、可转债及短期融资券。同时，保险资金投资企业债券余额占保险公司总资产的比例，由原来的 20%提高到 30%。

2005 年 9 月，保监会发布《保险外汇资金境外运用管理暂行办法》，允许保险外汇资金在境外运用，并可适量投资红筹股。

2006 年 3 月，保监会颁布《保险资金间接投资基础设施项目试点管理办法》，规定保险公司可间接投资基础设施项目，先从试点起步。

2006 年 4 月，中国人民银行发布调整六项外汇管理政策，其中规定，保险机构可以用人民币购汇进行投资，可以投资境外固定收益类产品和投资货币市场工具。

2006 年 8 月，保监会颁布《保险公司设立境外保险类机构管理办法》、《非保险机构投资境外保险类企业管理办法》。两个管理办法分别从投资申请、投资管理、学习检查、法律责任等方面对保险公司和非保险机构境外投资设立保险企业的活动进行了明确规范。

2007 年 9 月《保险资金境外投资管理办法》出台，首支 QDII 海外发行。

2009 年 3 月，保监会根据国务院的决定和保险业发展的实际需要，结合现行保险法“国务院规定的其他资金运用形式”的规定,先后出台了《保险公司投资证券投资基金管理暂行办法》《保险公司投资企业债券管理暂行办法》《保险资产管理公司管理暂行规定》《保险外汇资金境外运用管理暂行办法》《保险机构投资者股票投资管理暂行办法》等一系列规章和规范性文件,在拓宽保险资金运用渠道、尝试资金运用组织形式创新的同时,较好地求得了安全性与效益性之间的平衡,有效地防范了资金运用风险。目前,保险公司已成为国内资本市场上最重要的机构投资者之一。

《中华人民共和国保险法(2015 年修正本)》明确规定,保险公司的资金运用限于下列形式:

(一) 银行存款;

(二) 买卖债券、股票、证券投资基金份额等有价证券;

(三) 投资不动产;

(四) 国务院规定的其他资金运用形式。

保险公司资金运用的具体管理办法,由国务院保险监督管理机构依照前两款的规定制定。

第一百零六条　保险公司的资金运用必须稳健,遵循安全性原则。

第一百零七条　经国务院保险监督管理机构会同国务院证券监督管理机构批准,保险公司可以设立保险资产管理公司。

保险资产管理公司从事证券投资活动,应当遵守《中华人民共和国证券法》等法律、行政法规的规定。

保险资产管理公司的管理办法,由国务院保险监督管理机构会同国务院有关部门制定。

2018 年 1 月 10 日由中国保险监督管理委员会第 5 次主席办公会审议通过并予以公布,自 2018 年 4 月 1 日起实施的《保险资金运用管理办法》对保险资金运用有更明确和详细的规定。

知识目标

1. 掌握保险公司资金的主要来源;
2. 注意保险资金运用法律规定;
3. 了解保险资金运用的主要技术;
4. 了解台湾和大陆对于保险资金运用的特点。

技能目标

1. 在法律允许的范围内进行合理投资的能力;
2. 保险投资技术运用的能力。

第一节 保险资金运用的历程

在现代保险经营中，承保业务和投资业务已经成为保险经营的两大支柱。当前，我国保险市场竞争激烈，出现承保能力过剩，承保利润下降。为此，保险人转向注重从保险资金运用中取得收益，争取投资利润。从国际范围来看，承保业务基本上是微利的，行业利润主要靠投资收益。

一、保险资金运用的概念、必要性及作用

（一）概念

保险资金运用是指保险企业在组织经济补偿过程中，将积聚的保险基金的暂时闲置部分，用于融资或投资，使资金增值的活动。

（二）必要性

保险资金运用最根本的原因是由资金（资本）本身属性决定。保险资金运用是由保险业务自身性质决定。保险资金运用是市场竞争的必然结果。

（三）作用

保险资金运用，能为经济建设直接提供资金，有利于促进金融市场协调发展；增强保险企业经营的活力，扩大保险承保能力、偿付能力和盈利能力；能降低保险费率，被保险人以低费率方式享受到保险资金运用的收益并得到更好的服务。

二、保险资金运用发展的几个阶段

从 1980 年恢复国内保险业务以来，中国保险保险资金运用的几个发展阶段。

（一）初始阶段

从 1980 年到 20 世纪 80 年代末，保险市场主体只有中国人民保险公司一家，保险资金总量小，运用渠道单一。1980 年到 1985 年人保的保费收入才 25 亿元，赔付率较低，保险资金运用的压力比较小。当时保险资金只能作为存款存入银行。

（二）治理整顿阶段

20 世纪 80 年代末 90 年代初，保险资金运用的渠道不断拓宽，但是由于缺乏有效的管理，也没有相应的专业人才，加之当时的外部环境，保险资金运用出现了无序、失控和混乱的局面。具体表现为盲目投资房地产以及各类实业项目，大量涉足有价证券、信托和股票市场。在随后的宏观调控中，这些投资中的很大一部分最终形成了不良资产，造成了巨大损失。

（三）规范发展阶段

1995 年《保险法》颁布，但由于国务院在这个时期并没有批准过其他形式的投资，保险资金运用渠道被严格限制在银行存款、购买国债、金融债和国务院批准的其他形式的投资等几个有限的领域。直到 1998 年，国家才逐步放宽对保险资金运用的限制，允许保险公司参与银行间债券市场从事现券交易，购买信用评级在 AA＋以上的中央企业债券。1999 年国务院批准保险公司可以通过购买证券基金的方式间接进入股票二级市场，并不断放宽投资比例。

（四）专业化、市场化发展阶段

十六大以后，保险资金运用进入了一个新的阶段，主要表现在以下几个方面。

1. 运用渠道不断拓宽

2006 年发布的《国务院关于保险业改革发展的若干意见》进一步要求不断拓宽保险资金运用的渠道和范围。保险资金运用从原来的存款、国债、金融债，拓宽到可投资有担保企业债、公司债，到证券投资基金，再到直接股票投资、基础设施项目投资、优质企业股权投资、境外投资等。此后，不断出台的新政策在保险资金运用渠道上继续拓展。

2. 制度体系不断完善

必须实行制度化。逐步建立起涵盖资金运营管理、资产托管管理、产品业务管理、风险管理等较为完善的制度体系。不断完善的制度体系，使保险资金运用基本能够做到有法可依、有规可循。这是保险资金安全运作、保值增值的根本保证，制度先行可以确保保险资金运用不再重蹈覆辙。

3. 保险资金运用管理体制改革不断深入

先后创设了九家保险资产管理公司，管理的资产占整个行业资产的 90%，同时引导中小保险公司合资设立股份制保险资产管理公司，逐步建立保险资金运用和资产管理专业队伍，专业化水平不断提高，保险资金运用管理体制改革不断深入。

4. 专业化监管

保监会于 2003 设立了资金运用监管部，对资金运用实行了专业化监管。这是与国际接轨的发展方向，是保险资金运用的必由之路。

三、保险资金运用的原则

保险资金运用是指保险企业经营过程中，利用保险企业收费与支付间的价值差，对保险资金进行投资，以求稳定经营、分散风险的一种经营活动。稳健的资金运用，应该首先保证资金的安全性和流动性，这是资金运用盈利的基础，在此基础上努力追求资金运用的收益性。

（一）安全性原则

安全性是指保险公司所有资产的可实现价值不少于其总负债的价值，也就是说要保证保险投资资金的返还，以保证保险人的偿付能力。保险业是一种特殊行业，其主要目的是为了处理可能发生的特定危险事故，补偿损失以确保社会经济安全。保险资金的运用必须首先服从并服务于保险经济补偿职能的实现，保险资金的运用必须遵循安全性原则。

（二）收益性原则

在某些险种中，保险公司对保户具有最低投资收益率的承诺，特别是长期限的分红保险。这要求保险资金运用收益率必须大于其承诺的最低收益率，能否获得较高的投资收益率对于保险公司的生存发展十分重要。

（三）流动性原则

流动性是指在任何时期和合理价格条件下，能够获得现金以保证保单责任的支付以及其他责任的支付能力，也就是说投资标的的变现能力。由于保险资金的负债性，保险公司对被保险人负有的赔偿或给付责任要以保险事故在保险期间内发生为条件，而保险事故的发生具有一定的随机性，包括损失时间和损失数额的不确定性，这要求投资中的保险资金要保持足够的流动性，以随时满足保险赔偿给付的需要。

四、当前保险资金运用的重点领域

当前，保险资金投资实体经济的重点是对基础设施的投资和对优质企业的股权投资。基础设施投资的重点领域主要集中在能源领域、资源领域以及交通领域。

无论采取什么先进技术，中国将长期是一个能源短缺的国家，对国际市场依赖性很强。经济的发展能走到多远，最根本的就是能源、资源的约束，这决定了经济的发展速度和发展规模。交通网络发达促进经济发展。保险资金投资于这三大基础设施领域符合中国国情，也符合保险资金获取长期稳定回报的要求。基础设施投资的重点项目，是由政府主导、商业运作、受经济周期影响小的项目。由政府主导，财政先支后收，政府在税收等政策上给予转移支付，安全性较高。通过人大纳入预算，财政每年通过预算还本付息，风险可控。

五、提高保险资金运用的核心竞争力应注意

保险公司在资金运用方面要提高自身的核心竞争能力，应注意以下几点。

（一）建设高效的运行机制

要积极推进保险资金集中化、专业化运用，在目前已有9家资产管理公司的基础上，引导和鼓励中小保险机构合资建立股份制的保险资产管理公司，逐步建立集中化、专业化的运作机制；

要进一步完善保险资产管理公司的公司治理机制，大力发展第三方委托资产业务，逐步降低保险资产管理公司对母公司的依附，减少母公司对资产管理公司运行的干预；

要尽快建立和完善高效的投资决策机制，及时对市场变化做出反应；

要尽快建立和完善高效的全面风险控制机制，尽可能将可预见的风险置于实时的监控之下。

（二）开发运用先进的现代信息技术

现代信息技术在保险资金运用领域，主要应用于三个方面：在辅助决策方面，现代信息技术能够及时汇总和处理来自各渠道的信息，对管理和决策提供智能帮助；在交易控制方面，现代信息技术可以使各种控制指令内嵌到交易系统之中，降低操作失误的概率；在风险管理方面，依靠现代信息技术开发应用各种现代风险管理工具，减少风险控制过程中的人为因素，使风险最小化。

（三）培养优秀的投资管理团队

近年来保险资金运用领域才得以逐步放开，保险公司普遍缺乏长期的经验积累，普遍缺乏优秀的投资管理人才。培养优秀的投资管理团队，要努力塑造先进的投资理念和优秀的团队文化，不断提高个人的素质，打造整体的竞争力。同时 要大力引进和培养人才。

第二节　保险资金来源

保险资金来源的多样化，决定了保险资金运用必须实行多元化，资金来源与运用必须在期限、规模、价格等方面相匹配。

一、保险资金

（一）资本金

企业资本金来源比较复杂，其中包括原始资本金、一手股本、二手股本和资本盈余。原始资本属于注册资本或者叫注册资本实收，超过注册部分的叫资本盈余；一手股本和二手股本票面价与总量的乘积算做资本金，发行价与总量的乘积超过票面价与总量的乘积部分产生资本盈余；由于汇率和利率的涨跌，也会造成资本金价值的涨跌，涨跌部分也算作是资本盈余。此外，其他行业对于企业的捐赠算作资本金。

（二）保险费

保险费是保险主要的收入来源。同时保险费也是保险公司投资资金的主要来源。保险费收入保险公司以后进行分配。一部分作为中介手续费和代理费进入保险公司的专用户头；其中一部分要作为保险公司的管理费用进行提取；剩余的部分作为各类准备金提取。中介手续费归属于保险代理人、保险经纪人和保险公估人，保险公司的管理费用作为当期损益除长期待摊费用，其余必须进行提取；剩余部分就是各类留存于保险公司的准备金。

（三）利润

利润是保险公司收入和费用差。不难理解，利润在提取税收、各类罚没损失、利润损失、公积金、公益金和分红之后总有部分剩余，算作未分配利润。这部分未分配利润留存于企业，也叫留存收益。

（四）拆借资金

保险公司在个别条件下，也拆借资金进行投资。比如在，投资收益率高于银行存款利率的情况下，保险公司出于经营稳定行和竞争的需要，也拆借资金来进行投资获益。拆借渠道比较多，有很多形式。但是，同业拆借期限往往比较短。

二、可以运用的保险资金

（一）可以运用的资本金

资本金以及资本盈余都必须作为所有者权益对企业的负债负责。但是，扣除保证金、流动资金和短期保险偿付能力需要，在正常年份，只要保证基本财务平衡，很大一部分处于闲置状态，没有进行投资或者找不到投资渠道。

（二）可以运用的保险费

保险公司可以运用财产保险和人寿保险的各类赔款准备金进行投资；也可以运用保险公司财产保险和人寿保险未到期责任准备金进行投资。同时，保险费中的非当期预提费用也可以进行投资，但是该预提费用不得违反财务准则。

（三）可以运用的利润

在保险公司的已分配利润中，作为利润损失抵补的给类准备金和未分配利润的留存收益，可以作为投资资金来使用。保险公司为应付意外损失而从利润中提取的准备金包括资本准备金；贷款损失准备金；证券损失准备金；总准备金等。其中：资本准备金用于应付优先股的赎回和股份损失；贷款准备金用于应付呆账坏账损失；证券损失准备用于应付证券本金拒付和证券交易损失；总准备金应付非正常年份的巨额利润损失。

（四）可以运用的拆借资金

保险公司可以拆借资金的形式包括：银行贷款；开发投资功能的保险产品；保险公司同业拆借等。但是，必须注意同业拆借期限比较短，只能进行短期投资；银行贷款和新型保险品种，可以充当长期投资资金来源的主力军。不过，新型保险投资风险大多数情况下由被保险人自己承担，而银行利率也比较高。所以从经营上来说，拆借资金用来投资，风险比较大。

第三节　保险资金运用形式

结合保险资金运用政策新政，构建多层次资产配置体系，将有利于保险投资结构的稳定和优化。

一、贷款

在保险公司经营管理过程中，保险资金运用过程中贷款业务种类比较少，贷款业务规模也比较小。由于监管的原因，目前只有同业拆借和保单抵押贷款两种。

（一）同业拆借

同业拆借是指相同性质的金融机构为弥补准备金头寸不足而进行的短期融资活动。保险公司在经营过程中，由于大多数准备金以自留的形式留存于企业内容，保险公司经常运用该笔资金进行其他经营活动。偿付能力的定期报告，使得准备金头寸不足的情况时有发生。为弥补准备金头寸不足，而进行短期同业间的低利率借贷也成为必然。

（二）保单抵押贷款

保单抵押贷款是指被保险人或保险受益人以未超出责任期限的保单作为抵押向保险人进行贷款的业务。保单抵押贷款业务有以下五个特点：

（1）保单抵押贷款一般是期限比较长的保险品种的保单，寿险保单成为抵押贷款的首选；

（2）保单抵押贷款的贷款金额一般要小于保单的保险金额，这与银行抵押贷款不同；

（3）保单抵押贷款于贴现贷款相似，属于利息在每期期初支付；

（4）贷款合同没有到期，保险事故发生的条件下，可以从保险金额中扣除贷款本金，进行赔偿；

（5）贷款合同到期，没有发生保险事故，又没有偿还本息的情况下，可以从保单现金价值中作扣除。

该业务结合保险经营特点，为广大被保险人和收益人提供便捷的融资渠道。

二、投资

随着金融市场的不断发展，金融产品极大丰富，投资渠道越来越通常，保险资金运用的领域越来越广泛。但是，保险资金出于保险监管部门的严格监管之下，资金运作上也是比较小心。出于对自己安全性的考虑，监管部门不允许，而保险资金一般不会投资于金融衍生市场。在众多金融市场上，保险资金一般进行两类投资，资产类投资和收益类投资。

（一）资产类投资

1. 基础设施

保险基础设施建设投资可以包括办公场所、办公设备、信息网络建设和交通设备等资产的投资。由于市场的变化，这些资产可以实现价值上的增值，从而获得收益。投资基础设施建设必须是保险公司自用或者自有的基础设施，不意味着保险公司可以自己投资办厂，也不意味着保险公司可以经营其他保险产品以外的产品。

2. 固定资产

保险公司投资于固定资产比如房地产类资产，必须经过严格的审批，严格限制房地产投资资金占保险公司资产的比例。在我国，保险公司投资于房地产行业是被严格禁止的。

（二）收益类投资

1. 银行存款

银行存款是解决流动负债的最有效的资产投资形式，这种投资方式风险小，颇受各国政府青睐。因此，保险资金投资于银行存款在世界各国都不受限制。

2. 票据

短期保险资金还可以在票据市场上买卖商业票据和银行承兑汇票。商业票和银行承兑汇票是一种非常优良的短期信用工具，具有较强的安全性、合理的利息收入，公开贴现市场的运作保证其能够随时在市场上出售，具有高度的流动性，因而是一种具有相当吸引力的保险资金短期投资对象。同业拆借与票据为发达国家保险资金运用的形态，我国还不多见。虽然这投资工具具有收益稳定、流动性好的特点，但是就保险资金而言，特别是长期的人寿保险资金来说，不能作为最优的投资方式。

3. 政府债券

政府债券由于有国家信用担保并且有固定收益率，也成了保险公司投资的主要渠道。由于政府债券收益率比金融债券要低很多，虽然基本不受监管限制，但也很难受到保险公司青睐。近年来，主权债务危机的频繁爆发，证明了政府债券也是有风险的。

4. 金融债券

金融机构发行的债券主要用来增加金融机构的资本金，确保经营稳定性。由于金融机构对于资本金的迫切需要，金融债券预定收益率比政府债券高很多，但是金融机构经营风险高，也增加了投资于金融债券的风险。

5. 投资基金

基金投资者购买基金公司的基金份额，基金公司有专门的人员利用基金投资者的资金进行投资，然后进行利润分配。基金与股票比较有以下特点，如表10－1所示。

表10－1　股票与基金比较

	中　介	托管方	权利人权利	平　台
股票	证券公司(负责发行股票)(不负责投资管理)	没有托管协议，没有托管方，不是信托投资	股东有投票权、选举权、否决权、资产处置权和按比例清偿债务的义务	使用证券交易所的交易平台
基金	基金公司(发行基金)(负责投资管理)	有托管协议，有资金托管方，是信托投资	基民有资产处置权和分红权利	与股票使用同一平台

目前，国内基金有 QDII(海外投资资金)和 QFII(国内投资基金)两种。

6. 股票

股票市场是多数人比较熟悉的投资市场之一。但是，世界各国都对本国保险公司投资于股票市场的行为进行了严格限制。理由比较简单，股票投资是风险投资与债券比较有不同的特点，如表 10－2 所示。

表 10－2　股票与债券比较

	债券	股票
发行人	企业，政府，金融机构	企业，金融机构
收益率	固定	不固定
期限	固定	不固定
风险	小	风险大
本息偿还	必须到期偿还	不用还本付息
发行目的	融通流动资金	融通资本金
权利性质	债权	股权
权利内容	收取利息，不参加企业经营管理	投票权、选举权、否决权、资产处置权

7. 海外投资

保险公司的海外投资是指保险公司建立国外的办事处、代表处和分支机构拓展海外业务的投资行为或者是投资于国外资本市场行为。

目前，我国保险公司对外投资中投资于国外资本市场的行为较少。早在 2008 年平安做了一些海外投资的尝试，中国平安投巨资 238.74 亿元入股富通，以便学习富通成功的交叉销售经验，但在席卷全球的金融海啸中，富通核心资产被掏空，中国平安作为单一第一大股东蒙得巨亏，投资并不成功；2015 年平安加大海外投资步伐，宣布与美国 Blumberg Investment Partners（下称："BIP"）合作，双方成立地产合资平台，投资于美国的长期、优质租赁资产；2017 年年报中平安集团海外投资占总资产比重目前在 3.2%的水平，是通过 QDII 投到海外的，包括委托给投资经理的股票，以及在伦敦的两个写字楼。

2017 年人保公开宣称目前在海外投资方面，是基于审慎的基础进行配置，主要集中在固定收益和股票两方面，配合人民币国际化进程以及一带一路等国家战略进行部署。

多数境外投资企业建立了风险管理组织和制度，但建成完善的海外投资风险管控体系还有距离，风险意识和应对海外风险的能力仍有待加强。海外投资风险管控方面：一是要强化风险意识，将风险管控理念融入企业文化。二是加强海外投资风险管控体系建设，健全海外投资风险制度体系，完善海外投资风险管理的组织体系，善于运用海外投资风险管控工具。三是加大风险控制投入，提高风险管控技术。四是从源头抓起，在投资前就做好项目风险的识别和评估工作，并制定应对措施，最大程度降低风险管控成本。

保险公司海外投资尚处于初期阶段，必须注意的全球对外投资环境变化带来的海外投资风险因素：全球政治格局的深层次变化，全球经济复苏的不稳定，部分国家投资鼓励政策减少且更趋严格，恐怖主义等非传统安全风险外溢明显，中国国际地位提升引的更多关注，加大了中国对外投资的复杂性。

第四节　保险资金运用技术

坚持稳健审慎的保险资金投资技术，为便于研究，现在引入风险分散的概念。风险分散实质上是市场风险的平均。风险分散可以降低个别风险。保险公司作为金融市场上的机构投资者，面临系统风险和非系统风险两类风险。

系统风险指由于某重全局性的共同因素引起的投资收益的可能变动带来的风险。主要包括：政策风险、利率风险、购买力风险、周期性风险等。

非系统风险指只对某个行业或个别公司的证券产生影响的风险。主要包括信用风险、经营风险、财务风险等。可以通过风险管理技术降低系统风险，非系统风险不可避免。

保险资金运用的技术发展历史很长，理论众多。在这些投资理技术中，主要介绍组合投资理论。这个理论来源于股票市场股票组合投资，其目的就是组合投资减少风险。

投资组合是指将全部投入资金按某种比例分散投资于两种或两种以上资产而构成的一个组。记 $p(x_1,x_2,\cdots,x_n)$ 于是可以得到：

$$\sum_{i=1}^{n} X_i = 1$$

组合投资收益率：

$$r_P = \sum_{i=1}^{n} X_i r_i$$

组合投资收益率期望值：

$$E(r_P) = \sum_{i=1}^{n} X_i E(r_i)$$

组合投资收益率方差：

$$\sigma_P^2 = var(r_P) = \sum_{i=1}^{n}\sum_{j=1}^{n} X_i X_j \sigma_{ij} = \sum_{i=1}^{n}\sum_{j=1}^{n} X_i X_j \rho_{ij}\sigma_i\sigma_j \overset{\Delta}{=} P\sum P'$$

组合投资收益率标准差：

$$\sigma_p = \sqrt{\mathrm{var}(r_P)} = \left(P\sum P'\right)^{\frac{1}{2}}$$

其中，x_i 是第 i 只资产的投资比例，r_i 是第 i 只资产的收益率，δ_i 是 r_i 的方差；δ_{ij} 是 i 和 j 的协方差，ρ_{ij} 是 i 和 j 的相关系数，$\sum$ 是协方差矩阵。

联立得到如下方程组：

$$\min\left(\sum_{i=1}^{n}\sum_{j=1}^{n} X_i X_j \sigma_{ij}\right)$$

$$s.t.\begin{cases}\sum_{i=1}^{n} X_i = 1 \\ \sum_{i=1}^{n} X_i E(r_i) = r_P^0\end{cases}$$

根据马柯维茨模型可以求解以上模型的优化解：

$$\sigma_P^2 = \mathrm{var}(r_P) = \sum_{i=1}^{n}\sum_{j=1}^{n} X_i X_j \sigma_{ij} = \sum_{i=1}^{n}\sum_{j=1}^{n} X_i X_j \rho_{ij}\sigma_i\sigma_j$$

$$= \sum_{i=1}^{n} X_i^2\sigma_i^2 + \sum_{i=1}^{n}\sum_{n} X_i X_j \sigma_{ij} = \frac{1}{n}\sigma_0^2 + \frac{n-1}{n}\bar{\sigma}_{..} \rightarrow \bar{\sigma}_{..} \quad (n \rightarrow \infty)$$

其中，σ_0^2 是 σ_i^2 的平均值，$\bar{\sigma}_{..}$ 是 δ_{ij} 的平均值。换句话说：$\bar{\sigma}_{..}$ 是系统风险不可以化解，而 σ_0^2 是自身风险可以化解。所以，随着 n 增加，可以降低组合投资风险。

现在把证券投资组合理论推广到资产投资业务组合上来。

对于保险资金运用，可以设想，只要合理掌握投资比例、资产规模、资产定价和资产预期收益率，组合投资完全可以降低投资风险。

第五节　保险资金运用监管

近年来，保险资金运用监管存在一些不适应的地方，需要加以改进，要改变原有状况，实现“控风险、促发展、保安全”的目标，需要进一步加强和改善保险资金运用监管。加强保险资金运用监管有利于促进保险业又好又快发展。保险资金运用政策出现较大变化，监管比例、投放领域、监管方式都更加适应市场的发展，类似这种制度性革命，已经构成保险资金运用监管的新趋势。

一、保险资金运用监管

世界范围内保险资金运用监管可以分为两种类型：严格型和宽松型。严格型的监管对投资范围、投资形式和最高比例给出严格限制，还采取保守的计算基础和方法。宽松型的监管在一定程度上允许保险公司投资于高风险领域，没有明确限制投资的最高比例订，采取较大基数的计算基础，投资政策比较灵活。其中，英美等发达国家采用宽松型；而下面提及的台湾和大陆地区，则使用严格型。

二、保险资金运用监管新举措

（一）监管手段

监管手段还落后于整个金融业监管的先进水平。加强监管信息化建设，抓紧实现全天候、零距离在线实时监管。

（二）监管制度

制度建设还远未跟上快速发展的形势，加强制度建设，建立有效的反馈调整机制。

（三）监管队伍建设

监管人员的数量和素质还跟不上业务快速发展的要求，加强监管队伍建设，着力提高监管者素质。

（四）鼓励创新

要不断推进创新发展的战略，鼓励创新，加强对创新型产品的监管。

（五）交流与合作

加强与其他监管部门的交流与合作。

（六）监管重心风险控制

推动保险资金运用向保险资产管理转变，把监管的重心转移到风险控制上来。要始终坚持保险资金运用服务保险主业的方向，要切实强化资产负债管理的理念，牢守住规则红线和风险底线，要持续提升投资和风控能力的建设。

三、台湾与大陆保险资金运用监管

（一）台湾对保险资金运用监管

1974 年，中国台湾修订《保险法》。该法 146 条对保险资金的运用做如下规定：

（1）存放银行或金库，但责任准备金应存放于保险主管机关指定的银行或金库。

（2）购买公债、国库券、储蓄券。

（3）金融债券、可转让定期存单、银行承兑汇票、银行保证商业本票及其他经主管机关核准保险业购买的有价证券，总额不得超过该保险资金的 35%；购买公开发行之证券投资信托基金受益凭证，投资总额不得超过资金总额的 5%或该基金总额的 5%，两者以高者为限。

（4）购买经依法核准公开发行的公司股票或公司债，且该发行公司最近三年的净利润平均在 6%以上。但每一保险公司购入的公司股票及公司债总额不得超过资金总额的 35%；购买每一公司的股票或公司债总额不得超过其资金的 5%，或该公司资本额的 5%，两者以高者为限。

（5）不动产投资，以所投资的不动产即时利用并有收益者为限。其投资总额，除自用不动产外，不得超过其资产的 19%，但购买自用不动产总额不得超过所有者权益总额。以前不符合本规定的，限在两年内调整。不动产的取得与处分，需经合法的评估机构评价。

（6）贷款：银行担保的贷款；不动产抵押贷款；债券质押的贷款；人寿保险单质押放款；对单一单位的贷款不得超过资金总额的 5%；贷款总额不得超过资金总额的 35%。对每一公司股票和公司债的投资与以该公司股票或公司债为质押的贷款之和不得超过资金总额的10%，或该公司资本金总额的10%。

(7) 境外投资不得超过资金总额的5%，具体项目由监管机关具体规定。

（二）大陆地区对保险资金运用监管

下面是国内对于保险资金应用的一些规定：

(1) 保险资金运用限于下列形式：① 银行存款；② 买卖债券、股票、证券投资基金份额等有价证券；③ 投资不动产；④ 国务院规定的其他资金运用形式。保险资金从事境外投资的，应当符合中国保监会有关监管规定。

(2) 保险资金办理银行存款的，应当选择符合下列条件的商业银行作为存款银行：① 资本充足率、净资产和拨备覆盖率等符合监管要求；② 治理结构规范、内控体系健全、经营业绩良好；③ 最近三年未发现重大违法违规行为；④ 连续三年信用评级在投资级别以上。

(3) 保险资金投资的债券，应当达到中国保监会认可的信用评级机构评定的、且符合规定要求的信用级别，主要包括政府债券、金融债券、企业(公司)债券、非金融企业债务融资工具以及符合规定的其他债券。

(4) 保险资金投资的股票，主要包括公开发行并上市交易的股票和上市公司向特定对象非公开发行的股票。投资创业板上市公司股票和以外币认购及交易的股票由中国保监会另行规定。

(5) 保险资金投资证券投资基金的，其基金管理人应当符合下列条件：① 公司治理良好，净资产连续三年保持在人民币一亿元以上；② 依法履行合同，维护投资者合法权益，最近三年没有不良记录；③ 建立有效的证券投资基金和特定客户资产管理业务之间的防火墙机制；④ 投资团队稳定，历史投资业绩良好，管理资产规模或者基金份额相对稳定。

(6) 保险资金投资的不动产，是指土地、建筑物及其他附着于土地上的定着物。具体办法由中国保监会制定。

(7) 保险资金投资的股权，应当为境内依法设立和注册登记，且未在证券交易所公开上市的股份有限公司和有限责任公司的股权。

(8) 保险集团(控股)公司、保险公司不得使用各项准备金购置自用不动产或者从事对其他企业实现控股的股权投资。

(9) 保险集团(控股)公司、保险公司对其他企业实现控股的股权投资，应当满足有关偿付能力监管规定。保险集团(控股)公司的保险子公司不符合中国保监会偿付能力监管要求的，该保险集团(控股)公司不得向非保险类金融企业投资。

实现控股的股权投资应当限于下列企业：保险类企业，包括保险公司、保险资产管理机构以及保险专业代理机构、保险经纪机构；非保险类金融企业；与保险业务相关的企业。

(10) 保险集团(控股)公司、保险公司从事保险资金运用，不得有下列行为：存款于非银行金融机构；买入被交易所实行“特别处理”、“警示存在终止上市风险的特别处理”的股票；投资不具有稳定现金流回报预期或者资产增值价值、高污染等不符合国家产业政策项目的企业股权和不动产；直接从事房地产开发建设；从事创业风险投资；将保险资金运用形成的投资资产用于向他人提供担保或者发放贷款，个人保单质押贷款除外；中国保监会禁止的其他投资行为。中国保监会可以根据有关情况对保险资金运用的禁止性规定进行适当调整。

(11) 保险集团(控股)公司、保险公司从事保险资金运用应当符合下列比例要求:投资于银行活期存款、政府债券、中央银行票据、政策性银行债券和货币市场基金等资产的账面余额,合计不低于本公司上季末总资产的5%;投资于无担保企业(公司)债券和非金融企业债务融资工具的账面余额,合计不高于本公司上季末总资产的20%;投资于股票和股票型基金的账面余额,合计不高于本公司上季末总资产的20%;投资于未上市企业股权的账面余额,不高于本公司上季末总资产的5%;投资于未上市企业股权相关金融产品的账面余额,不高于本公司上季末总资产的4%,前两项合计不高于本公司上季末总资产的5%;投资于不动产的账面余额,不高于本公司上季末总资产的10%;投资于不动产相关金融产品的账面余额,不高于本公司上季末总资产的3%,前两项合计不高于本公司上季末总资产的10%;投资于基础设施等债权投资计划的账面余额不高于本公司上季末总资产的10%;保险集团(控股)公司、保险公司对其他企业实现控股的股权投资,累计投资成本不得超过其净资产。

前六项所称总资产应当扣除债券回购融入资金余额、投资连结保险和非寿险非预定收益投资型保险产品资产;保险集团(控股)公司总资产应当为集团母公司总资产。

(12) 投资连结保险产品和非寿险非预定收益投资型保险产品的资金运用,应当在资产隔离、资产配置、投资管理、人员配备、投资交易和风险控制等环节,独立于其他保险产品资金,具体办法由中国保监会制定。

(13) 保险资金应当由法人机构统一管理和运用,分支机构不得从事保险资金运用业务

(14) 保险集团(控股)公司、保险公司应当选择符合条件的商业银行等专业机构,实施保险资金运用第三方托管和监督,具体办法由中国保监会制定。

托管的保险资产独立于托管机构固有资产,并独立于托管机构托管的其他资产。托管必须签订托管协议。

(15) 托管机构从事保险资金托管的,主要职责包括:保险资金的保管、清算交割和资产估值;监督投资行为;向有关当事人披露信息;依法保守商业秘密;法律、法规、中国保监会规定和合同约定的其他职责。

(16) 托管机构从事保险资金托管,不得有下列行为:挪用托管资金;混合管理托管资金和自有资金或者混合管理不同托管账户资金;利用托管资金及其相关信息谋取非法利益;其他违法行为。

(17) 保险集团(控股)公司、保险公司根据投资管理能力和风险管理能力,可以自行投资或者委托保险资产管理机构进行投资。

(18) 保险集团(控股)公司、保险公司委托保险资产管理机构投资的,不得有下列行为:妨碍、干预受托机构正常履行职责;要求受托机构提供其他委托机构信息;要求受托机构提供最低投资收益保证;非法转移保险利润;其他违法行为。

(19) 保险资产管理机构受托管理保险资金的,不得有下列行为:违反合同约定投资;不公平对待不同资金;混合管理自有、受托资金或者不同委托机构资金;挪用受托资金;向委托机构提供最低投资收益承诺;以保险资金及其投资形成的资产为他人设定担保;其他违法行为。

本章小结

本章主要介绍了保险资金可以用于投资部分的来源组成、保险资金运用的渠道、保险资金运用技术和原则以及保险资金运用的监管，分析了利用组合投资理论进行保险资金合理投资减少风险的能力。

强化训练

一、选择题

1. 保险资金的来源包含(　　)。

A. 准备金　　B. 保证金　　C. 保险保障基金　　D. 利润

2. 保险资金运用的最主要形式是(　　)。

A. 股票　　B. 基金　　C. 债券　　D. 国债

E. 银行存款

3. 中国保监会规定：投资于股票和股票型基金的账面余额，合计不高于保险公司上季末总资产的(　　)。

A. 10%　　B. 20%　　C. 30%　　D. 40%

二、名词解释

保险资金运用　投资基金　QDII　固定资产

三、简答

1. 投资基金与股票比较有何特点？
2. 债券与股票比较有何特点？
3. 大陆地区对于保险资金运用监管的特点？
4. 保险资金的来源有哪些？
5. 保险资金运用的形式有哪些？

实训课堂

案例

2008年前9个月，保险资金运用平均收益率为2.1%。由于资本市场处于比较低迷的状态，保险机构的投资也受到了较大的影响，但从全行业整体来看，直接投资A股市场的本金到目前还没有发生亏损，主要是之前产生的投资浮盈减少。另外，保险资金投资基金产生了一些亏损。截至今年9月底，保险资金运用余额2.88万亿元，较年初增长了7.6%。其中银行存款7 039.7亿元，占24.5%；债券16 569亿元，占57.6%；股票、股权投资和证券投资基金4 075.6亿元，占14.2%；其他投资1 077亿元，占3.7%。根据保监会第二季度发布的数据，上半年保险资金投资于证券投资基金1 855.4亿元，股票(股权)2 905.4亿元，合计4 760.8亿元。三季度股票、股权投资和证券投资基金较二季度减少685.2亿元，环比减少约为14.39%。2008年1到9月，保险业实现原保险保费收入7 939.6亿元，同比增长

49%。其中财产险业务原保险保费收入1 840.4亿元，同比增长18.6%；寿险业务原保险保费收入5 455.9亿元，同比增长63%；健康险业务原保险保费收入482.3亿元，同比增长72.3%；意外险业务原保险保费收入161亿元，同比增长7.8%。截至9月底，保险公司总资产达到3.2万亿元，比年初增长9.8%。前三季度保险赔款和给付支出2 227.2亿元，同比增长35.5%。其中，产险业务赔款981.5亿元，同比增长40.2%；寿险业务给付1 075.1亿元，同比增长32.2%；健康险业务赔款和给付125.1亿元，同比增长49.5%；意外险业务赔款45.5亿元，同比减少0.6%。国际金融危机发生以来，中国保监会采取了三方面的措施：一是成立了相关工作和研究小组；二是启动应急工作机制，加强保险资金跨境流动情况的监测；三是防范资金运用风险。保监会已要求海外投资亏损的保险公司采取必要措施减少损失，但保监会不会禁止保险公司进行海外投资。保险公司可以投资优质未上市企业的股权。由此保险资金允许开展的股权投资将主要包括两个方面：一是像京沪高铁等基础设施建设项目的投资，要在前期的基础上进一步扩大试点。二是优质未上市企业股权的投资。2008年10月刚刚批准投资该领域。

根据以上材料，总结国内保险资金运用形式上的特点。结合保险监管现状，对国内保险资金运用形式提出合理建议。

第十一章　保险公司经济效益与风险管理

资料导入

中国部分财产保险公司投入产出比较分析

2000 年　　（百万元）

	人力投入	营业费用	实收资本	投资收益	资产利润率
中国人保	71 417	14 461	7 700	−69	0.015 606 488
新疆兵团财险	596	72	154	10	0.055 026 455
华泰保险	699	179	1 333	216	0.017 518 843
天安保险	657	82.41	501.5	14.71	0.022 594 11
大众保险	1015	73.02	420	16.97	0.043 926 353
华安保险	353	90.22	300	10.05	0.025 580 464
永安保险	166	32.19	310	19.8	0.026 792 18

2001 年　　（百万元）

	人力投入	营业费用	实收资本	投资收益	资产利润率
中国人保	70 109	12 223.692	7 700	25	0.029 034 282
太平洋产险	10 638	2 148.57	1 000	53.02	0.111 987 056
新疆兵团	642	86	154	16	0.027 728 086
华泰保险	898	167.25	1 333	125.37	0.021 224 159
天安保险	882	237.38	501.5	12.13	0.011 909 358
大众保险	670	101.54	420	7.71	0.026 982 695
华安保险	777	132.55	300	1.61	0.004 076 752
永安保险	379	52.98	310	17.7	0.016 967 891

2002 年 （百万元）

	人力投入	营业费用	实收资本	投资收益	资产利润率
中国人保	68 137	16 512	7 700	331	0.043 201 05
太平洋产险	16 370	2 508.86	1 000	121.31	0.061 139 048
中华联合保险	649	133.1	200	13.49	0.040 246 719
华泰保险	1 629	213.71	1 333	181.72	0.025 859 562
天安保险	3 369	271.86	501.5	6.76	0.007 607 58
大众保险	823	138.79	420	10.52	0.018 511 595
华安保险	834	194.52	300	−1.16	−0.164 032 228
永安保险	882	87	310	−6.06	−0.030 743 672
太平保险	583	122.49	500	0	−0.100 506 468

(资料来源:《中国保险年鉴》。)

通过 2000—2002 三年的结果可以看出中国财产保险公司的基本经营状况：财产保险公司较为低效，很大一部分原因在于过度投入，经营上还较粗放，这种粗放的经营影响了财产保险公司的获利能力和经营效果，决定了必须及时调整过度投入的现状。在投入方面，要提高公司的经营效率，最主要的是努力降低费用支出；许多公司的资本金投入仅是满足了保险监管部门的要求，并没有体现出与其投入相符的经营效率；多数公司存在冗员过多的现象。在产出方面，相对于风险分散与转移而言，投资是我国产险经营中的薄弱环节，有待加强。

知识目标

1. 保险公司经济效益评价主体、指标体现、内容；
2. 保险公司的社会责任与经济效益目标；
3. 保险公司财务成本管理；
4. 保险公司的风险管理。

技能目标

1. 利用财务指标分析保险公司财务财务状况；
2. 利用效益指标分析保险公司经营成果；
3. 综合分析保险公司经营状况；
4. 明确保险公司承担的社会责任，正确处理保险公司的社会责任与经济效益目标。

第一节 保险公司经济效益概述

一、保险公司经济效益的概念、特点及种类

（一）保险公司经济效益的概念

所谓保险公司经济效益，是指以尽可能少的保险经营成本，为社会提供尽可能多的符合社会需要的保险保障服务，取得最大的有效成果。从微观的角度看，保险公司经济效益的实质，就是保险公司所耗费的物化劳动和活劳动的总量与被社会所承认的必要劳动量之间的比例关系。具体而言，保险公司经济效益就是经营成本与收益之间的比例关系。

（二）保险公司经济效益的特点

主要表现在保险公司的自身效益与社会效益之间相会矛盾上。保险公司的盈利是由毛保费减去保险成本构成的，而保险成本中，赔付额是主要部分。

（三）保险公司经济效益的种类

保险经济效益，包括社会效益和自身效益，即宏观效益和微观效益。

1. 社会效益

社会效益，即宏观效益，是指保险企业要充分发挥保险的职能和作用，对因自然灾害和意外事故所造成的财产损失和人身伤亡，及时给予经济补或保险金给付，保证社会生产的顺利进行和人民生活的安定。

2. 自身效益

自身效益，即微观效益，是指保险企业要积极开展业务活动，提高服务质量，增加业务收入，减少业务支出，尽量降低成本费用，增加盈利，在不断提高企业和职工的物质利益的同时，多为国家提供建设资金。

二、保险公司经济效益的主要内容

(1) 表现在保险企业自主运用保险资金而产生的效果上。保险企业除了履行经济补偿给付的义务外，还负有正确使用保险资金的任务。

(2) 表现在保险企业以尽可能少的资金占用，费用开支以及劳动力占用获得尽可能多的经济收益上。

(3) 表现在以尽可能少的劳动力占用和劳动耗费向社会提供保险保障，最大限度地减轻保险人的费用负担，以保证社会再生产规模尽可能扩大和人民生活水平尽可能提高。

三、讲求保险公司经济效益的意义

(1) 讲求保险公司经济效益有利于促进保险公司为社会提供更多更好的安全保障。

(2) 讲求保险公司经济效益,有利于促进保险公司提高经营管理水平。

(3) 讲求保险公司经济效益有利于国家对保险业的正确决策

(4) 讲求保险公司经济效益有利于建立合理的社会经济保障体系

四、提高保险公司经济效益的途径

在端正经营思想,兼顾保险的社会效益和自身效益的前提下,提高保险经济效益,主要有以下途径:

(1) 根据社会实际需要,开办保险业务。这一方面要不断开办新险种,扩大承包面;另一方面要制定合理的保险费率,提高服务质量,吸引更多的客户,从而积聚更多的保险基金,增强企业的补偿和给付能力。

(2) 加强防灾防损工作,减少社会财富的损失和人身伤亡。保险企业要和公安、交通、消防等部门配合,大力开展防灾防损工作,增强社会的防灾抗灾能力。灾害事故减少,保险企业就可降低赔付率,增加企业盈利。这样,既可以提高自身效益,又可以提高社会效益。

(3) 加强经济核算,改善经营管理。这就需要企业全员共同努力,首先要树立核算和效益观念;其次要有切实可行的规章、制度、条例、办法做保证;最后要坚持勤俭办企业的思想,坚决反对铺张浪费、损公肥私等恶习。

(4) 加强队伍建设,提高人员素质。这一方面要积极开展业务培训,使现有工作人员适应保险事业和整个国家事业发展的需要;另一方面要扩大队伍,对新增工作人员要进行上岗前培训,逐步建设一支懂业务,会管理,素质高,宏大的保险工作人员队伍。

(5) 深化改革,为保险事业的发展创造一个适宜的内、外部环境,特别是外部环境。这就需要深入研究和探讨保险体制和与其有关的,比如财政、金融、税收等方面的改革,为保险业的发展创造条件,提供方便。

五、保险公司经济效益分析指标

(一) 保费收入指标

保费收入是保险公司在一定时期内收缴的保险费的总额。保费收入既是衡量保险业务发展规模的客观尺度,也是提高保险公司经济效益的基础和出发点。保费收入指标有如下两个:

$$\text{保费收入增长率}=\frac{\text{报告期保费收入}-\text{基期保费收入}}{\text{基期保费收入}}\times 100\%$$

$$\text{人均保费收入}=\frac{\text{某年度保费收入}}{\text{该年度平均职工人数}}$$

(二) 保险赔付率指标

所谓保险赔付率是指赔付总额与保费收入总额的比率。它可以是保险公司在某一时期全部赔付额与全部保费收入的比率,也可以是该公司某一保险品种(如财产保险)一定时期的全部赔付与相同时期的该保险品种的全部保险收入总额的比率。

$$保险赔付率=\frac{赔款支出}{保费收入}\times 100\%$$

（三）保险成本利润率指标

保险价格是指在一定经济、技术条件下，保险公司每承保一定额度的保险金 额所得到的保险费。内容包括赔付额、折旧费、经营费用、防灾防损费、巨灾准 备金、营业税和利润等要素。所谓保险成本，是指在一定的经济、技术条件下，保险公司每经营一定额度的保险金额所耗费的成本量。具体内容包括赔付额、折旧费、经营管理费、防灾防损费、巨灾准备金和营业税。保险成本利润率，是指在一定经济、技术条件下，保险公司每经营一定额度的保险金额所得到的利润与保险成本量之间的比率。

$$保险成本利润率=\frac{保险价格-保险成本}{保险成本}\times 100\%$$

（四）保险成本率指标

保险成本率，是指在一定的经济、技术和一定的经济环境下，保险公司每经营一定额度的保险金额与所耗费的保险成本量之间的比率。用公式表示为：

$$保险成本率=\frac{保险成本}{保险价格}\times 100\%$$

（五）保险基金运用盈利率

$$保险基金运用赢利率=\frac{保险基金盈利总额}{保险基金总额}\times 100\%$$

即每运用一个货币单位的保险基金所取得的盈利量。

六、保险公司主要财务报表

（一）财务报表的概念

财务报表也称会计报表，是根据公司日常会计核算资料的收集、加工、汇总而成的完整的报告体系，用来反映公司资产、负债和所有权益的情况以及一定期间的经营成本和财务状况变动信息。

（二）财务报表的一般分析方法

财务报表的一般分析方法主要有比较分系法、趋势分析法、结构分析法、因素分析法等。

（三）保险公司主要财务报表

(1) 资产负债表：资产负债表是反映公司某一特定日期财务状况的报表。该表可在某一特定日期揭示公司的资产、负债、所有者权益以及它们之间相互关系的状态，因而又称财务状况表。

（2）损益表：损益表反映了企业在一定期间经营成果及分配情况的报表。该表反映公司在一定期间的效益和费用，通过收入实现和配比原则，计算出报告期的利润。

（3）现金流量表：现金流量表是反映公司在一定期间内经营活动、投资活动、筹资活动等对现金及现金等价物产生影响的会计报表。

（四）财务报表分析方法

（1）比较财务报表：比较财务报表是进行趋势分析采用的财务报表。这种报表的基本格式是将两期或数期的财务报表中相同项目进行比较，计算每一项目变动的金额和百分比，从而确定影响变动的因素、变动趋势以及这种趋势的延续性。

（2）共同比财务报表：共同比财务报表是以百分比表达财务报表。利用该表可以分析各相关项目之间的相对比重及其变化情况。共同比财务报表的基本格式是以财务报表中的关键项目为基础（定为100%），将其余项目分别折算成关键项目的比值，从而展示各项目所占的比重。

第二节　保险公司经济效益评价

保险公司的经济效益包括公司的经济效益，又包括社会效益。为了衡量保险公司的经营业绩，反映保险公司在运营的过程中存在的问题以及将来的发展趋势，有必要对保险公司的经济效益进行评价和分析。

一、保险公司经济效益评价主体

保险公司经济效益评价主体多样化，不同的主体由于其利益倾向的不同，进行效益评价的目的、范围和评价的侧重点等均有所不同。

（一）保险公司经营管理者

保险公司经营管理者受保险公司股东的委托，对股东投入资本的保值增值负有责任，同时，他们负责保险公司的日常经营活动，必须确保公司支付给股东与风险相适应的收益，及时偿付各项到期债务，履行保险合同所约定的保险责任，并使公司的各种经济资源得到有效利用。为满足不同利益主体的需要，协调各方面的利益关系，保险公司经营管理者主要关心保险公司自身的生存和发展状况。他们必须对保险公司经营的各个方面，包括偿付能力、营运能力、盈利能力等全部信息，予以详尽了解和掌握，以便及时发现问题，采取对策，规划和调整市场定位目标策略，以进一步挖掘潜力，为经济效益的持续稳定增长奠定基础。因此，从经营管理者的立场所进行的财务分析，应该包括偿付能力、营运能力、盈利能力等全部内容。

经营管理者在进行财务分析的过程中，其在财务资料使用上的近便性，是其他的财务信息需求主体无法企及的。他们在分析的过程中，拥有的财务资料更充分、更完整、更准确、更及时，因此，他们的分析结论应该比其他财务分析主体的看法更为深入可行。

（二）保险公司的投资者

投资者拥有保险公司的所有权，同时也是终极风险的承担者，它们一般不直接参与保险公司的经营管理，但却拥有表决权及收益分配权。作为投资人，他们高度关心投资的报酬和风险，关心资本的保值和增值状况。如果保险公司是上市企业，其股票可以在证券市场上出售，则他们还会关心保险公司股票的市场价值。而股票市场价值受保险公司可分配盈余的影响最大，可分配盈余的多少则依赖于保险公司的盈利能力，因此，从投资者的立场所进行的财务分析理应以分析保险公司盈利能力为基本目标。投资者通过对保险公司盈利能力的分析，认为保险公司发展前景良好，则维持或增加其投资；反之，则抛售脱身，收回其投资，避免损失。

当然，以上仅是就一般的投资者而言，对于拥有保险公司控制权的投资者来说，考虑更多的是如何增强竞争实力，扩大市场占有率，强化风险管理，追求长期利益的持续、稳定增长。这样，投资者进行财务分析就不仅仅只是关注保险公司的盈利能力了，还必然要分析保险公司的财务状况和营运能力等。

（三）保险监管机构

保险监管机构代表政府对保险公司进行监督管理，其监管的核心目标是要确保保险公司具有充足的偿付能力，以保护被保险人的合法权益，维护正常的保险市场秩序。因此，相应的，从保险监管机构的立场所进行的财务分析，也将围绕偿付能力这个核心目标来进行。

（四）保险公司投保人

投保人主要关心保险公司今后履行保险合同的能力及其可信任程度，以确保自身的合法权益。因此，保险公司需为投保人提供全面、可靠、公正、及时的信息，以便于投保人做出选择。

（五）财政税务部门

财政、税务部门主要关心保险公司的各项应交款项与应交税金是否及时、足额解缴。从这个意义上来说，财政税务部门主要关心的是保险公司的社会贡献能力。

除上述五个方面外，保险公司的财务分析主体还包括保险公司的债权人、商品或劳务供应商、竞争对手等业务关联单位。他们都会根据自身不同的利益倾向，选择不同的分析范围与分析重点。

二、保险公司经济效益评价指标

保险公司经济效益评价包含内容比较多，既包括微观的经济效益也包括宏观的经济效益。本章节只研究保险公司经营的微观经济效益评价指标。立足保险经营三原则，保险公司经营效益评价指标可以包括：安全性评价指标体系，流动性指标评价体系和经营成果评价指标体系。

（一）安全性评价指标

安全性原则是保险公司经营管理的首要问题，资金安全性得不到保障，保险公司的保单所有者权益就得不到保障。保险公司经营管理安全性评价显得格外重要。保险公司安全性指标包括：资产负债比率；固定资产比率；认可资产比率；不认可资产与认可资产的比率；不良资产比率等指标。

1. 资产负债比率

资产负债比率是指保险公司负债总额与资产总额之间的比例。这个指标映了保险公司在一定时期内总的偿付能力和长期偿债能力。资产负债率过低，说明保险公司资产没有得到充分利用；资产负债率过高，将导致偿付风险。从保险市场发展的角度来说，在避免保险公司发生偿付能力风险的情况下，应尽可能选择较高的资产负债率。NAIC 规定财产保险公司的资产负债率应于 1%～25%的保费对资产之比。

2. 固定资产比率

固定资产比率是保险公司固定资产净值和保险公司的所有者权益之间的比例。由于固定资产的流动性差，过多固定资产容易占用太多资本流动性，影响保险公司的偿付能力，其快速发展不利于保险资产结构的合理调整。因此，NAIC 规定的资产比重不得超过 30%。我国《保险公司财务制度》的规定固定资产的比重最高不得超过 50%。

3. 认可资产比率

认可资产比率是保险公司认可资产与总资产的比例。反映了保险公司经营性投资占总投资的比重，其比率不得低于 90%。国内财务准则把保险公司资产按照流动性分为实际资产与非实际资产，其外延与美国保险准则划分的认可资产与非认可资产规定一致。

4. 不认可资产与认可资产的比率

不认可资产与认可资产的比率是指保险公司的不认可资产与认可资产的比例。不认可资产是不可计入法定报表中的无清算价值、不能用于偿付保单持有人负债的资产或价值无法确定的高风险资产。该指标用于衡量保险资产的质量，正常范围为 0～10%之间。

5. 不良资产比率

不良资产比率是指保险公司的不良资产与当年平均投资资产价值的比例。不良资产是指回收概率小于 50%的资产。不良资产比率一般应低于 14%，否则会影响经营安全性。

（二）流动性评价指标

流动性代表着资产在二级市场上有充足的需求，可以迅速实现资产变现，达到偿债的目的。保持保险资产的流动性是保险公司经营管理的主要方式和方法。流动性评价也成为保险经营管理的重要内容。流动性评价指标包括：流动比率和速动比率。

1. 流动比率

流动比率是指流动资产与流动负债的比率。保险公司的流动资产内容在前面章节已经做过介绍。流动比率反映的是保险公司在某一时点偿付即将到期债务的能力。保险公司流动比率越高，表明保险公司支付赔款、给付和退保的短期偿债能力越强，但是过高的流动比率会影响保险资产的投资收益率。在保险经营过程中，必须兼顾偿付能力与股本乘数之间的关系，做到既不影响保单所有者权益，又能满足所有者分红需求，调动所有者积极性，不至于造成大幅度的股权变动。

2. 速动比率

速动比率指保险公司速动资产于流动负债的比率。速动资产是将保险公司流动资产扣除流动性较差的或不能直接用来偿还流动负债的部分资产，如存出保证金、存出分保准备金、待摊费用、待处理的流动资产净损失以及难以回收的应收保费等的差额。速动比率是流动比率的辅助指标，反映了保险公司的短期清偿能力，比流动比率更准确地反映了保险公司的资产流动性和即时的偿付能力。关于速动比率指标财保公司比寿险公司有更高的要求。

（三）经营成果评价

我国《保险公司财务制度》第七十九条规定：保险公司应对经营状况和经营成果进行总结、评价和考核。经营成果的评价和考核指标有利润率、资本金利润率、成本率、费用率、赔付率和给付率。这些指标可以分为稳健性指标、赢利能力指标和资金运用效率指标等。

1. 经营稳健性评价指标

$$\text{保费收入变化率}=\frac{\text{今年保费收入}-\text{上年保费收入}}{\text{上年保费收入}}$$

该指标衡量保险公司保费收入变动情况的相对量指数，也反映了保险公司的业务发展水平和深度。该指标是保险经营稳健性指标中的核心指标。人寿保险公司保费变化率合理范围是－10％～10％、财产责任保险公司保费变动率合理范围是－33％～33％。

$$\text{保单续保率}=\frac{\text{上年保单当年续保的保单数}}{\text{当年的总保单数}}$$

$$\text{保费续保率}=\frac{\text{上年保单在当年续保的保费}}{\text{当年的总保费}}$$

续保率是长期个人寿险保单在缴费期内经过一段时间后仍然继续有效的保单占最初承保保单的比率。保单续保率是保户对保险代理人或公司满意程度的晴雨表，是衡量寿险公司经营效益和获得投资报酬及确保清偿能力的重要指标。国际保险市场上通常用续保率来衡量一家寿险公司的经济实力和市场占有率。

保险公司经营效益评价时，要对保单续保率和保费续保率加以综合评价。保单续保率考察只注重保单的续保视潜在保险客户的挖掘，从而影响公司的业务拓展。保费续保率会导致保险公司的核保人员只注重大客户的服务而忽略小客户的服务，同样会影响保险公司的业务开展和市场的占有率。国际上通常按缴费次数将续保率分为第 13 个月保费续保率和第 25 个月保费续保率。如果第 13 个月保费的续保率在 61.6％～74.8％之间，则能反映业务人员的承保质量，续保率过低，会影响寿险公司的稳定经营；第 25 个月保费续保率若在 89.4％～94.8％之间，则能反映寿险公司售后服务质量，以后续保率趋于稳定。

(1) 按照国际惯例两年保费收益率应小于100%。

$$两年保费收益率=\frac{上年净投资收益+本年净投资收益}{本年已实现保费收入-上年已实现保费收入}$$

(2) 应收保费是保险公司在保险合同订立时应该向投保人收取而事实上并没有收取的保费,保险会计中专门设立了应收保费项目。

$$应收保费周转率=\frac{保费收入}{平均应收保费}$$

保险公司必须重视应收保险费,有以下三个原因。从税收角度看,保险合同一经签订,保险责任即刻生效,不论保险公司是否实际收到保费,都需纳入当年业务收入并照章纳税。从资金的角度看,保险合同成立后,投保人按照约定支付保险费,保险人按照约定的时间开始承担保险责任。如果应收保费不能如期收回,不仅会使保险公司的保费收入泡沫增长,而且会直接影响保险公司的资金运用,使保险公司蒙受不应有的损失。从债务的角度看,应收保费集中了大量的债务风险,其中包括一定比例的呆账、坏账。

2. 赢利能力评价指标

保险公司经营的目的是盈利,增加盈利是保险公司最具综合能力的目标。不仅体现了保险公司的出发点和归宿,而且还可以概括其他目标的实现程度,并有助于其他目标的实现。

(1) 成本效率评价。

$$成本率=\frac{总成本}{营业收入}$$

$$费用率=\frac{总费用}{营业收入-金融机构往来利息收入}$$

保险成本是指保险公司在一定时期的保险赔款支出,利息支出与各种保险责任准备金及其他有关支出的总和。保险费用是指保险公司在一定时期于经营有关费用的支出。成本率和费用率反映的是保险公司管理水平的高低。成本和费用率越高,说明管理水平很差。

$$赔付率=\frac{赔款支出-摊回分赔款}{保费收入-分保费收入}$$

$$给付率=\frac{满期给付+死伤医疗给付+年金给付}{长期责任准备金}$$

赔付率和给付率既反映保险品种经营过程中的风险控制水平,又反映保险公司的业务质量和经营管理水平。一般情况下,赔付率和给付率越低,保险公司的盈利就越高,反之,保险公司的盈利就越低。

(2) 利润评价。

$$经营利润率=\frac{承保利润+已实现投资收益}{保险业务收入+已实现投资收入}$$

经营利润率指标可以综合地反映保险公司的经营管理水平和盈利能力,是核心指标。

$$收入净利率=\frac{净利润}{营业收入}$$

该指标反映了保险公司单位业务营业收入的水平。

$$成本费用率=\frac{利润总额}{成本费用总额}$$

该指标反映了保险公司单位成本盈利的水平。与股票市场的市盈率类似。

$$资产收益率=\frac{净利润}{平均资产总额}$$

该指标反映了保险公司单位资产盈利水平,反映了保险公司资产运用效率。

$$资本金利润率=\frac{净利润}{资本金}$$

该指标反映了保险公司单位资本金盈利能力。

(3) 资金运用评价。

① 资金运用率。该指标反映了保险公司保险资金运用的效率和保险公司在金融市场上的融资能力。

$$资金运用率=\frac{投资资产}{可用资金}$$

② 投资收益率。该指标反映保险公司资金管理水平和资金运用效益的重要经济指标。净投资收入不包括资本投资收益。该指标的正常值在4.5%～10%之间。

$$投资收益率=\frac{利息+红利+不动产投资收入}{\frac{上年末投资价值+当年投资价值-当年投资收益}{2}}$$

③ 投资收入充足率。该指标是衡量保险公司投资收入是否满足责任准备金的法定利率要求。投资收入充足率的正常值在125%～900%之间。

$$投资收入充足率=\frac{净投资收入}{预订利息收入}$$

三、保险公司经济效益评价内容

从保险公司总体来看,效益评价内容可归纳为两个方面:财务状况和经营成果。

(一) 财务状况

财务状况是指保险公司的资产、负债、所有者权益及其相互关系。评价保险公司财务状况的好坏,主要从安全性、流动性、稳定性等三个方面来进行。在保险公司财务分析实务中,安全性和流动性两个方面的分析主要是体现在保险公司的资产质量分析中,而稳定性分析则主要体现在保险公司的偿付能力分析中。

1. 资产质量分析

保险公司的资产质量是通过资产结构表现出来的，对资产质量的分析就是以特定的分析方法对保险公司资产的各个组成部分及其相互关系进行的量化分析。资产质量分析的标准是：现有的资产结构是否能在确保安全性、流动性的基础上，获得较好的收益。在市场经济条件下，市场风险、经营风险、投资风险和财务风险无时不在，而防范和化解风险的重要前提是获得、理解和运用资产质量信息。

保险公司的资产质量分析，首先应对其资产结构进行分析。通过计算资产质量比率等方法，以反映保险公司资产质量总体状况。常用的资产质量比率包括认可资产与非认可资产比、不良资产风险率、固定资产比率等。在了解了资产质量总体状况之后，可以再进行历史数据的比较，同行业相关数据的比较，计划与预算数据的比较等，以此分析保险公司资产质量的发展趋势，发现与同行业之间，与目标之间的差距。

2. 偿付能力分析

保险公司的偿付能力与一般企业相比有其自身的特殊性，它是指保险公司对所承担的风险依法履行赔偿或给付数额的能力，尤其是指在发生超出正常年景的赔偿或给付时的经济补偿能力。偿付能力分析是保险公司财务分析的一个重要方面，通过这种分析，可以揭示保险公司财务状况的稳定性。偿付能力分析，可以从计算最低偿付能力与实际偿付能力比率等方面来进行。

实际偿付能力为保险公司认可资产减实际负债的差额，其中，认可资产为其总资产减去扣除项后的余额。大多数国家都根据不同的业务规模制定有不同的最低偿付能力警戒线，以保证保险公司具有与其业务规模相适应的最低偿付能力。我国有关最低偿付能力的要求，在《保险公司偿付能力管理规定》中有明确规定。

（二）经营成果

经营成果是保险公司各种利害关系人最关心的指标，它表明保险公司在经营动态过程中的长期安全性。通过对经营成果的分析，可以评价保险公司经营业绩和考核保险公司经营管理效能，可以判断保险公司的盈利能力，预测其未来经营的成效。保险公司经营成果分析的内容主要包括：利源分析、经营成本分析、资金运用效率分析、经营成果评价和预测分析。

1. 利源分析

所谓利源分析，是指对保险公司利润来源的分析。保险公司利润指标是综合反映保险经济效益好坏的指标。在一定条件下，保险公司实现的利润越多，表明经济效益就越好，反之，保险公司实现的利润少或出现亏损，经济效益就差。但对保险业务的损益，并不能仅由财务报表所显示的综合成果加以判断，必须作进一步的利源分析，才能明白损益的真正来源以及各种来源之间的关系。

2. 经营成本分析

经营成本分析包括对保险公司成本及费用的分析，如赔付率和给付率分析、营业费用率分析等。

赔付率和给付率指标是某一业务年度或一定期间内赔款支出和给付总额与保险费总额

的比率。赔付率是考核财产险和短期人身险业务质量的指标，而给付率则是考核人寿保险业务和长期健康保险业务质量的指标。分析赔付率和给付率，有利于考核保险公司成本状况、经营管理水平和保险经营的社会效益水平。

营业费用率是指保险公司某一业务年度或一会计期间内营业费用总额与保费收入总额的比率。通过营业费用率分析，可以考察费用及其结构是否适当，以此衡量保险公司的经营管理水平。

3. 资金运用效率分析

在现代保险市场上，将保险资金用于各种投资，已成为保险公司获取利润、扩大积累、增强偿付能力的重要途径。保险公司为增加资金积累、巩固财务基础和提高偿付能力，必须保持等于或大于可运用资金数额的可盈利资产，以此保证资金的增值收益。资金运用效率的高低，不仅关系到保险公司的利润水平，而且也关系到保险公司的偿付能力。资金运用效率分析指标主要包括资金运用收益率、保险资金运用率、资金收益充足率等。

4. 经营成果评价和预测分析

保险公司通过经营、投资等活动取得收入，补偿成本费用，从而实现利润。通过经营成果评价和预测分析，可以综合评价影响损益的诸因素及其影响程度，并预测保险公司盈利能力的发展趋势。经营成果评价和预测分析主要是通过对一系列利润率指标的分析来进行的，如净资产收益率、总资产收益率、营业收入净利率等。

四、保险公司效益评价案例实务

财务状况评价案例：

【案例 11 - 1】

表 11 - 1 某保险公司财务状况

指标类别	指标名称	2007 年	2008 年	临界值
偿付能力指标	资产负债率	94%	91%	注
	流动比率	5.8	5.59	>2
资产质量指标	不良资产风险率	3.01%	5.73%	<12%
	固定资产比率	27.23%	39.26%	<50%
	认可资产比率	0.88%	1.02%	<10%

【分析】

从表 11 - 1 的资产质量指标来看，该保险公司资产质量的三项指标（不良资产风险率、固定资产比率、认可资产比率）2008 年及 2007 年都高于临界值。而且 2008 年比 2008 年还有进一步的改进。说明保险公司的资产质量状况较好，且在不断优化。但从偿付能力指标来看，保险公司 2008 年的资产负债率比 2007 年有所上升，且已高于 90%，表明其长期偿付能力偏弱且有进一步恶化的趋势，亟待改善。从流动比率来看，保险公司的短期偿付能力不存在太大的问题，但与上年比较，也有所降低。

【案例 11－2】

表 11－2 某保险公司资金运用结构 （单位：万元）

资金运用项目	2008 年		2007 年		同 比	
	金额	结构(%)	金额	结构(%)	增长额	增长幅度(%)
银行存款	528 000	59.11	299 000	53.69	229 000	76.59
短期投资	55 500	6.21	30 000	5.39	25 500	85
买入返售证券	60 000	6.72	17 700	3.18	42 300	238.98
拆出资金	300	0.03	280	0.05	20	7.14
保单质押贷款	800	0.09	580	0.10	220	37.93
贷款	1 100	0.12	3 380	0.61	－2 280	－67.46
长期股权投资	30 000	3.36	31 000	5.57	－1 000	－3.23
长期债券投资	217 500	24.36	175 000	31.41	42 500	24.29
合计	893 200	100.00	556 940	100.00	336 260	60.38

【分析】

表 11－2 表明，该保险公司的资金运用渠道主要集中在银行存款、长期债券投资、短期投资、买入返售证券、长期股权投资几个方面。其中银行存款和长期债券投资比较大。从结构变化来看，2008 年银行存款所占比重较 2007 年有所上升，而长期债券投资则有所下降。

（一）经营效果评价案例

【案例 11－3】

表 11－3 某保险公司经营成本

指标名称	2009	2010 年	同比增长
综合费用率	22.48%	23.98%	－1.5%
综合赔付率	40.00%	32.89%	7.11%
综合给付率	4.59%	4.82%	0.23%

【分析】

从表 11－3 可以看出，该保险公司的综合费用率 2010 年较 2009 年下降 1.5 个百分点，表明保险公司在控制费用方面取得了一定的成绩。综合赔付率上升了 7.11 个百分点，上升较快，对其具体原因，应该结合其他资料进一步分析，以便采取改进措施。

【案例 11－4】

表 11－4 某保险公司资金运用效率

指标名称	2001 年	2000 年	增长量
资金收益充足率	1.68	1.58	＋0.1
资金运用收益率	5.67％	6.59％	－0.92％

【分析】

单从资金运用收益率来看，2001 年资金运用收益率比 2000 年下降了 0.92 个百分点，资金运用的收益水平在下降，但由于 2001 年有效寿险及长期健康险业务加权平均预定利率比 2000 年要低，因此，2001 年的资金收益充足率反而比 2000 年还要高。

【案例 11－5】

表 11－5 某保险公司资产收益率

指标	2004 年	2003 年	增长量
净资产收益率(％)	34.36	37.69	－3.33
总资产净利率(％)	3.84	4.83	－0.99
收入净利率(％)	5.77	8.12	－2.35

【分析】

从表 11－5 可以看出，该保险公司各项利润率指标 2004 年比 2003 年均有所下降，表明保险公司的盈利水平在呈下降趋势。

第三节 社会责任与保险公司经济效益

最初的保险就是人们因受外界自然灾害、意外事故影响而自发产生的救助救济活动，保险从产生到现在，已经成为人们生活中不可或缺的重要组成部分，而保险的形态也随着社会的发展在不断地变化，在中国，由开始计划经济下的国家垄断保险到如今市场经济中的百家争鸣局面，无论是计划经济下诞生的保险公司还是市场经济下成立的保险公司，都是向着“社会责任”和“经济效益”相平衡的方向发展。保险公司的特殊性注定了其必须为国家、社会承担更多的“社会责任”，而从企业的一般性又使得它要以“经济效益”为重。“社会责任”和“经济效益”形成了表面矛盾，实则可在一定条件下相互促进的特殊关系，如何化矛盾为动力，解决好它们之间的关系，成为目前商业保险公司最为关心的问题之一。因此“社会责任”和保险公司“经济效益”需相辅相成，并重而行。

一、社会责任的含义

企业经济效益的概念对于大多数人来说还是比较清晰而单一的，即企业的生产总值同生产成本之间的比例关系。而“社会责任”的概念却常常被误解或缩解，比如大多数人认为

"企业的社会责任"就是企业的捐款,且这种情形大有愈演愈烈之势,还专门有人搞了各种各样的捐款排行榜,把企业的正面形象与有没有捐款直接挂上了钩,以至于有人认为,没有捐款的企业不是一个好企业。

社会责任是各种责任的一个总量,其本身并不是一个单独体。社会的正常运转,依靠每个人和每个组织在自己角色和地位中完成自己的使命,对自己相关联的事务负责,而不是扩及到大而无当的社会责任,也就是说,责任是有限的。

企业是享有独自判断和决策、独立承担责任的主体,但企业的性质决定了企业的目的和行动限制:通过经营获取利润和为股东的投资提供相应的赢利回报,企业的所作所为仅仅围绕于此,企业不能违背自身的性质和目的随意处置财产。对企业而言,真正的社会责任只有一项:"即充分利用自己的经济资源,并且在遵守游戏规则的条件下,从事各种能够增加利润的活动。"这种社会责任是有明确的界限和特定事项。企业的"善业"是拓展市场范围和利润空间,缴纳该缴的税金,遵守劳工标准,尊重股东权益,履行到期债务,为消费者提供周全的服务。商业保险公司最根本的社会责任就是在国家的政策法规规定范围内做好企业的经营管理,为有保险需求的人们提供可靠的保险产品和优质服务,并能在保险领域有所创新、有所突破,为促进保险事业的发展贡献力量。

二、商业保险公司社会责任和经济效益的关系

对于商业保险公司来说,社会责任和经济效益间存在着相互制约、相互促进的关系。

一方面要实现社会责任需要企业有较强的经济实力和管理能力,但就目前市场上的商业保险公司来看,大多数是在计划经济向市场经济的转型中诞生的,除了片面的追求经济效益外,在经营管理、人员配置、员工素质、产品设计方面都有很多不成熟的地方,老保险公司也存在缺乏活力,经营管理灵活性不够,一些老员工不容易接受新事物、新思想等问题,这些因素的存在使客户心中理想的保险公司履行"社会责任"的形象还存在较大差距,造成"社会责任"制约"经济效益"。与此同时,"经济效益"也制约着"社会责任",没有好的经济效益,企业发展迟缓,吸引不了高素质、高能力的人才,人才结构参差不齐;员工待遇不高不能形成高强度的向心力,怨声四起,没有心思做好客户服务;开发新产品、新技术没有足够的资金去支持;这样根本不能履行企业的社会责任,更不用说为社会扶贫济困,创造价值了。

但是另一方面两者又是相互促进的,在良好的经济效益前提下,可以有人力物力去创新、提高服务、改善管理、做好对外的企业宣传树立良好的社会形象,从事公益事业,积极回馈社会,在竞争激烈的市场环境中突出的向客户展现自己的规范、优势、责任感。履行了"社会责任",自然会得到良好的口碑,取得更多客户的信任和支持,产生更好的"经济效益"。企业社会责任与经济效益的有机统一,是我国当前构建社会主义和谐社会的一个关节。保险业这两三年呈现持续快速健康协调发展势头,一个很大的原因,就是把社会责任的发挥和自身的做大做强紧密结合起来。换句话说,从过去保险发展的旧模式、旧套路中解放出来,按照新的发展方向,在积极参与社会发展中寻找事业空间,在主动服务经济改革中探索效益增长。正是因为坚持了以社会责任为经营管理的出发点和落脚点,所以全面进军责任险、企业年金、健康险和"三农"保险新领域,所以把资金运用

与国家经济发展重心、金融改革热点密切融合，在原来业务基础上开始有了新的效益增长点。

三、承担社会责任和实现“经济效益”并重的总体趋势

中国保监会明确指出保险业要主动承担起应尽的社会责任。国家要构建和谐社会，保险作为一种市场化的风险转移机制、社会互助机制和社会管理机制，可以天然地为构建社会主义和谐社会发挥独特作用。“交强险”的出台、开拓“三农”保险的大力提倡，都可以明显的看出在国家政策的指导下，保险业进一步履行“社会责任”是发展的大趋势，只有更好的做到“社会责任”，才能更深入的切入整个社会的经济发展，为国家、为社会做出更大的贡献。在国内，不仅是保险业，通讯业、航空业、影视业，无不向社会展示着他们积极承担“社会责任”的一面。

如今，承担社会责任已经不是一两个企业叫出的口号了，而是整个社会企业生存发展的趋势，一个可持续发展的必要条件。近来，越来越多的保险公司逐渐意识到这点，在企业文化中高调提出“责任”的概念，并在公众面前树立起勇于承担社会责任的企业形象。以下将举三家保险公司具体实例说明。

（一）中国人寿保险

多年来，中国人寿作为国内保险业的龙头，在计划经济的时代，更多的充当的是一个国家、一个社会“稳定器”的角色，基本上只存在“社会责任”的那一部分，到市场经济的时代，它也演变成一个赢利性的机构，时代的发展需要它转变角色，成为保险市场上的一个竞争者，需要它在实现“社会责任”的同时，取得“经济效益”。2002 年，为应对入世后的市场竞争格局，中国人寿正式启动“成己为人，成人达己”的“双成”理念为核心的全新企业文化战略。它的基本含义是：只有自己具备了相应的水平和能力，才能为社会提供高质量的服务；只有为社会提供高质量的服务，才能发展壮大自己。

（二）中国平安保险

平安保险诞生在计划经济向市场经济转型的转折时期，首先需要实现的就是“经济效益”，没有经济作为基础，责任便无从谈起。平安保险在发展过程中，很快的从重“经济效益”转变为“社会责任”和“经济效益”并重的发展方式上来。中国平安保险集团总经理张子欣曾说，近年来中国平安保险一直在积极地探索企业建设的一些新理念，从企业作为一个人格化的个体，所需要承担社会责任的这个角度，平安保险正在开始构建“中国平安企业公民行为”的模型，这个模型是涵盖到“企业本身的生存、企业的价值观、企业的守法、企业跟客户的关系、社会环境的政策、及慈善教育事业”这六个层次来探讨，制定一套符合法律法规的制度模型，使得平安不仅能够提升企业本身的经营绩效，同时更重要的是关心努力提高企业行为，对社会和环境产生的正面的影响。

（三）中国华安保险

华安保险在 2005 年提出了“责任、专业、奋进”的企业理念，将责任排在“专业”和“奋进”

的前面。华安保险公司从国企转变为民营企业后，在企业文化中大力提出以“国家利益”、“社会利益”、“客户利益”、“员工利益”为重，最后才讲“企业利益”和“股东利益”的核心文化理念，一开始就将“社会责任”和“经济效益”放在了同等重要的位置。在华安保险董事长李光荣的《民族保险业的生存与发展之道》一书中，他对责任的阐述是：“作为公司的员工，我们的直接责任就是对投资者、对经营班子负责；作为公司的投资者，我们直接责任就是对全体华安人负责，对真正为华安做贡献的人负责；我们华安作为一个整体，则是为国家民族、为社会服务，对国家、对社会负责。”人们一般都会认为，注重社会责任、社会公益必然会以牺牲经济利益为代价，在市场经济中发展的企业，承担社会责任有些不切实际，只是纸上谈兵，但是华安保险从开始提出“责任”的口号后，就一直没有忘记最初定下的诺言，一直在承担社会责任的道路上行走、奔跑。2005 年年底，华安和民生两家保险公司几乎在同一时间推出禽流感保险，这是国内第一次专门针对禽流感设计的人身保险产品，也是继“非典”之后，保险公司第二次专门针对疫情推出专项保险①。

四、商业保险公司实现社会责任和经济利益有机统一需具备的条件

从上面案例中不难发现，各行各业都已经意识到要将社会责任和经济效益联合在一起看待，在国外一些发达国家企业已经将企业的社会责任和经济效益放到一个水平线上同等重视，有的甚至将“社会责任”看得比“经济效益”更重要。在这样的大市场环境下，各地也因各自市场环境的实际情况而有不同的表现。

在广西，人民生活水平和自身相比已经有了很大的提高，但是和发达的省市相比，差距仍然较大，保险业在广西的发展也还是处于初级阶段，欠缺稳定性。每当有新的保险主体进入市场，他们首先表现的并不是冷静的分析市场，制定中期、长期发展战略，而是把更多的精力放在用各种方式抢占市场，使本身还未发展成熟的市场和人们并未完全苏醒的保险需求在市场中变得犹豫不决。在利益的驱动下，“社会责任”的概念变得模糊不清，如何在这样的市场环境下取得突破，实现“社会责任”和“经济效益”齐头并进并能有机统一，是各家保险公司今后发展中需要考虑的重要战略性问题。笔者提出以下六项主要战略提供参考：

（一）洞悉市场动态，把握发展大局

保持对市场的灵敏度是在市场中生存发展的必要条件，不能总是停留在自己身上，要了

① 根据保监会统计，在 2003 年 SARS 期间，中国有 20 多家保险公司推出了 50 多项专门针对 SARS 的保险产品或者服务，相当程度上发挥了保险的社会保障作用。与 SARS 不同，禽流感在国内并未演变成可怕的灾难，但是商业保险公司已做出了未雨绸缪的反应，其意义绝不只是一款新险种的诞生。姑且不论此险种的开发对保险公司的收益如何，单是这种市场的前瞻性就已经值得钦佩。然而这只是华安保险兑现“责任”承诺的开端，2010 年 6 月份，华安向社会隆重推出了国内第一个“学贷保险”，他们表示这是最能体现华安人价值观的产品，也是公司持续发展的动力和源泉。在中国，有很多学生因家庭贫困而与大学无缘，而已有的国家助学贷款和商业助学贷款又无法完全适用和满足社会的需求，银行追偿成本高、风险大，这些原因造成助学贷款的发放始终达不到国家的要求。华安这一创新产品不仅充分体现了强烈的“社会责任”，有机会解决目前助学贷款发放中存在的问题，也拥有了潜在的具大市场空间。

解自己也要了解竞争对手,这样才能看清自己所处的位置、在竞争中的优劣势。此外,要学习和研究党中央关于国家社会发展的重要政策、社会发展的主题,以此把握行业发展的大方向,及早做出应对措施。还有就是对市场需求状况的了解,保险是和人们生活息息相关的,具有很强的时代性,必须站在时代发展的角度,深入了解当地市场环境特点、人们生活状况、消费能力、保险需求种类等,并从具体的数据中进行总结分析。这是实现“社会责任”和“经济效益”有机统一的基本条件。

(二) 鼓励创新,开辟“蓝海”市场空间

竞争无处不在,如何跳出充满火药血腥味的残酷“红海”竞争,开辟另一片“蓝海”天地?“创新”是各家保险公司都在强调的问题,可能有些老调重弹,但是却是一个最为实际而有效的在竞争中取胜的途径。创新需要公司上层的正确领导、发动全体员工的共同智慧,上下一心的开拓新的发展局面。“创新”的含义也要在实践中得到延伸,不是仅仅停留在产品的创新上,作为保险这样一个金融服务行业,同样要注重服务方式的创新、展业技巧的创新、合作模式的创新等。创新是实现“社会责任”和“经济效益”有机统一的关键。

(三) 规范经营,制定适合发展的经营战略

承担社会责任最根本的一点就是规范经营,部分公司为了实现经济效益,达到赢利的目的,有部分保险公司置国家政策法规不顾,与行业自律协议背道而驰,暗中进行违法违纪的保险买卖行为。虽然从短期来看,可以利用部分客户贪便宜、贪好处的心理获得一些市场分额、一定的经济效益,但是长此以往,随着保险知识的普及,监管的加强,这种行径会逐渐丢失客户的信任、政府的信任、社会的信任,“社会责任”和“经济效益”都会离之远去。因此,在政策不允许的情况下,首先不是想如何钻空子、违规走快捷方式,而是宁可慢半拍,也要看清形势,一开始就找准发展路子,制定出在规范经营下的适合发展的经营战略。

(四) 摆正心态,增强员工社会责任感

要增强员工的社会责任感企业文化建设尤为关键,从员工入司开始,就要进行思想道德、职业道德的教育,这对刚从学校毕业的学生来说可能比较奏效,但是对于从其他行业或其他保险公司招聘来的有工作经验社会阅历的人来说却不一定有效,这部分人一般比较现实,更关心企业的收益和他们能够得到的名誉、地位和待遇。对于这部分人人力资源部分要通过各种方式摆正他们的心态,用企业文化来教育他们,用良好的企业氛围来感染他们,营造一个极具企业社会责任感的工作生活环境,使他们身在其中能逐渐被同化。

(五) 统一培训,提高客户服务质量

体现企业社会责任感一个最直接的窗口就是对客户的服务。做好服务是一项艰巨的任务,也是实现“社会责任”和“经济效益”相统一的必备条件。很多大型的企业都有较完备专业的服务培训课程,所有要面对客户的客服人员都要经过严格的培训和考核,达到标准后才能在服务岗位上试用,在限定的期限内表现合格才算正式走上工作岗位。2001 年 5 月 20 日,中国平安保险在深圳正式成立了平安金融学院,在国内开创了保险公司办大学的培训模

式,可见他们对员工培训的重视。员工有社会责任感,只有在服务态度、专业技能方面做好,提高了服务质量才是真正在实践中履行社会责任。

(六)政策支持与法律完善

有的领域风险过大,超出了商业保险的能力范围,此时要想保险公司发挥作用就需要政府的支持。在一些优惠的政策下,保险公司在涉入这些领域时的风险得到一定程度的补偿才能提高他们的积极性。毕竟商业保险公司只是构成整个社会保障体系的一部分,不应该所有的责任都由其来承担。另外,保险公司要在有秩序的轨道上健康地运营需要相关的法律法规的健全,而我国有关保险的法律体系并未很好地建立,因此,法律环境的完善也是支持保险公司承担社会责任,实现经济效益的一个重要条件。

我国经济20多年来的改革开放,取得了举世瞩目的成就,但在经济发展中存在着贫富不均、地区不平衡因素、职工权益保障和生态环境的恶化等问题。在我国履行企业社会责任,实际上是企业将自己的专业优势与我国的这些社会和环境问题的解决结合起来,在解决这些问题的同时也将能取得良好的经济效益。保险业在防灾防损、应对突发事件方面有着其他行业所不具有的专业优势,这些专业优势也正是保险业需要承担的"社会责任",为国家分忧、为社会分忧、为人民分忧。中国是一个重情重义的国家,对普通老百姓来说,做人应以诚信为重,做事应以责任至上,当每个人都可以对保险产生巨大"信赖"的时候,保险业的"经济效益"也会随之而来,所谓功到自然成。

第四节　财务成本管理与保险公司经营经济效益

面对激烈的竞争,险公司要想求得生存、获得发展必须重视财务成本管理。因为财务成本管理水平高低直接影响到保险公司管理的水平高低,进而影响到企业经济效益的好坏。由此可见,加强财务成本管理是提高保险公司经营管理水平的关键。

一、财务成本管理在保险公司经营中常见的问题

经济危机的爆发为全球的企业敲响了警钟,怎样加强企业的财务管理工作成为当下的热门话题.保险公司作为具有独特财务运动规律的行业,财务管理工作自然不能忽视。与此同时,随着我国金融市场的不断完善与发展,作为金融业重要支柱的保险业也得到了蓬勃发展之机。因此,不断强化财务成本管理已经成为保险公司可持续发展与创造有效率经济效益的重要途径。而一般会有以下几项问题产生。

(一)财务内部治理结构存在缺陷

财务管理工作是要有内部治理结构作为保障的,而保险公司的内部治理结构形同虚设,没有相互牵制的作用,体现不出治理的绩效。比如说,众所周知,保险公司的利润往往很高,每天收到的保费收入也非常高,致使公司每天增加的资金远远超过规定留存资金的限额,但是分公司或者支公司没有按照规定存进银行,反而随意支取,用于临时救急或者私自消费,

因为第二天会有更多的资金用来弥补前一天的透支。对于这种现象。首先会计人员是应该予以制止的，因为操作违反了相关的规定；其次，公司的治理结构应该发挥相应的作用，在事前杜绝此类现象的发生。

（二）预算管理缺乏有效性

预算管理是将企业的决策目标及其资源配置方式以预算的方式量化，对与企业的存续相关的投资活动、经营活动和财务活动的未来情况进行预期并控制的管理行为及其制度安排，是预算编制、调整、执行、分析与考核的过程。我国现有的部分保险企业还没有建立起预算管理体系，即使建立了预算体系的也没有建立专门的预算管理部门，加之保险企业的层级建设较为复杂，遍布全国各地，部门设置繁多，预算管理的理念难以在各部门、各层级之间展开，信息传递效率低下，失去了预算管理的预算意义。此外，各部门之间为了争夺预算，激发了很多矛盾，部门之间的协调也不顺畅，预算管理难以有效的贯彻执行。

（三）会计主观操作混乱

保险公司要进行财务管理工作，必须要以会计人员提供的财务信息为基础。由于保险行业存在极大的特殊性：收取保费在前、费用支出赔付在后，有时两者的时间差距很大，导致各个会计期间的收益费用分配不合理。此外，保险行业对于会计人员的未来预期性要求很高，必须以自身会计工作经验进行操作等等因素，导致会计人员主观的随意操作，会计信息严重失实。加之，虽然财政部颁布了新的会计准则和相应的会计制度，但是没有硬性规定碰到具体的业务应该采取什么操作方法，会计准则只是规定碰到类似于准备金提取、资产计提折旧等业务时，应该根据自身的实际情况做出选择。这表明了我国会计准则在原有的规则性导向的基础上，部分业务操作转向了原则性导向，虽然会让保险公司体现出一定质量的会计信息，但是我国会计人员的素质参差不齐，导致会计处理比较随意，判断容易出现失误。所有这些都会导致保险公司的会计信息质量受到了严重的冲击，进而影响公司的财务管理决策。

二、强化保险公司财务成本管理主要解决措施

财务管理作为企业管理的重要组成部分，它的总体目标是提高企业经济效益，即追求经济效益最大化，这已是市场经济下每一个企业的永恒主题，也是保险企业不容回避的话题。复杂而多变的市场经济要求保险企业财务管理能够预测市场需求和企业环境的变化，因此搞好财务管理，对于改善保险企业经营管理，为企业领导提供准确而可靠的决策依据和提高经济效益具有极其重要的作用。

保险公司要强化财务成本管理，维持稳健成长的经营绩效与经济效益，其解决措施主要有以下方向：

（一）积极筹集资金，满足保险经营资金的需求

保险企业要维持正常经营运作就必须通过财务手段来筹集资金，以满足经营中的赔偿、给付和支付经营费用的需要。最近几年，国家对利率的连续调整，给保险企业经营带来诸多不利影响，表现在保额下降，赔付率上升，费率提高，部分公司出现经营亏损。同时，国家政

策对保险资金的投资限制,使保险、资金运用率较低。因此,保险企业如何在诸多不利环境下取得更多的资金来维持经营需要,又该如何加强筹资管理,这是一个十分严峻的问题。保险企业的筹资渠道主要有两个途径;一是权益资本,主要表现在实收资本,资本公积,盈余公积,总准备金,未分配利益等方面;二是债务资本,包括流动负债和长期负债;加强筹资管理,具体应做好以下工作:一是积极扩大保险业务,大力发展长效险业务,稳妥吸收保险储金,增加保费收入,充实保险经营资金;二是严格按照现行财务制度规定,提足责任准备金,责任准备金的提存是为了保障被保险人的利益,也是为了稳定公司的业务经营,但在客观上责任准备金形成了保险经营的可运用资金,而且是保险企业最大的一项资金来源,合理运用这部分资金是整个企业业务成效的关键;三是合理安排资金结构,保持适当的偿债能力。保险企业的负债多少要与自有资本和偿债能力相适应。既要防止负债过多,导致财务风险加大,又要有效利用负债经营,提高自有资本的收益水平。

(二)加强货币管理,安全有效地使用资金

加强货币资金管理的目的在于保证企业正常经营所需资金的同时,节约使用资金,并从暂时闲置的资金中获取最多的利益收入。保险法规定:“保险公司的资金运用必须稳健,遵循安全性原则,并保证资产的保值增值”,“保险公司的资金运用,限于在存款,买卖政府债券、金融债券和国务院规定的其他资金运用形式”,同时规定“保险公司的资金不得用于设立证券经营机构和向企业投资”,鉴于上述规定,加强货币资金管理尤为重要。

保险企业的货币资金包括现金和银行存款,首先要加强现金管理,要求严格执行国务院《现金管理暂行条例》和中国人民银行《现金管理暂行条例实施细则》之规定,严格遵守库存现金限额制度,严格现金开支范围,实行钱账分管,并配备专职出纳人员,负责现金和银行存款的收付及管理工作,非出纳人员不得经管现金;出纳与会计人员必须明确分工,建立健全现金账目和收付手续,做到日清月结,账款相符,确保现金安全;严格审批手续,杜绝私自挪用公款等不法行为,严禁白条抵库,公款私存,对违纪者予以严肃处理。其次要努力提高现金的使用效率,有计划的合理安排现金,力求做到收支平稳;做到既保证企业日常所需现金,降低风险,又不使企业产生过多的闲置现金,以增加企业效益,对银行存款的管理,要求在现行政策允许的投资条件下,尽可能多的选择购买国债、金融债券等回报率高的投资项目,提高资金的使用效果。

(三)加强应收保费的管理,加速资金周转

应收保费是企业财产险,人身意外伤害险在承保后应向投保人收取的保费。由于应收保费是公司资金被其投保人占用,而公司还要承担保险责任,所以对公司的经营极为不利。保险企业必须严格控制应收保费的发生。具体可采取以下措施:

第一,在签发财险保单时,对那些保险金额较大,且保户一次性交费有困难的,可采用在保期内分期交费的办法,但须签订分期或延期交款协议,尽量避免形成呆账。

第二,积极组织清欠力量,制订清欠方案,及时清收应收保费,对那些确实无力支付的企业,可协商以产品或物资抵债,必要时运用法律手段清欠。

第三,建立清欠奖惩制度,对清欠人员定任务、定时间、定清欠额,按已收保费一定比例

提取奖金给清欠人员，实行谁收账，谁得奖，以提高清欠成效。

第四，切实提高展业质量，明确责任，谁展业，谁签单，谁收费，并且将回收保费与工资奖金挂钩，以增强员工的责任心，促进员工的积极性。

第五，定期召开专业与委派人员座谈会，来进一步提升财务服务质量和工作执行力，从而增强基层公司财务人员责任意识，建立高效的财务集中处理体系，从根本上扭转财务工作的被动局面。

（四）建立健全包括外部监督、日常的会计监督、复核监督、财务内部稽核监督、上级对下级的垂直监督等在内的财务监督管理体制

制定出包括监督原则、监督内容、监督方式、监督责任和监督奖惩等内容的科学合理的财务监督管理办法，使财务监督规范化、制度化。

（五）提高员工素质实施财务人员委派制度

人是一切因素中最积极活跃的因素，人的问题是解决一切问题的根本。提高员工的综合素质，加强对基层公司员工的教育和培训，充分调动员工的积极性，为公司发展提供人力保证。财务委派人员是指具有会计从业资格并经上一级公司招聘合格后委派的财务人员。首先，实行委派人员由上级公司管理为主和基层公司管理为辅的双重考核管理机制。将基层财务人员薪酬纳入支公司管理，并建立相适应的岗位考核和分配机制，使其薪酬直接与工作质量相挂钩。其次，委派人员作为上级公司和基层公司沟通的桥梁，既掌握了公司财务的专业知识，又能了解和掌握基层公司的财务状况，从而大大降低了沟通的时间成本。

第五节 保险公司风险管理

一、保险公司风险管理的内容及特点

保险公司风险管理是对风险的识别、衡量和控制的技术方法，也可以指经济主体用以降低风险负面影响的动态连续过程，其目的是直接有效地推动组织目标的实现。保险公司风险管理的总体目标是实现企业价值最大化，企业价值最大化将通过风险成本最小化实现。

（一）保险公司的风险管理包括风险识别、风险分析和风险衡量

保险公司的风险识别应从风险源、受损标的、危害及危险因素四个方面入手：

（1）通过风险源的识别可以分析出保险公司所面临的外部环境风险，通常包括物质环境风险、社会环境风险、政治环境风险、法律环境风险、技术环境风险、经济环境风险、金融环境风险等几个方面，它们是保险公司风险管理的重要组成部分，因其来自外部，我们称之为非保险风险。

（2）通过风险标的的识别可以认识到保险公司的主要受损标的是金融资产还是人力

资本。

(3) 通过识别各个经营环节风险可能造成的损失可以明确保险公司的销售、承保、定价、理赔及投资风险与危害之间的关系，从而形成了保险公司的内部经营风险。对于保险公司而言，风险造成的最大危害就是企业破产，除此之外，风险还会使保险公司实际收益与预期收益发生偏离从而蒙受损失或丧失额外收益，这种结果也是保险公司的危害。

(4) 从危险因素入手，保险公司可以结合保险经营各环节进行风险分析。承保风险主要来自于被保险人的逆向选择及道德风险，以及在外部环境作用下可保条件弱化的影响日益严重；定价风险的产生主要是违背了保险定价的基本原则，使费率水平不能弥补保险人支付的赔款及营业费用，以及合理预期利润的需要；理赔风险产生了保险理赔过程，包括审核单证，委托理赔代理人，确定赔偿责任和金额，理赔人员素质，通融赔付五个方面可能造成损失；投资风险来自于违背安全性、流动性和收益性的保险资金运用原则，保险投资后形成的金融资产组合结构的风险受外界环境的影响较大，其中利率风险的影响最大；销售风险对保险公司的内部经营影响不大。

（二）保险公司的风险管理方法包括损失控制和损失融资

保险公司风险控制方法的目的是为了改变保险公司的风险状况，帮助保险公司回避风险防止损失，在发生损失时努力减少风险对损失的负面影响。保险公司内部经营风险可以根据各环节的特点采用不同的风险控制方法，普遍适用的方法是损失防范和损失减少，这一方法的核心内容是保险公司内控制度的建设；保险公司外部环境风险也适用损失防范和损失减少的风险控制方法，这一方法的核心内容是保险合同的限制性条款的使用。保险公司风险融资方法的目的是为保险公司的损失支付赔偿金，并承担损失的财务后果。保险公司转移风险的方法包括再保险转移和非再保险转移两种：保险公司的再保险转移就是由再保险公司承诺承担损失带来的财务负担，保险公司非再保险转移就是风险的接受人不是法律注册的再保险人，保险公司遭受损失后由其他机构承担财务后果。保险公司的风险融资决策大多数是自留风险与转移风险在不同程度上的结合。自留风险的条件是保险公司有足够的能力承受与风险相关的最大可能损失，足够的能力是指保险公司金融资产的偿付能力。如果对风险的控制能力低或没有控制能力，保险公司就选择转移风险(外部环境风险)，如果对风险的控制能力强，保险公司就选择自留风险(内部经营风险)。

保险公司风险管理最后的步骤就是对风险管理决策进行监控与评价，实施完整的综合风险管理，主要包括：① 保险公司必须解决集中控制和分散操作之间的关系，规模庞大组织分散的保险公司的办法是损失控制由当地部门分散处理，损失融资由总公司集中处理，并且保险公司风险管理活动是一种综合功能，应当在董事会层次进行监督和协调；② 监控保险公司风险管理决策的手段是信息管理，它包括风险交流、风险管理信息系统、风险管理报告及成本分摊系统；③ 可以通过与第三方机构签订合同得到所有必要的服务来实施保险公司的风险管理决策；④ 评价风险管理决策的核心是衡量决策的效果，通常的证据是损失比率的趋势，由于很多综合风险管理措施都是一种长期活动，因此对风险管理决策的评价可能需要较长时间，风险成本是另一个常见的评价标准，保险公司的风险成本包括因为风险和不确定性所必须支付的一切费用，不仅包括直接成本而且包括间接成本。

二、我国保险公司风险管理现状分析

（一）我国寿险公司内部经营风险主要表现

（1）我国寿险公司业务核保不完善，承保风险还很突出，主要是重业务发展轻业务质量，重规模轻效益的现象还很突出；核保制度不健全，核保管理不完善；核保人员素质差；核保队伍建设不足；道德风险日益严重，投保人或被保险人欺骗或隐瞒已存在的某种风险或故意编造保险事故的现象经常发生。

（2）我国寿险公司费率管理存在问题，定价风险也很严重，主要是费率厘订过于标准化，不符合实际情况；费率管理高度统一，不利于引导保险公司专业化经营；费率审批手续繁琐，不适应业务发展和市场变化的需要；费率执行过程中费率监管弱化，恶性削价竞争较为严重。

（3）我国寿险公司利差损风险将长期存在，主要因为盲目追求业务规模，经营体制上的弊端，缺乏专业技术管理人员的风险因素在短时间内很难彻底改变。

（4）我国寿险公司投资风险表现突出，主要原因是历史形成的呆账严重，违规资金运用的问题仍然存在，保险资金运用渠道过于狭窄，新的寿险产品过于强调投资收益存在引发投保人信用危机的可能，这些风险导致了我国寿险公司偿付能力普遍不足的局面。

（二）我国产险公司内部经营风险主要表现

（1）我国产险公司保费增长过快的表外风险严重，主要是我国产险基层公司普遍存在重业务轻管理，重规模轻效益的倾向，业务员普遍缺乏风险意识和效益观念，领导追求任期内的业绩不采取长期的风险控制措施。

（2）我国产险公司的资产风险日益突出，主要表现是资产总量高速增长但结构不合理，隐藏泡沫，增长方式原始，高效益资产所占比重甚小。同时由于资本经营机制不规范，造成的资金结构风险也很突出，主要是资产结构配置不合理，资金使用过程中的机会成本浪费现象严重，表现在经营机构的设置方面尤为明显，而且缺乏明确的资产负债管理目标，对资本市场及投资渠道的调研论证缺乏科学性，投资决策的制定长官意志明显。

（3）我国产险公司的核保核赔制度也不完善，承保理赔风险表现突出。主要是违反授权规定的承保理赔权限擅自承保定损理赔的现象仍然存在，违反承保实务规范要求盲目签单承保的现象时有发生，违反《保险法》及监管规定违规支付手续费的问题也很突出，业务中的逆选择及过度承保风险一直存在，夸大虚构保险事故进行保险骗赔的案件数量和金额都呈现急速上升的趋势，保险理赔人员的素质不高甚至缺乏应有的职业道德，各种人情赔款等都会增加产险公司的经营风险。

（4）我国产险公司的信用风险日益严重，主要表现为应收保费越来越多，单证领用管理混乱，再保险知识缺乏造成分保不能摊回的风险。

三、提高我国保险公司风险管理水平的措施

（一）针对保险公司可以控制和主动防范的内部经营风险采取的措施

(1) 加强资产风险的管理，建立宏观及微观风险管理模式，形成资产风险管理体系；定期召开风险管理会议，将资产风险管理贯穿在日常工作中；开发使用风险管理软件系统，利用 VAR 风险分析模型进行资产风险分析。

(2) 完善核保制度控制承保风险，坚持规模与效益并重，展业与管理同步的经营思想，加强业务质量考核，制定与利润相关的考核指标，并把这些指标作为经营者业绩考核的重要依据；完善核保制度，加强核保管理，科学设定核保权限，将核保质量同核保人员经济利益挂钩；提高核保人员素质，实行资格考核；改善核保条件，提高核保技术，提升电子化、信息化、网络化工作水平。

(3) 强化费率管理避免定价风险，建立并实行分级管理制度，根据不同险种的业务规模、经营期限、风险程度、技术要求，实施不同的费率管理办法，分别实行标准费率、审批费率、报备费率和自由费率；建立并实行差别费率制度，体现地域差别、被保险人差别、保险人差别；建立并实行费率稽查制度，尽快延伸保监会各地监管机构，合理确定稽查要素，对检查中发现的违规行为依法处理；抓紧建立费率管理法规体系，使其能够适合现阶段保险业务发展的要求并覆盖费率管理的各个方面及各个环节。

(4) 加强道德风险的防范与管理，应提高代理人的风险防范意识，建立代理人承保质量的评估体系，建立和强化理赔报案制度，提高全民的法律意识和道德水准。

（二）针对保险公司不能控制只能化解的外部环境风险采取的措施

(1) 经营者要从单纯地追求业务规模、市场份额转变到以经济效益为目标，同时要改革目前的一级法人核算体制，对分支公司实行子公司化经营，使其经营结果直接与企业经营者和员工的利益联系在一起。

(2) 要加快培养人才，在短时间内培养一批懂寿险、懂经营、懂管理的经营者，按人寿保险自身的内在规律去经营管理寿险公司。

(3) 积极调整产品结构，大力发展低预定利率、非利率敏感型产品及资产管理型产品，大力发展保障型的产品，提高保险公司盈利水平。

(4) 实行财务再保险，提高风险转移的效率，扩大可保风险的范围并将风险直接转嫁到资本市场，利用资本市场直接融资来增强承保能力。

(5) 强化内部资金管理，聘请专业人员，增强时间效益意识和资金运用成本意识，采用先进的资金管理手段，提高资金收益率。

(6) 积极推动长期寿险业务的再保险实施，并对以前高预订利率业务采取措施鼓励退保或转保。

四、风险调整后绩效管理与资本充足性评估

(1) 保险业应在公司风险管理政策及风险胃纳下，衡量保险商品(险种)或投资绩效，于

评估个别绩效时，宜同时考虑报酬与风险承担的关系。

(2) 为减少短期诱因之奖金支付，保险业应以长期绩效做为评量奖酬之依据，以落实风险与报酬之平衡性。再者，保险业得视其风险管理文化及风险衡量之成熟度，考虑实施风险调整后之奖酬机制。

(3) 资本适足性评估。

保险业应维持符合主管机关法规的资本充足率。其内容主要包含下列各项：

① 保险业应依规定期限完成资本适足率的计算，并保留相关计算的纪录。

② 风险管理单位应了解保险业营运策略及其对资本适足率的影响。

③ 保险业应配合主管机关规定，建立资本充足性评估程序。

④ 保险业应发展经济资本(Economic Capital，EC)的量化技术与自我风险及清偿能力评估机制(Own Risk and Solvency Assessment，ORSA)以加强资本管理。

五、风险管理流程

风险管理流程主要包括风险辨识、风险衡量、风险回应、风险监控及信息沟通与文件化共五项流程，说明如下。

（一）风险辨识

为达成风险管理目标，保险业应辨识公司营运过程中可能面临之风险。保险业营运可能面临之风险包括市场风险(Market Risk)、信用风险(Credit Risk)、流动性风险(Liquidity Risk)、作业风险(Operational Risk)，保险风险(Insurance Risk)及资产负债配合风险(Asset Liability Matching)等。

（二）风险衡量

保险业在分辨不同业务所含的风险因子后，应进行适当的风险衡量。风险衡量识通过对风险事件发生的可能性及其所产生的负面冲击程度的分析等，以了解风险对公司的影响，并将此种影响与事先设定的风险胃纳或限额加以比对，俾作为后续拟订风险控管之优先级及响应措施的参考依据。再者，风险衡量应按不同类型的风险订定适当的量化方法或其他可行性质化标准予以衡量，以作为风险管理的依据。风险量化的衡量应采用统计分析或其他量化技术；风险质化的衡量系指通过文字描述，以表达风险发生的可能性及其影响程度，其适用的情况如下：

(1) 初步筛选之用，以作为后续更精确衡量风险之前置作业。

(2) 量化分析过于耗费资源，不符成本效益时。保险业应依风险属性定期进行压力测试，以了解保险业发生重大事件之可能损失情况及其财务强度；

(3) 相关之数据及衡量方法，尚不足以进行适当之量化分析。

保险业应依风险属性于必要时进行回溯测试，将实际结果与风险衡量估计值比较，以检验其风险衡量之可信赖程度。

（三）风险回应

保险业在评估及汇总风险后，对于所面临的风险应采取适当的响应措施，风险响应可实行措施包括：

(1) 风险规避：决定不从事或不进行该项业务或活动。

(2) 风险移转：采取再保险或其他移转方式，将全部或部分之风险转由第三者承担。

(3) 风险控制：采取适当控管措施，以降低风险发生之可能性及发生后可能产生之冲击。

(4) 风险承担：不采取任何措施来改变风险发生之可能性，并接受其可能产生之冲击。

而保险公司各业务单位在发生风险事件时，受事件影响的单位或依权责应行处理该事件的单位主管人员，应立即进行处理，并通报风险管理等相关单位后，依所订核决权限报告。事后并应检讨事件发生原委，提出改善方案，追踪改善进度。

（四）风险监控

保险业应依风险属性及风险胃纳订定主要风险之风险限额，依核决权限核准后施行，并向各单位传达说明风险限额之内容，以确保相关人员了解限额管理的相关规范。保险业应建立风险监控程序，以定期检视并监控各种风险限额运用情形及其超限状况，并做适当处理；再者，保险业的风险监控与回报系统，应因应公司经营目标、曝险情况与外在环境的改变而进行检讨，包括对现有风险管理机制之有效性衡量，以及风险因子的适当性评估。保险业应制定各项风险的适当监控频率与逐级陈报机制，使得在发现缺失及异常状况时，均能依规定陈报。对重大风险，可订定特殊报告程序以掌握处理时效。

（五）信息、沟通与文件化

所称信息，系指为达成营运目标所需之风险管理与决策之内部及外部信息。保险业信息系统所提供之数据应具时效性及可靠性。所称沟通，系指交换有关风险及风险管理相关信息及意见的互动过程，保险业组织内由上而下、由下而上，以及横向之间应建立有效沟通渠道。

保险业风险管理机制应予以文件化，内容可包括但不限于：

(1) 风险管理组织架构及分层负责职务项目。

(2) 风险管理政策；

(3) 风险辨识及衡量；

(4) 风险响应策略及执行计划；

(5) 风险监控；

(6) 主要风险的管理机制。

五、各类风险管理机制

保险公司在经营过程中，需注意以下五项经营风险，其五类风险的型态说明如下

（一）市场风险

市场风险系指资产价值在某段期间因市场价格变动，导致资产可能发生损失的风险。保险业应针对涉及市场风险的资产部分，订定适当的市场风险管理机制，并落实执行；市场风险管理原则的管理机制至少应包括下列项目：① 针对主要资产订定相关风险控管办法。② 市场风险衡量方法，可包括质化或量化的方法。③ 订定适当的市场风险限额及其核定层级与超限处理方式。

有关市场风险的衡量又可分为以下两种。

1. 市场风险的质化衡量

可通过文字描述，以表达风险发生的可能性及其影响程度，具体载明于风险控管办法内。进行质化风险衡量时，可用合适的数值表示相对程度或权重的半量化分析方式。

2. 市场风险的量化衡量

保险业应衡量交易部位（TRD；Trading）及可供出售部位（AFS；Available for Sale）的市场风险，建立可行的量化模型，以定期计算市场风险，并与风险限额进行比较与监控。市场风险量化模型可包括：统计方法及模型验证测试、敏感性分析、压力测试及其他可行的风险量化模型。

(1) 统计方法及模型验证测试。

统计方法有以下四项重点说明：

对于公司整体或个别投资商品的市场风险衡量，应采统计方法，作为公司了解整体市场风险的参考依据；

若欲衡量投资组合的市场风险，建议采用风险值（VaR；Value at Risk）或条件尾端期望值（CTE；Conditional Tail Expectation）法，可提供公司风险衡量的共通比较基础；

使用风险值衡量法所使用的持有期间与信赖水平假设，应考虑投资目的及资产的流动性；

管理市场风险的相关人员应了解市场风险模型的假设与限制，并具备风险值衡量的专业能力。再者，模型验证测试若是采用统计方法评估市场风险时，应透过回溯测试或其他方法，进行模型估计准确性验证。

(2) 敏感性分析。

在敏感性分析方面，保险业宜衡量投资组合价值对个别风险因子的敏感度，以加强市场风险控管。

(3) 压力测试。

在压力测试方面，保险业应定期或不定期执行压力测试，以评估因市场过度变动的潜在异常损失，进而做好应付此类情况的准备。压力测试的两个主要目标：其一评估潜在最大损失是否超过风险胃纳及自有资本吸收损失的能力；其二拟定公司为降低风险并保存资本而可能采取的计划，如办理避险、调整投资组合及增加公司所能取得的筹资来源等。

（二）信用风险

信用风险是指债务人信用遭降级或无法清偿、交易对手无法或拒绝履行义务的风险。

保险业应针对涉及信用风险的资产部位，制定适当的信用风险管理机制，并落实执行；其管理机制可包括下列项目。

1. 交易前的信用风险管理

交易前的信用风险管理重点如下：

交易前应审慎评估交易对手、发行者、保证机构等之信用等级，并确认交易之适法性；

涉及复杂结构型商品的投资决策过程，需经由信用风险管理有关的各层级授权，并有适当的陈报流程与作业内容。

2. 信用分级限额管理

信用分级限额管理重点如下：

(1) 订定信用分级管理制度时，应考虑公司投资资产复杂程度及特性可包含以下内容：

① 依交易对手、发行者、保证机构等，设定各级信用限额并分级管理。

② 依国家、区域及产业别等，设定各级信用限额并分级管理。

(2) 应定期并于内、外在经济情况发生重大变化时，重新检查信用限额。

3. 交易后的信用风险管理

交易后的信用风险管理重点如下：

(1) 定期检视信用状况：定期检视总体信用市场状况，了解信用市场的趋势，以期达到信用风险的预警效果；定期检视交易对手、发行者、保证机构、投资部位等的信用状况，以充分揭露其风险状况。

(2) 各部位信用风险限额控管：信用曝险金额应定期衡量，并与核准的信用风险限额进行比较与监控；信用曝险金额衡量的分类可包括：交易对手、发行者、保证机构、国家、区域别，商品类别等。

(3) 信用风险预警：应制定各类信用风险事件的预警制度，与通报作业程序。针对主要信用风险事件，应有适当的通报程序，进而做好应付此类情况的准备。

(4) 信用加强与信用风险抵减：对于信用加强方式，可实行限制新增部位、保证、或增提担保品等措施。对于信用风险抵减方式，可采抵销协议(Netting Agreement)、购买信用衍生性商品等措施，并确认法律权限的可执行性，以落实执行既有程序与他有效降低信用风险的措施。

（三）流动性风险

流动性风险分为资金流动性风险及市场流动性风险。

(1) 资金流动性风险是指无法将资产变现或取得足够资金，以致不能履行到期责任的风险；市场流动性风险是指由于市场深度不足或失序，处理或抵销所持部位时面临市价显著变动的风险。保险业应制订定适当的流动性管理机制，并落实执行，其管理机制至少应包括下列项目：资金流动性风险管理；市场流动性风险管理；异常及紧急状况资金需求策略。

资金流动性风险管理：保险业应依业务特性评估与监控短期现金流量需求，并订定资金流动性风险管理机制，以因应未来之资金调度；保险业应设立一独立于交易单位的资金调度单位，每日现金管理及持续性现金流量管理，并负责监控各业务单位净现金流量。现金管理及持续性现金流量管理有如下四项重点：

应综合考虑各部门对资金需求的金额与时程，进行资金管理；

资金调度单位需与业务单位及相关部门保持密切联系，并针对个别交易的资金使用状况，与结算交割相关部门相互沟通；

资金流动性除应考虑本国短期资金调度外，亦需考虑跨国或跨市场的资金流量调度；

保险业得采用现金流量模型，以评估及监控公司之中、长期现金流量变化情形。

(2) 市场流动性风险管理：保险业应考虑市场交易量与其所持部份的相称性；巨额交易部份对市场价格造成重大影响，应谨慎管理的。在异常及紧急状况资金需求策略方面则应注意：

保险业对异常或紧急状况导致之资金需求，应拟定应变计划；

发现业务单位重大与异常使用现金情形时，资金调度单位应通报风险管理单位或其他相关单位，必要时得成立危机处理小组，以处理重大流动性风险。

（四）作业风险

作业风险是指因内部作业流程、人员及系统的不当或失误，或因外部事件造成的直接或间接损失的风险；其内容包括法律风险，但不包括策略风险及信誉风险。

保险业对于作业风险应订定适当的风险管理机制，其内容包含但不限于下列各项：① 作业风险控管措施；② 作业风险辨识；③ 作业风险衡量；④ 作业风险管理工具。

作业风险控管措施主要有以下几项：① 适当之权责划分，各项业务活动及营运交易的作业流程应建立适当之权责划分；② 授权层级及授权额度，不同型态的业务及交易活动订定明确的分层负责授权标准，各层级人员在授权范围及授权额度内执行各项营运作业；③ 保留交易轨迹，公司应依规定保留各项业务活动及营运交易的文件纪录或相关信息；④ 法令遵循，公司应依法指定法令遵循主管，并由其拟订法令遵循制度，报经董事会通过后施行。各相关单位应订定业务规章，以作为业务进行的遵循依据，并应定期评估法令遵循执行情形；⑤ 签订契约的风险管理，公司各项对外契约的内容条件，除应事先详细评估外，并应经公司的法务单位或法律顾问审阅，再依裁决权限签核后签订。但若公司订有分层授权办法时，则可依该办法执行；⑥ 委外作业管理，公司办理委外作业时，应遵循主管机关颁布的相关规定及公司内部作业规范办理；⑦ 法律纠纷的风险管理，公司或员工因执行职务而成为诉讼或仲裁案件被告时，应即通知公司的法务单位或法律顾问，俾评估公司应采取之法律行动；⑧ 法令变动风险的管理，公司应密切注意与所营事业相关法令的订定与修正，分析其可能对公司产生的影响，并采取因应措施；⑨ 非契约权利风险的管理，公司应保护公司有形及无形的资产，就公司的有形资产应完成必要的登记或法律程序，以确保公司的所有权或其他权利得依法行使；就公司的无形资产应建立必要机制，确保公司的智慧财产权不受第三人非法的侵害。若欲授权第三人使用公司的智能财产权，应于授权契约中明定授权的期间、范围与方式；⑩ 紧急事故危机处理，公司应建立紧急事件危机处理作业机制及信息系统损害应变处理等备援机制，确保重大危机事故发生时，公司仍可继续运作，持续提供客户服务，并将损失影响程度降至最低。

作业风险辨识应考虑人员、系统、流程或外部事件等主要风险因子，以确保商品、企业活动、流程及系统在推出或上线前已完成适当的作业风险辨识。再者，作业风险衡量主要系为了解作业风险之程度及本质，进而能协助作业风险响应方案之形成及决定实施之优先级。而作业风险程度主要是由发生可能性及影响程度来决定。风险的发生可能性及影响程度可利用质化或量化方式进行分析①

保险业应建置质化或量化的工具来辨识、衡量及管理作业风险，常用之作业风险管理工具如下，各公司得视需要予以采用：① 搜集作业风险损失数据，保险业可搜集汇整过去内部或外部损失事件，以作为未来风险评估之依据；② 风险及控制自评（RCSA；Risk and Control Self－Assessment）：风险及控制自评是保险业内部评估关键风险、控制设计重点、及控制缺失之后续因应措施之主要工具。保险业藉由风险及控制自评程序，内部的营运单位可辨识出其潜在作业风险，进而发展出管理作业风险之适当程序；③ 关键风险指标（KRI；Key Risk Indicator）：关键风险指标是量化作业风险测量指标，代表于特定流程中的作业风险表现。

（五）保险风险

保险风险系指经营保险本业于收取保险费后，承担被保险人移转的风险，依约给付理赔款及相关费用时，因非预期变化造成损失的风险。保险业对于保险风险中所涉及的商品设计及定价、核保、再保险、巨灾、理赔及准备金相关风险等，应制定适当的管理机制，并落实执行。

商品设计（不适用于专业再保险业）及定价风险是指因商品设计内容、所载条款与费率定价引用数据的不适当、不一致或非预期之改变等因素所造成的风险。保险业对于商品设计及定价风险应制定适当的风险管理机制，并落实执行；其内容可包含但不限于下列项目：

(1) 评估商品内容适当性、合法性及市场竞争力。

(2) 检查商品费率的适当性、合理性及公平性。

(3) 检测行政系统的可行性。

(4) 商品设计及定价风险衡量方法。

(5) 商品设计及定价风险管控方式。

至于商品设计及定价风险的衡量则可按不同类型之商品订定适当之质化标准或量化方法予以衡量，以作为保险风险管理的依据，以达成风险管理的目的。若是以质化方式衡量风险时，可透过文字的描述表达风险发生之可能性及其影响程度，以适当反应风险。另一方面，对于可量化的风险，可采统计分析或其他方法进行分析衡量，并针对不同商品所面临较敏感之因素，进行相对应的敏感度分析或情境分析（适用于寿险业）。

六、我国保险公司风险管理未来发展的方向

在经济全球化、金融一体化迅猛发展的今天，保险公司所面临的风险越来越大，风险涉及的范围越来越广并超越了国界。陈旧的风险管理方法显然已不适应当前发展的现状，也

---

① 质化分析方式主要是利用叙述方式来定义风险程度。完成质化的发生可能性及影响程度分析后，可通过风险比对步骤得出作业风险的高低程度并给予不同的风险应对方式。量化分析则需有足够的作业风险历史资料，并且有能力将作业风险发生可能性及影响程度利用数字表达时，宜使用量化的作业风险衡量方式。

不符合未来风险管理的发展方向。目前，在国际保险领域，未来保险公司风险管理发展方向应当是全面综合的风险管理。中国的保险公司在风险管理方面与国外相比存在着很大的差距。这种差距不仅表现在对风险的识别、量化度量及管理的技术和方法上，而且表现在对风险管理的基础设施的建设以及人们对风险的防范意识上的差距。

随着中国经济逐渐融人全球经济体系中，特别是中国加入 WTO 之后，我国的保险公司将走出国门，参与世界市场的竞争，因此也就面临着比国内市场更大的金融风险和经营风险的挑战。因此，顺应国际保险业风险管理发展的新趋势，了解和掌握国外先进的风险管理理念和思想体系，积极借鉴国际保险业成熟的风险度量和管理技术，建立和健全我国保险公司风险防范体系便成为中国保险业一项重要而迫切的任务。目前实施和推广综合风险管理系统的条件和时机均不成熟。为了缩短与国外保险公司的差距，提高国际竞争力，在尽可能短的时间里全面提升中国保险业的风险度量、控制及管理水平，我们应当从以下几点做好充分的准备：

首先，我们要积极地开展对综合风险管理的研究工作，结合国情选择若干家保险公司进行综合风险管理的试点工作，为全面推广这一管理理念积累经验。其次，积极做好实施综合风险管理的各项基础工作，要在综合风险管理的基础设施建设上下功夫。同时，应在保险从业人员中间全面普及风险知识，不断提高他们的风险防范意识和识别风险的能力。最后，在我国保险公司的高层管理人员这一层面上设立风险管理委员会，领导整个保险公司的风险管理工作并同时在保险公司内单独设立风险管理部门或明确某一部门执行风险管理职能，从而在组织上保证综合风险管理系统运行成功并最终实现保险公司自身的风险管理目标。

本章小结

1. 保险公司经营效益的概念、特点及种类、指标等。
2. 保险公司经营效益评价的主体以及评价意义；
3. 重点阐述保险公司经营评价的指标体系；
4. 理解保险公司社会责任和经济效益相平衡，相辅相成，并重而行。
5. 介绍保险公司必须要注意关注经营管理关键成功的因素；
6. 明确保险公司在经营过程中，需注意规避并保全公司的经营绩效的五项经营风险。

强化训练

一、单选题

1. 企业社会责任与经济效益的关系是(　　)。

A. 相互独立　　B. 有机统一　　C. 互相割裂　　D. 好不相关

2. 承担社会责任和实现“经济效益”应该(　　)。

A. 前者重要　　B. 后者重要　　C. 并重　　D. 都不重要

二、多选题

1. 风险管理流程主要包括(　　)等项流程。

A. 风险辨识　　B. 风险衡量

C. 风险回应　　D. 风险监控及信息沟通与文件化

2. 企业的筹资渠道主要有两个途径;权益资本和债务资本,权益资本主要表现在(　　)等方面。

A. 实收资本　　B. 资本公积和盈余公积

C. 总准备金　　D. 未分配利益

3、寿险公司利润来源于(　　)。

A. 死差　　B. 费差　　C. 利差　　D. 解约率

4. 财险公司精算基础是(　　)。

A. 损失概率　　B. 损失程度　　C. 价格　　D. 医疗周期

5. 保险财务状况分析中重要的核心指标是(　　)。

A. 偿付能力　　B. 流动比率　　C. 速动比率　　D. 平均效益

三、名词解释

保险公司经营效益　财务成本管理　社会责任　风险管理　保险公司经营成本

流动比率　速动比率

四、简答题

1. 保险经营中安全性指标包含的内容?

2. 保险经营中流动性指标包含的内容?

3. 保险经营中经营成果指标包含的内容?

4. 请说明保险公司加强货币资金管理的主要目的。

5. 商业保险公司要实现社会责任需要企业有较强的经济实力和管理能力,社会责任和经济效益这两者的相互关系如何?

实训课堂

一、技能训练

1. 试找出一家保险公司在公众面前树立起的勇于承担社会责任的企业形象的具体实例来说明。

2. 对于商业保险公司来说,要强化财务成本管理,维持稳健成长的经营绩效与经济效益,其解决措施主要有哪些? 注意哪些重点?

3. 不断强化财务成本管理已经成为保险公司可持续发展与创造有效率经济效益的重要途径,请说明一般会存在有哪些问题?

4. 保险公司要强化财务成本管理,请讨论其解决措施重点主要有哪些?

5. 应收保费是公司资金被其投保人占用,而公司还要承担保险责任,这对公司的经营极为不利。保险企业必须严格控制应收保费的发生,请讨论可采取哪些具体可行的措施?

6. 保险业对于作业风险应制定合适的风险管理机制,其内容包含哪几个项目?

7. 请说明保险业营运可能面临的风险有哪些?

8. 保险业应制定适当的流动性管理机制并落实执行,流动性管理机制应包括哪些项目?

9. 保险业市场风险量化模型包括哪些项目?

二、专项实训

项目(一)

实训题目：国内保险社会责任与经济效益调研

实训要求：

1. 独立上机完成，不得雷同。

2. 提交实训报告

实训步骤：

第一步：找出国内经营寿险的保险公司

第二步：对各公司保险经营效益进行数据收集

第三步：比较各家公司的经营效益与社会责任承担

第四步：完成实训报告

项目(二)

中国人寿保险公司2008年经营状况分析报告

截至××××年12月31日，公司的投资资产为9 370.98亿元，较2007年增加868.91亿元，增长10.22%。全年实现的总投资收益为人民币306.83亿元，较上年减少了478.37亿元，降低60.92%；全年实现的总投资收益率为3.46%，较2007年降低了6.81个百分点。

本年度为了规避风险，增加了定期存款、债券的投资，减少了股票基金的投资。本年现金及现金等价物类资产较同比增长34.63%，定期存款同比增长35.40%，债券类资产较同比增长29.94%，基金资产同比降低51.34%，股票资产同比减少67.44%。

保费收入：本报告期内，本公司实现原保险合同保费收入2 955.79亿元，较上年同期增长50.33%市场份额约为40.3%，较上年上升了0.5个百分点。保费高增主要来自银行渠道销售的趸缴产品贡献，本年银保新单保费为1 410亿元，同比增长150.2%，对总保费收入的贡献度达到47.7%。由于银保渠道缴费方式主要是趸交，因此银保的大幅增加使得公司趸交保费占比由上年度年底的76.79%上升到08年末的83.22%。比上年同期增加了17.7个百分点。中国人寿本年实现人身险保费2 956亿元，同比增长50%，略高于同业平均水平，同时远高于平安和太保。

财务比率分析：

表11－9　××××年中国人寿盈利能力分析

盈利能力	本年12月31日	上年12月31日
经营净利率	2.951 9	9.995 2
经营毛利率	99.838	99.699
资产净利率	0.523	1.068
净利润率	4.631	2.951
净资产收益率	3.69	7.46
每股收益	0.190 6	0.356 2

由表11－9可知：××××年A股市场出现了罕见的暴跌，沪深300指数下跌了66%，

这使得持有较高权益比例的保险公司业绩受到重大的冲击。从营业收入来看,尽管中国人寿××××年已赚保费同比增长了51%,但投资收益(含公允价值变动)同比大幅下降47%,这使得×××× 年营业收入同比仅增长21%。从营业支出来看,各项费用支出和赔付支出占已赚保费的比例并未上升,各项费用占已赚保费比例从上年18%下降到今年14%,各项赔付支出占已赚保费比例从72%下降到41%,尤其红利支出出现大幅下降。因此,营业支出的大幅上升主要由于准备金大幅上升以及资产减值损失的大幅上升。准备金的大幅上升主要是由于保费快速增长和较差的保单结构(趸交保单准备金占保费比例非常高),而资产减值损失大幅上升源于可供出售金融资产浮亏的大幅上升。

表11-10　××××年中国人寿偿债能力分析

偿债能力	上年12月31日	本年12月31日
流动比率	0	0
速动比率	0	0
股东权益比	19.02	13.62
资产负债率	80.87	86.27

由表11-10可知:中国人寿××××年比上年的资产负债率上升6%,这主要由于当年的保险业务逐年增长,有效保单也逐年增加,应付分保账款、寿险责任准备金及长期健康险责任准备金的大幅计提,导致了负债的增加。

表11-11　××××年中国人寿资产周转率分析

经营效率	本年-12-31	上-12-31
总资产周转率	0.361	0.356

由表11-11可知:总资产周转率本年较上年有所上升,主要原因是本年银保渠道的爆发性增长使得公司总保费收入同比增加50.33%,可以看出经过××××年极具挑战的一年,尽管人寿由于投资收益的下降致使净利润下降,但消费者对于人寿的业绩与信誉十分有信心,人寿保险的主营业务正稳步上升。

【思考】

通过阅读中国人寿××××年财务报告,在应用财务资料分析保险公司经营状况的实际操作中,可以得到那些启迪?

模块五　保险营销管理与创新

第十二章　保险网络营销

资料导入

保险业面临的形势非常严峻

董经理经常在微信群中推送保险理念与理财常识，发布保险产品信息，客户除了电话约访、亲戚朋友、老客户推荐之外，时不时微信朋友也会咨询保险问题，进而成为她的保险客户。当前保险业发展面临极好的机遇，为业务员也开辟了新的展业渠道。这是网络带来的商机。

知识目标

1. 理解保险网络营销的概念；
2. 了解保险经营的概念、特征、目标、原则、策略和环境。

技能目标

1. 能理解保险经营管理的内涵，也即概念、特点和基本思想；
2. 了解保险经营的特殊原则，尤其是风险分散原则；
3. 从宏观、微观环境把握、分析保险商品经营环境。

第一节　网络营销基本概念

网络营销来源于意译的英文词组 Web/Internet Marketing，是通过互联网进行市场调查的，是一个新的领域，已形成一个巨大的市场。保险网络营销最早出现在美国；美国国民第一证券银行首创通过因特网销售保险单，仅营业一个月就销售了上千亿美元的保单。目前，我国的一些保险公司也有在网上通过在线投保、实时核保或延时核保的方式销售保险。而且有些保险公司推出了电子保单，环保的同时降低了制作成本。在我们分析网络营销前，必须先认识两个重要概念：网络营销与整合网络营销。

一、网络营销

网络营销的实践应该从1993年、1994年就已经开始，最早的网络营销雏形应该是E-mail网络营销的应用，网络广告的诞生。目前，我国关于网络营销的研究远远滞后于网络营销的实践工作，传统的网络营销的研究是将网络营销和销售作为不同级别的概念来进行研究和传播的，而从事中国的网络营销实践工作的是众多的中小企业。网络营销和网络销售(贸易)是一种比较密切的关系，企业在实践过程中不但需要利用网络进行信息传播，而且需要通过网络进行贸易洽谈，而这种信息传播和贸易洽谈的工作往往不存在很明显的区分。我们在研究网络营销的时候，存在的一个严重问题，就是忽略了网络贸易：谈网络营销不谈网络贸易。谈网络贸易不谈网络营销。网络营销是什么，这里借用大陆网络领域学者冯英健的定义："网络营销是企业整体网络营销战略的一个组成部分，是为实现企业总体经营目标所进行的，以互联网为基本手段营造网上经营环境的各种活动。"冯英健对网络营销的研究基于网络营销的职能、网络营销信息传递的原理。这个定义的核心是经营网上环境，这个环境在这里可以理解为整合网络营销所提出的一个创造品牌价值的过程，各种有效的网络营销手段综合运用为实现企业总体经营目标而做出贡献。

二、整合网络营销

整合网络营销理论创始人之一、美国学者舒尔茨对整合网络营销下的定义：整合网络营销就是一种适合于所有企业中信息传播及内部沟通的管理体制，而这种传播与沟通就是尽可能与其潜在的客户和其他一些公共群体(如雇员、立法者、媒体和金融团体)保持一种良好的、积极的关系。即整合网络营销既是一种网络营销手段、理念和网络营销模式，更是一种沟通手段和管理体制。对外具有整合各种信息，综合传播企业信息和品牌的功能，对内则有通过各种沟通渠道和方式实现有效管理的作用。因此，在整合网络营销被广泛应用于企业的网络营销的基础上，舒尔茨又重点强调企业内部管理信息的整合和对外传播信息及渠道的整合，并认为这才是整合网络营销战略的发展趋势和基本的发展方向。那么，我们进一步理解这个概念，整合网络营销提出以4C为理论基础①，要求企业不再是固守单一网络营销手段，坚持"一个观点，一种声音"的原则，而需要多种网络营销手段和渠道的综合运用要求企业与消费者及客户建立持久良好的关系，尤其是建立顾客品牌关系；同时要求企业每一位员工都参与到网络营销传播中来，并致力于价值链的建设，将传播信息转化为具体的概念、影响和声音。从而提高传播的效率，只有以整合网络营销为基础重整企业的网络营销和整体管理战略，才能使企业每个部门的每个成员和每个职能都负起沟通的责任，使企业发出的所有信息都起到加强企业形象的作用，并最终实现塑造独特的企业形象，创造最大的品牌价值这一整合网络营销的终极目标。

整合网络营销的核心是什么？什么才能称为整合网络营销？总结为一句话：整合网络营

---

① 4C倡导的是以顾客为中心，客户需求至上，实行企业与顾客之间的双向沟通。整合网络营销既然是以顾问需求为中心，那么企业整合网络营销战略应该是由外而内的，以整合企业内外部所有资源为手段，以消费者为核心而重组企业的管理行为和市场行为。

销就是网络营销工作的系统、体系化,整合网络营销的目标是为企业创造网络品牌价值,为实现企业整体经营目标而服务。那么,怎么来理解这个体系化,我们从以下几项构面来认识。

(一)网络营销是企业整体网络营销战略的一个组成部分

谈企业网络营销战略,可能很多人都觉得太虚,因为战略概念满天飞,好像中小企业谈战略是纸上谈兵,说真的也的确是这样,中小企业谈的是吃饭,谈的是生存,谈的是快速发展,谈的是销售指标,谈的是生产进度,谈的是质量管理,谈网络营销的好像都比较少,更不用说从战略的高度来谈网络营销。那么,我们在讨论企业整合网络营销的时候,我们就可以谈战略,战略核心就是企业的经营目标,举例说明:比如你今年要完成销售 1 500 万,比如你今年对企业品牌的经营目标,并为这个目标而制订的计划和为这个计划而选择和制订的策略。任何企业都有自己的经营目标,即便这个企业没有一套成型的网络营销计划但是也有自己的一套实施计划,而网络营销就是在为这个目标和实现这个计划而存在的,所以,网络营销不是孤立存在的,是在企业经营目标实现过程中经营体系的一个部分。

(二)网络营销的方式是多样化的

网络营销目前通过实践应用的方法就有超过近 100 种,而这么多的网络营销方法并不是适合任何一个行业、任何一个企业的任何一个阶段的网络营销方法,需要企业在多样化的网络营销方法中挖掘最优的组合来综合运用。

(三)企业不同发展阶段的网络营销需求是随时在变化的

企业发展是随着企业的规模和经营方向而变化的,企业的经营目标也是动态的,同时网络营销方法是随着时代的发展、实践的发展而发展的,那么企业在不同的经营时期对网络营销目标和网络营销方法的选择是变化的。

(四)网络营销环境是动态的,企业网络营销策略需要随时而变

网络营销环境包括内部环境和外部环境,企业网络营销策略随着外部环境或内部环境的变化而需要调整。最简单的例子就是阿里巴巴平台在推出关键此竞价的时候,一些企业随着这个外部的网络营销环境的变化,及时调整本企业的网络营销策略,一举成名,取得了良好的网络营销效果,实现了企业的经营目标。

(五)网络营销的效果是以多种形式表现

网络营销并不单指网站推广,也并不只是一个网上销售,所以,网络营销工作所带来的效果也有多种表现,比如对客户服务的支持、对线下产品销售的促进、对公司品牌拓展的帮助等。

由于以上网络营销的种种变化的因素存在,也就导致了企业在应用网络营销的时候需要统筹计划,将网络营销工作系统化,而非单一方法的应用和机械方法的组合。至于保险公司如何实施整合网络营销,有以下几项重要做法:

第一,整合网络营销的基本认识。

(1) 网络营销和企业整体经营目标的整合，也就是网络营销和传统网络营销计划的整合。

(2) 企业资源的内部整合，网络营销工作不是独立的个人行为，是企业级的网络营销行为，需要公司内部各种资源的配合服务。

(3) 企业外部资源的整合，网络营销不但是网上推广的事情和网上网络营销的事情，还包括在外部环境发生变化时候的应急处理，比如网络危机的处理，需要企业整合外部资源制订相应的网络营销应对策略。

(4) 网络营销方法的整合，纵有方法上百，终需要企业根据企业实际目标需求来进行综合选择和综合运用。

(5) 评价手段的整合，网络营销产生的效果并非只有在线可以评价，比如网站点击等，还需要有线下的各种评价手段进行评价。

第二，为自己的保险公司制订整合网络营销计划。

(1) 以客户目标需求为核心确立网络营销目标。

(2) 制订为实现这个目标而做的计划。

(3) 为你的计划选择网络营销方法做出决策。

(4) 对网络营销的实施实行全程监控。

(5) 为你的网络营销过程制作详尽的信息统计表(数据库)。

(6) 为你的网络营销进行评价和回馈。

(7) 别忘记网络营销的整合之一是和传统网络营销的整合，所以两者不要脱节过完全断裂。

第二节　保险网络营销与传统营销

一、网络营销与传统营销

我们可以想象一下，未来保险营销市场是怎样一个情况：营销员不用天天来单位，只要有计算机和网络支持，就可以完成一系列的营销过程，当然这需要公司各部门的配合和技术上的支持；而对于保险公司来说，可以设置一个网络营销部门，专门针对网络群体需求，处理网上交易。保险网络营销是指保险企业和投保人利用现代电子计算器与网络技术实现投保、核保、理赔、给付或赔偿全过程的商业活动。具体来讲，客户通过进入保险公司开设的专业保险服务网站(如中国人民财产保险股份有限公司的 ePICC 服务平台)，在网上选择该公司所提供的保险产品，如有意愿投保某一险种，则在网上填写投保单，提出投保要约，经保险公司核保后，做出同意承保或拒绝承保的回复，由投保人在网上或通过其他方式支付保险费，保险公司收到保费后，向其寄发保险单，投保人或被保险人即可享受保险公司的服务了。通过建立新型的“自动式”网络服务系统，保户足不出户就可以方便快捷地从保险公司的服务系统上获取出公司背景到具体保险产品的详细情况，还可以自由地选择所需要的保险公司及险种，并进行对比。这不仅避免了与保险中介打交道的麻烦，还可从网上获得低价、高效服务。在未来网络营销发展时代中,传统营销将渐渐退出历史舞台隐居幕后,谁未雨绸缪掌握网络营销手段及技巧,谁就能引领网络营销时代。

目前,中国内地有将近5.8亿多的网民,面对如此大的客户群体,我们如何利用这个资源?我们是否可以借助网络这一展业工具来促进我们的展业呢?网络营销的创意由来已久,最先是国外的一些保险公司在做这项业务,由于网络技术的普及,我们发展网络营销还比较滞后。通过网络来销售保险的优势在于它节省了成本,营销员不用到处跑,不用耗费那么多时间,只需要一台计算机和网络支持,简单而轻松。但是,考虑到一部分人还需要时间接受这一新鲜事物,对于营销员来说,可以走网络营销和传统营销相结合的路线。中国5.2亿多网民,互联网普及率达到41.8%,由此可见,网络市场前景不可估量。时下,网络营销也成为许多保险销售人员的时尚之选,相对有形的商品来说,保险作为无形的商品,也可以在网络上卖。面对信息化快速发展的今天,要想不“out”,你就得顺应“E时代营销”的潮流。相对于传统营销方式来看,网络营销有着其独特的营销优势。那么,营销伙伴如何借助网络做营销?网络营销的前景怎样呢?

二、保险网络营销将渐成主流,保险传统营销将渐趋式微

目前,保险网络营销模式有两种:一种是指保险公司针对网络安全等问题推出的网络保险业务项目,这种模式一般是以公司为平台,公司有专门的经营网站,由公司统一管理;另一种是营销员通过网络向客户提供保险产品的服务以及与保险中介机构、客户之间、管理机构之间进行交互式的信息交流。如果细分的话,这里面还可分为营销员经公司批准备案的个人网站和中介公司为营销员提供的有偿服务网站。现今,保险网络营销正悄然而迅速地走进我们的日常生活。随着科技的不断进步,3G时代的到来让我们有无限的想象空间。也许你还在为寻找客户而发愁;也许你还每天给客户打电话,苦口婆心地给客户讲解保险条款;也许你还每天东奔西跑去客户家里拜访……这些传统的营销模式已经不能适应时代发展的需求,但是并不意味着传统营销模式不能用。许多营销主管反映,现在增员不是大问题,最主要的是如何留住人。虽然现在人们的保险意识在不断提高,但是整体的保险市场大环境还是不乐观。一方面,人们的保险意识还有待提高;另一方面,营销队伍的整体素质也需要提高。看似谁都能去做的保险,要想做好,并且长期留存并不是件容易的事。这就需要我们保险营销员从各方面不断提高自己、充实自己,从而适应时代的发展。

第三节　保险网络营销的基本步骤与发展优势

一、网络营销的基本步骤

网络营销有三个基本步骤。

截至2011年10月,中国网民已达到5.2亿,并且这个市场还在与日俱增。要知道,如果不做网络营销,就等于放弃5.2亿网民的国内网络市场,有谁会不对这样一块庞大的美味蛋糕垂涎欲滴呢?当然没有。很多企业都想进行网络营销,但是从未做过网络营销,因而不

知道如何下手。据笔者研究，企业网络营销必须遵循以下三个必备的基本步骤。

基本步骤一：建立企业网站。

建立企业网站是进行网络营销的基础，分为企业网站、商铺网站、个性网站三个层面。有些公司以为建个网站就等于网络营销，其实不然，网站只是网络营销的基础。商铺网站是利用电子商务平台发布企业供求信息的商务网站。而个性化网站则是针对某个主题活动或企业某个产品或服务制作的网站。

基本步骤二：网络推广。

做好企业网站就应该着手进行网络营销推广了。有些公司想通过域名进行营销，但是网站域名在茫茫网海中微不足道，不做宣传和推广根本就没有人知道你的网站，更谈不上有人了解你的产品和服务，所以现在很多公司在做搜索引擎推广或第三方交易平台广告。搜索引擎推广主要是基于网民搜索习惯设定的关键词竞价排名推广，国内用户最多的是百度、谷歌。BTOB第三方交易平台广告，也就是上面讲到的商铺网站。在商铺网站，企业可以发布供求信息、与顾客交流或进行网上交易。

基本步骤三：搜索引擎优化。

搜索引擎优化，即通常人们所说的SEO优化。据CNNIC调查显示，44.71%的网民经常使用，并且每天多次使用搜索引擎，每日使用搜索引擎用户数高达61.91%，意味着已有超过半数的网民开始依赖搜索引擎的使用。因此，搜索引擎已经成为企业市场推广的重要营销工具。SEO优化是利用搜索引擎搜索规则来提高网站在搜索引擎排名的有效方式，使其在搜索引擎中获得更多的展示，最终目的就是增加访客量，并且尽量将访客转化为顾客，化流量为销量，这也是网络营销的最终目的。其原理是通过了解搜索引擎网页抓取、索引习惯以及确定其对特定关键词的搜索结果排名等技术，来对网页内容进行的相关优化，使其符合用户浏览习惯，从而提高网站访问量，最终提升网站的销售能力或宣传能力。

经过搜索引擎优化处理的网站，更容易被搜寻引擎接受，呈现给搜索用户的几率更大。需要提醒的是，SEO优化不能损害或牺牲用户体验来提高排名，那些利用搜索引擎缺陷来提升网站排名的方法都是不可取的，就更谈不上流量的转化了。

二、保险网络营销的发展优势

对于传统保险公司的保险营销员来说，通过网络营销有以下几点优势：

首先，节省时间的同时扩大了影响力和客源。营销员张先生告诉记者，进入保险行业，前期做完缘故市场后，突然发现自己前面的道路很迷茫。由于专业水平和销售技能还不到火候，通过不断地学习和努力，使自己的专业水平得到快速提高。可是又出现了问题，自己没空去陌拜，没法去花大量的时间拜访客户，因为家里需要有人照顾，孩子需要按时接送。怎么办？一天，他在网上看到一个保险网站，并在上面注册了，之后每天都坚持一两个小时在展业网站上丰富自己的网站内容，用专业的知识、真诚的态度尽最大可能地去解答客户提出的各种问题。坚持了一个月后，突然有一天一个客户给他打电话，让他做一份保险规划。他非常激动，也非常看重这个机会，用心地去帮客户设计保险方案。经过几次洽谈终于成功地签下保单。如果你已经拥有了自己的“网上保险门店”或个人“网上保险工作室”，你可以将其链接到其他网站，借助他们的品牌扩大你的影响力和客源。

其次，增加陌拜的机会。在有了自己的“网上保险工作室”后，应主动出击而不是守株待兔。将工作室地址尽可能告诉更多的人，增加网上展业和网上陌生拜访的机会。比如，你可以将工作室的域名印在自己的名片上，使客户可以直接访问你的网上工作室；把你为客户精心设计的计划书在你的工作室里展示，让更多的客户认识并接受你的工作室。当你的工作室产生了较大的影响力，有较多的人访问时，你就可以进行网上陌拜展业了。如果有人进入你的工作室，并选择你为他设计保险计划，那你就可以通过 E-mail 获取其基本情况，为他设计好保险计划书并征求客户的意见。

第三，打破地域限制。传统的保险营销受地域及其他条件限制，网上保险就打破了这种限制。不同地区的营销员通过网络平台，可以彼此分享经验、交流心得，一起进步。现在各地经济联系越来越密切，在网上随时都可能会遇到其他地区的客户，但限于保险代理的地域限制，您就没有办法做成这样的保单。假如您与其他地区的营销员结成异地同盟后，不同地区的交叉客户就可以相互介绍、相互代理了。

第四，避免尴尬。网络展业的另一大优势在于给营销员和客户双方都不会造成太大压力。传统的陌生拜访，客户在害怕遭到不断骚扰的压力下很容易拒绝营销员的推销；而营销员，即使有再大的耐心和恒心，总是遭到拒绝的滋味也不好受。在网上结识的客户因为不会和营销员面对面接触，所以直接拒绝的少，这样营销员的心里也不会受到太大打击。

但是，在看到网络营销优势的同时，也应该看到其弊端。因为网络毕竟只是交流的载体，诚信指数还需要大家认真去鉴别。凡事都有利弊，权衡一下利弊，网络营销的利还是大于弊。

第四节　保险网络营销实施

一、保险网络营销机制

随着网络时代的到来，被喻为金融服务业“最后的沉睡巨人”的保险业开始摆脱以往守旧的形象，逐渐向当代信息技术敞开大门。网络营销作为一种全新的网络营销模式，以其具有的成本低、信息量大、实时传送和反馈、服务的连续性等特点，正在受到保险业的青睐。2008 年由《互联网周刊》主办的“2008 中国商业网站 100 强”评选结果揭晓，泰康在线在大陆 756 个主流商业网站中脱颖而出入选“百强”。本次入选企业类网站共有 20 家，其中不乏微软、移动、戴尔、联想等大型公司。泰康在线的入选是保险电子商务发展的重大转折，它标志着保险业改变了在 IT 领域落后的局面。目前各保险公司普遍推行的是保险代理人网络营销机制，在这种网络营销机制中，客户完全处于被动地位，大多数情况下是通过保险网络营销人员的讲解了解保险知识，缺乏与保险公司的直接交流。这样就会导致由于网络营销人员急于获取保单而一味夸大投保的益处，隐瞒不足之处，为保险业的长远发展埋下隐患。而且，目前保险网络营销人员的素质也不够高。据 2009 年中国社会事务调查所（SSIC）调查结果显示，北京市有 39%的人因为“保险网络营销人员素质太差”而拒绝保险。保险网络营销人员的素质不高和目前保险网络营销中推行的人海战术，使大约 10%的居民对保险推销人员采取“紧闭门户，置之不理”的态度。保险网络营销人员的整体素质不高也导致约 68%

的居民不了解保险，保险业的发展因而受到很大程度的影响。

二、保险网络营销系统架构

保险网络营销系统架构主要包括以下几项。

（一）产品机能

通过因特网提供空白要保书由消费者直接进行在线保单申请、提供空白理赔申请书由保户进行在线理赔申请程序，同时亦提供客户有关寿险商品或保单条款等相关内容的查询，在线报税、节税辅助说明等功能。

（二）价格机能

提供保户特定寿险商品的费率查询，而有关保单红利、解约金及保单贷款利率值亦可经由在线查询，快速又正确。

（三）推广机能

建立多媒体信息形态的企业形象广告、企业最新动态的实时报道，提供保户各项优惠措施的电子公告。

（四）通路机能

提供隶属于该企业营业处或服务处的联络数据、地址查询或是网页网址、电子邮件地址查询。

（五）实体设备机能

通过网络电子数据库提供消费者保健医疗信息查询，且连接至各相关单位（如寿险公会、保险司、警政机关等）数据库查询作业流程所需之信息。

（六）人员机能

寿险业务人员可通过网络资源提供消费者实际需求的寿险组合建议，借由专业及快速咨询服务，开发更多的潜在消费者。

（七）过程管理机能

借由电子邮件传送最新信息给特定客户或消费者，或是通过在线问卷的意见调查，搜集客户意见以作为服务质量改善或产品改良的依据。

随着信息传递方式的不断演进，以及保险消费者知识水平的提升，保险营销的方式，从传统上靠保险业务员招揽保险业务的态样，逐渐演进为保险人对保险消费者直接营销与网络营销的形态，此种转变为不可避免的趋势。时至今日，保险业务员形象损伤殆尽，潜在消费者对于保险业务员的观感，多是望之却步，即使有保险需求，亦不知如何寻觅及判断何者为优质的业务员，因此，直接营销与网络营销的兴起，部分是因为对传统营销缺点的反动以及消费者意识的觉醒。

三、网络营销具体实施

据一份来自国外权威机构研究报告统计，国外80%的个人和企业都选择网络媒介进行营销推广，并从中获得了极好的效果。而在中国，虽然选择网络营销的人只有近10%，不到国外的十分之一，但仅仅在这选择网络营销的十分之一中，都有过半公司、个人借助网络营销的强大力量得以在与对手的竞争中崭露头角、赢得商机。随着网络影响的进一步扩大，随着人们对于网络营销理解的进一步加深，以及越来越多出现的网络营销推广的成功案例，人们已经开始意识到网络营销的诸多优点并越来越多地通过网络进行营销推广。当人们都在观望、犹豫时，你是否能首先意识到网络营销的强大力量，进而立即行动起来呢？其实，很多时候机遇已经出现，只是看谁能好好把握罢了。

现在，越来越多的企业对互联网巨大的潜在商机垂涎欲滴，并开始大规模地网络营销。于是，一些名不见经传的小公司因为互联网声名鹊起，赢得了大量顾客青睐；而那些让人如雷贯耳的大公司反倒犯愁了。多歌营销通过多年市场营销服务经验了解到，很多企业发展不起来或者发展缓慢，主要原因归结于思路、定位、管理三个方面问题。

（一）思路要明确

人们常说：思想决定命运，思路决定出路。如果企业决策者没有明确的发展思路或思想太过保守，势必会被社会淘汰，这毋庸置疑。现代社会再依靠传统营销方式，企业是不可能得到长远发展的，更别提快速发展了。大家可以设想，传统营销模式已经发展了很多年，那么，在同一个领域别的企业通过传统营销模式已经发展很多年，再通过传统营销方式竞与其争的胜算会有多大呢？

（二）定位要清晰

任何一个企业在成立之初都希望能够得到长远发展，但未必能得偿所愿，企业要想长远地发展首先必须要有一个清晰的目标，并且要坚定不移地往前迈进。在企业成长的过程中，会遇到各种各样的问题，比如资金问题、人员问题、管理问题等，有的企业在困难面前挺了过来，后来发展越来越好，而有的则半途而废，从此销声匿迹。

（三）管理要到位

对于一个成立之初的公司可能谈不上管理，首先要做到的是控制好成本，让公司每个月都有点进账是最主要的问题。但是当企业慢慢发展之后就必须要考虑管理问题了，一个公司能不能走远，这是个关键的因素。很多企业创业之初红红火火，后来却经营不下去，那就是管理出现问题或失误。

总而言之，思路、定位和管理三个方面都离不开网络营销，网络营销已经上升为企业发展必须具备的重要战略武器。要知道不进行网络营销就等于放弃4.2亿网民的国内网络市场，而且这个市场正在与日俱增。可以肯定，面对这样庞大的消费群体而不做网络营销的企业终会被社会淘汰。

四、保险网络营销策略个案分析——中国平安保险

提到保险行业，首先会联想到平安保险，这并不是因为平安银行实力雄厚或品牌知名度高。相反，平安保险可以说是一个非常失败的品牌营销案例，笔者相信那些有幸被平安保险销售人员骚扰过的朋友都会深有体会，再有就是广大求职者，去招聘网站搜职位时刷刷的满屏都是保险销售岗位，如果更新下简历还会不小心引来一大批保险公司 HR 电话，令人烦不甚烦。平安保险如果长期坚持走如此强制性兼流氓性的营销手段，势必会招来越来越多人的反感，最终影响到其品牌价值。

在大陆，已有不少家保险公司筹划进军网络销售，各传统行业已经纷纷加入电子商务 B2C (Business to Customers) 的大军，当今保险行业也利用网络营销来开展业务、推广品牌，应该也是一条不错的创新路径。笔者认为，这不仅是大势所趋，而且已经水到渠成，如果做得好甚至可能对保险行业产生一次新的革命。

21 世纪，作为一个企业，谁不运用网络营销，就会失去市场竞争力，也容易在网络营销的洪流中被快速淘汰。2008 年中国保险业全年保费收入首次突破 1 万亿元，达到 11 137.3 亿元，同比增长 13.8%。可以说保险业已经是国家经济的重要支柱产业之一，传统营销模式几乎都是传统的电话营销和面销，利用互联网来开展网络营销的企业少之又少，即使有，也仅仅是作为一种辅助手段，因此销售规模也极为有限。若以目前国内开展网上保险业务的仅有平安保险、泰康人寿以及几家新兴的在线保险销售网点，美国友邦(AIA)和美亚财产相继与阿里巴巴合作提供在线交易。反观国外保险行业情况，美国保险行业协会在 2010 年初，在未来 7 年内(起始点是 2010 年)，将有超过 40%的商业保险业务和近一半的个人保险业务以电子商务方式实现。在英国，已经有超过 50%车险业务通过网络和电话投保，在韩国，15%车险业务借助网络销售。这些数据说明，利用网络营销开展保险业务是有很大的市场潜力的！中国未来保险行业的电子商务大有作为！

（一）保险行业开展网络营销的必要性和可行性

在中国大陆，为什么越来越多的传统行业加入 B2C？因为网络营销已经被证明它比传统营销模式更具有其独特的市场销售优势，比如大幅降低经营成本和营销投入、广泛深入的品牌传播和客户挖掘、更高效优质的客户服务和更便利直接的营销互动。因此，保险行业开展网络营销对企业本身以及对客户都是一场革命性的创新。保险行业开展网络营销已是大势所趋，而保险网络营销的可行性更加不用详述，一方面国内已经有着数量庞大的上网人群以及网购用户，已经具备了用户基础；另一方面国家政策已经明确表示支持电子商务的发展，这说明也有了政策基础。所以袁勇认为，保险企业开展网络营销已经是大势所趋、水到渠成，最终的关键还在于企业自身对网络营销的重视程度以及网络营销水平的高低。

（二）保险行业开展网络营销策略已经成主流趋势

保险这个词的竞价排名竞争已经非常激烈；平安保险、中国人寿与泰康人寿是当今大陆保险行业开展网络营销策略主要投放企业；另外，优保(ubao.com)、E 家保险网(ejsino.com)以及乐融(lerong.com)等一批新兴在线保险销售网点正在全力发展电子商务(E-commerce)。通过调研分析，这些保险网站都还处于初级发展阶段并未完全成熟，但是在竞价排名方面网络营销战幕已经拉开，可从关键词搜索流量和竞争度分析便可得知，保险行业该如何开展网络营销的重要做法：

(1) 前期调研是基础，在开展保险行业电子商务之前必须要对行业有个清醒的认识，包括对市场需求的调研、竞争对手的调研以及营销策略的调研等。

(2) 电子商务网站的策划和建设工作非常重要，一定要规划好网站的内容(产品服务和信息等)，一定要做好用户体验，让网上购买保险能成为一种愉悦的体验。

(3) 保险行业的电子商务要注重提升品牌信誉和用户忠诚度，这是行业性质所决定的，是未来营销的重点和竞争的关键点。

保险行业从事网络营销的主要方式：

① SEO 搜索引擎优化是基础；② SEM 竞价排名是外部会员营销的主要手段；③ 会员数据库营销是内部会员营销的主要手段；④ 多种网络营销方式辅助，这包括病毒营销、事件营销、口碑营销、在线活动策划等；⑤ 借助各种网络新媒体，如 IM、EDM、SNS、博客/微博客等；⑥ 在线线下的有效配合，即形成电销、面销和网销三位一体整合营销模式。

(三) 保险网络营销制约因素

保险网络营销的发展前景将是未来金融保险服务业的营销主流，在未来的网络发展里，传统营销将渐渐地退出历史舞台隐居幕后，谁未雨绸缪掌握网络营销手段及技巧，谁就能引领网络营销时代。保险网络营销具有广阔的发展前景，但其自身发展条件中的制约因素也是不可忽视的。首先，是许多人还不适应“鼠标+键盘”的投保方式，对于虚拟的网络市场心存顾忌，认为这样触摸不到的交易不安全，要转变人们的这个观念还是需要一段时间的；其次，保险业仍是我国金融领域中现代化程度和网络技术装备水平较低的行业，硬件环境低下，人员水平不足，信息管理与分析能力缺乏，在很大程度上制约了它的发展；最后，大陆保险监管历时不长，其监管手段如立法监管、技术上通过稽核举报、财务监管等方式基本上是以传统保险网络营销为目标，所以保险监管机构要不断熟悉保险电子商务竞争，支持网上保险商务并对其实行有效的监管，及时制定相应的规则，这些都对保险监管提出了更高的要求。

强化训练

1. 请说明企业网络营销必须遵循的三个必备的基本步骤。
2. 谈谈整合网络营销的核心、整合网络营销的概念及整合网络营销的目标。
3. 谈谈 B2C 对保险经营管理的重要性。

实训课堂

一、技能训练

优保(ubao. com)、E 家保险网(ejsino. com)以及乐融(lerong. com)等一批新兴在线保险销售网点正在全力发展电子商务(E-commerce)；针对优保、E 家保险网、乐融的网站进行调研分析，请说明此三家保险公司目前的具体做法，比较其差异并提出后续发展策略。

二、综合训练题

1. 网络营销种种变化的因素导致了企业在应用网络营销的时候需要统筹计划，将网络营销工作系统化，而非单一方法的应用和机械方法的组合。保险公司实施整合网络营销的重要做法是什么？请讨论。

2. 很多企业发展不起来或者发展缓慢，主要原因归结于思路、定位、管理三个方面问题。多歌营销在思路、定位、管理三个方面之具体做法是什么？请讨论。

第十三章　保险公司的国际化扩张

资料导入

保险业务国际化的背景分析

当今世界，经济全球化是目前经济发展的主导趋势，而经济全球化必然带来保险业的国际化。保险业国际化带来了世界保险业经营环境的巨大变化，也必然对中国的保险业产生重大的影响。2004 年 12 月 11 日，中国保险业经过了三年过渡期，已经全面对外开放，开始了国际化和国际竞争的新历程。在保险业国际化的新环境下，研究中国保险业的发展问题，是当前国民经济发展中最复杂、最艰巨的课题之一。保险业务国际化的背景主要分析如下：

导致保险业务国际化的主要原因是保险市场全球化，20 世纪 80 年代以来，发达国家保险公司在完成本国保险市场份额的瓜分之后，进行保险资本的继续扩张并掀起兼并、收购和战略联盟的浪潮，纷纷开展跨国保险业务。

保险与再保险业务的国际性特点决定了保险业务必须国际化。现代保险业起源于海上保险，海上危险的发生往往跨越国界，因此海上保险从本质上看是最具国际性的业务。从再保险业务来看，直接保险公司把自留额以外的危险分保给国内外其他保险公司或再保险公司承担，往往一笔保险业务由几个不同国别的保险公司或再保险公司承保。再保险经纪人或再保险公司为了招揽不同国家的业务，经常穿梭于世界各地，他们把保险业联结成一个国际性大市场。

跨国公司的保险需求推动保险业务朝国际化发展。随着经济全球化和贸易全球化的发展，世界经济日益成为一个不可分割的整体，与经济相伴随的风险没有国界的限制。世界各国生产者由于风险的无国界化，迫切要求为之服务的保险业在全球范围内为其提供服务，尤其是跨国公司，对保险市场国际化的需求更为迫切。对于跨国公司而言，母公司为了保障其外国分公司或子公司的财产、责任、员工生命的安全，往往愿意购买母公司所在国保险公司的保险商品。在这种形势下，高效的保险市场和金融市场的重要性更为突出，为了满足跨国保险需求，国际保险公司开始扩展全球业务。

巨额保险标的出现推动了保险业务国际化的发展。随着单位风险的增加，一个国家保险市场对承保巨额风险越来越感到吃力，出于分散风险、稳定经营的需要，它不得不将其承保的风险通过共保或再保向其他国家保险市场转移。共保或再保成为一条条纽带，把世界保险市场连为一个整体，这也极大地推动了保险业的国际化进程。全球保单就是保险国际化的一个例证。

保险自由化为保险业务国际化提供了机遇。20世纪90年代初,拉美和中东欧以及亚洲的许多国家开始实行保险监管体制的重大改革,这些改革推动了保险市场国际化的发展。这些保险改革包括两个不同的阶段,不同的国家采取的顺序不同。自由化的第一步是打破保险和再保险的垄断,实现再保险业务自由化,特别要取消分给国营再保险公司的法定业务并允许跨国经营再保险业务。第二步是要逐步取消对外资保险公司资本的限制,给予外国保险公司的子公司国民待遇。①

知识目标

1. 理解保险国际化的必要性;
2. 熟悉实施保险国际化的路径;
3. 掌握保险国际化的营销策略;
4. 明确实施保险国际化的进程中应注意的问题。

技能目标

1. 培养先进的保险经营国际化思想与观念;
2. 掌握实施保险国际化进程中的营销策略。

第一节　保险公司国际化扩张策略的必要性

中国保险公司的国际化扩张策略是适应经济金融开放形势,增强自身竞争力的需要。实际上,保险公司经营的国际化扩张策略是对经济全球化、保险顾客全球化的现实反应。本单元将从以下几个方面进行保险公司国际化扩张策略的必要性分析。

一、实现规模经济,提高保险经营稳定性

保险的基本职能是分散危险和补偿损失。而保险公司承保风险的前提条件之一就是拟保风险要符合"大数法则",即某一风险必须是大量标的均有遭受损失的可能性(不确定性),但实际出险的标的仅为少数(确定性)。保险公司通过对大量不确定的风险收取保费,建立相应的赔付基金,对少数确定性危险给予补偿。保险公司的保险经营过程,既是风险的大量集合过程,又是风险的广泛分散过程。保险公司从事保险经营的首要原则是风险大量原则,即保险公司应在可承保的范围内,根据自己的承保能力,争取承保尽可能多的风险和标的,因为只有这样才能建立起雄厚的保险基金,才能确保保险经营的稳定性。因此,在经济开放新形势下,保险公司应抓住机遇,大胆探索,积极对外扩张保险业务,通过增加保险业务规模来降低单位保险标的的保险费率,提高保险经营的稳定性,从而实现保险业务的规模经营。

---

① http://baike.baidu.com/link? url=NfgFFa4V5ObS9LfdmZuQvCsc_pGLA8lCE13Ax9ifOLW_-9-MNHjHnEv6VdDaT1paHcpBdmNYe9SRJpQtetIaZq。

二、确定目标市场，分散经营风险

保险公司所从事的经营活动不是一般的物质生产和商品交换活动，而是一种特殊的劳务活动。保险公司在保险经营过程中应当遵循的一条重要原则就是风险分散原则。如果保险人所承保的风险在某段期间或某个区域内过于集中，一旦发生较大的风险事故，可能导致保险企业偿付能力不足，就会威胁到保险公司自身的生存和发展。因此，保险公司分散经营风险的第一步就是要在拓展保险业务时注重保险品种和保险区域的合理分散，通过有效分散保险业务，从而抵消单个保险的非系统性风险。在经济开放、贸易自由化、金融国际化的背景下，中国保险公司应充分利用有关 WTO 成员国最惠国待遇和国民待遇的条款，遵循保险经营的大数法则和时空分散原则，走出国门，把自己置身于整个国际保险市场的环境中，根据自身优势和不同的市场特点，确定自己的目标市场，分散业务区域，降低经营风险。

三、具有绝对优势，发挥比较优势

一个国家保险经营的竞争优势可能来源于该国的保险公司与国外的同行业相比在保险产品的生产和销售的竞争中获得的竞争优势。一般认为，从总体上来说，那些发达的市场经济国家的保险人、再保险人和保险经纪人在保险业务的许多方面，从风险评估到资产管理，都具有绝对优势。但是在具体的保险品种、特定的保险子市场方面，中国保险公司却具有一定的相对优势。中国崇尚勤俭节约，居民储蓄意识强，储蓄率高，所以中国的保险公司在寿险业务方面很明显具有比较优势。中国拥有一大批年轻的、受过良好教育的人口，熟知计算机和有关的处理技术，精通财务理论和金融实务，从业人员素质高，人力资源供给充足，中国保险公司因而具有极大的比较优势。为充分发挥比较优势，中国保险公司不能仅仅满足于巩固现有的中国大陆保险市场份额，还要积极走出国门，走国际化扩张之路，占领一部分国际保险市场份额。

四、提供全方位的服务，满足跨国客户需要

在当前开放经济形势下，保险人的客户（被保险人）是在世界各地经营业务的，保险公司要满足他们在国际间的保险需求，就必须进行国际化扩张策略，否则这些客户就会被能够提供这些服务的竞争者抢走。加入 WTO 后，根据对等互利的原则，我国企业将获得更多对外拓展业务的机遇，我国经济的对外依存度将大大加深，保险公司客户经营行为的国际化趋势也将大大加强。这要求中国大陆保险公司提供相应的金融服务。任何国家跨国公司的发展和壮大都离不开本国保险业跨国经营的配合。国际经验证明，金融支持比国家支持更具说服力和信用保证。因为国际化的保险公司拥有资金、人才、国际金融市场、客户联系等优势，能够为公司的海外投资与经营提供全方位的服务。可借鉴日本在这方面的做法。

第二节 保险公司实施国际化扩张策略的主要路径

一、自身扩张

自身扩张的方式是是在国际保险业务经营中常用的一种传统方法，指保险公司在进行国际化扩张策略时，使用公司内部的经营方法，公司的业务经营通过各代理处、分公司结成的服务网络来完成。因为代理费是事先依据代理人办理保险业务的数量确定的，并非是依据利润的多少决定，所以代理费是相当多的；因为大型代理处在雇用员工或其他费用的负担方面产生问题可能导致企业风险过于集中。设立分公司进行扩张的扩张方式可以加强管理，由于分公司资本总额必须满足当地有关规定的要求，这会同时加强资金负担如员工工资、营业场所费用和行政管理费用等方面的负担。在竞争的条件下，管理方面的困难是相当多的。

此外，母公司可以在海外新建自己完全所有的子公司，这种方式得到越来越广泛的应用，成为了分公司的又一种补充，优点在于需要的资金或者其他资源相对来说比较少，新建完全归母公司所有的子公司可以通过对公司组织结构进行一体化调整，便于母公司的统一协调和计划管理，可以增加母公司对子公司的授权，激励当地员工并使得子公司在当地的经营活动更符合当地的需求。新建子公司的主要缺点是创建子公司需要有足够的资金。

二、战略联盟

战略联盟可以使得保险公司在其联盟伙伴的经验基础上，有效渗入一个新市场，并利用伙伴的分销网络节省大量的资金。战略联盟的形成主要有两种路径：联营协议和合资企业。

（一）联营协议

联营协议安排是索赔—理赔这一关系发展的自然结果，这种方式灵活方便，在临时个案或者是长期保险中都简便可行。联营协议安排进一步延伸，还可以包括市场信息和专门知识的交换；互换培训人员、提供互惠的教育计划；增加首次再保险的业务往来；扩大存在共同利益的领域等等。联营协议可以解决保险人在接受跨国风险时面临的两个主要问题：1. 在某些风险因素可能发生的地区，国外保险公司遭受歧视性待遇或者根本就不允许其经营保险业务；2. 保险公司缺乏保险事故发生地、所在市场的有关信息，或保险公司与保险事故发生地之间的距离过于遥远，从而导致了经营保险业务极为困难。通过联营协议，协议一方可以承保那些保险事故发生在协议另一方所在国的风险，因此，这类保险业务就可以应用当地的习惯做法在当地办理，或者发生索赔时，直接在当地办理理赔业务。这种做法可以有效地满足某些保险公司的国际保户的需求。

（二）合资

合资企业的最大益处就在于可以方便地创办一家新公司，或者是重组一家已有的公司。

合资企业可以从许多渠道获取资金和其他资产来进行规模庞大的投资。这对于合资企业内的各个单个公司来说是办不到或者是不经济。在组建合资企业过程中，合伙各方应重点关注以下六项问题：① 合伙方是否同意合资企业中个体和总体所要达成的目标？② 是否已完整的表述各方的责任、义务和权利？③ 合伙各方在合作、服务、技术和人员配备等方面在多大程度上能够达成一致意见？④ 是否考虑了将来进行融资时的规模和方式？⑤ 如果合资企业不成功，则解散合伙的程序是什么？⑥ 有无规定如果合伙各方发生争议或类似事件，应适用哪国法律？

三、跨国并购

跨国并购是目前世界通行的国际直接投资方式，主要由大型跨国公司作为投资主体。目前人们关注的重点是外国公司并购中国大陆企业的问题，建议中国大陆实力雄厚的、具有国际竞争力的企业应积极尝试主动并购国外公司。对中国保险公司而言，以并购方式进入国际保险市场的优点是：① 自建分公司、子公司相当于先栽树、后摘果实，而跨国并购相当于直接购买果园。与自建分公司、子公司模式相比，直接收购国外相对成熟的同类企业，不仅可以早早收摘果实，而且可以一定程度上减少合资过程中双方的矛盾。② 吞并了竞争对手，减少了市场上竞争者数目，赢得更大的市场份额。③ 通过并购国外的上市公司而进入国外证券市场，可以避免大陆企业到国外直接上市的耗时费力，以最快捷的方式获得低成本进入、低成本扩张、本土化融资的优势。

从理论上讲，跨国并购可以通过多种方式，如整体收购、部分收购、股权转让等，还可以通过专利、战略联盟等不动用资本投入的方式就可以达到控制企业和市场份额的目的。

四、海外上市

针对多数中国保险公司资本规模偏小的现状，通过保险公司发行股票上市的方式来筹集社会闲散资金，扩充资本实力，已成为当务之急，是保证保险公司可持续发展和加快发展的最佳策略选择。面对开放经济的形势，中国大陆保险公司可以通过海外上市的办法来实施其国际化扩张战略。在开放且充分竞争的保险市场环境中，中国大陆保险公司海外上市具有较大的制度优势，具体表现在：

（一）可以提高上市保险公司的承保能力

上市保险公司多元化的资本供给机制，既可以在极短的时间内集中大规模社会资本，改变资本短缺的被动局面，又可以将保险市场的经营风险分散到资本市场、商品市场及至整个市场体系中去，为保险业的稳健经营和可持续发展准备基础性的制度条件。

（二）可以占领国际保险市场

保险公司海外上市可以吸引更多的国外投资者和潜在投资者的关注，增强大陆保险公司的国际知名度和国际竞争力，便于其到海外市场拓展保险业务，占领一部分国际保险市场份额。

（三）可以提高上市保险公司的抗风险能力

利用上市方式筹资，可以使上市保险公司迅速增强资本实力，提高资本充足率，增强其竞争力和抗风险能力，主动迎接“入世”所带来的挑战。

（四）可以提高上市保险公司经营活动的透明度，强化外部监管

保险公司上市后，要受到来自各方面的监督，在广泛的监督下，公司必须加强管理，保持利润稳定增长，保持企业的稳健经营。

第三节　保险公司国际化扩张的营销策略

中国保险公司国际化扩张的营销策略主要有以下几项。

一、做好市场定位，选择合适目标市场

中国保险公司的国际化扩张策略战略的实施不能盲目进行，更不能全面开花，应结合自身的优势，进行科学的市场定位，选择合适的目标市场。在对某一目标市场是否适合进行国际化扩张策略的分析时，应着重从以下几个方面加以考虑：① 市场规模：评估对象不应只包括总人口规模，更为重要的是评估那些有购买本公司产品潜在能力的人口部分；② 市场的未来增长趋势：主要是对那些可支配收入持续增长的部分人口的增长率进行调查；③ 竞争性质：假如东道国某一保险公司正在经营某外国保险公司擅长经营的业务时，就必须将竞争纳入分析的范围之内。还应考虑竞争的资本实力。④ 监管环境：该国政府是否区别对待新进入公司和已有公司（即是否实行国民待遇）？在众多法律监督下，公司会有多少技术资源闲置而无法使用？⑤ 分销管道：假如外国公司知道在其母国最适合该公司的分销方式，在东道国是否可以收购或重建一个同样有效的营销系统。⑥ 预期投资回报率：必须了解到在目前情况下，投资收益为多少，还要考虑到随时间的推移、竞争的加剧以及利润率降低的后果。通过一步一步地排除，最终可以发现那些存在扩张机会的市场。这个排除过程包括对技术因素、管制条件、税则和法律规定等因素的考虑。

二、注重产品设计，符合东道国顾客需求

跨国保险公司是否能够为东道国顾客提供他们所需的特定保险产品这一点非常重要，保险承保范围和费率的厘定应该能够反映出此一情况。同时保险产品的设计还必须保证符合保险监管机构的要求。在发展中国家，人寿保险通常都是传统的终身死亡保险和生存死亡两全保险，但个人意外伤害险和团体保险的数目也在不断增加。而在发达国家，一些更为复杂的保险险种（如养老金保险、综合保险、变额寿险、年金保险等）正在逐渐占领保险市场。每个跨国保险公司必须有其自己的营销战略，它必须考虑诸如公司经营历史、组织结构、母公司情况、人力资源、经济实力、自身的局限性等等因素。在不断变化着的政治、经济、社会、法律的宏观环境中，保险公司还必须经历一段所谓学习期，这个学习期可能会持续一段时

间、有时还会带来一定的困难。

三、提升与强化分销管道

保险人能在多大程度上依赖传统的分销管道，向国际顾客提供保险产品和其他服务是必须考虑的问题。无论保险人在母国市场上的专属代理人和独立代理人所组成的分销体系多么有效，也无法断定这一分销体系在海外市场上能够成功。各国情形不同：在中国、日本、韩国等一些国家根本就没有成熟的保险经纪人或独立代理人体系可供使用。一些保险人不经过保险中介人，而采取直接办理保险业务的方式销售保险产品，如邮寄或电话销售或者使用其他直接分销管道，科技的飞速发展下，直接保险业务的发展势头非常强劲。

有必要建立一些支持和协调机构，并配备精通国际保险业务的专业人员，以协助保险人的销售机构、保险经纪人和顾客，加强联营协议或合资企业中各公司间的联系。方式之一是保险公司其公司本部中开设国际业务部。在联营协议和合资企业的各有关方的组织结构中，也存在着类似的营销、服务机构或协调机构。

第四节　保险公司实施国际化扩张策略进程中的注意事项

伴随中国金融体制改革的进一步深化，金融业、证券业正逐步向国际化发展，中国保险业也展现出对外开放、与国际保险市场接轨和融合的全新态势。国际化经营简而言之，就是按照国际保险业的"共同语言"即共同遵守相互约束的行为规则进行保险业务活动。现代保险业发展至今已有六百余年历史了，在国际保险领域内长期交往的实践过程中逐渐形成了一套国际公认的习惯性做法和通行规则。目前，国际上保险业通常参照的规则一般有《条约法公约》、《海牙规则》、《汉堡规则》等。借鉴国际惯例，了解世界经济"游戏规则"实现中国保险业的国际化经营应当是全方位、多角度的，加速中国保险业国际化经营的保险法制、保险市场、保险技术、险种开发、险种管理等方面的建设。当今保险业发展存在不少问题，这些问题的存在一定程度上推迟或阻碍着保险业国际化经营的进程，当今中国保险业国际化扩张策略进程发展应关注事项主要有以下几项。

一、中国保险业自身应充分发展

原中国人民保险公司独家垄断保险市场的局面有了很大改观，保险市场主体不断增长，除了大型保险集团外，还有数十家中保控股的地方性寿险股份有限公司，以及一些新成立的地方性、区域性、专业性的商业保险公司，以及引进数十家外资保险机构，保险市场主体有明显成长，保险市场发育已经相对成熟，但竞争仍不够充分。保险业发达的国家，其保险法律基本上已各自形成体系，中国保险法制还有待进一步健全，改善目前只有一部《保险法》以及一些管理条例，缺乏与之相配合使用的其他法律的现状。险种有待进一步规范，市场竞争秩序有待进一步规范。只有中国保险业自身充分发展，中国保险业国际化扩张策略进程才能更加顺畅。

二、监管与税则问题

尽管全世界市场准人的条件都越来越宽松，但各个市场的特性在经营操作中仍将是一个重点考虑的对象。中国保险公司在进军国际保险市场时首先应充分了解目标市场所在国的监管制度及相关法规。一是关于保险公司的开业条件。各国对设立保险公司应当具备的条件存在着较大的差异，如注册资本最低限额、高级管理人员的素质要求、股东的数量和持股比例等。各国对保险公司的设立程序也不尽相同，有些国家采取核准制，有些国家采取的是注册制。二是关于缴存保证金的规定。英国 1981 年的保险公司管理条例明确规定，所有注册的保险公司所需缴纳的保证金的最低限额以欧洲货币单位计算，综合性公司必须将人身险和非人身险偿付保证金分开计算，不能挪用。三是关于保险公司组织形式的限制。如美国规定的保险组织形式是股份有限公司和相互公司两种；日本规定的保险组织形式是株式会社、相互会社和互济合作社三种；英国除股份有限公司和相互保险社外，还允许劳合社采用个人保险组织形式。四是关于业务经营种类和范围的规定。还要重点了解目标市场所在国关于保险业的税收规定。只有这样，中国保险公司才能有针对性、富有效率地实施国际化扩张战略。

三、会计制度差异

国际保险的会计计账和会计报表的报告实践随着国家、文化的不同而不同。这不仅是因为各国在公布财务报表的目的上有着不同的传统，而且各国在保险业的实际操作中也各不相同。随着全球化趋势的兴起，金融市场促使内幕交易、接管、会计计账和会计报表报告的实践需要一个更为统一的规则来进行管理。管理机构必须保证保险人在其监管之下，尽可能好地行为，以此来确保资源不被浪费。会计计账和会计报表的报告实践不同，可能会使保险人的账面利润发生扭曲，尤其对一些保险期间比较长的险种来说更是如此。许多利润率很高的险种，在其刚开始销售时总会出现高额亏损，这主要是因为在这一期间发生的一般费用和高额的收购费用。限制收购费用递延分摊，遵守保守性原则和资产评估这三者一起使得账面利润的出现推迟了几年。当新的保险业务不断增长时，保险人便可以获得足够的资金来冲抵早些时候由于收购所支出的高额费用。由于有这些要求以及财务报表报告实践差异的存在，使得评价保险人的经营业绩十分困难。

四、货币问题与国际间货币币值波动

与一国的通货膨胀和经济增长相关的因素还有国际间货币币值的波动。很明显，这一点对于经营国际保险业务的保险人来说具有特殊的重要性。当公司的负债的币种与资产的币种不同时，这便产生了风险。与承保人的未到期责任和未决赔款有关的货币风险已得到广泛关注，但还要注意，股东资本与其他资产在币种上不相匹配的风险。国际保险人和再保险人所面临的由于汇率引起的风险一共有三种：交易风险、汇兑风险和经济风险。跨国保险公司为了在国际市场上更有效地运营，必须设法降低由于汇率波动带来的影响。解决办法之一是以同一种货币计算保险人的资产和负债，如果这样做在实践中不可行，还可以将其资产的计算币种变为篮子货币，以此来降低由于货币的不利运动带来的损失。这种资产的篮子货币应与负债的货币是同方向变动的。

五、保险国际化人才缺乏问题

精通国际贸易惯例、法规和商业保险作法的综合人才缺乏。恢复开办国内保险业务以来，对国际保险市场了解甚少，对商业保险所要求的专业人才如精算师的培养仅仅起步。目前，国内既懂国际贸易惯例、法规，又具有商业保险专业知识的人才不仅数少，而且质量也不高。这一问题一定程度上制约了保险业国际化经营的进程。

第五节　保险公司实施国际化扩张策略进程的促进策略

从以下几方面着手，以加快保险业国际化经营的步伐。

一、加速中国保险体制改革，完善保险市场

在中国加入 WTO 谈判中，开放中国保险市场始终是其内容的一个重要方面。对外资保险开办国内业务在逐步开放，中国保险业与外国保险公司展开竞争仍然处于劣势。对现在的保险体制作进一步改革。

二、坚持市场主体多元化的发展方向，进一步限制垄断，鼓励公平

市场主体多元化过程中，注意解决以下几个问题：

(1) 积极扶植保险企业拓展业务领域，注意大力发展寿险，提高寿险业务的市场占有额；

(2) 注意市场主体的配置，既要扩大全国性保险公司数量，又要陆续批准一些地方性、区域性的保险公司进入市场，还有继续开放外资；

(3) 大力发展保险代理、公估、经纪人等中介机构，加强对保险中介机构的监管，加强保险市场的供给能力和有序竞争。

三、建立完善再保险市场

允许各商业保险公司经营再保险业务，让它们在法定再保险以外开展平等的再保险业务竞争，将再保险市场建成一个充满活力的竞争性市场。

四、建立健全保险企业的有关法律法规体系

除了已有的《保险法》作为基本的法律，还应辅以《保险业法》，并应尽快制定《保险合同法》、《保险中介管理细则》、《再保险条例》以及《外资保险企业管理法案》等，使其成为体系，为中国保险业的经营做到有法可依。

五、完善国内金融市场，以利于保险基金运作

应进一步完善金融证券市场并适度放宽对保险基金运作的限制，可投放部分只能为保

险企业所购买的国债以扩大基金投资领域。

六、大力培养国际化保险专业人才

一是要大力普及保险知识，发展保险教育事业，通过大专院校培养专业人才；二是加强对商业保险从业人员的职业培训，造就保险人才；三是从院校国际贸易专业选拔人才进修保险专业。

本章小结

中国保险业不仅要巩固和发展国内保险市场，还要下大力气研究走出国门参与国际竞争的问题。在保险经营国际化和保险市场全球化的背景下，研究国内保险公司的国际扩张战略问题，具有极为重要的现实意义。本章讲述了保险公司国际化经营的背景、必要性，主要路径，营销策略及国际化扩张策略进程中应关注事项与问题。

强化训练

一、单选题

1. 保险国际化经营中在产品设计上需符合(　　)顾客需求。

A. 本国　　B. 出口国　　C. 东道国　　D. 进口国

2. 保险国际化进程是(　　)。

A. 存在一定风险的　　B. 一帆风顺　　C. 不可能实现　　D. 很快实现

二、多选题

1. 保险公司国际化扩张策略的主要路径包括(　　)。

A. 自身扩张　　B. 战略联盟　　C. 跨国并购　　D. 海外上市

2. 国际上保险业通常参照的规则一般有(　　)。

A.《条约法公约》　　B.《海牙规则》

C.《汉堡规则》　　D.《香港规则》

三、名词解释

保险公司国际化经营

四、分析讨论题

1. 由于历史因素，当今大陆保险业发展存在不少问题，这些问题的存在一定程度上推迟或阻碍着大陆保险业国际化经营的进程，当今大陆保险业国际化扩张策略进程发展存在的问题主要有哪几项？请说明。

2. 国际保险人和再保险人所面临的由于汇率引起的风险一共有三种：交易风险、汇兑风险和经济风险，请说明应如何去规避上述三种风险？

实训课堂

一、技能训练

1. 战略联盟的形成主要有两种路径：联营协议和合资企业。请各举一家保险公司说明：联营协议和合资企业对其经营成果有何影响？并比较其差异。

2. 在发展中国家，人寿保险通常都是传统的终身死亡保险和生存死亡两全保险，但个人意外伤害险和团体保险的数目也在不断增加。而在发达国家，一些更为复杂的保险险种（如养老金保险、综合保险、变额寿险、年金保险等）正在逐渐占领保险市场。每个跨国保险公司必须有其自己的营销战略，它必须考虑诸多因素，请说明其考虑因素为何？

二、综合训练题

1. 请举出一家保险公司，在分散业务区域，降低经营风险的重要作法并讨论。

2. 保险公司的国际化扩张策略战略的实施中，在对某一目标市场是否适合进行国际化扩张策略的分析时，应着重从哪几个方面加以考虑才有利于进行国际化扩张策略？请讨论。

3. 谈谈保险公司，以并购方式进入国际保险市场的优点并请说明你是否认同此一策略并指出原因。

三、专项实训

项目（一）

实训题目：查阅并分析一家开展国际化进程的中国保险公司。

实训要求：

1. 独立完成，不得雷同。

2. 提交实训报告

实训步骤：

第一步：小组成员每人选择一家开展国际化进程的中国保险公司；

第二步：通过各种途径和方法了解所选企业的信息资料；

第三步：围绕该保险公司国际化经营管理理念展开调查和整合资料；

第四步：制作可供公开展示汇报的幻灯片。

附　录　保险相关网址

中国保险监督管理委员会 http://www.circ.gov.cn/web/site0/.

中国保险学会 http://www.iic.org.cn.

中国保险行业协会 http://www.iachina.cn.

中国保险报 http://www.sinoins.com.

和讯保险网 http://insurance.hexun.com/.

中国人寿官方网站 http://www.chinalife.com.cn/.

中国太平官方网站 http://www.taipinglife.com.cn/.

中国平安官方网站 http://www.pingan.com/.

江苏省保险行业协会 http://jsia.cisc.cn/jsia.

泰康人寿 http://www.taikang.com.

友邦人寿 http://www.aia.com.cn.

江苏省保险行业协会 http://jsia.cisc.cn/jsia.

中国保险网 http://www.rmic.cn.

中保网 http://www.sinoins.com/.

保险频道——中国金融网 http://insurance.zgjrw.com/.

中民保险网 http://www.zhongmin.cn.

中报网 http://baoxian.pinan.com.

中国人民财产股份有限公司网 http://www.piccnet.com.cn.

中国保险网 http://www.china-insurance.com/.

和讯保险 http://insurance.hexun.com/.

成功保险网 http://www.xy178.com/.

圈中人寿保险资源网 http://www.gzrbx.com/.

向日葵保险网 http://www.xiangrikui.com/.

东方财富网保险频道 http://insurance.eastmoney.com/.

中国在保险集团 http://www.cpcr.com.cn/.

国研网 http://www.drcnet.com.cn/www/Integrated/.

瑞士再保险股份有限公司(北京)http://www.swissre.com/china/? lang=858797.

中国保险网 http://china-insurance.com/.

中国保险学会 http://www.iic.org.cn.

中国保险行业协会 http://www.iachina.cn.

中国保险报 http://www.sinoins.com.

中国保险市场周报 http://insurance. hexun. com/2010/bxzbl/.
保险市场调查报告 http://www. qzr. cn/small/bxdcbg/index-1. shtml.
中国保险网 http://www. china-insurance. com/.
中金在线保险频道 http://insurance. cnfol. com/.
和讯保险频道 http://insurance,hexun. com/.
中国养老金网 http://www. cnpension. net.
社会保险业务网 http://insurance. cngold. org/zt/shbxywwz. html.
中国劳动咨询网 http://www. 511labour. com/show/1771991-2. html.
中国医疗保险杂志网 http://www. zgylbx. com/.

参考文献

[1] 邓大松.保险经营管理学(第1版)[M].成都:西南财经大学出版社.2002.
[2] 迪特·法尼.保险企业管理学[M].张庆洪,译.北京:经济科学出版社,2002.
[3] 郭颂平,赵春梅.保险营销学[M].北京:中国金融出版社,2001.
[4] 江生忠,祝向军.保险经营管理学(第1版)[M].北京:中国金融出版社.2001.
[5] [美]肯尼思·布莱克,等.人寿保险(上、下册)[M].北京:北京大学出版社,1999.
[6] 刘子操,郭颂平.保险营销学[M].北京:中国金融出版社,2002.
[7] 刘妍芳.寿险投资及其监管[M].北京:中国轻工业出版社,2001.
[8] 刘冬姣.保险中介制度研究[M].北京:中国金融出版社,2000.
[9] [美]所罗门·许布纳,等.财产和责任保险[M].北京:中国人民大学出版社,2002.
[10] 孙祁祥,等.中国保险业:矛盾、挑战与对策[M].北京:中国金融出版社,2000.
[11] 唐运祥.保险代理理论与实务[M].北京:中国社会科学出版社,2000.
[12] 王海柱,等.保险管理学[M].成都:西南财经大学出版社,1993.
[13] 魏巧琴.保险公司经营管理(第1版)[M].上海:上海财经大学出版社,2002.
[14] 许谨良,等.财产保险原理和实务[M].上海:上海财经大学出版社,1998.
[15] 许谨良.人身保险原理和实务(修订本)[M].上海:上海财经大学出版社,2002.
[16] 卓志.人寿保险的经济分析引论[M].北京:中国金融出版社,2001.
[17] 郑功成.财产保险[M].北京:中国金融出版社,2001.
[18] 郑功成.各国保险公司的管理与运作(第一版)[M].贵阳:贵州人民出版社,1995.
[19] 张红霞.保险营销学[M].北京:北京大学出版社,2001.
[20] 张洪涛.中国人身保险制度研究[M].北京:中国金融出版社,2000.
[21] 张洪涛.保险营销管理[M].北京:中国人民大学出版社,2005.
[22] 张代军.保险实务[M].北京:经济科学出版社,2007.
[23] 中投顾问.2011—2015年中国保险业投资分析及前景预测报告.
[24] 中国保监会.2011年—2017年保险业经营数据.
[25] 中国保监会.2011—2017年人寿保险公司原保险保费收入情况.
[26] 智研咨询.2017—2022年中国养老行业现状分析及投资战略研究报告
[27] 项俊波.当前保险业面临的形势和挑战[J].中国保险,2016.
[28]《中华人民共和国保险法》.
[29] 中国金融统计年鉴2006—2016.
[30] 中国保险统计年鉴2006—2016.
[31] 中国人口统计年鉴2006—2016.